과학계 종사자들은 이 책이 신앙에 대해 가르쳐 주기 때문에 이 책을 읽어야 하고, 신앙인들은 신경 과학에 대해 가르쳐 주기 때문에 이 책을 읽어야 한다. 아픔을 겪고 있는 사람들은 정신적·정서적·영적·신체적 치유(구원이라는 단어의 참된 의미 중 하나)에 관해 배울 수 있기 때문에 이 책을 읽어야 한다. 저자는 정신과 개업의이자 신앙인으로 두 분야 모두를 이해한다. 이 책에서 그는 하나의 스텝도 놓치지 않고 과학과 종교 사이에서 섬세한 춤을 추면서, "종교 없는 과학은 절뚝거리고, 과학 없는 종교는 앞을 보지 못한다"는 아인슈타인의 유명한 경구를 확인시켜 준다.

윌리엄 칼 3세 피츠버그 신학교 총장, *The Lord's Prayer for Today* 저자

하나님은 특별 계시의 책(성경)과 자연의 책이라는 두 권의 책을 가지고 계신다는 말이 오랫동안 회자되었다. 이 책에서 정신과 의사 커트 톰슨은 자연의 책이 근래의 신경학적 연구 결과를 통해 그리스도인의 삶에 대한 우리의 이해를 넓고 깊게 해 줄 수 있음을 설득력 있게 입증한다. 톰슨은 풍부한 통찰과 명료한 설명으로, 하나님의 설계와 목적에 집중하는 통합된 삶을 살게 하신 창조주의 경이와 신비를 이해하는 새로운 길을 구축한다.

데니스 홀링거 고든 콘웰 신학교 총장, 기독교 윤리학 콜먼 M. 모클러 석좌교수

영적 여정을 알고 이해하기를 갈망하는 이들을 위한 필독서다.

팀 클린턴 미국 기독교 상담사 협회 회장

종교와 과학의 매혹적인 합성물인 이 책은 우리의 삶을 좀더 충만하게 사는 법에 대한 대단히 실제적인 함의를 지니는, 성경과 뇌를 거치는 깨우침의 여정을 제공한다. 커트 톰슨은 두 가지 앎의 방식 모두를 탐색하는 열정적인 연구가다. 정신과 개업의 이자 독실한 그리스도인으로서, 예수와 신약의 가르침과 내 분야인 대인 관계 신경생물학이 공유하는 부분을 독특한 관점으로 조명한다. 마음, 뇌, 친밀한 관계의 학제 간 원리를 설득력 있게 능숙히 다루는 우리의 안내자는 사랑, 연민, 행복의 핵심에 있는 통합의 치유력을 분명히 보여 준다. 종교적 배경이 있는 독자든 비종교인이든 상관없이 모두가 다가가기 쉽다. 독자들은 흥미진진한 이 두 세계의 교차 지점을 대단히 교육적이며 고무적으로 받아들일 것이다.

대니얼 시겔 의학박사, *Mindsight: The New Science of Personal Transformation* 저자,
노턴 대인 관계 신경 생물학 총서의 창간 편집자,
마인드사이트 연구소(Mindsight Institute)의 상임 이사

훌륭한 작가이며 굉장한 스토리텔러인 톰슨은 하나님 나라의 일체성을 갈망하면서 하나님께 속한 것들과 사랑에 빠진 성숙한 그리스도인이며 대단히 유능한 정신과 의사다. 폭넓은 독서를 하는 서적 판매인으로서, 이런 훌륭한 책이 매일 출간되는 건 아니라고 말할 수 있다. 뇌 연구라는 진지한 과학을, 매우 중요한 성경적 관점에 뿌리를 두고 있을 뿐 아니라 흥미롭고도 곧바로 도움이 되는 방식으로 설명하는 경우 또한 드물다. 어떤 이들은 신경학의 용어를 읽으면 뇌가 멍해진다. 그래도 내 말을 믿으라. 매일의 삶에서 안정성과 기쁨을 더 깊이 누리고자 하는 사람이든, 더 심오한 영성을 경험하며 예수님을 따르고자 하는 사람이든, 현대의 과학 이론들을 독특하게 기독교적 세계관과 통합하려는 돌봄 관련 종사자든 이 책을 읽는 일은 아주 신나는 경험이 될 것이다.

바이런 보거 펜실베이니아주 댈러스타운 하츠&마인즈(Hearts & Minds) 서점

심리학과 기독교를 통합하는 것은 골치 아픈 일이다. 여러 방면에서 비평가들이 나와, 심리학에 대한 기독교적 접근이라는 개념조차 빠르게 일축한다. 톰슨 박사는 우리 모두에게 상담, 의료, 그리스도와의 관계를 고려해 보도록 도전하는 독특한 메시지를 전한다. 아픈 사람들을 돕고자 하는 그의 가슴은 의료와 과학에 대한 머리와 결합해, 이 통합을 재고해야 한다는 논쟁의 소지가 있는 주장에 섞여 들어간다. 오랫동안 함께해 온 친구 톰슨 박사의 지혜와 통찰을 다른 사람들이 듣고 더 큰 희망을 얻게 되어 감격스럽다.

마이클 이즐리 무디 성경 연구소 전임 대표, 테네시주 내슈빌의 펠로십 성경 교회 담임 목사

정서적 건강, 결혼 생활의 만족, 효과적인 자녀 양육, 혹은 미래에 대한 희망을 조금이라도 신경 쓰는 사람이라면 누구라도 이 책을 세심하게 음미해야 한다. 이 책에서 과학은 로마서 12장의 위대한 약속을 확인해 준다. 다시 말해, 재조정된 마음은 변화된 삶을 낳으며, 그러한 내적인 개편은 가족 체계 전체에 예방접종을 함으로써 심한 손상을 입히는 정서적·관계적·영적 유산에 대한 면역을 갖게 할 수 있다는 것이다. 톰슨 박사의 고무적인 로드맵은 개인적인 여정과 관계들뿐만 아니라, 삶의 기본 요소들에 대한 강력한 영적 원리를 적용하려는 사역에도 명료함과 힘을 제공한다.

베벌리 허블 타우케 임상 사회 복지사,
버지니아주 페어팩스의 코너스톤 가족 상담소 치료사이자 가족 상담사,
Healing Your Family Tree 저자

다년간의 성공적인 정신과 진료 및 성경을 이해하려는 깊이 있는 노력으로 재치와 지혜가 더욱 빛을 발한다. 커트 톰슨은 신경 과학에서 최근 밝혀진 사실들이 어떻게 우리 자신에 대한 이해에 영향을 주고 우리의 삶을 변화시키도록 도울 수 있는가에 관한 대단히 흥미로운 관점으로 이끌어 준다. 무엇보다 가장 놀라운 점은 톰슨 박사가 성경과 종교적 경험이 오랫동안 증언해 온 바를 신경학 수준에서 눈을 뗄 수 없게 설명한다는 점이다. 바로 우리 마음을 새롭게 할 참된 가능성을 열어 준다! 이 책은 희망적이고 유익하며 실용적이고 강력하다. 나는 이 책을 하나님, 가족과 친구 그리고 자기 자신에 대한 신의와 유대를 깊게 하려는 사람들 누구에게나 추천한다.

제프리 두디악 에드먼턴 킹스 대학 철학과 부교수, *The Intrigue of Ethics* 저자

이 책은 영성과 인간의 변화에 관심이 있는 이들을 위한 필독서다. 커트 톰슨 박사는 자신의 직업적 경험뿐 아니라 사람들이 어떻게 생각하고 느끼며 지각하고 기억하는가에 관한 최근의 과학적 연구를 참조함으로써, 우리가 성경을 이해하도록 도와준다. 그뿐 아니라, 성경의 저자들이 기록하고 있는 삶을 변화시키는 강력한 경험들을 조명하는 방식으로 성경적 통찰들을 되살린다. "마음을 새롭게 함으로 변화를 받[으라]"고 한 사도 바울의 초대를 숙고해 본 적이 있다면, 이 책을 읽는 것만으로 상당히 많은 답을 발견할 것이다. 이 책을 열렬히 추천한다!

폴 앤더슨 오리건주 뉴버그의 조지 폭스 대학교 성서학 및 퀘이커 연구 교수

커트 톰슨처럼 유익하게 뇌와 영혼의 상호작용을 이해하는 사람은 거의 없다. 그는 아픔을 겪는 사람들과의 풍부한 상담 경험을 바탕으로 글을 쓰기 때문에, 우리의 가장 깊은 고통에 대한 그의 인식은 임상적일 뿐만 아니라 개인적이기도 하다. 이 책은 고통 가운데서 나에게 오는 사람들을 보살피는 참신한 방식을 이해하도록 도울 뿐만 아니라 나 자신을 더 잘 이해하도록 돕는, 희망으로 가득한 책이다.

존 예이츠 2세 목사, 작가 겸 강연가, 버지니아주 폴스처치의 폴스 교회 교구 목사

이 책을 몇 페이지 읽다 보면, 사람들이 느끼는 방식에 대해서 커트 톰슨이 많은 생각을 해 왔고, 생각하는 방식에 대해서는 많은 것을 느껴 왔음을 깨닫는다. 얼마 안 가서 또 다른 점을 깨닫는다. 생각하고 느끼는 뇌가 사람들의 삶에서 하나님 및 다른 모든 이와 맺고 있는 관계와 어떤 연관이 있는지 많은 사람이 파악하도록 톰슨이 도와 왔다는 점이다. 책의 끝부분에 이르면, 다르게 생각하고 느끼게 될 것이다. 그리고 기쁜 사실 하나를 깨달을 것이다. 톰슨은 당신에게도 도움이 되었다는 사실을 말이다.

바트 캠폴로 강연가, 작가, 활동가, 오하이오주 신시내티의 월넛 힐즈 펠로십 리더

이 책은 자신을 더 잘 이해하기 위한 모든 것을 구비한 자원이다. 생물학, 심리학, 신학 및 다른 여섯 '학문'을 포함하고 있으며, 동시에 믿을 수 없을 만큼 읽기 쉽고 이해하기 쉬운 책을 커트 톰슨 박사는 줄곧 써 왔다. 이 책은 대단히 개인적인 방식으로 내게 영향을 주었다.

리사 웰첼 배우, 강연가, *Creative Correction* 저자

영혼의 해부학

IVP(InterVarsity Press)는
캠퍼스와 세상 속의 하나님 나라 운동을 지향하는
IVF(InterVarsity Christian Fellowship)의 출판부로
생각하는 그리스도인을 위한 문서 운동을 실천합니다.

Originally published in English in the U.S.A. under the title:
Anatomy of the Soul, by Curt Thompson

Copyright © 2010 by Curt Thompson
Korean Edition © 2022 by Korea InterVarsity Press
156-10 Donggyo-ro, Mapo-gu, Seoul 04031, Republic of Korea
with permission of Tyndale House Publishers, a division of Tyndale House Ministries.
All rights reserved.

이 책의 한국어판 저작권은
Tyndale Houes Ministries와 독점 계약한 IVP에 있습니다.
신 저작권법에 의하여 한국 내에서 보호받는 저작물이므로
무단 전재와 무단 복제를 금합니다.

뇌를 통해
마음을
들여다보다

영혼의
해부학

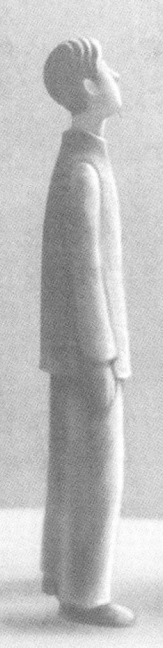

커트 톰슨 김소영 옮김 Anatomy of the Soul

IVP

알려짐의 선물을
나에게 준
필리스와
레이철과 네이선에게
이 책을 바칩니다.

차례

서문 13

1장 신경 과학: 마음을 들여다보는 창 23
2장 우리가 알려지면서 41
3장 네…마음을 다하여 주 너의 하나님을 사랑하라 69
4장 주의 기울이기 105
5장 미래 기억하기 127
6장 정서: 하나님 경험 171
7장 애착: 삶의 연결 207
8장 획득된 안정 애착: 새로운 피조물을 가리키다 253
9장 전전두피질과 그리스도의 마음 293
10장 신경 과학: 죄와 구원 337
11장 죄의 불화 373
12장 부활의 복구 403
13장 마음과 공동체: 사랑과 자비와 정의에 관한 뇌 429

후기 465
참고 문헌 481
토론의 길잡이 489
감사의 글 499

일러두기

- 본문에 인용된 성경은 새번역을 사용했습니다. 다른 역본을 인용한 경우, 본문에 표시했습니다.

서문

병실은 환하지만 삭막했다. 2004년 어머니날, 나는 나를 낳아 준 여인의 침대 발치에 앉아 있었다. 여든여섯의 어머니는 나른하고 무기력해 보였으며 눈을 제외하고는 움직임이 거의 없었다. 평소보다 힘이 없는 목소리는 전반적으로 쇠약해지는 육체를 그대로 보여 주었다.

내가 그 전주의 의학 학회에 참석하는 동안, 동생은 전화로 어머니의 건강이 급속도로 나빠지고 있다는 사실을 전해 주었다. 동생은 삶이 끝났다고 여기는 어머니의 체념이 가장 우려스러운 점이라고 말했다. 건강은커녕 생존에 아무런 관심이 없어 보였노라고.

동생의 전화를 받고 이번 방문을 하기 전까지, 아내는 어머니의 병에 대한 내 반응이 냉담하게 거리를 둔 무관심과 순전한 분노 사이에서 오락가락하는 것 같다고 말했다. 나는 어머니의 상태에 대한 아내의 질문들에 퉁명스레 답했으며, 확실히 내가 느끼는 실제 감정에 대해 적극적으로 밝히려 들지 않았다. 여기 있는 나는 경험 많고 성공적인 정신과 의사, 치유의 과학과 기술을 교육받은 의사다. 하지만 어머니에게 힘이 되어 주는 일은 고되다. 예수님을 따르는 사람이면서도,

어머니를 위해서는 겨자씨 한 알만큼의 연민이라도 끌어모으기가 사실상 불가능하다는 걸 발견하는 중이다.

도대체 어떻게 그냥 포기해 버릴 수 있단 말인가. 이따금 그랬지만, 어떻게 이다지도 수동적이란 말인가. 어머니의 수동성은 우리 가족 사이에 번져 가는, 의식 저변에 흐르는 고통스러운 정서를 강화했다. 우리는 문제없이 잘 지내고 있다는 환상을 노련하게 유지했지만, 사실 어떤 면에서는 상당히 좋지 않은 상태였다.

어머니의 냉담함은 나의 무력감과 세상에서 혼자라는 느낌을 일깨웠다. 나는 심지어 영적인 경험에서도 위안을 거의 찾을 수 없었다. 기도나 성경, 깊고 의미 있는 우정도 도움이 되지 않았다. 어머니는 죽음을 향해 천천히 움직이고 있었으며, 그 점에 대한 내 느낌 따위는 전혀 신경 쓰지 않는 것처럼 보였다. 어머니는 연약한 상태였지만, 나는 두려움과 외로움, 무력감과 분노로 어머니의 처지에 대해 그다지 연민을 느끼지 못했다.

그 일요일에 여섯 시간 동안 운전해 병원으로 향하면서, 내가 보이는 반응과 그 반응의 원인에 대해 성찰하는 시간을 가졌다. 그러는 중에, 바로 전에 참석했던 의학 학회의 한 워크숍이 떠올랐다. 워크숍을 진행했던 정신과 의사 대니얼 시겔 박사(Dr. Daniel Siegel)는 신경 과학과 애착 분야에서 최근에 밝혀진 사실들이 어떻게 사람들을 진정으로 돕고 있는지 설명했다.

그는 특히 사람들이 (그들의 경험뿐 아니라 뇌도) 변화되는 방식에서 중요한 부분은, 공감하며 들어 주는 이에게 자신의 이야기를 하는 과정이라고 말했다. 한 사람이 자신의 이야기를 하고 상대방이 그것을 진심으로 경청하고 이해할 때, 그 이야기를 하는 사람과 경청하는 사람 모두 뇌 회로상에 실질적인 변화가 일어난다. 그들은 더 큰 정서적·관계적 연결감, 불안의 감소, 타인의 고통에 대한 더 큰 인식과 연민을 느낀다. 시겔 박사는 신경 과학의 언어로 그 변화를 '통합의 증가'라고 표현했다.

그 좁고 긴 76번 주간(州間) 고속도로를 달려 병원으로 향하는 동안, 나는 시겔의 연구가 나의 딜레마에 영향을 끼칠 수 있음을 깨달았다. 나 자신의 심적 갈등에 대한 해답의 일부가 아무래도 어머니의 인생 이야기에 있지 않을까 생각했는데, 그 이야기는 일련의 상실로 시작되었다. 나는 오랜 세월 어머니가 하시는 이야기를 그저 피상적으로만 들어 왔음을 깨달았다. 그 이야기가 내 마음을 진정으로 움직이도록 허용한 적이 결코 없었다. 나는 사실들을 알고는 있었지만, 어떤 감정도 느끼지 못했다. 이제 그 감정의 바닷속으로 헤쳐 들어갈 때라고 결심했으며, 이 여행이 어떻게든 나를 구하는 데 도움이 되기를 희망했다.

그런 연유로, 이제 어머니의 병실에서 어머니와 함께 앉아 있게 된 것이다. 하나님이 나를 위해 준비해 두신 것이 무엇이든지 순순히 받아들이게 되기를 (그것이 과연 무엇일까 은근히 겁이 나면서도) 기도했다. 어머니에게 전에 수없이 들었지만 내 영혼 안으로 들어오는 걸 결코 허락하지 않았던 그 이야기를 들려 달라고 요청했다.

세세한 내용은 친숙했다. 어머니는 자기 어머니의 때 이른 죽음과 자녀를 돌볼 능력이 없는 아버지 때문에 세 살 때 고아 신세가 되었다. 하지만 새로운 것은, 어머니의 이야기가 내 마음을 움직이도록 기꺼이 허용했다는 사실이다. 이번에 나는, 불안하고 수동적인 여인이 아니라 버림받고 내쫓겼던 슬프고 겁에 질린 고아를 보며 그 이야기를 들었다.
　언제부터 눈물이 나기 시작했는지 모르겠다. 눈물이 나서 앞이 보이지 않았다. 슬픔은 걷잡을 수 없이 커졌고, 나는 곧 감정의 바다에서 헤엄치고 있었다. 더 이상 어머니의 감정과 나 자신의 감정을 구분할 수가 없었다. 혼란에 빠진 느낌은 손에 만져질 듯 강렬했다. 시간이 멈춰 선 동시에 영원으로 확장되었다. 단지 몇 분이 지났을 뿐이리라. 하지만 몇 시간처럼 느껴졌다.
　한 가지는 분명했다. 어머니가 자신의 이야기를 하는 동안, 나는 나 자신의 서사를 새로운 방식으로 느꼈다. 어머니의 과거였던 그 어린 소녀의 겁에 질린 목소리는 내 마음 깊은 곳에 연민의 감정을 끌어냈다. 어머니가 자신의 역사를 밝히는 동안, 나는 나 자신의 역사를 다르게 경험했다. 어머니가 기꺼이 자신 있고 용기 있는 삶을 선택할 수도 있었지만, 오히려 수동적인 의존과 두려움의 길을 택한 거라고 나는 오랫동안 믿어 왔다. 그것은 곧 나 자신의 부족함을 뿌리내리게 한 길이기도 했다. 나는 이 점에 분개했지만, 내 분노를 공손한 태도와 존경의 거죽 아래 묻어 두었다. 내가 침착한 모습을 보여 주면 그로 인해 언젠가는 나에게 필요한 어머니가 되어 주리라는 기대를 품은 듯도 하다.
　이 어머니날에 이르기까지 이해한 나의 역사는 내가 어머니의 버팀목이라는 사실에 영향을 받아 왔다. 아버지는 좋은 사람이었지만 특히 어머니가 불안해할 때 늘 정서적으로 소통할 수 있는 분은 아니었다. 그럴 때 나는 어머니의 정서적인 고통을 누그러뜨리려 애썼다. 사실 (비록 어려서는 내 동기를 의식하지 못했지만) 나는 나 자신의 불안을 줄이기 위해 어머니를 위로했다. 어머니가 괜찮으면 나 역시 괜찮을 테니까. 하지만 아무리 열심히 노력해도 어머니가 나를 위로해 줄 만큼 충분히 어머니를 위로할 수는 없었다. 그래서 결국 나 자신만 의지할 수 있다는 결론을 내렸다.

죽어 가는 어머니의 말을 들으며 어머니에 대한 연민이 내 안에서 솟아나는 것을 느꼈고, 나의 자기 이해 역시 달라지고 있었다. 단지 내 삶의 사실들에 대해 논리적으로 이해하는 것이 아니라, 거기 그 병실에 앉아 있는 동안 무언가를 느꼈다. 나는 신체적으로 어떤 변화를 느낄 수 있었다.

어머니가 새로운 관점에서 보일 뿐 아니라 어머니의 인생과 나 자신의 인생이 이전과는 다르게 느껴졌다. 바울의 경우처럼 비늘이 내 눈에서 떨어져 나가, 어머니가 단순히 인생을 그렇게 살기로 선택한 것만은 아니라는 사실이 보였다. 그 누구도 어머니의 심중, 어머니의 정서 상태, 어머니의 고충과 기대를 보살피지 않는 상황에서 어머니는 할 수 있는 최선을 다한 것이다. 어머니의 불안, 두려움, 수동성은 의도적인 게 아니었다. 어머니의 대처 전략이었다. 네 살 때부터 어머니는 어느 누구도 화나게 하지 않도록 전략을 개발했으며, 결국 이 전략에 하나님을 포함시켰다. 그것은 버림받았다는 걷잡을 수 없는 감정을 물리치는, 어머니가 아는 유일한 방법이었다. 어머니는 이 방어적 태도를 성인이 되도록 유지해 왔다. 어머니는 이 길을 능동적으로 택했다기보다는 무의식적으로 반응한 것이다. 다시 말해, 어머니의 소심함과 조심성은 어머니의 마음을 형성하는 기본 신경학적 발화 패턴이 되었다.

나는 그 병실에서 몇 가지 중요한 사실을 깨달았다. 어쩌면 어머니를 변화시키기 위해 내가 할 수 있는 일은 아무것도 없었다. 더 중요한 사실은, 인생에서 경험해 온 어려움들이 어쩌면 내 생각만큼 어머니의 탓은 아니었다는 점이다. 그리고 역시나 더욱 중요한 사실은, 살면서 느껴 온 나 자신의 부족함이, 어쩌면 내 생각만큼 내 잘못은 아니었다는 점이다. 나는 그 순간들 속에서 더 이상 내가 과거에 얽매여 있지 않다고 말씀하시는 하나님의 음성을 뚜렷하게 느꼈다.

어머니의 이야기를 다르게 이해하기 시작하면서, 나는 어머니뿐 아니라 나 자신도 진정으로 용서하는 과정을 시작했다. 바로 거기 그 병실에서 나 자신의 서사가 다르게 보였다. 나 역시 내 삶을 가능한 한 잘 살아왔음을 보기 시작했다. 툭하면 나 자신을 아직 충분치 않다고 더 이상 책망하려 들지 않았다. 충분히 똑똑하지 않다고, 충분히 웃기지 않다고, 충분히 자신감 있지 않다고, 충분히 강인하지 않다고, 그저 부족할 뿐이라고 자책하려 들지 않았다.

갑자기 나는 그러한 부족함에 관한 생각들과 그에 딸려 오는 수치심에서 해방되었다. 내가 되어 가고 있는 존재에 대해 기대감을 갖게 되었고 동시에 나 자신을 있는 그대로 사랑받는 존재로 보았다. 이 모든 일이 일어나는 동안, 뭐랄까, 내 마음을 제대로 파악할 수가 없었다. 하지만 몇 주 후에 어머니가 돌아가셨을 때, 나는 홀가분하게 후회 없이 앞으로 나아갈 수 있었다.

〜〜〜

어머니와의 만남 이후 몇 년 동안, 나는 내가 경험한 바를 포착하고 전달할 어떤 용어를 개발했다. 나는 내가 경험한 바를 **알려짐의 과정** (the process of being known)이라 부르기로 했다. 이것은 단순히 내 이야기에 드러나 있는 사실들을 아는 것보다 훨씬 더 깊고 풍성한 경험이다. 이것은 개인으로서 그리고 공동체의 일부로서 통합된 삶을 사는 의미에 대해 신경 과학 및 관련 분야의 가르침을 반영한다.

내 경험의 결과로, 나는 신경 과학 분야에서 새로이 밝혀진 사실들에 대해 그 어느 때보다 더 흥분했다. 그 발견들을 환자들에게 설명하고 그들이 마음속의 다양한 상호작용에 더 세심한 주의를 기울이도록 교육하기 시작했다. 그리고 그들이 이와 같은 사실들을 숙고하고 실행하면서 삶이 변화되는 것을 목격했다. 치유의 대리인으로서, 함께 해 온 이들과 이토록 보조가 맞았던 적이 없었다. 환자들의 은혜 넘치는 이야기들이 하나씩 내 앞에서 펼쳐지는 동안, 나는 내 이야기의 부분들과 더욱 연결되었다. 그들의 역사는 내게 다시 활력을 주고 나를 자극해 내 역사를 재고하게 해 주었다. 내가 방치해 둔 기억들과 감정들이 바야흐로 깨어나고 있었다.

이 시기에, 나는 정신과 레지던트 시절 이후로 댄 시겔외 워크숍만큼 직업적 호기심을 그토록 되살려 준 게 없었음을 깨달았다. 내가 새로이 알게 된 것들을 친구들 및 동료들과 공유하자, 그들은 나에게 신경 과학과 기독교 영성에 대한 내 소견을 정리하는 일을 고려해 보라고 격려했다.

어머니의 병실에서 시작된 여정은 이 책에 아주 상세하게 담겨 있다. 내 목표는 마음을 새롭게 함으로써 당신의 삶도 변화될 수 있음을 보여 주는 것이다. 마음을 새롭게 함으로써 하나님이 당신에게 뜻하신 온전함에 이를 수 있다. 부와 권력과 쾌락의 허울 뒤에 살든, 고통과 가난과 절망의 감옥 안에 갇혀 살든, 당신은 다른 모든 사람처럼 마음 깊은 곳으로부터 기쁨, 선함, 용기, 관대함, 친절함, 신실함을 간절히 원한다. 당신은 이러한 자질들을 스스로 나타내기를, 또 당신의 자녀, 당신의 가족과 당신이 속한 공동체에서 그 자질들을 보기를 갈망한다.

신경 과학 및 관련 분야에서 새로이 밝혀진 사실들은 어떻게 하면 이 속성들을 개발할 수 있는지에 관한 실마리를 제공한다. 먼저, 우리 마음속과 마음 사이의 상호작용으로 우리 모두가 어떻게 형성되는지 그 방식을 인식해야 한다. 그렇게 하면 우리가 맺는 여러 관계에 대해 좀더 의도적인 자세로 임할 수 있다.

아주 많은 이들은 신경 과학이 순전히 뇌의 물리적 구조와 생리학을 엄격하게 다루는 학문으로 알고 있다. 이 학문이 개인적으로뿐만 아니라 더 큰 공동체 안에서도 우리 마음의 상호 연관성에 관해 얼마나 많은 것을 가르쳐 주는지 발견한다면 놀랄 수도 있다.

알다시피, 우리 뇌는 좌반구와 우반구로 이루어져 있다. 뇌의 양쪽이 거의 모든 활동에 관여하지만, 두 반구는 각기 다르게 기능한다. 좌반구는 논리적이고 순차적인 방식으로 처리하는 반면, 우반구는 좀더 직관적이고 전체론적인 방식으로 처리한다. 다만, 두 반구는 서로 통합될 때 가장 잘 기능한다. 실로, 신경 과학은 분열되지 않은 심중과 마음으로 사는 일의 중요성에 대해 성경이 가르쳐 주는 많은 부분이 사실임을 확인해 준다.

우리 각자가 독립된 뇌를 지니고 있는 게 사실이지만, 우리 마음은 여러 복잡하고 불가사의한 방식으로 서로 연결되어 있다. 나는 우리가 서로 받아들여지고 알려지며 이해받는 만큼만 풍성하고, 기쁘며, 평화로운 삶을 누리리라고 믿는다. 또한 우리의 뇌와 관계를 통해 하는 행위는 우리가 하나님과 함께하는 행위와 떼어 놓고 생각할 수 없다고 믿는다. 하나님은 그분의 선한 피조물의 일부인 우리의 마음이 하나님 및 서로와 더 깊고 안정되며 대담한 관계를 추구하도록 설계하셨다.

그렇다면 이것이 우리 삶과 무슨 관련이 있을까? 이 책은 바로 그 관련성을 말하고자 한다. 우리는 먼저 뇌의 구조와 기능의 기초적 측면들을 탐색할 것이다. 그렇게 함으로써 신경 과학의 면면이 어떻게 하나님을 시사하며 또 신자들이 4천 년 이상 신앙의 공동체로 실행해 오고 있는 것을 긍정하는지 살펴보려 한다.

일단 이 토대를 놓고 나면, 신경 과학 분야에서 최근 밝혀진 사실들이 어떻게 오늘날 많은 사람이 제기하는 몇몇 문제들에 답을 제공할 수 있는지 살펴볼 것이다. 다음 질문들 가운데 몇몇은 당신 자신의 질문일 수도 있다.

- 과거 어느 때보다 연결되어 있는 세상에서, 왜 그리도 자주 혼자라고 느끼는 걸까?
- 어째서 변화되기가 그토록 힘들까?
- 나는 왜 과거에서 벗어나지 못하는 걸까?
- 나를 종종 곤경에 처하게 하는 감정에 어떤 가치라도 있을까?
- 나는 왜 그냥 혼자 힘으로 하지 못하는 걸까?
- 왜 그렇게 자주 다른 사람들에 대해 '참지 못하는' 걸까?
- 예수님은 어떤 식으로, 단지 새 하늘과 새 땅에서만이 아니라 지금 여기에서 내가 죄악의 지배에서 벗어나는 길을 만들어 주시는 걸까?
- 우리가 그리스도의 몸인 공동체로 살아간다는 것은 과연 어떤

모습일까?

이 질문 중 하나나 그 이상에 공감한다면, 이 놀라운 여정에 함께하기를 권한다. 이 여정을 통해 자기 마음을 더 잘 이해하고, 또한 의미 있으며 때로 놀랍고 실용적인 답을 찾아낼 것이다. 이 책에는 여기서 배우는 내용의 적용을 돕는 몇 가지 실천(음영 처리된 면)과 토론의 길잡이(489-497쪽)가 포함되어 있다.

사슴이 물을 갈망하듯 하나님을 갈망하고, 예수님을 따르기 원하는 우리는 신경 과학의 연구 결과, 애착, 이야기와 같은 하나님의 피조물로부터 통찰을 얻어 왔다. 이 통찰은 마음에 대해 생각해 볼 다른 방식을 제공할 뿐 아니라 하나님이 우리를 변화시키실 공간을 창조하기도 한다. 이렇게 밝혀진 사실들은 하나님이 태초부터 예수님 안에서 해 오고 계신 일을 다시 소개할 새로운 언어를 제공한다. 하나님은 또 하나의 방언인 이 언어를 사용해 새로운 창조의 춤으로 우리를 부르고 우리에게 손짓하며 우리를 환영하신다.

이 약속이 우리가 인식하기는 하지만 이전에 들어 본 적 없는 노래의 기억처럼 호소력을 갖는다면, 주저 말고 오케스트라로 더 가까이 다가가라. 이 음악은 아마도 마음을 달래 주고 기운을 북돋아 줄 것이다. 하지만 동시에 불편하게 여겨질 수도 있다. 그러나 두려워할 필요는 없다. 톨스토이가 단언했듯이, 우리는 기쁨을 누리기 위해 창조되었다. 이 책을 읽으면서 바로 그 기쁨을 누리는 자신을 발견하기를 희망한다.

1장

신경 과학 :
마음을 들여다보는 창

카라는 나를 보러 왔을 때 삼십 대 초반이었다. 그녀는 고등학교 때부터 싸워 온 우울증이 완화되기를 원했다. 친구들이 있었지만, 그들이 이미 성취한 결혼, 직업에서의 승진, 외적인 행복과 같은 것들은 자신이 이루지 못한 것을 상기시키는 역할을 할 뿐이었다.

독신이지만 누군가와 서로 헌신하는 관계로 진전되기를 갈망하는 카라는 자신을 전혀 매력적으로 보지 않았다. 그녀는 경제학 박사 학위 과정을 끝내는 데 대부분의 동료들보다 1년이 더 걸렸다. 다음 해에 논문을 완성하는 전망도 비관적이었다. 그녀는 대학에서 학생들을 가르치고 싶었지만 이 가능성을 그다지 정력적으로 추구하지 않았다.

대학에 다닐 때는 육상 트랙을 달렸고, 신체 단련을 중요하게 여긴다고 주장했지만, 좀처럼 운동을 하지는 않았다. 그녀는 별로 영양가 없는 식품들을 먹었고, 슬픔과 수치심의 감정을 차단하기 위해 이따금 술도 과도하게 마셨다. 하지만 포도주는 그저 잠이 들게 해 줄 뿐이지 그 이상의 역할은 하지 못했고, 다음 날 아침이면 머릿속에서 울리는 둔탁한 북소리에 잠이 깨곤 했다.

카라는 불안 발작이 시작되었을 때 나를 찾아왔다. 불안 발작 때문에 잠에서 깨어나곤 했는데, 심장이 쿵쾅거리며 정신없이 요동치는 동안 설명할 수 없는 공포가 영원과도 같은 긴 시간 동안 몸과 마음을 관통해 흐르는 것 같았다. 포도주는 분명 제 역할을 하지 못하고 있었다.

그녀는 자다가 죽는다거나 버스에 치여 죽는다 해도 개의치 않겠지만 결코 자살을 고려하지는 않을 거라고 말했다. 이유를 묻자, 이렇게 답했다. "지옥에 가고 싶지 않아요." 그러고는 예수님을 따르기 시작한 대학 시절에 자신의 삶이 어떻게 달라졌는지 설명해 주었다. 그녀는 그리스도인이 된 이후 처음으로 희미하게나마 낙관적인 느낌을 갖게 되었으나, 예리한 지성과 새로이 얻은 신앙으로도 자신을 괴롭히는 그 감정적 늑대들로부터 벗어날 수 없었다.

그녀는 자신의 어린 시절을 암울한 슬픔의 연속이라고 묘사했다. 부모가 자기를 사랑한다고 믿었으나, 이유를 알지 못한 채 몹시 슬퍼지는 일이 잦았다. 집에서의 대화는 지적으로 자극을 주었지만, 그 대화가 가족 구성원이 느끼는 감정이나 정서적 영역으로 들어가는 일은 설령 있다 해도 매우 드물었다.

카라가 열네 살 무렵, 그녀의 아버지는 심장마비로 갑작스럽게 돌아가셨다. 그녀의 어머니는 의사로서 일에 몰두하는 삶으로 대처했다. 오빠는 대학으로 떠나 다시는 집에 돌아오지 않는 것으로 대응했다. 카라는 주(州) 대표 선수와 우등생이 되는 것으로 대처했다. 카라가 아는 모든 사람은 그녀가 괜찮다고 생각했다. 하지만 그녀는 괜찮은 게 아니었다. 그때도 그랬고, 지금도 분명히 좋지 않았다.

내 진료실에 앉아 있는 카라의 몸에 밴 특유의 버릇은 그녀의 곤경을 고스란히 보여 주었다. 그녀는 분명히 매력적이었지만, 아무렇지 않게 의자에 털썩 주저앉았다. 손은 가만두지 못하고 꼼지락거렸다. 긴장된 웃음을 터트렸다가도 툭하면 눈물을 쏟았고 그렇게 오락가락하는 행동 사이사이 '격앙된' 것에 대해 사과를 표하며 평정을 되찾으려 몹시 애쓰는 순간들이 있었다. 그녀는 마치 슬픔의 저수지를 통째로 틀어막고 있는데 그것을 제어할 에너지가 거의 남아 있지 않은 것 같았다. 어쩌면 그 댐이 무너지면 자신과 자신이 알던 모든 것이 해일과도 같은 감정의 물결에 휩쓸려 흔적도 없이 사라질까 봐 두려워했을지도 모른다.

카라는 심리 치료를 받아 본 적이 있다. 약물치료도 받아 보았다. 기도도 드렸다. 성경과 경건 서적도 읽었다. 예배 공동체에 속해 있었고 더 깊은 영적 삶을 추구하기 위해 정기적으로 만나는 여성 소그룹 모임에 속해 있었다. 이러한 것들이 도움은 되었지만 그 무엇도 안정감이나 자신감을 지속시켜 주지는 않았다. 가장 힘든 문제는 예수님과의 관계가 왜 달라지지 않는지 이해할 수 없다는 점이었다. 아무리 기도해도 왜 심리적인 고통은 차도가 없단 말인가? 하나님은 자신의 곤경에 왜 그리도 묵묵부답이시란 말인가?

신경 과학 및 관련 분야에서 최근 밝혀진 사실들은 카라의 질문들에 적절한 답을 제공해 준다. 내가 이러한 사실들이 그녀에게 방향을 제시하고 그녀가 자신의 삶을 이해하도록 도와줄지도 모른다고 말했을 때, 그녀는 회의적이었다. 내가 이 책을 쓰는 이유는 바로 카라나 그녀와 비슷한 당신과 나 같은 사람들을 위해서다. 하나님의 선한 피조물을 구성하는 필수 요소인 신경 과학과 애착의 언어를 우리의 길잡이로 사용해, 하나님과 함께하는 우리의 삶을 이해하고 경험하는 새로운 방식을 알리기 위해서다.

여러 달에 걸친 치료를 통해 카라는 자신의 마음과 자신이 하나님 및 타인들과 맺는 관계 사이의 연관성을 탐색하기 시작했다. 다음의 개념들―그중 다수는 인간의 뇌 기능들이다―은 그녀를 치유하는 중요한 요소였다. 그중 하나 혹은 그 이상의 개념들이 우리를 치유해 줄 요소일 수도 있다. 각 개념은 그다음 개념을 기반으로 하므로, 그 개념들은 앞으로 이어지는 장들의 개요 역할도 한다.

알려짐. 서구 세계는 오랫동안 하나님과 타인들에게 알려지는 과정보다 사실에 입각한 정보와 '증거'를 의미하는 지식을 더 강조해 왔다. 그렇다면 우리의 모든 기술적 진보와 소셜 미디어의 확산에도 불구하고 우리가 어느 때보다 더 내면적으로, 또 대인 관계에서 고립되어 있는 현상이 전혀 놀랍지 않다. 그러나 오로지 우리가 알려질 때만 우리는 사랑의 전달 경로가 되는 위치에 서게 된다. 또한 우리의 마음을 변화시키고 용서를 가능하게 하며 서로 전혀 다른 사람들로 이루어진 공동체를 하나님의 가족이라는 태피스트리로 엮어 내는 것은 다름 아닌 사랑이다.

주의. 우리가 주의를 기울이는 아주 많은 부분이 우리의 삶에 영향을 끼친다. 이는 분명해 보이지만, 우리가 정확히 무엇에 초점을 맞추고 있는가는 종종 명확하지 않다. 어쨌든 우리가 주의를 기울이는 너무도 많은 부분이 자동적이거나 무의식적으로 발생하니 말이다. 더욱이 우리는 주로 우리 바깥에 존재하는 대상에 주의를 기울일 때가 많다. 신경 과학은 우리 각 사람이 자신의 감정과 신체적 감각과 생각에 주의를 기울이는 게 왜 그리도 중요한지에 대해 많은 걸 이야기해 줄 수 있다.

기억과 정서. 신경 과학 연구는 기억과 정서 양쪽 다 많은 부분이 의식되지 않은 채로 우리의 모든 관계에 얼마나 깊은 영향을 끼치는지를 드러내 준다. 마음의 이런 기능들을 인식하면 하나님, 친구들, 적들과 더 친밀한 관계로 이어진다.

애착. 하나님과 우리의 관계를 충분히 이해하고 다루기 위해서는, 우리가 주요 양육자에게 애착해 온 패턴을 충분히 인식할 필요가 있다. 우리가 연결되어 온 방식은 우리 뇌의 구조 및 기능과 중요한 상관관계가 있다.

통합된 마음. 우리는 마음이 그 자체의 의지에 맡겨질 때 어떻게 해서 연결을 끊는 경향이 있는가를 살펴볼 것이다. 마음은 종종 우리 자신과 타인에게서 진실을 감추려고 음모를 꾸민다. (믿을 수 없을 정도로 우리를 사랑하시는 하나님의 실재뿐 아니라 우리의 정서와 기억, 관계적 패턴의 깊이라는 진실 말이다.) 그런 후에 개인과 공동체는 그 결과에 시달린다. 그런데 그리스도의 마음을 갖는다는 것은 무엇을 의미할까? 나는 거기에 우리를 예수님께 더 가까이 이끌어 주고 우리를 더 그분과 같게 만들어 주는 완전히 통합된 마음을 갖는 것이 포함된다고 제안한다. 성경은 그것을 '한마음'(an undivided heart)이라고 부른다. 우리가 때때로 (심지어 자주) 무시하는 마음의 이질적인 측면들에 주의를 기울일 때, 우리는 더욱 그분을 닮아 간다.

죄와 구원. 죄의 역동을 이해하는 한 가지 방법은 죄를, 의식적인 상태보다는 의식 없는 상태를 선택하는 일로 보는 것이다. 이러한 선택은 궁극적으로 우리의 마음이 와해되어 가는 것으로 이어진다. [나는 이 책 전체에 걸쳐, 쇠퇴하거나 허물어지는 무언가를 나타내는 표현이 아니라 통합(integration), 특히 뇌의 다양한 부분들 사이의 통합에 반대되는 표현으로 '**와해된**'(dis-integrated)이라는 용어를 사용한다.] 사실 에덴동산 이야기는 우리가 아담과 하와처럼, 어떻게 하나님을 아는 것보다 옳고 그름을 아는 것(뇌의 좌반구가 우세한 기능으로, 두려움과 수치심에 대처하기 위해 사용된다)에 더 관심이 있는지 보여 준다. 하나님을 알기 위해서는 뇌의 모든 부분이 통합되어야 한다. 우리의 구원을 통해 이 경향은 역전될 수 있으며, 그로 인해 우리 각 사람은 통합된 마음으로 살며 하나님의 구원 계획에서 더 큰 역할을 할 수 있다. 우리는 이것을 개인으로서 경험할 수 있으며, 더 중요하게는 하나님의 사랑과 자비와 정의의 살아 있는 실례인 공동체의 맥락에서 경험할 수 있다.

공동체. 사도 바울은 고린도 교인들에게 보낸 첫 편지에서 공동체를 향한 하나님의 비전을 펼쳐 놓는다. 그것은 우리가 이제껏 상상하지 못했을 정도로 너끈히 이뤄 낼 수 있는 비전이다. 우리가 마음의 다양한 기능들에 주의를 기울일 때, 분화되어 있으면서 통합된 공동체의 맥락에서 하나님의 자비와 정의를 경험할 수 있다. 이것은 사랑을 주고받는 행위를 통해 이루어지며, 우리는 그러한 사랑의 주고받음을 알려짐의 과정에서 가장 강력하게 경험한다.

카라처럼 우리는 치유와 각성과 변화를 어느 때보다 더 간절히 열망하는 세상에서 살고 있다. 이것은 보통 우리 내면의 몸부림이나 대인 관계의 갈등에서 가장 분명히 드러나지만, 다른 곳에서도 나타난다. 이를테면, 우리는 기술적으로 진보하면 할수록 예외 없이 내적으로나 대인 관계에서 고립되어 간다. 그렇게 "사람이 혼자 사는 것이 좋지 아니하니"(창 2:18, 개역개정)라고 단언하신 돌이킬 수 없는 원리에 역행하려 한다. 그 밖에 테러와 인신매매, 지구온난화와 같은 세계적 난제들은 국가 간 대립을 초래하면서 우리를 한층 더 갈라놓는다. 우리는 예수님을 따르는 이들로서, 예수님이 온갖 유형의 깨어짐과 분열에 대한 해답임을 믿는다. 신경 과학 및 애착 분야의 새로운 연구 결과는 예수님이 우리를 부르신 그 풍성한 삶을 우리가 이해하고 경험할 수 있게 해 주는 참신한 수단을 제공한다.

뇌와 대인 관계가 어떻게 서로를 형성하는지에 관한 이 새로운 사실들은 구전으로 전승되었고, 성경의 이야기, 시, 가르침의 형태로 문서화되었으며, 대략 4천 년 동안 하나님의 백성이 겪어 온 경험을 반영한다. 본질적으로 하나님은 그분의 피조물을 이정표로 사용해, 예수님께로 가는 길을 알려 주실 뿐 아니라 하나님에 대한 우리의 이해를 돕고 또 더 분명히 하신다. 우리는 하나님의 선한 피조물의 일환인 신경 과학과 애착이 어떻게 성경과 우리의 영적인 경험들로 이루어진 신앙 방언을 긍정하며 그 가치를 높이는 상대 언어의 역할을 하면서 우리에게 이야기를 거는지 깨닫는다.

피조물과 신경 과학

사도 바울은 "이 세상 창조 때로부터, 하나님의 보이지 않는 속성, 곧 그분의 영원하신 능력과 신성은, 사람이 그 지으신 만물을 보고서 깨단게 되어 있습니다. 그러므로 사람들은 핑계를 댈 수가 없습니다"(롬 1:20)라고 말한다. 지진으로부터 성게, 쿼크(quake, 물리학에서 양성자, 중성자와 같은 소립자를 구성하고 있다고 여겨지는 기본 입자―옮긴이), 행성 궤도에 이르는 만물의 난해함과 복잡함은 다 하나님의 능력과 하나님의 본성을 넌지시 보여 준다.

이와 같은 것이 피조물이다. 그리고 바울은 우리가 피조물에 주의를 기울일 때 하나님의 능력과 그분의 본성에 관한 것들을 발견한다고 암시한다. 피조물은 하나님을 가리킨다. 물론 피조물이 하나님을 전적으로 정의하는 것은 아니다. 그러니까 피조물을 충분히 이해한다고 해서 하나님을 충분히 이해하지는 못한다. 수십만 명의 사람들을 죽이는 해일의 불안정성이 하나님의 변덕스러움을 나타내는 징후는 아니며, 그분의 자비에 대한 척도로 사용되어서도 안 된다. 오히려, 피조물은 전체적으로 볼 때 하나님의 능력과 성격의 방향을 시사해 준다.

인간성도 피조물의 한 부분이다. 그리고 우리를 독보적으로 인간답게 만들어 주는 매우 중요한 한 요소가 뇌/마음 모체다. 지난 10년 동안, 뇌와 대인 관계에 대한 다양한 과학적 탐색이 이루어져 왔고, 뇌와 대인 관계가 어떻게 서로를 형성하는지 그 어느 때보다 더 충분히 설명하도록 돕는 흥미진진한 새로운 정보를 산출해 왔다.

정신의학, 유전학, 발달·행동 심리학, 정신분석학, 신경학 및 신경심리학, 발달 신경 생물학, 구조적이고 기능적인 신경 영상(뇌의 구조 및 생리적·전기적 활동을 나타내는 시각적 이미지를 창조해 내는 것)의 분야들은 우리가 어떻게 현재의 우리가 되었는지, 왜 우리가 하는 일을 오랜 시간에 걸쳐 하는지 더욱더 잘 이해하게 해 준다. 그러나 뚜렷이 구별되는 각각의 분야는 다른 연구 분야들에서 나오는 정보를 통합하지 않고 그 분야 특유의 관점에서 인간의 경험을 설명한다.

그 결과는 여러 명의 시각장애인이 코끼리의 여러 부위를 느껴 보고는 각자가 만지고 있는 특정 부위의 측면을 묘사하는 오래된 이야기로 요약할 수 있다. 누군가에게 코끼리는 상아처럼 매끈하고 단단하다. 또 다른 누군가에게는 가죽처럼 딱딱하고 억세고, 다른 사람들도 제각각이다. 마찬가지로, 많은 과학 분야의 지식은 마음이 어떻게 작용하는지를 설명하는 하나의 일관된 지식 체계로 통합되지 않았다.

1999년에 대니얼 시겔은 『마음의 발달』(The Developing Mind, 하나의학사)이라는 획기적인 책에서 좀더 통합된 접근법을 통해 마음을 이해한다는 것의 의미를 설명한다. 다시 말해, 만약 각각의 시각장애인들이 다른 시각장애인과 이야기하며 각자의 특정한 관점에서 비롯된 정보를 통합한다면, 각자 어떻게 코끼리 전체를 더 충분히 이해하게 될까? 각자가 좀더 정확한 심상을 만들어 낼 것 같다. 시겔은 마음의 이해를 위해 이런 모형을 제안한다. 이질적인 연구 분야들에서 나온 공통의 결과를 연결함으로써 마음이 어떻게 작용하는지에 관한 그림뿐만 아니라 어떠한 변화들이 가장 효과적으로 마음(이어서 관계들로부터 공동체, 상처 입은 피조물에 이르기까지 그 밖의 모든 것)의 건강과 치유를 촉진할지에 관해서도 좀더 완전한 그림을 얻을 수 있다.

시겔은 마음을 이해하기 위한 이 통합된 모형을 **대인 관계 신경 생물학**이라 부른다. 이 용어는 마음이 궁극적으로 뇌와 경험의 역동적이고 신비로운 융합이며, 마음의 많은 측면이 자주 눈에 띄지 않는 방식으로 깊이 연결되어 있는 (혹은 잠재적으로 그러한) 현실을 표현한다. 대인 관계에서 상호작용은 뇌를 깊게 형성하며 뇌의 발달에 깊은 영향을 준다. 마찬가지로 뇌 및 뇌의 발달은 바로 그 관계들을 형성하며 영향을 준다. 우리는 신앙의 공동체에 중대한 의미를 갖는 몇몇 신경 과학적 개념을 고찰함으로써 이 신비가 펼쳐지는 방식의 세세한 부분들을 살펴보려 한다.

인간의 행동에 대한 이런 다양한 분야의 연구가 일반적으로 영성, 특히 그리스도인의 영적 경험을 고려한 경우는 드물었다는 점은 언급할 가치가 있다. 영성 개발이 정신 건강에는 금물이라는 것이 수십 년 동안 많은 행동 과학자들 사이의 인식이었다. 이는 다양한 신앙을 지닌 사람들 사이에, 정신 건강 연구자들 및 제공자들로 구성된 과학계에 대한 불신과 두려움의 반발로 이어졌으며, 이 반작용은 이해할 만했다.

그러나 1990년대 초반 이후로, 정신 건강의 진화 및 마음의 이해에서 영성의 역할을 좀더 받아들이게 되었다. 해럴드 쾨닉(Harold G. Koenig)과 마이클 매컬러프(Michael E. McCullough), 고(故) 데이비드 라슨(David B. Larson)은 2001년에 출간된 영향력 있는 책, 『종교와 건강 안내서』(Handbook of Religion and Health)에서 이 논의를 주류로 편입시켰다. 실제로 이제 영성 개발은 삶을 바라보는 좀더 중요한 렌즈 중 하나로 많은 연구자들과 존경받는 임상의들에게 그 중요성을 인정받고 있다.

시겔은 대인 관계 신경 생물학을 표명하면서 신경 과학과 의식적 주의의 영성이 교차하는 지점의 중요성을 한층 더 조명한다. 마음 및 행동 발달에 대한 이해를 영성과 통합하는 것은 이제 개인 사이와 문화 사이에 발생하는 문제들을 이해하고 다루기 위한 필수 패러다임이 되었다.

내가 문화 사이에 발생하는 문제들을 언급하는 데는 그럴 만한 이유가 있다. 뇌에 대한 논의가 어떻게 내면의 삶을 향상할 수도 있는지 상상하기는 어렵지 않다. 그것은 심지어 배우자나 자녀와 상호작용하는 방식에 영향을 미칠 수도 있다. 그런데 그것이 과연 중동의 평화와 무슨 상관이 있는 걸까? 어쩌면 무리수처럼 보일지도 모른다. 그렇지만 요한복음 4장에서 예수님이 사마리아 여인과 주고받는 대화를 생각해 보라. (비록 신경 과학자로서는 아니지만) 예수님의 자기 인식이 어떻게 사람들을 갈라놓는 문화와 성별의 깊은 골을 메우게 했는지 생각해 보라.

(하나님의 창조의 일부인) 대인 관계 신경 생물학이 어떻게 성경이 요구하는 두 가지 핵심 주제인 정의와 자비로 우리를 안내하는지 살펴볼 것이다. 더불어 우리는 특히 문화적인 단절과 갈등이 존재하는 곳에서 정의와 자비를 베풀도록 요청받는다. 하나님의 나라는 정의와 자비의 나라로서, 하나님은 정의와 자비가 삶의 모든 측면을 뒤덮으며 땅끝까지 확산되도록 하실 작정이다. 그분은 그 나라를 창조하는 일에, 예수님이 나타나셔서 그 나라가 충만해질 때까지 그 나라의 도래를 알리는 일에 자신과 함께하도록 우리를 초대하신다. (13장에서 이 공동체, 정의, 자비의 문제를 다룰 것이다.)

유념하기

신뢰의 문제

정신과 의사인 나는 사람들이 자신에게 심리적 타격을 주는 모든 정보와 감정, 인상을 이해하는 일이 얼마나 어려울 수 있는지 이해한다.

내 일은 주로 잘 듣고, (바라건대) 좋은 질문을 건네며, 환자의 인식의 문 바로 밖에서 기회를 엿보고 있을 새로운 발견에 대해 호기심을 소리 내 표현하는 것이다.

환자들의 정신과 담당의로서 내 역할의 공통 동력 중 하나는 신뢰 불러일으키기라고 믿는다. 나를 향한 신뢰이기는 하지만, 궁극적으로는 그들 자신을 향한 신뢰 말이다. 그들이 느끼는 바를 신뢰하고, 그런 감정이 그들의 마음을 이구동성으로 대변하는 여러 목소리의 불협화음에서 비롯된다는 사실을 이해하며, 그들과 진정으로 말하고 싶어 하는 그 불협화음의 갈망을 전달하는 것 말이다. 비록 그 목소리들이 때로 아리송하고 시끌벅적할 수도 있지만, 환자가 그 목소리 중 어느 것도 신뢰하지 못하는(또는 다른 목소리들은 배제하고 어떤 목소리만을 신뢰하는) 이유가 따로 있다. 그 주된 이유는 다름 아니라 그 목소리들이 무질서하거나 어떤 목소리가 다른 목소리들 위에 절대적으로 군림하기 때문이다. 그러나 그 목소리들은 **정말로** 내 환자들의 심중과 마음을 토로한다. 그리고 내 환자들은 그 목소리들이 하려는 말을 경청할 뿐 아니라 분별할 수 있는 자신의 능력을 신뢰해야만 한다.

나는 이 책을 쓰는 일을 비슷한 시각으로 바라본다. 이 책에서 몇 년 동안 내 머릿속 여기저기에서 웅성거리던 다량의 정보를 종합해 제시하려 한다. 그러나 사실상 이 책은 다른 사람들과의 만남, 수백까지는 아니라도 수십 번의 만남을 통해 나온 결과물이다. 사실, 이 책은 대부분 다른 사람들이 뿌린 씨앗들에서 거둔 수확물이다.

내게 그토록 영향을 준 워크숍을 진행한 댄 시겔의 연구를 다시 보자. 5년 전까지만 해도 이 책은 가능하지 않았을 것이다. 댄은 이 책에서 살펴보는 정신 건강 분야와 기독교 영성 분야의 확연히 다른 차원들을 통합하기 위한 기틀을 마련해 주었다. 나는 또한 다른 많은 자애롭고 매력적이며 희망에 찬 사람들에게 개인적으로나 그들의 저작을 통해 매우 깊은 영향을 받았다. 그 결과, 어디에서 그들의 생각이 끝나고 나의 생각이 시작되는지 짐작조차 할 수 없을 정도다.

책 본문에 나오는 포괄적 견해에 기여하는 자료의 요점을 하나하나 언급하는 것은 매우 유익할 수 있다. 자신의 연구를 그런 자료와 비교해서 검토하는 연구자들에게는 특히 그렇다. 그러나 독자에게 이성적 사고를 다른 유형의 인식과 통합해 보도록 도전하는 이런 책의 목적을 위해서는, 이런 언급들이 결국 유용하기보다 방해가 될 수 있으며 다른 사람들의 생각을 정리하는 연습의 역할에만 그칠 수 있다. 과학적 글쓰기가 단지 자료의 요점을 정리하는 수준에 불과하다고 암시하려는 게 아니다. 그럴 리 없다. 그것은 사실 객관적 자료를 제시하는 대부분의 본문들을 위한 표준이다.

그러나 이 책의 주된 내용은 자료 제시에 있지 않다. 그러한 형태의 작업은 논리적이고 선형적 방식으로 세상을 접하는 좌뇌 모드의 정신 작용에 지배된다. 이런 처리 방식은 전적으로 필요하고 좋지만, 지난 4백 년에 걸쳐 점점 강해지다가 우리의 문화적 사고방식을 지배하게 되었다. 세상을 인식하는 똑같이 중요한 다른 방식들, 즉 우뇌와 관련된 지각 방식들의 가치는 상대적으로 낮게 평가될 정도다. 연구는 중요하고 유익하지만, 숭배되어서는 안 된다.

좌뇌의 정신적 처리는 삶이 번창하는 데 필요한 신뢰에 대한 우뇌의 정서적 요소들을 무시한다. 내가 어떤 것을 논리적으로 입증할 수 있기에 그것을 안다고 알고 있을 때, 신뢰로부터는 멀어진다. 내가 더 이상 신뢰하지 않을 때, 나는 더 이상 알려지는 것, 관계, 사랑을 순순히 받아들이지 못한다. 이 책은 본문을 읽는 동안, 독자들이 신뢰하도록, 본문 자체를 만나는 방식조차 신뢰하도록, 그러는 가운데 신뢰에서 희망으로 나아가도록 초대한다.

그와 동시에 내 말이 일리가 있다는 느낌(내 말이 그러하기를 바라지만)이 든다는 이유만으로 내 말을 무비판적으로 받아들이거나 신뢰하지는 말았으면 한다. 그런 이유로 내 견해를 뒷받침하는 과학적 자료를 참고 문헌 목록에 제공하기로 했으며, 그 목록은 이 책의 말미에 있다. 만약 여기에 제시된 주제의 어떤 측면이든 더 깊이 씨름하기를 바란다면, 그 자료들이 도움이 될 것이다.

마음의 언어

이 책 전체에 걸쳐 **뇌**와 **마음**이라는 용어들을 자주 사용할 것이다. 곧 설명하겠지만, 이 단어들은 당연히 서로 바꿀 수 있는 것처럼 보일 정도로 밀접하게 관련되어 있지만 동일한 개념은 아니다. 그러나 둘 중 어느 하나에 대해 말할 때, 마음은(또는 뇌는) 유동적이며 종종 감지할 수 없는 방식으로라도 늘 변화하고 있음을 인식할 필요가 있다. 이와 같이 마음은 결코 고정되어 있지 않다. 마음을 창조하고 마음이 자신의 본성을 반영하도록 빚으신 하나님에게 다가가는 겸허한 태도로 마음을 대하려 한다면 우리는 잘 해낼 것이다.

우리의 마음만 변하는 게 아니라, 인간의 뇌가 작용하는 방식에 대한 과학자들의 이해도 발전하고 있다. 그래서 "뇌가 이렇게 한다"라거나 "마음이 저렇게 한다"라는 문장을 읽을 때, 사실 그 의미는 "이것은 우리가 현재 믿고 있는, 뇌의 행동 방식이다"에 더 가깝다.

신앙의 언어

마지막으로, 이것은 변증론적인 저작이 **아님**을 강조할 필요가 있다. 나는 뇌를 고찰함으로써 삶의 영적인 차원들의 실재나 신학적이거나 철학적인 특정 입장을 **입증**하려는 게 결코 아니다. 하나님의 실존을 입증하거나, 예수님을 따르는 이들은 옳고 다른 모든 사람은 그르다는 걸 확증하기 위해 이 책을 쓴 것도 아니다.

이 책의 끝에 다다를 때 친구에게 "이 책이 내 뇌의 측두엽 안에 있는 하나님의 영적인 칩을 확인해 주었기 때문에, 나는 이제 하나님이 계심을 **안다**"라고 말할 수는 없다. 예수님과의 더 깊은 관계를 추구한다면 이 책이 도움이 되리라고 나는 믿는다. 선하고 인내하며 자비롭고 친절하며 대담한 삶을 심중으로부터 바란다면, 이 책을 손에서 놓지 말라. 그러나 유감스럽게도 이 책에서 발견할 사실들은 실증적인 증거가 아니다. 그리스도인의 영적 경험이 유효함을 확인해 주기는 하지만, 이 책은 기독교를 신경학적으로 입증하거나 다른 종교적 경험이 틀렸음을 입증하려 하지 않는다. (어떤 이들에게는 다소 실망스러운 점일 수도 있다.)

신경 과학이 대인기를 끌게 되면서, 스티븐 핑커(Steven Pinker)와 대니얼 데닛(Daniel Dennett) 같은 몇몇 저명한 학자들은 실제로 하나님의 실재 및 종교적 경험의 유효성을 **반증하기** 위해 신경 과학을 사용하려 했다. 그들의 관점을 표현하는 한 방법으로, (이 경우에는 하나님에 대한) 우리의 경험을 측정할 수 있는 대상(우리의 유전자들과 우리의 신경세포들)으로 축소할 수 있다면 우리가 존재한다고 생각한 그 하나님의 필요성을 제거할 수 있다고 주장하는 듯하다.

이런 진술은 그들의 입장을 지나치게 단순화한 것이지만, 나는 이렇게 주장한다. 대부분의 사람들은 (표면적으로는 아닐지 몰라도) 마음속으로 하나님을 믿고 그분과 관계 맺기를 바라든지 그렇지 않든지 둘 중 하나다. 나는 그것이 타당한 표현이라고 생각한다. 어느 쪽이든 우리는 우리의 우반구가 갈망하고 있는 것, 혹은 너무 겁이 난 나머지 바랄 수 없는 것을 좌반구가 '입증'할 방법들을 찾으려 한다. 그때의 이 책은 다른 어떤 것도 입증해 주지 않을 것이다. 그러나 하나님에 굶주리고 목마른 사람이라면, 또 왠지 예수님 안에서 허기가 채워지고 갈증이 해소된 상태에 근접하리라고 느낀다면, 부담 갖지 말고 바로 뛰어들라. 당신이 발견하는 것을 향유하기 바란다.

2장
───────────────────────────
우리가 알려지면서

제러미는 지쳤다.

똑똑하며 자신을 명료하게 표현할 줄 아는 그는 흔하디흔한 불만을 갖고 내 진료실에 왔다. 우울증 치료를 위해 몇 명의 치료사들을 만나 왔지만, 허사였다는 것이다. 대학 시절에 시작된 그의 우울증은 평생 몇 차례나 그를 괴롭혔다. 우울증을 겪을 때마다 그는 무기력하고 성마르며 의욕이 꺾였지만, 치열한 경쟁의 삶에서 손을 떼기에는 두렵고 불가능한 상태가 되었다. 내일이면 자신을 기다리고 있을지 모르는 삶에 도달하려고 늘 애쓰면서도, 그것이 이루어지지 않을까봐 걱정했다. 자신의 미래를 염려하지 않을 때는, 과거에 갇혀 자신이 한 선택들을 곰곰이 생각했다. 그 결과 그의 마음은 사실상 지금 여기에 머무르지 않을 때가 많았다.

제러미는 좋은 교육을 받은 삼십 대 중반의 남자였다. 아내와의 사이에 두 명의 어린 자녀를 두었다. 그는 변호사로서 빠르게 출세 가도를 달리고 있었음에도 불구하고, 자신의 일에 대한 큰 불만을 상세히 표현했다. 대체로 상사에게 인정받지 못하고 동료들의 눈에 띄지 않는 것 같다는 이야기였다. 경제적으로 성공했음에도 불구하고 직업에서는 그다지 기쁨을 찾지 못했다. 창조적 사고를 할 수 있을 것 같았지만, 삶에서 무엇을 꿈꾸는지 물었을 때 그 일이 과연 무엇일지에 대한 자각이나 상상력을 거의 보여 주지 못했다.

그는 결혼 생활에서도 고전하는 중이었다. 그와 그의 아내 캐서린은 아이를 얻기 전, 몇 년간을 애썼으나 임신하지 못했었다. 이런 상황은 그들의 관계에 정서적으로 많은 부담을 주었는데, 캐서린은 자주 책임감과 죄책감을 느꼈고, 제러미는 만성적인 실망감을 느꼈다. 그런데 막상 아이들이 태어나자, 아이들의 존재가 그들이 아이를 갖기 위해 애쓰기 이전부터 수년 동안 존재해 온 근본적인 부부간의 갈등을 누그러뜨리지 못한다는 사실을 깨달았다. 그는 아내가 집에서 어린 딸들을 돌보며 부지런히 일한다고 말했지만, 자신만의 직업을 갖기를 갈망한다는 점을 알고 있었다. 제러미는 캐서린이 자기를 사랑한다고 믿었지만, 자기를 진정으로 이해하지 못할뿐더러 더 충분히 이해하려 하는 데도 별로 관심이 없다고 느꼈다. 그는 아내가 이기적이라고 생각했다. 비록 이 생각을 소리 내 인정하는 데 죄책감을 느끼기는 했지만 말이다.

섹스는 내키지 않지만 해야 하는 일이었다. 제러미는 계속 캐서린에게 육체적 매력을 느꼈지만, 육체적 친밀감의 표현조차 피하려는 그녀의 잦은 저항과 변명들에 진절머리가 났다. 이런 거절을 인식하자, 직장에서 느끼는 그의 무기력함과 의욕 없는 상태는 한층 강화되었다. 그는 캐서린과 효과적으로 소통할 수 없다고 느꼈으며, 틀에 박힌 남녀 역할이 그들의 관계에서는 바뀌어 버렸음을 감지했다. 그는 감정에 대해 이야기하길 원했지만 그녀는 거부하는 편이었다. 그들이 해결해야 할 갈등에 관해 제러미가 대화를 시작할 때마다 캐서린은 신경질적으로 반응했다. 그는 부루퉁해서 틀어박히곤 했지만, 그런 행동은 당연히 원활한 소통에 별 효과가 없었다. 다른 남성들과 깊은 우정의 관계를 쌓지 않은 제러미로서는 자신의 삶에 관해 이야기하며 이해받고 연결되어 있다는 느낌을 주는 다른 출구가 전혀 없었다.

나는 제러미에게 그의 영적인 삶에 관해 물었다. 그는 대학 시절에 그리스도인이 되었으며 그때 하나님 및 동료 신자들과 친교를 경험했노라고 말했다. 그러나 오래전의 일처럼 여겨진다고 했다. 수년 동안 매일 고된 일을 하다 보니 대학 시절과는 몹시 동떨어진 곳에 있다고 느꼈다. 영적인 활력에 대한 기억은 아득히 먼 오래전 일처럼 여겨지고, 이런 상황에 대해 생각해 볼 시간도 별로 없었다. 그는 그저 살아남으려 애쓰느라 너무도 바빴다. 때때로 하나님과 자신의 관계를 생각해 봤지만, 그 관계가 삶에 그다지 영향을 미치는 것 같지는 않았다. 그와 캐서린은 지역 교회 모임에 참석했으며, 그는 이따금 기도도 했다. 심지어 너무 고단하지 않을 때는 반드시 취침 시간에 딸들과 함께 기도했다. 하나님을 사랑하는 삶은 중요했지만, 그것은 마치 그의 의식의 공항 주변을 선회하고 있는 어떤 생각과 비슷했다. 삶의 좀더 긴급한 문제들이 어서 사라져, 예수님이 자리할 공간이 생기길 기다리는 상태 말이다.

그런데 내가 그의 영적인 삶까지 질문하려는 상황에 그는 강한 흥미를 느낀다고 말했다. 그러더니 그가 나를 보러 온 이유 중 하나가 내가 신앙인이라고 들었기 때문임을 인정했다. 그 사실이 치료에 어떤 차이를 낳을지 그는 전혀 알지 못했다. 그러나 한 가지는 확실했다. 제러미는 변하고 싶어 했다. 그는 이 점을 분명히 표현했다. 또한 첫 면담을 하는 중에 다른 어느 것 못지않게 하나님과의 관계가 변하기를 원한다는 사실을 깨달았다. 문제는, 무엇을 어떻게 변화시킬지 전혀 알지 못한다는 점이다. 우울증, 결혼 생활, 일, 영성, 그 무엇이라도. 앞서 말한 대로, 제러미는 지쳤다.

나는 변화가 가능할 뿐 아니라 조짐이 좋은 것 같다고 말했다. 또한 그의 삶에서는 그 자신이 잘 알려지지 않은 것 같다고 생각에 잠겨 말했다. 그에게는 타인에게 알려지는 실제 경험이 너무 부족했다. 그 '타인' 가운데 주목할 만한 분은 하나님이지만, 이것은 어쩌면 그의 원가족에서 시작되어 일반적으로 아내와 딸들, 동료들, 친구들과의 관계로 이어지는 사람들과의 만남의 연장선에 불과했을지도 모른다. 그가 현재 상황을 바꾸기 위해 시작할 수 있는 한 가지 방법이 있다. 신경 과학과 애착 분야의 연구를 통해 밝혀진 사실 가운데 몇 가지를 배운 다음 그의 사고와 행위에 통합하는 것임을 나는 넌지시 말했다. 그는 처음에 호기심을 보였지만 약간의 혼란과 불신도 섞여 있었다. 그는 앎(knowing)과 알려짐(being known)의 차이를 아직 이해하지 못하고 있었다.

─✕✕✕─

우리는 사물을 아는 것을 중시하는 세상에서 살아간다. 제러미는 어릴 때부터 그 방면에 뛰어났고 결국 명문 대학에서 법학 학위를 받았다. 전문직 종사자로서 그는 법률 이론 및 전략에 대한 복잡한 세부 사항을 파악하는 능력으로 존경을 받았다.

제러미가 깨달은 것처럼, **앎**(knowing)은 권력과 영향력을 가져온다. 그것은 자신의 생각이나 감정이나 행위가 향하는 사상, 사물, 혹은 사람에게서 분리되어 있으면서 생각하거나 느끼거나 행동하는 제일의 주체(혹은 사람)를 포함하는 활동이다. 이런 유형의 앎은 사실들에는 그다지 나쁘지 않으나, 사람들에게는 그다지 좋지 않다.

지식(knowledge)은 사람들 사이에서 권력 구도의 기울기로 해석되는 사실적 정보의 측면에서 이해될 때가 많지만, 선함이나 용기, 혹은 사랑을 보장하지는 않는다. 지식은 분명 그러한 자질들이 모습을 드러내는 데 힘을 실어 줄 수 있으나, 그것 자체로는 그 자질들을 만들어 내지 않는다. 궁극적으로 지식만으로는 충분치 않다. 참으로 만족을 주는 것은 알려짐(being known)이다.

알려짐의 과정은 일종의 그릇으로, 그 안에서 우리의 삶은 반죽되고 형태가 잡히며, 절개되고 봉합되며, 직면의 대상이 되고 위로를 받는다. 또한 왕의 귀환에 대비하여 하나님의 새로운 피조물이 더 완전함에 가까워지도록 이끈다. 공동체적인 이 그릇 안에서 이 책에서 탐색할 마음과 관계에 대한 정보가 형태를 갖춘다. 이것은 결국 사랑과 기쁨과 화평과 인내와 친절과 선함과 신실과 온유와 절제의 은총들을 낳는다.

우리는 자신과 자녀와 공동체 안에, 그리스도인들이 성령의 열매라고 부르는 이 속성들을 경험하고 개발하기를 갈망한다. 이 속성들이 호흡처럼 자연스럽게 나오기를 바란다. 이 속성들이 의에 주리고 목마른 상태의 자연스러운 부산물이라고 믿는다. 예수님을 따르는 제자로서, 예수님이야말로 우리가 이러한 속성들로 채워지게 하는 길이며, 그 속성들을 개발하는 것은 하나님 나라를 맞아들이기 위해 그분과 함께 힘써 일하는 수단이라 믿는다. 정의를 위해 일하면서, 부모와 자녀를 은혜와 품위로 대하면서, (이상적이지만) 적들뿐 아니라 친구들이 우리의 고용주가 되었든, 이웃이 되었든, 배우자가 되었든 그들을 사랑하면서 말이다. 그러나 이 속성들은 얻기 어렵다고 느껴질 때가 많다. 우리가 언제나 힘들이지 않는 리듬감 있는 동작으로 그 속성들을 수월하게 들이마시고 내쉬는 건 아니다. 오히려 그 속성들이 없어서 숨이 막힐 것 같을 때가 너무 많다.

이는 제러미가 경험한 바였다. 그의 행동과 생각과 감정은 이러한 속성들을 반영하지 않았다. 그의 기억들은 평온함, 인내, 지혜로움과는 다른 상태를 고통스럽게 상기시켰다. 그 속성들을 자기 존재 안으로 주입하는 게 얼마나 어렵고, 변화하기까지 얼마나 오래 걸리던지, 그는 그만 낙심하고 지쳐 버렸다.

제러미는 여러 가지 것들을 **알았다**. 그러나 어느 누구에게도 이해받거나 용서받거나 격려받는다고 느끼는 방식으로 **알려진** 적은 없었다. 사람들에게도, 하나님에게도. 그리고 그가 알려지지 않은 만큼, **알 수 없는** 한 가지가 있었는데, 바로 자신의 심중이었다. 이로 인해 결국 그의 삶에서 하나님 나라 특유의 속성들은 제한적으로 개발될 수밖에 없었다.

그리스도인으로서 자신의 삶에 결여된 성숙에 대한 좌절감을 다른 믿는 사람에게 인정한다고 해 보자. 그 사람은 예수님이나 하나님, 또는 성령이 우리가 갈망하는 변화를 이루어 주실 것이라고 안심시킬 법하다. 이러한 격려에는 종종 "선한 일을 여러분 가운데서 시작하신 분께서 그리스도 예수의 날까지 그 일을 완성하시리라고, 나는 확신합니다"(빌 1:6)와 같은 성경 구절이 곁든다. 이것도 괜찮기는 하다. 하지만 이런 말들은 이른바 그리스도 중심인 당신의 결혼 생활이 무너져 내리고 있을 때는 그다지 큰 도움이 될 것 같지 않다. 혹은 대마초를 피우는 십 대 아들과 효과적으로 의사소통할 수 없을 때나, 자신의 알코올 섭취를 통제할 수 없을 때나, 성인이 된 딸이 계속해서 학대적인 관계를 전전하는 마당에 자신에게 그 딸을 도울 능력이 없다고 느낄 때는 말이다. 때때로 그런 힘겨운 싸움은 심지어 개인적인 문제에만 국한되지 않는다. 회사와 지역사회의 문제들로 우리는 극심한 내적 혼란을 겪고 있는지도 모른다. 예를 들면, 성적 기준에 대한 교회의 입장이나, 은근한 우월감 및 분열의 기운을 조장하지 않으면서 정치에 성실히 참여하는 법을 고민하고 있는지도 모른다. 이미 상황을 파악했으리라 본다.

제러미는 상황을 파악했다. 그는 하나님의 자비와 연민을 **알고 있음**에도 불구하고, 선함과 친절과 절제의 자질들이 개인뿐 아니라 가족 및 공동체로도 드러나기를 갈망했다. 그렇다. 그는 하나님이 이 일을 일으키시리라고 진정으로 단언할 수 있었지만, 정작 자신은 그 행위에 참여할 수 없다고 느꼈다. 그리하여 자신에게 더 이상의 묘수가 없다는 걸 인정하기 두려운 상태로 삶을 헤쳐 나가고 있었다.

다시 말해, 제러미는 비록 이 점을 분명하게 표현하지는 못했지만, 지식의 한계에 거세게 부딪혔다. 신학은 설령 깔끔하게 포장되어 있을지라도 그것 자체로는 우리가 아이들에게 분노하지 못하게 막아 주지 못한다. 배우자, 직장 동료, 혹은 아이 선생님과의 갈등 중에 융통성 없고 독선적인 태도를 취하지 않도록 막아 주지도 않는다. 제러미처럼 우리는 모두 어느 순간엔가 그 사실을 깨닫는다.

우리 가운데 많은 사람이 우리의 신학과 성경의 명령들을 확고히 지킨다. 우리가 믿어야 한다고 들어 온 것이 우리의 직관적 경험과는 맞지 않으며 일상생활에서는 관련성이 부족할 때가 많다는 사실을 발견하기도 한다. 우리의 기독교 신앙은 주로 일련의 합리적 신념들에 대한 인지적 동의인 듯하다. 가족 갈등, 성에 관한 힘겨운 분투, 고립감, 또는 계속되는 수치심과 죄책감의 짐을 해결하는 데는 별로 도움이 안 된다. 이를테면, 우리는 때때로 (비록 죄책감과 실망감을 느끼긴 하지만) 로맨스 소설의 생생하게 묘사된 장면을 탐독하거나 마음으로 여성 동료의 옷을 벗기면서도 꽤 건강한 결혼 생활을 유지하는 척할 수 있다.

우리는 하나님의 요술 지팡이가 우리를 훑고 지나가며 변화시키기를 계속 바라지만, 그분의 마법은 결코 찾아오지 않는 것 같다. 때때로 가차 없는 인생의 바다에서 또 다른 파도의 마루를 넘어갈 때 구명구가 우리의 손과 눈길이 닿지 않는 곳으로 떠내려가 버리듯 희망이 사라지면서, 우리가 되고 싶어 하는 존재가 될 가능성을 포기하기 시작한다.

마찬가지로, 우리 중 많은 이들은 영성이 세계 전반의 실질적 변화를 위한 깊이 있고 의미 있는 경로가 되기를 희망한다. 우리는 정의를 갈망한다. 말하자면 중동에서, 우리 동네에서, 우리 가정에서 상황이 '바로잡히기'를 갈망한다. 하지만 너무나도 자주 상황은 개선되지 않고 악화되는 것 같다.

어떤 신자들은 잘 정의된 신학에 매달리는 반면, 어떤 신자들은 의도는 좋으나 맥 빠진 영성을 마음에 들어 한다. 그런 것은 권위 있는 사람, 보통은 부모지만, 종종 목사, 교사 혹은 평신도 지도자로부터 무심코 받아들인 대충 꿰맞춘 신념의 행렬과 다름이 없다. 이 신자들은 기계적으로 마지못해 교회 활동을 하면서, 내내 자신이 도대체 무엇을 하고 있는 건지 궁금해한다. 그들은 자신의 가장 깊은 부분은 텅 비고 기진한 상태임을 인식한다. 그들은 로마서 7장 21-25절에서 사도 바울이 말하는 것처럼, 자신이 원치 않는 일을 그들 자신에게뿐 아니라 다른 사람들에게도 반복적으로 행하는 이유를 이해하지 못한다.

예수님을 따르는 자로서 우리는 모두 성령의 열매가 추구할 만한 가치가 있다고 믿고서, 우리가 신앙이라고 부르는 그 인지적 주장들에 부합한 행동을 하려고 노력한다. 그러나 머지않아 우리에게 가장 중요한 관계에서 이 인격적 자질들을 도무지 키워 낼 수 없는 것처럼 보인다는 사실을 발견한다. 우리의 아버지나 어머니처럼 되지 않을 거라고 맹세하면서도, 우리 자녀에게 그들의 지문을 찍는다. 예수님이 십자가 처형을 받으시기 전의 사도 베드로와 같이, 우리는 철저한 확신을 품고 메시아를 향한 충절을 선언하지만, 우리 내면의 두려움과 무지에 압도당하고 만다. 그러고는 타인과 자신에 대한 배신에 뒤이어 목 놓아 우는 자신의 모습을 발견한다. 제러미처럼 우리는 지쳤다. 변화를 원하지만, 그 변화를 실현하는 법을 알지 못한다.

하나님께 알려짐

서구의 많은 지역, 특히 북미의 영성에 대한 관심에도 불구하고 하나님의 능력 및 생명을 주는 활력에 대한 우리의 전반적인 경험은 제한된 경우가 많다. 특히 관계의 성숙과 화해에 관한 한 더욱 그런 경향을 보인다. 종종 예수님 안에서의 삶은 은혜와 모험이 넘치고 참되며 구체적이고 생명을 주는 변화라기보다는 우리가 "죽어서 천국에 갈" 때까지 이생에서 분투하는 과정으로 여겨진다.

이것은 부분적으로는 앎과 알려짐의 과정을 마주하는 방식에 기인한다. 우리는 우리가 하나님**께 알려지는** 정도보다는 하나님을 **아는** (혹은 하나님에 **관한** 것들을 아는) 방식과 정도를 대단히 강조하는 경향이 있다. 하지만 사도 바울은 고린도 교회에 보내는 첫 편지에서, 하나님을 향한 우리의 사랑과 우리를 향한 하나님의 감정, 감각, 생각에 대해 우리가 적극적으로 인지하고 감지하며 느끼는 경험 사이의 연관성을 강조한다.

> 지식은 사람을 교만하게 하지만, 사랑은 덕을 세웁니다. 자기가 무엇을 안다고 생각하는 사람은, 아직도 그가 마땅히 알아야 할 방식대로 알지 못하는 사람입니다. 그러나 하나님을 사랑하는 사람은 하나님께서 그를 알아주십니다. (고전 8:1-3)

잠시 멈추고 다음을 숙고해 보자. 자신이나 다른 누군가의 영적 건강 상태를 고려할 때, 이런 질문을 얼마나 자주 하는가? **하나님에게 알려진 경험이 있다면 무엇인가? 혹은 그 사람은 자신이 하나님께 알려지고 있음을 보여 주는가, 만약 그렇다면 어떤 방식으로 보여 주는가?** 나와 비슷하다면, 자신이 하나님을 얼마나 **아는가**를, 혹은 무엇을, 또는 얼마나 하나님에 **대해 아는가**를 자주 묻거나 되돌아볼 것이다. 우리가 사는 세상에서는 이런 것을 기대하기 때문이다.

우리가 서로와 어떻게 만나는지에 관해서도 마찬가지 이야기를 할 수 있다. 우리는 우정을 평가할 때, 자신이 친구들에게 알려지는 것을 어떻게 경험하는가의 측면보다는 친구들을 얼마나 잘 아는지, 혹은 그들이 우리를 얼마나 잘 아는지의 측면을 고려하는 경우가 빈번하다. 이 구별은 중요하다.

17세기에 계몽주의가 출현하고 20세기 중반에 이르기까지 줄곧 '사물들을 아는 것'은 다른 무엇보다 소중히 여겨졌다. 하지만 그냥 아무 방식의 앎이나 그렇게 여긴 건 아니었다. 우리는 사실들을 아는 것, '진리'를 아는 것 그리고 우리가 옳다는 사실을 아는 것을 가장 귀하게 여겨 왔다. 사물의 작용 방식, 행동 방식, 신앙의 문제들에 대한 사고방식에서 옳음 말이다. '전문가들'이 수행하는 '유효하고 신뢰할 수 있는' 연구는 어떤 견해든 그것의 신뢰성을 판단하는 기준이 되었다. 심지어 우리의 신앙 경험마저, 그것에 변증법적인 중요성을 더하기 위해 철저하게 검토한다.

명확히 해 두자. 나는 연구나 경험적 진리를 아는 일이 하찮다고 말하는 게 아니다. 우리의 삶이 얼마만큼 아는 것을 중심으로 돌아가는지를 강조할 따름이다. 그것도 우리가 '옳음'을 보증하는 방식으로 말이다. 우리는 옳아야 할 필요, 합리적으로 정돈되고 틀림없어야 할 이 필요성이 인류 최고의 소명인 알려짐의 경험, 사랑하고 사랑받음의 경험을 하지 못하도록 미묘하면서도 효과적으로 방해한다는 사실을 깨닫지 못했다.

이와 동시에, 나는 지난 50년에 걸쳐 우리 사회가 마치 이러한 앎의 방식(사실들을 파악하는 것, 진리를 아는 것, 옳은 것)이 더 이상 세계를 대하는 유효한 방식이 아닌 것처럼 돌아가기 시작했음을 인식한다. 우리는 더 이상 우리 자신 밖에 있는 어떤 것을 확실히 알 수 있다고 믿지 않는다. 모든 것이 해체되어 우리의 주관적 경험으로 환원되었기 때문이다. 바야흐로 타인에게 객관적 진리를 주장할 수 없다("나는 내가 믿는 바가, 온 세상은 고사하고 당신에게 참되다고 주장할 수 없다")고 역설하는 사회가 되었음에도 불구하고, 실제로 우리는 모두 마치 객관적 진리가 정말 존재하는 것처럼 살아간다. 우리는 여전히, 이를테면 잔혹한 살인이 옳지 않다고 믿는 것처럼 살아간다. 사물을 아는 것은 매일의 삶을 헤쳐 나가는 데 여전히 중요하다. 우리의 차가 시동이 걸리리라는 것을, 중력이 우리가 예상한 바와 같이 작용한다는 것을, 친구들이 우리를 마중하러 공항에 오겠다고 한 그때 실제로 오리라는 사실을 알아야 한다. 우리가 많은 것에 관해 절대적으로 옳음을 안다는 사실은 우리의 생존과 행복감에 무척 중요하다. 여기에는 사람들에 대해 알거나 사람들에 관한 것들을 아는 것, 또 하나님에 대해 알거나 하나님에 관한 것들을 아는 것이 포함된다.

  우리가 사물을 이런 식으로 아는 것에 심취한 이유를 이해하기는 어렵지 않다. 이런 앎은 우리는 안전하며 우리가 주관하고 있다는 착각을 준다. 우리는 더 이상 취약하지 않다. 우리는 우리가 안전하고 보호받으며 행복하다고 믿는다. 우리가 하나님을 안다고 생각하며 우리 자신을 속인다. 그러나 그 하나님은 위험을 무릅쓰며 지독히 상처받을 수 있는, 성경이 묘사하는 대로의 하나님이 아니라, 우리가 생각하는 대로의 하나님이다. 즉, 통제하고 상처받지 않는 하나님이다. 우리는 하나님을 모조리 이해했으므로 더 이상 신뢰하지 않아도 된다. 사물을 아는 것과 옳은 것은 매우 중요하지만, 그 점을 지나치게 강조할 때는 대가가 따른다. 줄리의 이야기가 보여 주듯이 말이다.

<hr>

줄리는 자신과 세계에 대해, 특히 자신의 영적인 삶에 대해 자기가 믿는 바를 확신한다고 말했다. 그런 자신감은 그녀의 마음에서 일어나

는 내부 작용의 토대를 제공했다. 그녀가 이 점을 의식적으로 성찰했던 것은 아니다. 그녀는 그렇게 한 적이 없었다. 이 확실성에 대한 자신감, 이 앎의 습관이 점차 무너지자 비로소 그녀는 이러한 존재 방식이 자신의 생명 줄임을 인정해야 했다. 자신을 깊이 사랑하며 그녀와 결혼하기 원하는 젊은 남자와의 관계를 막 정리한 참이었다. 그녀도 그를 사랑했지만, 이렇게 말했다. "딱 꼬집어 말할 수는 없지만, 그 사람한테는 신경 쓰이는 뭔가가 있었어요. 하나님이 이 관계는 옳은 관계가 아니라고 제게 말씀하고 계신다는 걸 알았지요."

그러나 이별 후에도 후련함을 느끼지 못했을 뿐만 아니라, 그 관계에 대해, 또 자기 삶의 다른 모든 것에 대해 끊임없이 걱정하는 극심한 불안에 사로잡혔다. 내 진료실에 처음 방문한 날, 그녀는 자신의 주된 문제가 불안이라고 말했다. 불안만 사라진다면 아무 문제 없을 거라고 확신한다고 말했다.

줄리는 미국 하원 의원의 국내 정책 보좌관이었다. 그녀는 영리하고 야망이 있는 사람으로, 동료들은 그녀를 떠오르는 스타로 보았다. 그녀는 자신이 정치에 적격임을 알았으며 미국 국회의사당에서 자신의 미래가 펼쳐지고 있음을 보았다. 그녀는 자신의 종교적 입장뿐 아니라 정치적 입장에도 확신을 갖고 있었다.

그러나 이별 때문에 이 모든 것이 변했다. 이별은 줄리가 예측하지 못한 방식으로 그녀를 동요시켰다. 이제 그녀는 자신이 워싱턴에 계속 머무르길 원하는지, 혹은 심지어 계속해서 공공 정책을 구상하기를 원하는지도 확신이 없었다. 의심이 커질수록 그녀의 집중력은 예리함을 잃어 갔고 자기 일에 몸담으려는 의욕도 약해졌다. 그런데 그녀를 괴롭힌 것은 이것만이 아니었다.

줄리는 예수님을 따르는 사람으로 지내 온 지 너무 오래되어서 그렇지 않았던 때를 기억할 수도 없었다. 그녀는 내가 만나는 많은 사람처럼 기독교 가정에서 자랐다. 내가 그 말의 의미를 물었을 때, 그녀는 부모님이 자신과 두 여동생과 남동생에게 반드시 정기적으로 교회에 출석하게 했다고 말했다. 그녀의 아버지는 교회의 장로였고, 어머니는 집에서 성경 공부를 주관했으며, 가족의 저녁 식탁에서는 신학에 관한 대화를 나누는 일이 흔했다. 그녀는 6학년 때의 회심이 어땠는지 그리고 고등부와 영 라이프(Young Life, 콜로라도 스프링스에 있는 종교 단체―옮긴이) 참여가 자신에게 얼마나 중요했는지 말해 주었다. 대학 시절에는 자신이 다니는 대학교의 캠퍼스 주변에 있는 노숙인들을 돕기 위한 사역을 시작했다. 이 사역에서 그녀는 가난한 사람들의 처지 및 정의를 주장하는 일에 대해 예민한 감수성을 키웠으며, 이는 공공 정책에 관한 관심으로 이어졌다.

그런데 줄리는 자신의 직업적 소명에 대한 확신이 서서히 무너져 내리고 있는 것처럼, 예수님과 자신의 관계에 관해 '아는' 바도 점차 확신하지 못하고 있음을 알아차렸다. 하나님이 남자 친구와 헤어지라고 말씀하신다고 감지했음에도 불구하고, 그 관계의 분열은 하나님과의 관계 면에서 동요와 불안을 낳았다. 한때는 하나님의 본성을 의심 없이 알았고, 또 그녀가 무얼 하고 살기를 하나님이 원하시는지도 알았지만, 이제는 자신이 경험하는 모든 것이 의심스러웠다. 대답할 수 없는 의문들이 너무도 많았다. 하나님이 그녀의 남자 친구에 대해 말씀하신다고 느낀 것이 전혀 하나님의 말씀이 아니라면 어떻게 될까? 그녀가 틀렸다면 어찌 될까? 자신이 내내 옳았는지 어떻게 알 수 있는 걸까? 그녀가 하기를 하나님이 원하신다고 생각한 일을 했다면, 지금 왜 이리도 불안한 상태일까? 예수님과의 관계가 **정말로** 한 번도 진짜였던 적이 없다면, **정말로** 한 번도 그녀가 생각했던 것과 같지 않다면 어떻게 될까? 왜 늘 알던 방식으로 **알** 수가 없는 걸까? 그녀는 왜 이 모든 의문에 대한 집착을 그만둘 수가 없는 걸까?

남자 친구와의 관계에서 무언가 잘못되었다는 느낌으로 시작된 불안감이 신앙의 위기로 진화했다. 하지만 밤에 잠 못 이루게 하는 불안, 한때 안다고 생각한 것, 특히 하나님에 대해 안다고 생각한 것을 자신이 더 이상 알지 못한다는 결론 사이에 어떤 연관이 있는지 이해하지 못했다. 하나님과의 관계에 관해서는 물론이고, 상당한 분량의 의심과 불확실성을 적잖이 품어 온 사람으로서, 나는 진정으로 내면의 혼란을 경험하는 그녀에게 공감할 수 있었다. 사실 이제 그 경험은 혼란이라고 묘사하던 수준을 넘어 다분히 고통이라 불릴 정도로 발전해 있었다. 기도, 성경 읽기, 동료 성도들과의 대화, 또는 고전적 변증서 연구와 같은 익숙한 대처 전략 중 어느 것도 자신의 신앙을 떠받쳐 주고 있지 않다는 사실을 깨닫자, 그녀의 불안은 더욱 고조되었다. 모범 답안은 그녀의 의문들에 전혀 영향을 주지 못하고 있었다.

나는 그녀가 자기 불안의 뿌리를 보도록 돕기 위해, 그녀를 아는 일부터 시작했다. 그녀에 대한 사실들을 아는 것뿐 아니라 **그녀를** 아는 일 말이다. 사실 알려짐의 경험으로 그녀를 불러들이기 시작했다고 말하는 편이 더 낫다. 가정에서 자란 경험으로 시작해 그녀의 인생사를 물어보는 동안, 나는 이 젊은 여성이 보인 미묘하지만 중요한 신체적 반응 양상에 주목했다. 그녀의 얼굴은 입을 꼭 다문 채로 약간 긴장되어 있을 때가 많았다. 그녀는 긴장을 풀지 않은 채로 소파의 끝부분에 앞당겨 걸터앉았다. 긴장된 웃음소리와 억지 미소는 두 눈 바로 뒤에서 펼쳐지는 두려움과 불확실성의 벽에 대한 방어책처럼 보였다. 그녀는 한 번 이상 눈물을 참았는데, 이는 그녀를 공포에 떨게 하는 압도적인 감정이 격렬하게 쏟아져 나오고 있다는 뜻이었다. 내가 주목한 바를 언급하자, 그녀는 훨씬 더 괴로워하는 것 같았다. 그녀는 불안, 두려움, 걷잡을 수 없는 울음을 참으려고 한층 더 고된 싸움을 벌였다.

내가 너무 바싹, 너무 빠르게 움직여 들어가 그녀가 불편해하는 게 분명했다. 그녀는 불쾌한 방법으로 허를 찌르는 방식의 알려짐을 경험하고 있었다. 이 때문에 나는 대화를 다른 방향으로 옮겨 그녀가 자라는 동안, 가정에서 정서가 어떤 역할을 했는지 물었다.

그녀는 (내가 더 이상 그녀의 신체적 반응들을 지적하지 않아) 안도하면서도, 마치 그것에 관해 말해 봐야 소용없다는 듯 어리둥절해 보였다. 그녀는 자신의 아버지를 겉으로는 신뢰할 수 있어 보이지만 다정하지 않은 사람으로 묘사했다. 교회 장로로서 아버지의 위치와 신앙의 언어 및 실천을 조리 있게 표현하는 능력은 충분히 존경할 만했지만 정서적 수준에서는 제한된 소통을 해 왔음을 인정했다. 그녀는 아버지를 기쁘게 하는 것이 꽤 중요하다고 느꼈지만, 아버지를 포함해 어느 누구에게도 이 사실을 소리 내서 말해 본 적은 없었다. 아버지의 기대에 부응하지 못할까 봐 걱정했지만 이에 대해 곰곰이 생각해 볼 여지를 갖지 않았다. 이런 성찰은 인생에서 성공에 대한 집중을 방해하며 불안을 자극할 뿐이기 때문이다.

나는 그녀가 자신에게 중요한 것에 대해 어떻게 **생각하는지**가 아니라, 어떻게 느끼는지에 관해 묻는 일에 시간을 많이 할애한 사람이 가족 중에 있었는지 물었다. 그녀가 자신의 삶에 대해 어떤 정서적 감각을 가졌는지 알려고 한 사람이 있었을까?

"아니요." 그녀는 딱 잘라 말했다. "가족 중 누구도 그런 질문을 할 생각을 못 했을 거예요."

많은 것을 성취했음에도 불구하고 줄리의 내적인 삶은 대체로 탐색되지 않은 영역임이 분명해졌다. 좋은 성적을 받는 것, 존경할 만하고 침착하게 처신하는 것, 계속해서 옳은 일을 하는 것은 그녀의 가정에서 중요했다. 하나님, 신학, 신앙 경험에 관해 옳은 것들을 믿는 것은 특히 중요했다.

대학에 진학했을 때 그녀는 세상을 보는 새로운 방식들을 탐색하기 시작했다. 이 새로운 관점들을 부모님(특히 아버지)과 논의하려 할 때마다, 그녀가 제기한 의문들이 부모님의 믿음에 반할 경우 그녀는 교정을 받거나 묵살당했다. 그녀의 아버지도 어머니도, 학교에서 배우는 지식에 대한 줄리의 정서적 반응을 좀더 충분히 이해하려 하지 않았다. 그녀는 속이 상했지만, 정서적인 괴로움마저 부모님에게 자유롭게 언급할 수 없다고 느꼈다.

나는 그녀의 문제가 불안보다 더 복잡하다고 넌지시 말했다. 그러고는 새로운 환자들이 외적으로 드러난 증상 너머를 보도록 돕는, 내가 정기적으로 여는 워크숍에 그녀를 초대했다. 이 모임에서 나는 (기억, 정서, 신경세포 접합이나 연결을 포함하는) 뇌 기능의 양상과 우리가 맺는 관계가 어떻게 서로를 형성하고 있는지에 대한 개관을 제공한다. 이런 환경에서 줄리는 자신의 뇌 기능과 관계의 이력이 어떻게 서로를 형성하고 있는지 곰곰이 생각해 보기 시작했다. 그녀가 살아가며 다른 사람들 및 하나님과 관계 맺는 방식을 바꾸려고 할 때, 이 정보는 더 많은 방편을 제공할 것이다.

나는 그녀에게 그 워크숍을 마친 후에 서서히 이 정보를 더 잘 통합하도록 도울 치료사를 만나 심리 치료를 받는 편이 유익하리라고 말했다. 이 치료 작업을 통해 그녀가 정서, 기억, 애착 패턴의 세계를 탐색할 수 있을 거라는 제안도 넌지시 했다. 이는 궁극적으로 그녀의 불안을 감소시킬 것이다. 주로 다른 좀더 중요한 변화의 부산물로 일어나겠지만 말이다. 마지막으로, 그 당시에 그녀가 느낀 불안을 줄여 주는 약물이 필요하다고 생각하지는 않았지만, 앞으로 약물치료도 고려하는 게 좋을 수도 있다고 전했다.

그녀를 가장 괴롭히는 요소들에 대한 도움과 치유를 발견할 거라고 확신하지만, 아마도 그 과정에서 자신에 대해 놀랍고 때로는 무서울 수도 있는 사실을 발견할 거라고 말했다. 또한 뇌와 대인 관계에 대한 배움이 그녀의 삶에서 하나님이 일하시는 방식의 중요한 양상들을 시사해 줄 거라고 말해 주었다. 그녀가 자신의 뇌 기능들 및 그 기능들이 그녀의 인간관계와 뒤얽히는 방식에 더 주의를 기울일수록, 그녀와 하나님의 관계는 자유와 모험을 가져올 새로운 전망을 향해 열릴 것이다.

이런 여러 권고에 대한 그녀의 반응은 신속하고도 뜻밖이었다. 그녀는 자신이 도움을 얻기 위해, 좀더 구체적으로는 해답을 얻기 위해 왔노라고, 오늘 그 해답을 원한다고 무뚝뚝하게 말했다. 그녀는 의미 없는 심리학 용어들이 난무할, 길고 지루한 과정에는 관심이 없었다. 그녀는 바로잡기를 원했으며, 그 일이 빨리 이루어지길 원했다. 요컨대, 자신의 문제가 무엇인지 알고 싶어 했고 그 문제를 바로잡을 가장 간단한 해결책을 알고 싶어 했다. 내가 그녀의 불안을 그치게 해 주고 하나님과 전 남자 친구에 대한 끊임없는 집착을 끝낼 몇 가지 손쉬운 제안들을 해 주기를 기대했노라고 말했다.

게다가 약물 사용에 대한 어떤 가능성도 일축했는데, 그것이 그녀에게는 약함을 드러내는 분명한 표시인 듯했다. 그녀는 자신을 훨씬 더 취약한 존재처럼 느끼게 만들 무언가로부터 어떤 '도움'도 얻길 원하지 않았다. 그녀의 몸가짐은 그녀의 입에서 나오는 간결한 말들을 반영했다. 그녀는 팔짱을 끼고 다리를 꼰 채 긴장된 자세를 유지하며 소파의 가장자리로 더 당겨 앉았다. 입은 꽉 다물고 있었다. 다시 한번, 그녀는 터질 듯한 눈물을 참기 위해 애쓰고 있었다. 그녀는 내가 제안하는 것을 할 시간이 없다고, 업무에 복귀해야 한다고 말했다. 그저 상황이 "이전, 곧 이렇게 불안하기 전의 상태가 되기"를 바랄 뿐이었다.

나는 이전 상태로 돌아가는 것은 사실 그녀가 할 수 있는 최악의 선택 중 하나일 거라고 조심스럽게 암시했다. '이전 상태'는 그녀가 지금 이곳에 오게 된 주된 이유였기 때문이다. 알려짐이라는 개념, 누군가와 한자리에 앉아 그 사람이 다른 누구도 한 적 없는 방식으로 자기 영혼에 개입하도록 허락한다는 생각은 두려워할 만했다. 설령 그렇게 해서 불안을 치유하게 될지라도 말이다. 그리고 그녀의 두려움은 심리 치료를 시작하기 주저하는 데서 드러났다.

줄리의 이야기는 알려짐의 경험을 거의 하지 못한 대가로, 우리가 얼마나 필사적으로 사물을 알기 원하는지를 보여 주는 사례다. 더 중요한 점은 평정을 잃지 않으려는 욕망이 때로는 불안이나 우울, 혹은 약물 남용의 임상 증상으로 전개되리라는 점이다. 그러나 보통 우리의 '증상들'은 훨씬 미묘하다. 잘 생각해 보자. 사회적 지위는 상승하고 있지만 원망으로 가득한 결혼 생활을 유지 중인 부부. 똑똑하고 붙

임성이 있지만 여러 과목에 낙제해 걱정하는 부모에게 선생님들이 수업에서 자신에게 요구하는 것이 의미가 없다고 이야기함으로써 부모를 당황하게 만드는 고등학생. 자신을 방치한 아버지의 영향으로, 무책임한 아들과 현재 손자가 양육되는 방식에 도저히 관여할 수 없을 것 같아 고심 중인 할아버지. 고압적이고 요구가 많으며 불친절한 상사 때문에 힘들어하면서도 여러 해 동안 직장에 남아 있는 사무실 관리자. 깨어진 가정들. 분열되는 교회들. 전쟁을 일으키는 나라들. 알려짐이 이런 사례들에 관해 시사하는 바는 무엇인지 궁금해할지도 모른다. 많은 것을 시사하지만, 많은 사람에게 알려짐의 전망은 줄리의 경우처럼 두려움을 불러일으킨다.

   우리는 삶의 많은 부분에서 알려짐에 대해 부지불식간에 저항한다. 하나님, 예수님, 우리의 신학, '옳은 행위'에 관해 올바른 것들을 알고 믿고자 하는 집착이 보여 주는 것처럼, 우리의 종교적 활동 가운데에는 적잖은 저항이 존재한다. 이런 불균형한 존재 방식은 보통 우리의 불안과 수치심의 감정을 방어한다.

알려짐의 위험과 보상

줄리처럼 자신이 틀렸을까 봐 염려할 때(나는 의도적으로 **염려**라는 용어를 사용한다), 문제가 발생한다. 물론 자신의 느낌에 거의 주의를 기울이지 않을 수도 있다. 그렇게 두려움을 거의 알아차리지 못한 채로 "자신이 아는 바를 알고 있음을 안다"는 믿음을 뒷받침할 더 많은 방법을 찾아냄으로써 그 두려움을 막아 낼지도 모른다.

하나님과의 관계를 오로지 사실에 기반하며 합리적으로 유지할 때, 타인과 자신에 대해 판단하기가 쉬워진다. 그런 판단들은 불안을 누그러뜨리고 안전하고 보호받는 느낌은 더 크게 준다. 그러나 이런 존재 방식은 다른 사람들과 자신의 마음속에서도 느끼는 고립감을 더 늘리는 기이한 효과도 있다.

하나님께 자신이 알려지도록 마음을 연다면, 색다르고 솔직히 더 두려운 경험을 할 것이다. 이제 우리는 취약한 위치에 있다. 타인들이 우리를 알도록 허용하면, 그들은 우리의 가치에 대한 나름의 평가를 내릴 수 있다. 그들은 우리에게 반응할 수 있다. 그들은 우리에게 영향을 받고, 그러는 가운데 우리도 그들의 영향을 받을 수 있다. 그런 힘을 타인에게 부여하는 것이다. 그들에게 우리를 사랑하거나 거부할 선택권을 준다. 본질적으로, 우리는 다른 누군가에게 자신을 맡겨야 한다. 그래야만 한다.

그러나 나는 우리가 오로지 이 알려짐의 과정을 통해서 자신을 알고 타인들을 알 수 있음을 논증하려 한다. 다른 길은 없다. 알려짐은 추적되고 점검받으며 흔들리는 것이다. 알려짐은 사랑받는 것이며 여러 기대와 심지어 요구를 짊어지는 것이다. 그것은 자기 집 안의 가구를 재배치할 뿐만 아니라 평면도를 다시 그리고 벽을 헐며 다시 세우기를 각오하는 것이다. 알려짐은 수치심과 죄책감이 치유를 위해 드러나도록 허용한다는 뜻이다.

알려짐은 하나님이 무척 좋아하시는 것들 중 하나다. 하나님은 우리가 그분께 알려지는 경험을 하기를 바라시지만, 그에 못지않게 중요한 것은 하나님이 우리에게 알려지는 경험을 하기 원하신다는 점이다. 하나님은 우리에게 영향받지 않으시는 것처럼 보여서 그분의 갈망이 단지 우리의 유익만을 위한 것이라고 생각하면 오산이다. **하나님이 우리에게 알려지기를 갈망하시는 이유는 그것이 우리 못지않게 그분에게도 유익하기 때문이다.** 이런 연유로 하나님에 관해 옳아야 할 필요성에 집착하면 종종 문제가 발생한다. 한 친구가 언젠가 내게 말한 것처럼, "기독교는 옳음에 관한 종교가 아니라 사랑받음에 관한 종교다."

이 지점에서 어떤 이들은 이 말이 우리가 하나님을 필요로 하는 방식으로 하나님이 우리를 필요로 하신다는 의미일까 봐 우려하기 시작할지도 모른다. 그런 말이 아니다. 하나님이 우리에게 영향을 미치시는 만큼 당신과 내가 의미심장하게 하나님께 **영향을 미친다**고 말하는 것이다. 궁극적인 힘의 측면에서가 아니라, 정서적 유의성(emotional valence, 어떤 정서적 자극이 유쾌하거나 불쾌한 정도를 가리킴-옮긴이), 즉 그분이 감정을 느끼시는 강도의 측면에서 말이다. 하나님은 자신이 그분을 향한 우리의 태도에 깊이 영향받도록 내버려 두신다고 나는 믿는다. 비록 우리는 그분의 이런 성격의 측면을 이해하지 못할 때가 많긴 하지만 말이다. 어차피 우리가 하나님에게 이토록 중요성을 많이 가진 존재라는 사실을 상상하기란 쉽지 않다. 우리는 쉽사리 믿지 못한다. 우리의 불신은 가정에서의 경험을 통해 하나님에 **관해** 알게 된 **내용**뿐 아니라 **방식**에서도 결핍을 역설할 뿐이다. 그것이 우리의 알려짐의 경험이 어땠는지 역설한다는 점이 더 중요하다.

하나님께 알려지는 경험을 하지 않으면 하나님을 알 수 없다. 우리가 하나님을 아는 정도는 그분께 알려지는 우리의 경험에 바로 반영된다. 그리고 우리가 그분께 알려지는 정도는 우리가 타인에게 알려지는 방식에 반영될 것이다. 다시 말해, 하나님과 우리의 관계는 타인과 우리 관계의 깊이를 직접 반영한다.

어쩌면 진정으로 알려진다는 게 어떤 의미인지 경험해 본 적이 없을지도 모른다. 그 결과 이런 식으로 하나님에게 마음을 터놓는 일을 많이 경험하지 못했을지도 모른다. 정서적인 삶을 돌보지 않거나 매우 위축시키는 가정에서 자란 사람도 있을지 모른다. 자신의 정서적 갈등(말하자면 그들 자신이 '알려지는' 경험의 결핍)의 무게에 허덕이는 이들의 손에 자랐을 수도 있다. 세대 간에 일어나는 이런 형태의 죄는 다름 아닌 한 존재의 결을 따라 속속들이 치명적으로 끼어 들어간다. 그리고 이후 장들에서 보는 것처럼, 심지어 그 사람의 신경계가 배선되는 바로 그 방식에도 끼어든다.

줄리의 경험이 그러했다. 성장기에 그녀의 정서와 의문에 대해 의견을 나누길 꺼리거나 하다못해 그러한 것들을 알아주기마저 꺼린 부모의 양육 방식은 평생을 가는 결과를 낳았다. 그녀는 자신의 정서 상태를 인식하거나 그것으로부터 배우는 법을 도무지 알지 못했다. 그 대신, 자신의 감정으로 통하는 문을 열심히 지키는 법을 배웠다. 이로 인해 그녀는 하나님을 포함해 타인을 알고 또 그들에게 알려지기 어려워졌다.

알려짐의 길은 때로 너무 험한 여행처럼 느껴질 수도 있다. 줄리는 그 길이 위험을 감수할 가치가 없다고 판단했고, 고작 몇 회기 만에, 자신의 불안을 신속하게 고쳐 주기로 약속할 또 다른 치료사를 찾기로 결정했다. 그러나 제러미는 알려짐의 과정에 마음을 열기로 결정했다.

초기에 언제 변호사가 되기로 결심했는지 물었을 때, 그는 아버지와 할아버지 두 분 다 변호사였다고 말했다. 그래서 나는 그 역시 언제나 변호사가 되기를 원한 것인지 물었다.

그러자 제러미의 얼굴에 그늘이 스치는 듯했다. 그렇지 않았다고 그는 시인했다. 그는 고등학교 졸업반이 되기 전 봉사 과제를 하는 동안 도심지 여름학교 프로그램에서 아이들을 가르치는 일을 도왔다. 그는 이 도전적인 일에 푹 빠져들었고, 어린 소년들이 이룬 진전을 자랑스럽게 여겼으며, 그 소년들은 모두 그를 우러러보았다. 프로그램 마지막 날에 그 학교의 교장은 제러미와 악수하며 이렇게 말했다. "제러미, 너는 이제껏 내가 본 가장 타고난 교사더구나. 교직 학위를 이수하고 나면 나를 찾아오렴. 널 위해 교실을 준비해 두마." 제러미는 그날 밤 집에 와서 교사가 되고 싶다고 부모님에게 말했다.

"부모님은 제 말에 반응조차 하지 않았어요." 제러미가 말했다. 그 대신 그들은 그가 로스쿨 예비 전공을 한다는 조건으로 아버지의 회사에서 장학금을 받은 사실을 상기시켰다.

"오, 그런 반응이 어떻게 느껴졌나요? 교실에서 보여 준 당신의 분명한 재능을 부모님이 긍정하기는커녕 알아주지도 않았을 때 낙담했습니까?" 내가 물었다.

제러미는 어깨를 으쓱했다. "이제 다 지난 일인 걸요." 그가 말했다.

"그렇죠. 하지만 부모님이 당신의 꿈을 그런 식으로 묵살해 버렸잖아요. 그 여름학교 프로그램에 당신이 바친 그 모든 시간이 과연 부모님에게 어떤 의미가 있기나 했는지 틀림없이 궁금했을 거예요."

이 대화 및 그와 비슷한 다른 대화들을 통해 제러미는, 알려지고 다른 사람이 자신의 감정과 선호하는 것들과 꿈을 인정하고 받아들여 주는 경험이 어떤 의미인지 서서히 이해하기 시작했다. 그는 처음으로, 자신의 지식이나 행위보다는 자신이라는 존재로 받아들여지는 게 어떤 의미인지 이해했다.

하루아침에 이루어진 건 아니지만, 그는 결국 캐서린을 알려고 애쓰기 시작했다. 그녀가 어린 딸들과 집에서 긴 하루를 보낸 후에 자신에게 쏘아붙일 때 움츠러들기보다는 그녀가 마음껏 이야기하도록 이끄는 법을 배웠다. 이전에 그녀는 그가 논쟁에서 '이기기' 위해 논리를 사용할 거라 확신하며, 그들 사이의 어떤 갈등에 대한 논의도 피하고 싶어 했다. 그렇지만 이제는 자기가 나름의 두려움과 갈망을 시인할 때 제러미가 진정으로 경청하리라는 점을 알아차렸다. 그녀가 어떻게 집에서 그래픽 아티스트 일을 재개할 수 있을지 고려하기 시작하자, 그는 그녀에게 용기를 북돋워 주었고, 혜택받지 못하는 아이들을 가르치는 일에 대해 그가 오랫동안 묻어 둔 미완의 열정을 이야기했을 때는 그녀도 슬퍼했다.

그렇지만 어쩌면 제러미에게 가장 의미 있는 것은 새로워진 영적 삶이다. 그는 더 이상 자신의 의심과 두려움과 실망을 하나님께 표현하기를 두려워하지 않는다. 하나님이 언제나 자기를 찾는 이들의 연결과 회복을 추구해 오신 방식에 제러미가 주의를 기울이기 시작함에 따라, 그의 성경 읽기는 활기를 띠었다. 그리고 그는 직업의 방향을 두고 진지하게 기도하고 있다. 가르침의 열정을 추구하기 위해 법조계를 떠나야 할까?

제러미와 줄리는 내 진료실에 가져온 문제를 다루기 위해 각기 다른 경로를 택했다. 그렇지만 그들은 (겉보기엔 성공적이지만 내적으로는 패배한) 동일한 지점에서 출발했다. 당신의 이야기 또한 압도적으로 느껴질 수도 있다. 혹은 당신의 이야기에 너무 많은 조각이 빠진 나머지, 알려짐의 경험이 무관하다고 느껴져서, 이런 이야기의 어떤 부분이 무엇을 의미하는지 혹은 당신에게 어떻게 적용되는지 거의 알아차리지 못할 수도 있다. 당신은 다만 아는 것으로도 충분히 편안함을 느낀다. 어차피 알려짐은, 계속해서 신속하고 효율적으로 일을 처리하는 방식에 방해가 될 뿐이다. 그러나 어쩌면 영화 〈매트릭스〉(The Matrix)의 네오처럼, 무언가가 잘못되었음을, 무언가가 불완전함을, 무언가가 "마음속에 박힌 가시처럼" 불안하게 만들고 있음을 감지할지도 모른다.

뇌와 우리의 관계들과 이 둘이 서로를 형성하는 방식에 관해 최근에 밝혀진 정보로부터 얻은 일련의 도구들, 알려짐의 길에서 우리를 도울 그 도구들을 우리가 갖고 있다면 어떻게 하겠는가? 성령이 우리를 은혜와 모험의 삶으로 불러들이시는 수단으로 이 도구들을 사용하고 계신다면 어떻게 될까? 이 질문들에 대한 답을 탐색하기 시작할 가장 좋은 곳은 마음 그 자체 안에 있다고 믿는다.

3장

네 … 마음을 다하여 주 너의 하나님을 사랑하라

"제가 실성해 가는 것 같습니다."

정신병 환자에게서 이 말을 들은 게 아니었다. 그 전 주말에 미성년자 음주 파티에서 술에 취한 열일곱 살짜리 딸을 데려와야 했던 내 환자 조지가 한 말이다. 조지는 예전에도 이런 일을 한 번 저질렀던 딸 크리스틴 때문에 매우 당황했다. 그런데 지금 또다시 그 일을 저지른 것이다. 조지가 크리스틴을 들어 올려 집 안으로 옮겨야 할 정도로 크리스틴은 인사불성이 될 때까지 술을 마셨다.

진료실에 앉아 있는 조지는 인터넷 기업의 갑부가 아니라 두들겨 맞은 남루하고 가난한 사람 같은 모습을 하고 있었다. 그는 최첨단 기술 분야의 전문가였으며, 그의 관심은 온통 무선(wireless)에 쏠려 있었다. 그런데 딸의 뇌의 배선(wiring)은 어떤가? 그는 아무것도 알지 못했다. 그리고 자기가 딸의 마음 형성에서 어떤 역할을 담당하는지에 대해 무지했다. 그는 독실한 신앙인이지만, 그 순간 딸의 삶에 관한 한 하나님은 상당히 무력해 보인다고 말했다. 조지의 불안은 쓰나미처럼 커지고 있었으며, 그 자신의 경제적 영향력에도 불구하고 그 물결을 멈추기에는 무력하다고 느꼈다.

설령 그런 극한의 상황에 처해 본 적은 없다고 해도, 다른 모든 사람처럼 언젠가 '내가 실성하고 있다'는 생각을 하거나 그런 말을 해 본 적이 있을 것이다. 아마도 수표책의 잔액이 좀처럼 맞지 않을 때, 어쩌면 열쇠를 어디에 두었는지 기억할 수 없거나 누군가에 대해 비판적이고 모욕적인 생각들을 멈출 수 없을 것 같을 때, 혹은 운전하여 교회에 가는 길에 배우자와 아이들에게 소리를 질렀다가 주차장에 들어가자마자 미소를 짓고 완벽한 가족 연기를 시작하는 그 일요일들에 말이다. (나는 교회의 모든 예배가 고백으로 시작해야 한다고 생각한다. 들어가는 바로 그 입구에서 말이다. 그렇게 하면 하나님은 예배 전에 발생한, 가족 간에 질러 댄 모든 고함을 처리하실 수 있다.) 그렇다 하더라도, 실성(失性)하는 것(losing our minds)에 관해 이야기할 때, 그 말의 정확한 의미는 무엇일까? 우리는 정확히 무엇을 잃어버린다고 생각하는 것일까?

이 책에서 나는 하나님이 우리를 변화시키기 위해 어떻게 우리 마음을 통해 일하실 수 있는지 독자들의 이해를 돕고자 한다. 하지만 너무 멀리 가기 전에, 그분이 창조하셨고 지금 그분이 일하시는 수단으로 삼은 이 놀라운 도구를 이해할 필요가 있다. 수 세기 동안 사람들은 마음(the mind)의 개념에 흥미를 느껴 왔으며, 다양한 문화에는 마음이 의미하는 바에 대한 각기 다른 견해들이 있다. 히브리인들은 혼(the soul)에 대해 이야기했다. 그리스인들은 정신(the psyche)에 대해 이야기했다. 오늘날 우리는 **의식**(consciousness, 우리가 사물을 인식하고 있음을 인식하는 능력), **지성**(intellect, 추론하는 능력), **영**(spirit, 단지 '생각하는' 부분보다는 아무튼 더 커 보이는 더 깊은 주관적인 기백)과 같은 단어 또한 사용한다.

예수님도 우리의 마음에 대해 이야기하신다. 아마 가장 두드러진 말씀은 우리에게 "네 마음[heart]을 다하고, 네 목숨[soul]을 다하고, 네 뜻[mind]을 다하여 주 너의 하나님을 사랑하여라"(마 22:37)일 것이다(이 구절에서 '뜻'이 원문에 인용되는 'mind'에 해당하며, '마음'은 'heart'에 상응한다―옮긴이).

성경은 다른 여러 곳에서도 마음에 대해 이야기한다.

우리는 그리스도의 마음을 가지고 있습니다. (고전 2:16)

육신에 속한 생각은 죽음입니다. 그러나 성령에 속한 생각은 생명과 평화입니다(롬 8:6, 이 구절에서 '생각'이 원문에서 인용된 'the mind'에 해당한다―옮긴이).

여러분은 이 시대의 풍조를 본받지 말고, 마음을 새롭게 함으로 변화를 받아서…. (롬 12:2)

우리는 마음이 성장하여 하나님이 구상하시는 그런 마음이 되기를 갈망한다. 우리가 주 우리 하나님을 마음을 다해 사랑한다는 것은, 혹은 마음을 새롭게 함으로 변화를 받는다는 것은 무엇을 의미할까? 누군가 그 의미를 완전히 파악했을지 모르겠지만, 우리가 참으로 하나님을 이와 같이 사랑한다면, 혹은 그분이 이렇게 우리의 마음을 변화시키시도록 허용한다면, 우리의 삶은 성령의 열매인 사랑과 기쁨과 화평과 인내와 친절과 선함과 신실과 온유와 절제(갈 5:22-23)를 드러낼 가능성이 더 크다.

마음의 정의

하나님은 마음이 정확히 어떻게 기능하는지 우리에게 상세히 설명하시지 않지만, 과학적 연구는 그분이 일하며 거치실 수 있는 과정 중 몇몇에 대한 흥미로운 단서들을 제공한다. 이 장에서는 마음의 다양한 기능들을 고찰하기 시작하므로, 대니얼 시겔의 정의를 생각해 보기를 권한다.

> 마음은 체화되고 관계에 의해 구성되는 과정으로, 뇌 내부 및 뇌와 뇌 사이에서 발생하며, 에너지와 정보의 흐름을 조절한다.

시겔은 그의 책 『마음의 발달』, 『내면에서 시작하는 양육』(Parenting from the Inside Out), 『마인드풀 브레인』(The Mindful Brain, 메타포커스)에서 마음의 기능을 요약하는 데 이 정의를 사용한다. 이 개념을 더 상세히 살펴보자.

1. **마음은 체화된 것으로, 이 말은 마음이 우리의 신체적 자아에 거주하며, 기능하기 위해 우리 몸에 의존한다는 뜻이다.** 마음은 물론 뇌를 포함하지만, 몸의 다른 부분들도 에너지와 정보의 흐름에서 한몫을 담당한다. 이를테면, 우리는 부분적으로 맥박수가 증가하는 것을 감지하고 가슴속에서 심장이 쿵쾅거리는 것을 느끼기 때문에 불안하다는 사실을 자각한다.

자기가 느끼는 바를 묘사하려는 환자에게 내가 묻는 한 가지 질문은 이것이다. "**어디에서** [슬픔이/화가/당황스러움이] 느껴집니까?" 환자가 이런 감각들을 찬찬히 바라보는 데 익숙하지 않을 수도 있지만, 자신의 몸이 특정 정서를 어떻게 경험하고 있는지 확인하는 데 걸리는 시간은 잠깐에 불과하다.

그리스도인으로서 우리는 때때로 우리의 신체적인 경험을, 영적인 사안들을 '생각'하거나 '상상'하는 우리 의식의 추상적이고 영묘한 부분보다 열등하다고 일축한다. 그렇지만 바울은 우리의 몸을 성령의 전으로 묘사한다. 그렇게 분명히 몸은 우리의 가장 깊은 영적 경험들에 관여한다. 사실, 하나님을 마음으로 사랑하려면, 몸으로 사랑해야 한다. 몸(혹은 '육감')이 하는 말에 주의를 기울이지 않으면, 우리는 마음에서 단절될 것이고, 결국 마음으로 하나님을 사랑하는 일이 어려워진다. 사실, 많은 경험을 하기 위해 반드시 신체적 자아의 존재가 필요한 것은 아니라고 느껴지기도 한다(예컨대, 슬픔의 '감정'과 그 감정에 수반되는 마음속의 심상). 하지만 뇌가 없다면, 혹은 더 나아가 뇌가 감지하는 몸이 없다면, 우리는 경험이라는 것을 아예 할 수 없다.

2. **마음은 체화된 것일 뿐 아니라 관계적인 것이기도 하다.** 마음에 대한 우리의 감각은 타인과의 상호작용에 의존하며 그 상호작용으로 이루어진다. 우리는 사실, 모든 아기들처럼 자기를 돌봐주는 사람과의 상호작용을 기대하며 자궁에서 나왔다. 우리가 세상에 들어선 순간부터 우리 마음은 환경의 지대한 영향을 받으며 형성되어 왔다. 그 환경을 구성하는 요소 중에서 우리가 다른 마음들과 가지는 상호작용보다 더 중요한 부분은 없다.

부모의 얼굴 표정이나 어조, 꾸짖는 눈초리는 장난감이나 담요보다 훨씬 더 많이 아이의 마음(이 경우에는 그것의 뇌/몸 부분)이 기능하는 방식에 적극적인 영향을 미친다. 인생의 시작부터, 어떤 사람의 마음도 다른 사람들의 마음에서 완전히 독립적으로 기능하지는 못한다. 처음부터 자수성가한 남자나 여자는 존재할 수 없다. 이에 대해 잠시 생각해 보자. 다른 사람들과 상호작용하고 있지 않을 때도, 우리가 하는 공상의 많은 부분은 타인과의 상호작용을 마음속에 그리고 있다. 이렇게, 남몰래 하는 혼자만의 생각이라 여기는 것조차 관계의 능동성을 수반한다.

3. **마음은 에너지와 정보의 흐름을 조절하거나 그 흐름의 형성을 돕는 과정이다.** 마음은 고정되어 있지 않고 <u>흐르고</u> 있다. 배우자나 자녀에게 "그래서 무슨 생각 하고 있어?"라고 물었을 때 겨우 "아무 생각도 안 했어"라는 대답을 들었던 적이 이제껏 몇 번이나 있었는가? **마치** 실제로 아무 생각을 하지 않았다는 듯 말이다. 정말 사랑스럽지 않은가? 우리가 마음속에서 생각하거나 느끼거나 행하는 바를 자각하지 못할지도 모르지만, 마음은 언제나 움직이고 있다. 우리가 잠을 잘 때도, 마음은 꿈을 만들어 내며 일한다.

　에너지는 뇌에서 발생하는 전기화학적 변화를 나타낸다. 우리가 어떤 생각이나 감정을 품을 때마다, 그에 상응하여 신경세포들, 즉 뇌세포들이 서로 소통하고 몸의 나머지 부분에 신호를 보내면서 그 세포들을 따라서 이 전기화학적 전하의 발화 패턴이 발생한다. 특정 경험을 나타내는 상응하는 신경세포의 발화 패턴이 존재하지 않고서는, 우리는 어떤 것도 경험하지 못한다. 그리고 그 '경험'을 우리는 **정보**라고 표현한다.

오늘날 양전자 방사 단층촬영(PET), 기능적 자기 공명 영상(fMRI), 단일 광자 방출 단층촬영(SPECT)을 포함한 다양한 신경 영상 기술들은 연구자들이 여러 상황에 걸쳐 뇌의 다양한 부위에서 일어나는 대사 활동의 강도와 위치를 비교할 수 있게 해 준다. 이를테면 한 사람이 기도나 명상을 하고 있을 때, 각기 다른 정서를 표현하는 얼굴 사진들을 보고 있을 때, 혹은 특정 이미지나 단어를 상상하고 있을 때와 같은 상황들이다. 각기 다른 감정이나 생각은 각기 다른 심상을 만들어 낼 수 있다.

다시 말해, 우리의 경험은 우리의 신경 발화 패턴과 서로 불가분하게 엮여 있기 때문에 그 둘을 따로 떼어 생각할 수 없다.

앞으로 살펴보겠지만, 몸에 대해 이야기하지 않고서는 마음이 하나님을 사랑하는 법이나 변화하는 법에 대해 이야기할 수 없다. 하나님을 사랑하기 위해서는 뇌를 사용해야 하며, 마음이 변화하기 위해서는 뇌가 마찬가지로 변화해야 한다. 몸을 알지 못한 채로는 알려짐을 경험할 수 없다. (이 시대에 혹은 다가올 시대에) 우리가 충분히 인간적이려면, 몸이 필요하다. 다시금 강조하겠다. 물질은 악하므로 몸을 초월하도록 힘써야 한다는 영지주의자들의 신념은 잘못되었다. 몸이 없으면 마음도 없다. 마음도, 그 어떤 것도 없다. 적어도 인간인 우리에게는 말이다. 이제 마음의 구성을 더 상세히 고찰하면서, 명백한 출발점인 뇌에서 시작하자.

뇌

지난 몇 년에 걸쳐 나는 환자들이 뇌의 구조와 기능을 더 실용적으로 이해할 때 얼마나 많은 유익을 얻는지 알아차렸다. 그러한 이해를 통해, 그들은 자신의 몸의 활동과 생각, 감정, 행동 사이의 연관성을 보는 것 같다. 또한, 그 덕분에 자신을 독보적으로 인간답게 만들어 주는 것을 더욱더 잘 인식하고 누리게 된다. 마지막으로, 그들은 하나님이 말씀하시는 통로가 되는 마음의 다양한 측면들에 더 많은 주의를 기울일 수 있다. 여기서부터 하나님과의 더 깊은 관계가 나온다. 우리의 성전-몸에 거하겠다고 주장하시는 하나님을 만나려면, 이 성전과 가능한 한 친숙해져야 한다.

인간의 뇌는 대략 1천억 개의 신경세포, 즉 뇌세포로 이루어져 있다. 이 세포들은 각기 다른 형태를 띠며 각기 다른 목적에 기여하지만, 전반적인 기능 방식은 비슷하다. 이 세포들은 연접(synapse, 신경 접합부라고도 함―옮긴이)이라 불리는 연결 지점들에서 생화학적으로 서로 소통한다. 사실, 연접은 문자 그대로의 접점이 아니라 신경세포들 사이의 (연접 틈새라 불리는) 매우 좁은 공간이다. 각각의 신경세포는 다름 아닌 연접 틈새[각 틈새는 그 넓이가 20나노미터(1밀리미터의 2천만 분의 1)에 불과함]를 가로질러서 생화학적 전령을 통해 이웃에게 신호를 보낸다. 각각의 세포는 대략 1만 개까지의 다른 세포들과 연접을 형성할 능력을 갖추고 있다. 수학의 귀재들에게 이 말은 이 모든 신경세포들 사이에 일어날 수 있는 연결 패턴의 총수가 사실상 무한하다는 뜻이다. 문자 그대로 무한한 것은 아니지만 거의 무한하다. (남성들은, 아내나 여자 친구가 어떻게 그렇게 기분이 왔다 갔다 수시로 변하는 게 가능한지

인간의 뇌

외부에서 바라본 좌뇌의 측면

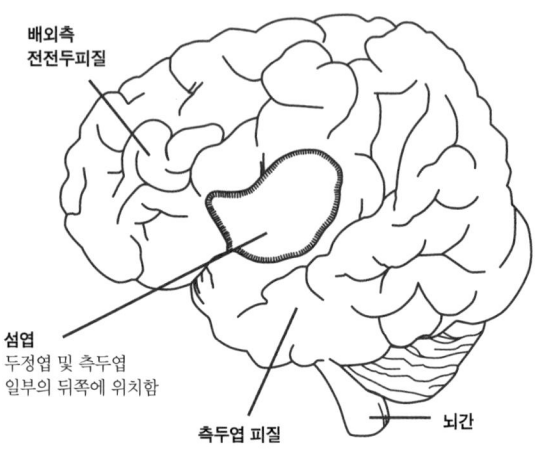

뇌의 중앙에서 바라본 우뇌

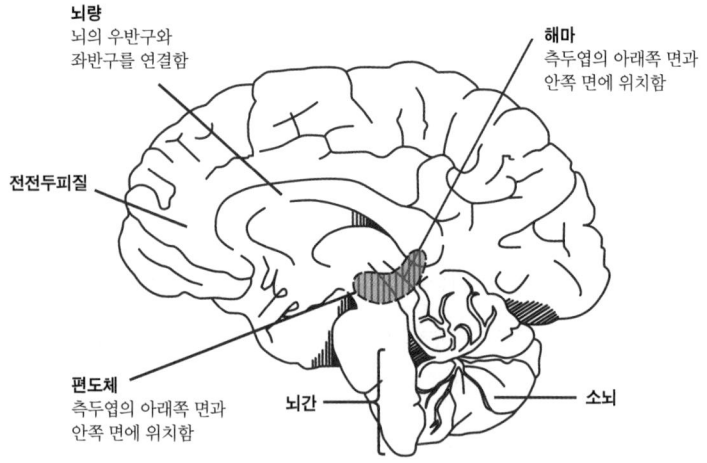

이제는 안다. 그들은 그 모든 신경계의 유효 정보를 활용하고 있을 뿐이다. 그리고 여성들은 자기 인생과 관련된 남자들이 도대체 왜 그렇게 기분 변화를 거의 겪지 않는 것 같은지 이제는 이해한다. 우리는 우리의 신경계의 유효 정보를 이용하는 건 고사하고 **찾아내려고** 여전히 노력하는 중이다.)

과학자들은 뇌가 어떻게 발달하고 기능하는지를 설명할 때 두 가지 주요 모형을 사용한다. 하나는 좌/우 모형이며, 다른 하나는 위/아래 체계다. 알려짐에서 마음의 역할을 고찰할 때, 두 모형 모두 귀중한 통찰을 제공한다.

좌우 모형

뇌는 좌측과 우측, 두 개의 반쪽, 즉 반구로 나뉜다. 이 두 반구는 뇌량이라고 알려진 가느다란 조직으로 연결되어 있다. 바로 이 조직을 통해서 서로 연접을 형성하는 신경세포들을 매개로 두 반구가 서로 '이야기할' 기회를 갖는다. (뇌와 뇌 구조에 대한 완전한 개요를 살펴보려면 78쪽의 인간의 뇌 그림을 보라.)

각각의 반구는 각기 다른 책무를 수행한다.

우뇌/우측 모드

태어나서(몇몇 전문가들은 훨씬 더 이른 시기부터라고 생각한다) 생의 첫 18개월을 지나 24개월에 이르기까지, 우반구는 좌반구보다 신경세포들 사이에 더 많은 상호 연결들을 만들어 내는 경향이 있다. 이는 우반구의 기능들이 이 시기 동안 더 급속히 발달한다는 뜻이다. 뇌의 우측은 아기들이 다음의 기능들을 발달시키도록 돕는다.

통합된 몸 지도. 유아들은 자라면서 시간과 공간 안에 있는 자신의 몸에 대해 주관적으로 인식한다. 이것은 고통이나 접촉을 감지하는 수준을 넘어선다. 아기들은 자기가 움직임을 통제할 수 있는 팔과 다리를 실제로 **가지고 있다**는 사실을, 극심한 허기를 겪는 위를 가지고 있다는 사실을, 기저귀가 젖어서 바꾸어야 할 때를 감지할 수 있다는 사실을 배워야만 한다. 이 인식은 출생 시에 충분히 발달해 있지 않다. 그 인식은 신경학적으로 발달해야만 하며, 그 발달은 연접을 형성하는 수백만 개의 신경세포들을 통해 우반구와 주로 연결되어 있다.

시공간적 정위(visuospatial orientation). 유아들은 또한 삼차원의 감각을 발달시킨다. 그것은 자신과 대상이 공간에서 서로와 관련하여 어디에 있는지를 공간적으로 파악하는 감각이다. 공간과 시간을 통과해 움직이면서, 유아들은 자신만의 개인적인 공간과 위치를 감지하기 시작한다. 이 감각은 그들이 몸의 여러 부분을 조화롭게 기능하게 하는 조정력을 발달시키고, 공간에 존재하는 대상들에 주의를 집중하도록 도와준다. 유아들은 어떤 일이 일어나는 동안만이 아니라 이후에 그 경험을 기억할 때나 대상들을 마음속에 그려 볼 때도 공간을 감지하는 법을 배운다.

비언어적 의사소통. 사람들 사이에 발생하는 모든 의사소통의 60-90퍼센트는 비언어적인 것으로, 시선 맞춤, 얼굴 표정, 어조, 신체 언어, 몸짓, 신체 반응의 시기와 강도를 통해 표현된다. 우반구의 신경세포들은 타인에게 보내는 비언어적 신호를 만들어 내며, 타인에게서 받아들이는 모든 비언어적 신호를 해석하기도 한다. 많은 것이 이 비언어적 신호들을 통해 자라나는 유아에게 전달된다. 말을 할 수 있기 훨씬 전에, 아기들은 주변에서 벌어지고 있는 모든 일(누군가 자기를 만지는지, 어떻게 만지는지, 자기가 듣는 목소리의 성질, 자기가 비언어적으로 표현한 욕구에 대한 타인의 민감성)을 자신의 신경세포들에 받아들여 암호화한다.

경험의 전체론적 감각. 인간은 태어났을 때 무수한 세부 사항을 볼 수 있지만 자기가 있는 곳의 전반적인 분위기나 환경을 추론해 내지는 못한다. 그러나 이 전체론적 감각을 파악하는 능력은 일찌감치 발달하기 시작한다. 성인은 이 능력을 언제나 사용한다. 어떤 방으로 걸어 들어갈 때, 조명을 받은 그 방이 어떻게 느껴지는가를, 가구가 어떻게 배치되어 있는가를, 또는 벽과 양탄자의 색을 즉시 감지할 수 있다. 만약 사람들로 붐비는 똑같은 방에 걸어 들어간다면, 즉시 낯선 사람들 헌기운데 있는 상황에 불편함을 느낄 수도 있고, 자신의 깜짝 생일 파티로 모인 친숙한 얼굴들을 알아보면서 마음이 들뜰 수도 있다. '한꺼번에 모든 것을 받아들이는' 그 전체론적 순간은 우반구의 신경 활동과 관련이 있다.

사회적·정서적 맥락. 인간은 자신이 포함된 사회적·정서적 맥락을 알아내는 능력을 타고나지는 않는다. 일반적으로, 어린아이들은 이 기술을 막 개발하기 시작한다. 어떤 이들은 다른 이들보다 그 기술을 더 잘 터득하기는 하지만 말이다. 자기가 어떤 식으로 대화를 독점하고 있는지 알아차리지 못한 채 계속해서 이야기를 늘어놓는 사람과 대화해 본 적이 있는가? 혹은 자신을 재미있는 사람이라고 생각하지만 실제로는 그렇지 않은 사람이 시도하는 어설픈 농담을 견뎌야 했던 적이 있는가? 그런 사람들은 그 순간의 사회적 맥락을 감지하는 걸 어려워한다. 그런 맥락을 감지하는 건 대화 및 여타의 상호작용의 흐름을 이끌어 가는 데 도움이 된다. 대부분의 사람들은 그들 주변의 수많은 신호들을 받아들임으로써 이 순간순간의 사회적 상호작용들을 직관적으로 다루어 나간다. 이 능력 또한 우반구의 기능이다.

좌뇌/좌측 모드

좌반구 신경세포들 사이의 연결은 18개월에서 24개월 즈음에 더 빠른 속도로 늘어나기 시작한다. 좌반구의 지배적인 기능은 언어 처리, 선형적 처리, 논리적 처리, 문자적 처리다. 언어의 발달은 선형적인 사고(思考) 처리 흐름이 밖으로 드러난 형태다. 우리는 **생각하는 바를 말한다.** 비록 신경 과학자들이 모든 생각과 언어가 똑같은 방식으로 형성된다고 확신하는 건 아니지만, 아이가 말하기 시작한다는 사실은 세상을 선형적인 방식으로 처리하기 시작한다는 최초의 징후 중 하나다.

묻기 시작하는 어린아이들이 하는 좀더 흔한 질문 중 하나가 "왜?"다. 이런 질문은 질서의 필요성과 사물들을 논리적·선형적 방식으로 '납득할' 필요성이 증가하고 있음을 시사한다. 이 필요성은 사회적이고 관계적인 상황을 포함하며, 이야기가 논리적으로 진행되어야 할 우리의 필요성과도 관련된다. 우리는 이야기 초반의 사건들이 후에 이어지는 사건들과 의미 있게 연결되기를 원한다. 사건들이 그렇게 연결되지 않을 때, 우리는 세세한 부분을 이해하도록 도와줄 연관성을 마음속에서 만들어 내는 경향이 있다. 혼란스러운 상태는 불안을 증폭하기 때문에 우리는 그 상태로 남아 있기를 좋아하지 않는다. 좌뇌는 그와 같은 어떤 혼란이든 해결하려고 한다.

예를 들어, 만약 어떤 아버지가 아이에게 몹시 거칠고 비하하는 어조로 말할 때 그 아이가 수치심을 느낀다고 해 보자. 그러면 아이의 좌반구는 아버지가 왜 그렇게 기분이 좋지 않은지 이해하려 할 것이다. 아버지가 자기 행위에 대해 사과하고 책임을 짐으로써 아이의 정서적인 상처를 치료하지 않으면, 소년은 아마도 자신이 아버지의 화를 돋우는 일을 했다고 결론지을 것이다. 아이는 자신이 느끼는 수치심을 만들어 내는 데 아버지가 책임이 있다는 점을 아마 이해하지 못할 것이다. 그 아이는 책임감을 느끼며, 그와 같은 수치심을 다시는 경험하지 않도록 아버지 마음을 상하지 않게 하려고 애쓸 것이다.

성인이 되어서도 우리는 이따금 혼란스럽거나 고통스러워서 이해할 수 없는 경험을 할 때면 하나님에 대해 성급한 결론을 내린다. 왜 착한 친구가 암에 걸렸는지, 혹은 왜 아들이 차를 제어하지 못해 보행자를 치는 사고를 일으켰는지, 하나님은 그 이유를 우리에게 제시하지 않으실 수도 있다. 이런 상황에 처하면, 우리의 좌뇌는 그 상황에서 하나님의 역할을 이해하려고 애쓰도록 우리를 몰아붙인다. 우리가 하나님의 레이더에 잡히지 않는 것이며 따라서 그분에게 그다지 중요한 존재가 아닌 게 틀림없다거나, 결국 하나님은 자비로운 분이 아니라거나, 혹은 하나님이 우리에게 실망하셨다고 결론지을지도 모른다. 이와 같은 단언은 대체로 좌반구 안의 신경망에서 발생한다.

뇌의 좌측 모드 작용이 발달하고 있다는 또 다른 중요한 징후는 문자적 처리다. 예를 들어, 가족 친구 몇 명이 자녀들의 봄방학 기간에 우리를 방문했을 때, 나는 다섯 살짜리 여자아이에게 유치원이 재미있는지 물었다. 그러자 그 아이는 즉각 대답했다. "저는 유치원에 있지 않은걸요." 봄방학 중이었으므로, 그 아이의 생각으로는 말 그대로 그때는 유치원에 있지 **않은** 셈이었다. 아이의 추론은 자라면서 좀더 세련되어질 것이다. 하지만 정서적 괴로움에 대응하기 위해 좌측 모드 처리에 지나치게 의존하도록 아이들을 부추기는 부모에게서 관계 양식을 터득하는 아이들이 이런 유형의 대답을 주로 한다. 다른 사람들에 비해 이 아이들은 타인과 상호작용할 때 문자적인 정신 작용에 좀더 주의를 기울이는 경향이 있다. 그들은 누군가의 말의 의미에 맥락을 입히는 비언어적 신호들을 놓쳐 버리고는 그 사람이 **정확히 한** 말을 인용함으로써 자기가 **옳다**는 것을 입증할 필요를 느끼는 성인으로 성장할지도 모른다.

논리적이고 선형적이며 문자적인 좌뇌식 처리의 일환에는 '옳고 그름'의 사고가 포함된다. 최근에 나는 어느 방향으로든 오가는 차량이 없는 조용한 거리의 건널목에 친구와 서 있었다. 그런데 내 친구는 건널목에 진입하기에 앞서 머뭇거리며 빨간 신호등이 초록색으로 바뀌기를 기다렸다. 이 규칙은 그가 지켜야 할 중요한 것이었다.

그의 반응이 극단적일지는 모르지만, 그것은 일을 하는 옳은 방식, 하나님과 신학에 대해 생각하는 옳은 방식, 성경의 해석과 역할을 이해하는 옳은 방식, 또는 옳은 행동 방식이라는 게 있다는 우리의 신념을 반영한다. 규칙들은 개인 및 사회의 구조를 뒷받침함으로써 더 큰 선에 분명히 기여한다. 그렇지만 우리는 '옳음'에 너무 사로잡힌 나머지 자애로움의 진짜 의미를 잃지 않도록 주의해야만 한다. 실수로 그 둘을 동일시하기가 쉽다. 이를테면, 어떤 부모는 무언가를 자기들의 방식, 그러니까 '옳은' 방식으로 하는 게 무척 중요하다고 믿는다. 결국 그들은 십 대 아들에게 반드시 자신들의 방식을 따르게 하도록 물불을 가리지 않는다. 아들이 숙제를 얼마나 착실히 하고 잘하는지부터, (있다면) 얼마나 많은 그리고 어떤 유형의 피어싱을 과시하는지, 예수님에 대해 무엇을 믿는지에 이르기까지 무엇이든 해당할 수 있다. 자녀를 진정으로 아는 일에 마음을 열고 유연할 수 있는 능력보다 옳음이 중요해질 때, 이런 경향은 위험해진다.

우리와 나: 함께이지만 분리된

좌반구와 우반구는 독립된 기능을 갖고 있기는 하지만, 그것들의 통합은 매우 중요하다. 우반구는 우리가 현재의 순간에 도취할 수 있게 하는 뇌의 부분으로, 상상하는 일에 기여한다. 우뇌의 전체론적 처리는 우리 몸과 마음의 다중 감각 양상을 통해 우리가 주위의 모든 것에 연결되어 있다는 느낌을 준다. 그것은 분리된 '나'라는 뚜렷한 감각도 제공하지 않으며, 오히려 '우리'라는 감각, 연결감에 대한 깊은 인식을 제공한다. 이 반구는 우리가 과거나 미래라는 관념 없이 우주와 하나라고 느끼도록 동력을 제공한다. 우반구의 신경 부위에서 엄밀한 의미의 시간은 존재하지 않는다. 이는 우리가 과거의 고통스러운 기억이나 미래의 걱정에 대한 인식에 구애받지 않는다는 뜻이다.

이런 이야기가 매력적인지는 모르지만, 당신이 홀로 주간(州間) 도로변에 있을 때 펑크 난 타이어를 교체하는 일에는 우반구가 별로 도움이 되지 않는다. 그 일을 하려면 좌반구가 필요하다. 좌반구는 선형적인 작용 모드의 지배를 받으므로, 좌반구의 연결망은 펑크 난 타이어와 같은 문제들을 논리적으로 충실하게 해결한다. 좌반구는 순차적으로 당신이 차의 트렁크에서 잭(자동차처럼 무거운 것을 잠시 들어 올려서 받치는 기구—옮긴이)을 찾고, 러그 너트(자동차 바퀴용 큰 너트—옮긴이)를 빼내고, 펑크 난 타이어를 교체할 수 있게 해 준다. 좌반구는 질서를 좋아하며 사물이 '이치에 맞는' 것을 좋아한다.

좌반구는 과거와 미래에 집중한다. 좌반구는 우반구가 뇌량을 통해 전송하고 있는 모든 정보를 체계적으로 흡수하고, 그 정보를 좌반구의 신경 생물학적 역사 안에 저장된 것과 선형적·논리적으로 비교한다. 좌반구의 초점은 나머지 피조물과 구별되는 존재로서의 '나'에 있다. 좌반구는 '내'가 누구이며 '내'가 무엇을 원하는지 알기 위해 분석하고 우리를 서로와 구별하게 해 준다. 우리는 개체성이라는 감각, 분리된 '나'라는 감각을 가지고 있다는 관념을 즐겁게 경험한다. 말하자면, 우리가 독보적으로 '내 것'인 모든 정서적인 응어리를 모으면서 외로움과 고립이라는 분리감을 느끼기 시작할 때까지는 말이다.

그렇다면 좌반구는 사태를 '알기'를 추구하는 상황에서 좀더 우세한 경향이 있다. 좌반구는 조사하고 분석하고자 하는 대상으로부터 우리를 분리한다. 이것은 경험을 해석하려 할 때 매우 중요하다. 그러나 다른 사람들이나 하나님을 만나는 데 이런 분석이 우세한 모드로 작용하면, 기쁨은 정의된 개념에 그치고 만다. 사랑에 관해서는 알지만 사랑 그 자체는 알지 못하는 것이다. 그렇지만 우측 모드로 작용하면 우리는 하나님께 감동을 받고 그분에게 알려지도록 우리 자신을 열 수 있다. 그렇게 살아 있는 사랑의 표현이 되게 해 준다. 다른 누군가에게 알려짐을 경험하기 위해서는 좌우 체계의 통합이 필요하다.

편측성과 전문화

편측성(laterality)은 뇌의 각기 다른 기능이 분리되어 뇌의 상이한 두 반구 중 하나와 불균형하게 연관되는 경향을 나타낸다. 이미 봐 온 것처럼, 좌반구와 우반구에는 별개의 독립된 과업을 수행해 내는 신경망들이 들어 있다. 뇌는 모두 같은 일을 하는 균질한 세포군이 아니다.

이 편측성 덕분에 뇌가 더 효율적으로 일할 수 있다. 특정한 기능은 그것에 할애된 신경망들이 집중적으로 반복 발화할 때 향상된다. 그렇지만 이 전문화된 부위들의 작용은, 각기 다른 영역들이 서로 소통하는 통합적인 방식으로 결합할 때 가장 유용하다. (9장에서 전전두피질의 역할을 고찰할 때 이를 더 깊이 탐색할 예정이다.)

이런 의미에서 뇌는 가장 잘하는 일을 하기 위해 노력하는 많은 부서로 이루어진 회사와 흡사하게 작용한다. 회사의 영업, 마케팅, 연구개발, 회계 부서가 각각의 전문 분야에서 잘 훈련받고 서로 효율적으로 소통할 때, 그 회사는 가장 효율적으로 돌아갈 수 있다. 하지만 만약 마케팅 부서가 다른 부서들과 소통하지 못한다면, 회사 전체가 피해를 입을 것이다.

그런데 만약 말하기나 시력처럼 하나의 기능에 할애된 부위가 손상을 입는다면 무슨 일이 일어날까? 새로운 증거에 따르면, 뇌는 상해나 질병으로 손상된 신경세포들의 일을 돕거나 이어받을 건강한 신경세포들을 보충할 능력이 있는 듯하다. 이것은 뇌가 우리가 무려 25년 전에 생각했던 것보다 훨씬 더 유연하다는 사실을 나타낸다.

위-아래 모형: 삼위일체 뇌

1960년대 중반에 신경 과학자 폴 매클린(Paul MacLean)은 뇌에 대한 또 하나의 모형을 제시했다. 인간의 뇌는 서로 엮여 있는 세 개의 뇌가 하나로 기능하는 것처럼 보인다는 자신의 관찰에 기초해, 그 모형을 삼위일체 뇌(the triune brain)라고 일컬었다. 매클린의 모형에서 뇌는 파충류 복합체, 변연계 회로, 신피질로 이루어진다.

우리의 뇌 가운데 가장 원시적이며 가장 초기에 발달하는 부분은 파충류 복합체(the reptilian complex), 다시 말해 파충류 뇌다. 여기에는 뇌간과 소뇌가 들어 있다. 뇌간은 척수의 맨 윗부분에 자리하고 있으며 호흡, 심장박동 수, 혈압과 같은 생명 유지 기능을 담당한다. 소뇌는 주로 우리의 신체적 균형 감각을 책임진다. (덧붙이자면, 좀더 최근의 어떤 연구에서는 더 오래되고 더 원시적인 이 부위들이 이전에 믿어 온 것보다 인간성에 관해 훨씬 더 많은 설명을 해 줄 수 있음을 시사한다. 특히 정서 조절에 관여하는 소뇌의 역할에 대해서 말이다.)

이 부위들은 위험이 예상되는 아주 약간의 환경적 변화에도 높은 반응성을 보이며, 자아 보존의 목적을 위해 이 변화들에 신속하게 대응한다. 많은 연구자들은 이 위치에 있는 신경세포들이 투쟁-도피 반응을 시작한다고 믿는다. (비록 어떤 연구자들은 이 반응이, 변연계 회로의 부분들에서 나올 가능성이 있다고 제안하겠지만 말이다.) 중추신경계의 이 부분은 위협에 직면하면, 의식적·반성적인 사고를 책임지는 뇌 부분의 입력 없이도 자동적으로 행동한다. 이것은 다가오는 차를 피하려고 우리의 몸이 무의식적으로 돌연 방향을 트는 이유를 설명해 준다.

삼위일체 뇌에서 두 번째로 발달하는 부분은 원시 포유류 뇌로도 알려진 변연계 회로(the limbic circuitry)로 구성된다. 서로 연결된 신경세포로(neuron tracts)와 신경세포체 군집으로 이루어진 이 집합체는 뇌간 위에 위치했는데, 대뇌의 안쪽 깊숙한 곳의 가장자리에 놓여 있다. 변연계 회로는 주로 두려움에 대한 인지와 기억, 내부 혹은 외부 환경의 두드러진 자극에 대한 주의와 쾌락을 담당한다. 뇌의 이 부분

삼위일체 뇌

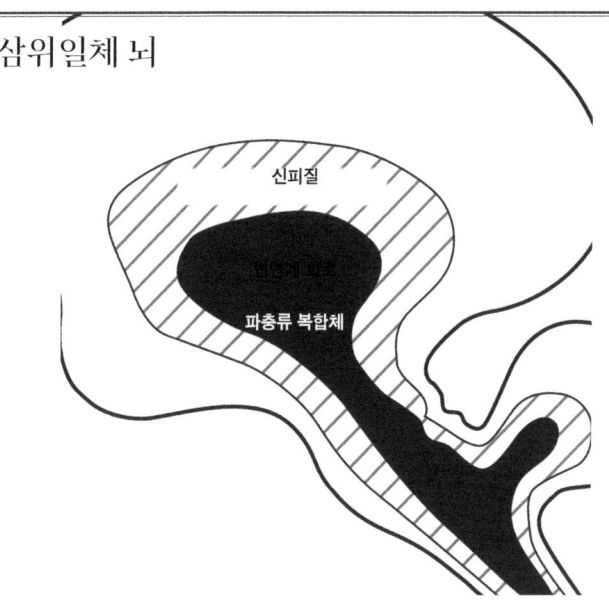

은 정서의 발생 및 조절 기능과 관련된다. 근본적 신경 활동의 원천으로, 일단 피질에서 처리 과정을 거치면 결국 두려움, 기쁨, 역겨움, 분노, 상처, 실망, 안도를 비롯해 다른 수십 가지 정서의 형태로 표출된다. 이 부위는 신경에 의해 뇌의 다른 두 부분에 고도로 연결되어, 뇌의 위쪽(피질) 활동과 아래쪽(뇌간) 활동을 조절하도록 돕는다.

뇌간과 변연계 회로의 신경세포들은 의식적인 정신 활동을 수반하지 않는다. 그 신경세포들은 우리가 "알고 있음을 아는" 생각이나 감정으로 곧바로 해석되지 않는 감각과 활동을 일으킨다. 그 대신 뇌의 다른 많은 부위, 특히 주로 피질로 전달되는 전기적 자극들을 추적 관찰할 뿐 아니라 만들어 낸다. 피질에서는 우리가 '무언가'를 감지하고 있다는 의식을 분명히 등록하며 정신적이든 신체적이든 어떤 행위를 촉발한다.

뇌에서 세 번째이자 마지막으로 발달하는 부분인 신피질(the neo-cortex)은 신포유류 뇌로도 불린다. 상위의 복잡한 사회적 능력, 인지/언어적 능력, 추상적 능력, 창의력, 감각 능력, 운동 능력과 연관된 중추신경계의 스펀지 같은 주름진 층이다. 우리를 인간으로서 독특하게 차별화하는 신피질의 부위는 전전두피질, 즉 PFC라 불리는 뇌의 앞쪽 부분에 있다(78쪽을 보라). 이것은 운동 행위를 통제하는 신경세포들의 가늘고 긴 조각 바로 앞에 자리 잡고 있다. 전전두피질에서 마음의 에너지는 마음의 정보와 상호작용하여 여러 높은 수준의 활동들을 가능하게 해 준다. 예를 들면, 우리가 사랑(특히 아가페적인 성격의 사랑)을 보여 주고, 대수학을 배우며, 렘브란트의 예술을 감상하고, 자제력을 발휘하고, 분별하여 결정할 수 있게 해 준다.

그러므로 생물학적으로 "우리를 인간답게 만드는" 것에 대하여 생각할 때, 우리는 전전두피질에 대해 생각하는 것이다. (9장은 뇌의 이 부분을 더 자세히 탐색한다.) 그러나 추측과는 달리, 전전두피질이 대부분의 일상적 활동을 일으키는 건 아니다. 사실, 악어 및 고양이도 공통적으로 갖고 있는 뇌간과 변연계 회로는 순간순간 작용하는 기능들의 신경 활동 대부분을 책임진다. 이는 대부분의 활동이 의식적인 자각과는 별도로 일어남을 의미한다. (만약 베토벤이 자기가 계속 숨을 쉬는지, 혹은 자기의 심장이 계속 뛰는지 확인하려고 주의를 기울여야 했다면, 우리는 그의 교향곡 9번은 고사하고 교향곡 1번도 들을 수 없었을 것이다.)

다시 말해, 우리는 뇌 체계의 하위 층들에 끊임없이 영향을 받는데, 이것에 그다지 주의를 기울이지 않을 때가 비일비재하다. 자동적으로 의식적인 자각으로 연결되지 않는 기억 및 감정 상태들뿐 아니라 생명 유지에 필수적인 신호들은 이 체계들을 통해 생성되고 해석되는

데, 신피질의 부분들, 특히 우반구에 전송되기 전에 이런 일이 일어난다. 그 결과, 우리는 '육감'적으로 무언가를 감지하거나 이성적으로 인식할 수 없는 실재를 직관한다. 또한 분명한 논리적 인지 없이도 행동하기도 한다. 예컨대, 슈퍼마켓의 농산물 구역에서 장을 보고 있을 때 예기치 않게 예전 상사(당신을 부당하게 해고했다고 생각하는 사람)를 본다면, 당신의 심장박동 수와 호흡수가 증가할지도 모른다. 재빨리 다음 통로로 이동하면서 얼굴이 붉어지는 것을 느낄지도 모른다. 그러는 중에도 자신의 생리적 반응이거나 행동 반응 중 어느 것도 전혀 알아차리지 못할 수 있다.

그러나 연결망들이 의식과 **확실히** 관련 있는 신피질의 다른 부분들은 이 행위 중 몇몇을 기각하게 해 준다. 숲속을 걷다가 길에 가로놓인 길고 가늘며 어두운 물체를 본다고 상상해 보자. 당신의 시감각 신경세포들은 시각 피질에 신호를 보낸다. 그 신호는 거의 즉각적으로 뇌간에 도달하며, 뇌간은 당신의 근골격계가 이 물체로부터 재빨리 떨어져 이동할 수 있도록 호흡수와 심장박동 수가 증가하게 만든다. 이 일은 당신이 뱀을 발견했을 수도 있음을 의식적으로 알아차리기 전에 발생한다. 그러나 어린 아들과 함께 있는 상황이라면, 당신은 조금 다르게 반응할 것이다. 당신은 반대 방향으로 달아나지 않을 것이다. 그 대신에 아들의 존재를 인식하면서, 그 물체를 좀더 면밀히 관찰할 만큼(그리고 결국 그것이 뱀이 아니라 나뭇가지라는 걸 발견할 만큼) 천천히 반응할 것이다. 이는 당신에게 도움이 되는 상의하달식 무효화의 간단한 예다.

또 어떤 때에는 이 상의하달식 경향이 불리하게 작용한다. 예컨대, 당신이 불쾌하다고 여기는 일정한 감각이나 감정을 경험하고 있음을 아래쪽 뇌가 암시할 경우, 당신은 그 신호들을 무시하기로 선택할 수도 있다. 이로 인해 참으로 돌봐야 마땅할 정서 상태를 묵살하거나 가장 깊은 내면의 자아가 하려는 말을 무시하는 결과를 빚을 수도 있다. 사실 이런 식으로 통합을 거스를 때, 당신은 하나님이 치유하길 원하시는 당신의 부분들과 당신에게 알려지기를 갈망하시는 그분의 부분들로부터 달아나면서, 그분이 하시고자 하는 말씀을 무시하고 있는지도 모른다.

신경 과학 연구는 뇌의 각기 다른 부분들 사이에 적당한 균형과 유익한 수준의 통합적 소통 능력을 지닌 사람들의 경우, 불안이 감소하고 더 큰 행복을 느끼는 경향이 있음을 발견했다. 다시 말해, 그들은 우리 내면에 뿌리내리길 너무도 갈망하는 특성들을 성령이 창조하실 수 있는 자리에 자신을 둔다. 그것은 바로 사랑과 기쁨과 화평과 인내와 친절과 선함과 신실과 온유와 절제의 특성이다.

그런데 파충류 피질이 동물의 왕국의 어떤 구성원들(즉, 파충류) 안에서 가장 높은 수준으로 작용하고 있다는 사실을 알아차렸을 것이다. 원시 포유류 뇌라고도 알려진 변연계 회로는 신경학적으로 정서를 드러내는(당신이 어떻게 생각하든, 당신의 개가 당신을 보고 미소 짓지는 않지만) 고양이와 개 같은 동물들에서 가장 고도로 발달했다. 인간과 동물 사이의 이 유사점들은 우리가 여타의 피조물과 깊이 연관되어 있음을 상기시켜 준다.

체계 작동시키기

뇌의 구조를 연구함으로써 우리를 인간답게 만드는 것에 관해 많은 것을 배울 수 있을 뿐만 아니라, 뇌의 다양한 **체계들**을 고찰함으로써 추가적인 통찰을 얻는다. 체계들은 보통 양쪽 반구 안에서 뇌의 여러 부위를 가로지르며 다양한 수준의 뇌에 영향을 미친다. 여기에는 감각, 운동, 감정 조절(정서 관리) 체계들이 포함된다. 추가적인 체계들은 인지되는 위험이나 편안함에 따라 두려움, 스트레스, 사회적 상황에서의 관여 수준을 조절한다.

교감신경계와 부교감신경계는 으뜸가는 예다. 교감신경계는 가속장치처럼 기능하면서 방어적 행위를 위한 몸의 준비 태세를 활성화한다. 이 체계는 작동하면, 혈압을 올리고 맥박수 및 호흡수를 증가시키며 근육을 긴장시킨다. 이것을 몸의 투쟁 혹은 도피 기제라고 부른다. 그에 반해, 부교감신경계는 혈압을 감소시키고 심장박동 수와 호흡의 속도를 늦추며 몸의 근육을 이완함으로써 몸을 천천히 움직이게 하고 진정시키는 제동장치처럼 작용한다.

이 생명 하부 조직들은 뇌세포나 세포망에 국한되지 않는다. 몸의 이질적인 영역들을 화학적으로 조절하고 연결하기 위해 몸 전체를 두루 순환하는 호르몬 역시 여기에 포함된다. 좀더 잘 알려진 호르몬에는 감마아미노부티르산(gamma-aminobutyric acid), 다시 말해 GABA(주된 억제성 신경전달물질), 세로토닌, 노르에피네프린, 도파민(기분에 영향을 주는 신경전달물질), 코르티솔(인간의 스트레스 반응을 생화학적으로 조절하는 호르몬)을 포함하는 스트레스 호르몬이 있다.

이 체계들은 각각 뇌와 몸의 여러 부분을 연결하는 특정 신경 회로 혹은 생화학적 경로를 가지고 있다. 지난 10년 동안 특별히 연구자들의 흥미를 끌었던 한 체계는 모방을 낳는 거울 신경세포 체계다. 사실상 인간의 모든 의도적인 행동은 궁극적으로 모방된다. 우리가 포크를 잡는 법이나 놀란 표정을 짓는 법을 배울 때, 모방이 일어난다. 거울 신경세포들은 다른 사람이 뚜렷한 의도를 가지고 행동하는 것을 목도할 때 발화한다. 이 체계는 우리 뇌 속의 동일한 운동 신경세포들이 발화하도록 준비한다. 예컨대, 누군가가 잔을 들어 올려 마시는 장면을 볼 경우, 내 거울 신경세포들이 발화하면서 잔을 들어 올려 마시는 행위를 담당하는 '반사된' 신경세포들을 준비시킨다.

이는 공감과 같은 행위에 중요한 함의를 갖는다. 공감은 다만 감정일 뿐이라기보다는 하나의 행위로 평가할 수 있다. 우리는 다른 사람의 마음 상태와 연결되려는 **의도**를 투사하는 비언어적이고 언어적인 신호나 행위를 통해 공감을 **드러내기** 때문이다. 아이가 공감의 대상이 될 때, 그 아이는 공감과 관련된 거울 신경세포 체계가 활성화되는 경험을 할 가능성이 크다. 다시 말해, 아이들은 타인이 자신에게 실제로 공감하는 것을 봄으로써 타인에게 공감하는 법을 배운다. 이 거울 신경세포 체계는 우리 자신의 마음속에서뿐 아니라 타인과의 관계에서 상호작용 방식을 조절하는 여러 필수 체계 중 하나다.

이런 체계들의 역할을 더 많이 이해할수록, 우리는 그 체계들을 더 능동적으로 조절할 수 있다. 예를 들어, 두려움이 호흡수 및 심장박동수와 깊이 연관되어 있다는 사실을 안다면, 두려움을 감지할 때마다 그저 의식적으로 깊고 느리게 호흡함으로써 두려움을 줄일 수 있다.

확장된 뇌

중추신경계는 뇌와 척수를 포함하지만, 신경 과학자들은 확장된 뇌에 관해서도 이야기한다. 이것은 뇌가 뇌신경과 말초신경을 통해 다른 기관들, 특히 내장(심장, 폐, 소화기관)과 연결된 상태를 나타낸다.

이 신경로(nerve tracts)는 그 기관들과 뇌 사이에서, 배 속의 가벼운 떨림이나 가슴의 뻐근함과 같은 감각 정보를 실어 나른다. 이 감각들은 보통 우리의 자각과는 별도로 순간순간의 선택들에 영향을 준다. 고대 히브리인들은 '혼'(soul)에 대해 이야기할 때 창자 부위를 종종 언급했는데, 크게 벗어난 이야기는 아닌 셈이다.

미숙한 상태로 태어남

우리는 모두 미숙한 상태로 태어난다. 여기서 나는 임신 기간이 아니라, 한 인간이 일단 태어나면 포괄적인 독립에 이르기까지 필요한 기간을 말한다. 인간은 수명에 비해 성년기에 도달하는 시간이 다른 어떤 포유류보다 더 오래 걸린다. 망아지는 겨우 몇 분 만에 일어나 뛰어다닌다. 청고래는 80년까지도 살 수 있는데, 출생 이후 1, 2년 안에 어미를 떠날 준비를 마치며 5년에서 8년 안에 번식할 준비를 한다.

다음번에 당신의 아이가 과연 자라기나 할지 궁금해질 때, 이 차이를 기억하라. 갓 태어난 당신의 아들이 태어난 지 몇 분 만에 일어나서 뛰어다니는 모습을 상상할 수 있는가? 온갖 것에 적극적인 관심을 보일 아이를 붙잡느라 간호사들이 애를 쓸 것이며, 당신은 너무 지쳐 아무 일도 하지 못할 것이다. 인간 아기들은 (고맙게도) 절대 그렇게 하지 않는다. 그렇게 한다면 우리는 견딜 수 없다.

물론 인간은 발달 측면에서 동물학상 친척 중 어느 종보다 더 정교한 종점에 도달한다. 우리는 생각하고, 지각하며, 다리를 건설하고, 희곡을 쓰며, 교향곡을 작곡한다. 더 정교한 뇌를 지닌 우리는 '본능'이라 불릴 만한 것에 덜 의존한다. 즉, 하위 동물들의 행동을 구동하는 자동 하부 뇌 자극에 덜 영향을 받는다. 우리는 생각, 감정, 감각 그리고 우리가 인식한다는 자각을 포함하면서도 그것들에 국한되지는 않는 상부의 뇌 기능들에 좀더 의존한다. 이는 결국 추상적이고 창조적인 마음의 활동과 행동뿐 아니라 어쩌면 훨씬 더 중요하게는 다른 사람들이 무엇을 생각하고 느끼며 행동하려 하는지를 의식적으로 알아차리는 능력을 낳는다. 이것은 우리가 '본능적인' 충동을 거스르는 행위를 의식적으로 선택하도록 이끈다. 우리는 "부탁합니다"와 "고맙습니다"와 같은 말을 한다. 쿠키를 나눠 먹고, 다른 사람들을 위해 문을 열고 잡아 준다.

이런 정도의 정교함이 발달하기까지는 시간이 걸린다. 뇌의 신경세포들과 연접들이 결국 실행할 다수의 기능에 대비하는 방식으로 통합하려면 오랜 기간이 필요하다. 성인들은 자녀들의 뇌가 이 특별한 능력들은 발달시키고 필요하지 않은 연결망들은 없애 버릴 시간을 갖도록, 생명을 위협하는 힘을 지닌 것들로부터 자녀들을 보호한다. 가령, 우리는 아주 고도로 발달된 후각 연결망을 갖고 있지 않은데, 그것이 (가젤이나 늑대와는 대조적으로) 생존에 대단히 중요하지는 않기 때문이다. 아이들의 신체적·정서적 안정을 제공하는 부모는 그들의 유아, 아동, 사춘기 아이의 뇌가 자유롭게 활동하도록 자녀들이 팅커토

이(미국산 조립식 장난감—옮긴이), 야구, 차이콥스키를 향해 떠날 수 있게 해 준다.

이 오랜 기간은 돌봄을 제공하는 성인들에게, 비록 아이들의 것과는 상당히 다르기는 해도 새로운 뇌 연결을 만들어 낼 기회를 제공하기도 한다. 부모 노릇을 해 본(혹은 아이를 돌봐 준 적이라도 있는) 사람은 누구라도 자기가 처음에 얼마나 아는 게 없는지, 자기 임무를 수행하기 위해 얼마나 많이 배워야 하는지 실감한다. 그것은 시간이 걸리는 일이다. 밤중 수유에 맞닥뜨릴 때 참을성과 탄력성을 키울 시간, 걸음마를 시작한 아이에게 선택권을 제공할 필요가 있을 때 지혜와 참을성을 키울 시간, 십 대 아이에게 사려 깊게 말을 붙이는 법을 배울 시간 말이다.

신경학적으로 덜 정교한 동물들에게서 잘못된 육아를 보는 일은 드물다. 복잡한 존재일수록 더 많은 것을 할 수 있는데, 유감스럽게도 이것은 우리가 더 많은 고통을 만들어 낼 수 있음을 의미한다. 그러므로 태어난 후에 뇌가 발달하기까지 오랜 기간이 걸릴 뿐만 아니라, 어떤 보장된 결과도 없이 아이와 부모 사이에는 드라마가 펼쳐진다. 그 드라마는 다름 아닌 그 신경망 상호작용을 형성하기도 하고 그 작용에 의해 형성되기도 한다. 다시, 이 과정은 우리를 하나님에게로 향하게 한다. 어쨌든 하나님의 왕성한 창조와 구원의 일은 오랜 기간에 걸쳐 이루어지고 있으니 말이다. 종(種)으로서 인간이 되어 가고 인간으로 존재하게 된 우리의 역사는 개인의 출생에서 성인기로의 이동으로 요약된다. 성경의 이야기에서 우리는 하나님이 다양한 방법과 방책을 이용하시면서 오랜 시간에 걸쳐 우리를 사랑해 오셨음(수고하고, 경축하고, 구애하고, 고통을 겪고, 죽고, 부활함)을 안다. 그러나 우리를 인류로서 출생에서부터 성인기에 이르게 하시려는 그분의 궁극적인 의지는 결코 변한 적이 없다. 그것은 우리가 자신의 아이들에게 베푸는 돌봄과 흡사하다. 자신의 아이가 어른이 되기까지 얼마나 오래 걸릴 것 같은지에 압도당하는 느낌이 드는가? 하나님은 우리가 정확히 어떤 느낌인지 아신다.

마음을 바꿔 놓는 것들

급성장기

당신이 부모든지 십 대 시절을 기억할 수 있는 사람이라면, 내가 하려는 이야기가 그다지 놀랍지 않을 것이다. 가장 어린아이 시기뿐만 아니라 청소년기에도 뇌는 온갖 새롭고 재조정된 신경 연결을 낳는 커다란 변화와 조형을 경험한다.

우리는 뇌를 높은 가소성(plasticity)을 가지고 있다고 설명한다. 이는 세포 연결의 수준에서 새로운 연접들을 만들고, 많은 발화 작용을 일으키지 않는 연접들은 제거하는 능력을 말한다. 특정한 신경세포들이 크기 및 성숙도에서 실제로 성장하는 것을 말하기도 한다. 유아기에도 청소년기에도, 신경망들은 거의 매일 형성되며 재편되고 있다.

유아들의 경우, 뇌의 가소성은 그들 자신의 몸과 환경에 대해 배우면서 생겨나는 새로운 통찰들과 행동들로 나타난다. 유아들은 어떤 것이든 많은 걸 '하지' 않는다는 인상에도 불구하고, 그들의 뇌 활동을 관찰할 수 있다면 유아들이 마음속에 여러 연결을 만들어 내려고 끊임없이 시도하고 있음을 알 수 있다. 유아들이 자라 걸음마를 떼면서 말이 늘고 움직임이 자유로워지는데, 이것은 신경세포 성장 및 연결의 당황스러운 속도를 나타내는 두 가지 추가적인 징후다.

이 가소성의 개념이 어린아이들의 경우에는 받아들이기 쉬울지도 모르지만, 십 대들에 대한 가소성의 효과는 좀더 이해하기 어렵다. 대수학을 이해할 만큼 나이가 들었는데, 왜 청소년들의 방은 그들의 수학 문제처럼 깔끔할 수 없는 걸까? 한순간에는 인생이 '폭탄'이다가 다음 순간 그 '폭탄'이 터져 버리는 건 왜일까? 또 다른 누군가(보통 부모 중 한 사람)가 그 폭발에 책임이 있다고 십 대들이 확신하는 이유는 무엇일까? 이토록 변덕스러운 십 대들의 기분에 적잖이 기여하는 신경 가소성은 혼란스럽고 방향감각을 잃은 느낌이 들게 하는 성호르몬 및 성장호르몬이 급증하는 맥락과도 관련이 있다. (물론, 재능 있는 작가인 내 딸은 이 부분을 쓰지 못한 것을 매우 아쉬워할 것이다. 그 아이는 틀림없이 자신이 청소년기에 이르렀을 때 불가사의한 변화를 겪은 것은 사실 자기 부모의 뇌였다고 설명할 것이다.)

성인들은 보통 그 모든 가소성의 효과에 대해 조급하다. 하나님은 무엇을 생각하고 계셨을까? (어쩌면 우리는 하나님이 생각하지 않으셨다는 결론을 내릴지도 모른다.) 노여움이 북받쳐 오르는 그 순간들에, 당신의 아이들(혹은 학생들, 선수들, 또는 교회 학생회 회원들)이 당신에게 해를 끼치려고 작정한 게 아님을 기억하라. 그들은 단지, 열 살 때보다 훨씬 더 가변적인 일단의 신경 연결들을 가지고 있으며, 그에 대처하기 위해 할 수 있는 최선을 다하고 있을 뿐이다. 삶은 명료성을 잃어버린 채 실존적 위기로 가득 차 있는 것처럼 보일 수 있다. **나는 충분히 잘 생긴 걸까? 여자애들이 말하는 게 정확히 무슨 뜻일까? 내가 다른 무리와 어울려 다니면, 내 친구들은 날 여전히 좋아할까? 내가 선택한 대학에 못 들어가면 어떡하지?**

자신의 청소년기를 되돌아보면서 당신은 의아하게 생각할 수도 있다. **그 일에 대해 왜 그리 열을 냈던 거지?** 이 의문에 대한 답의 일부는 당신의 뇌가 분주히 움직이고 있었다는 것이다. 당신은 한순간 어떤 감정을 느끼다가 다음 순간 무언가 절대적으로 다른 감정을 느낀다. 거기에는 친구나 부모만큼이나 당신의 신경세포들도 관련되어 있다. 이것을 당신의 부모가 이해하지 못했다면, 부모와 잘 지내기가 어려웠을 것이다. 그때 부모와의 사이가 얼마나 어려웠는지 기억해 보라. 부모가 이런 변화들을 알고 있으며 흔쾌히 받아들일 때, 이 시기를 유연함과 인내로 더 잘 통과할 수 있다.

양육인가 천성인가

유전자는 뇌에 얼마나 많은 영향을 주는가? 만약 부모 중 한 사람에게 우울증이 있었고 당신도 우울증을 앓는다면, 당신의 자녀들은 우울증에 더 취약할까? 그것은 눈 색깔과 마찬가지로 유전적 계승이라는 '단순한' 사안일까?

마음에 관한 복잡하고도 놀라운 점이 있다. 마음은 신경 과학자들이 후성유전학(epigenetics)이라 부르는 것의 영향 아래 어떻게 발생하는 걸까? 단순하게 말해, 이것은 유전자 발현이 경험에 영향을 받는다(켜지고 꺼지며, 가속되고 늦춰진다)는 뜻이다. 이를테면, 어떤 사람들은 다른 사람들보다 더 불안해하는 유전적 성향을 가지고 있을지도 모른다. 그렇지만 부모가 그들의 정서적 기질에 깊이 조응되어(attuned) 있다면, 자녀들의 불안 반응을 작동시키는 유전자들은 잠잠해지는 경향이 있고, 그들은 삶에 대한 낙관적인 접근법을 개발할 가능성이 크다.

반면에, 부모가 불안하게 행동한다면, 그들은 가장 양호한 환경에서도 불안을 부추기는 유전자들을 활성화할 수도 있다.

의도적인 변화

내가 20년도 더 전에 의대에 재학 중일 때는 뇌가 아동기와 청소년기를 거치는 동안에만 성장하고 변화하는 능력을 가지고 있다고 배웠다. 성인의 뇌는 변하지도 발달하지도 못한다는 것이다. 이것은 모두에게 좋은 소식은 아니었다. 그저 내 아내에게 물어보면 확인할 수 있다. 아내는 신경 과학자들이 그게 맞다고 생각하던 그 당시의 **나**와 함께 살아야 했다. 다른 누구보다도 아내는, 뇌가 특히 기억 및 정서의 경험과 관련된 영역에서 신경세포의 새로운 연결 및 연결망을 계속해서 발달시킬 **수 있다**는 것을 새로운 자료들이 강력하게 시사하는 점에 감사한다.

이 신경 가소성은 우리의 의도적인 행동에 의해 향상되고 촉진될 수 있다. 댄 시겔은 우리가 "신경세포의 활성화와 성장을 자극하는" (stimulate neuronal activation and growth) 과정을 나타내기 위해 SNAG이라는 유용한 두문자어를 제공한다. 신경 과학 연구는 이 성장 및 활성화의 가능성을 향상할 세 가지 활동, 내가 신경 가소성의 삼합이라 부르는 것을 밝혀냈다.

- **유산소 활동**. 최소한 하루 45분, 최소한 한 주에 5일 동안 이런 형태의 운동을 하는 것은 심장과 마음에 좋다. 운동의 결과로 몸이 좋은 느낌을 받으면, 마음 또한 더 잘 기능한다.

- **주의 기울이기 훈련.** 집중 기도와 같은 활동들은 주의를 필요한 곳에 의도적으로 집중시키는 법을 배울 때 도움이 될 수 있다. 이것은 마음의 배선을 얼마간 바꾸고자 할 때 중요하다. 9장에서 주의 기울이기 훈련을 살펴볼 것이다.
- **새로운 배움의 경험.** 외국어 배우기, 악기 연주, 가구 만들기처럼 의미 있는 수준의 창의력을 키우는 어떤 종류의 배움도 신경 가소성을 촉진한다. 전화번호부의 처음 열 쪽을 외우는 것은 해당되지 않는다. 그 암기된 번호 목록을 이용할 매우 창의적인 방법을 갖고 있지 않는 한 말이다.

그렇다고 가소성이 평생 균등하게 유효하다는 의미는 아니다. 사실은 그렇지 않다. 뇌는 나중 시기보다 아동기와 청소년기에 좀더 유연하게 기능한다. 일반적으로 나이 어린 사람들이 성인들보다 악기 연주나 외국어 말하기를 더 쉽게 배우는 이유가 그 때문이다. 또한, 뇌의 가소성은 술을 마시기 시작하는 십 대들이 스물네 살 이후에 술을 마시기 시작하는 사람들보다 알코올의존증 환자가 될 위험이 더 크다고 예측할 수 있는 이유도 잘 설명해 준다.

잃어버리고 되찾은

인간의 뇌에 대한 이 광범위한 검토를 끝내면서, 희망을 되찾았기를 바란다. 사고나 행동이 얼마나 확고하든 상관없이 자신의 과거를 기억하는 방식에 의미심장한 변화를 만들어 낼 수 있음을 연구 결과가 말해 준다. 즉, 부모가 당신을 대하던 방식, 혹은 그와 관련해 성인 자녀들이 어렸을 때 당신이 그들을 대하던 방식을 다르게 경험할 수 있다. 다시 말해, 비록 자기 이야기의 사건들을 바꿀 수는 없지만, 그 이야기를 **경험하는** 방식을 바꿀 수는 있다.

사람들이 예수님을 따르기 시작할 때 그분이 약속하신 변화를 그들이 진정으로 경험하는지, 그렇다면 그 일은 어떻게 일어나며 그 과정에 개인은 어떤 역할을 하는지 궁금해한 적이 있는가? 하나님은 우리를 **변화시키는** 신이라는 말이 멀리서 울려 퍼지는 소리처럼 들리는가? 전에도 몇 번이나 들은 적이 있는 말이다.

물론 우리는 "그것은 성령의 능력을 통해서다"라거나 "그분은 은혜로써 그 일을 하시며 그것은 신비다"와 같은 상투적인 신학적 답변들을 가지고 있다. 훌륭하다.

그 진술들에는 분명히 진리가 있다. 하지만 음란물 중독을 극복하려 애쓰거나 학대를 일삼는 부모를 용서하려 했으나 실패로 끝나 버린 시도들 때문에 괴로워하는 사람의 고뇌에 신학적인 답변을 내놓는 것은 대개 죄책감만을 불러일으킨다. 자신의 재정이나 독신 상태를 불안해하는 사람들은 "아무것도 염려하지 말고, 모든 일을…여러분이 바라는 것을…하나님께 아뢰십시오"(빌 4:6)라는 바울의 훈계에 쉽게 반응을 보이지 않는다. 그 훈계를 들을 때 대부분의 사람들은 염려하지 않는 것을 그다지 잘하지 못하기 때문에 훨씬 더 불안해진다.

그런데 뇌가 배선되는 방식을 바꿀 수 있다는 점을 고려하기 시작할 때 무슨 일이 일어날까? 어쩌면 하나님이 그분을 사랑하도록 우리를 초대하실 때 그분의 의도를 나타내 줄 수도 있으며, 또 우리가 영속적인 변화를 향해 나아가도록 하나님이 각 사람 안에 지으신 도구들이 우리를 도울 수 있다는 희망을 주기도 한다.

십 대 딸의 두 번째 만취 소동을 해결하려 애쓰면서 마치 실성해 가는 것처럼 느낀다고 말했던 조지를 기억하는가? 딸과 관련된 그 사건이 일어난 지 며칠 후에 나를 보러 온 그는 무력하고 화나며 몹시 걱정스러워하는 상태였다.

우리는 그다음 몇 회기에 걸쳐, 우리가 방금 살펴본 마음의 각기 다른 요소들을 포함해 많은 것들을 이야기했다. 마음이 작용하는 방식과 그것이 어떻게 한 사람의 경험들과 관련되는지를 더 잘 이해하기 시작하면서, 그는 자신, 아내, 딸 그리고 예수님과 좀더 친밀하게 연결되는 자리에 섰다. 그는 자기 마음을 발견했을 뿐만 아니라, 그 과정에서 딸과 하나님을 발견했다.

다음 장에서, 우리는 조지가 내딛은 첫걸음을 살펴볼 것이다. 그는 자기 마음에 시동을 거는 열쇠를 돌려야 했다. 그리고 주의를 기울이기 시작해야 했다. 그렇지만 먼저, 같은 일을 함으로써 역사를 바꾼 또 다른 남자의 이야기를 고찰할 것이다.

4장
───────────────────

주의 기울이기

그는 자기 일에만 신경 쓰고 있었다. 혹은 그렇다고 생각했다. 무리에서 떨어져 나가 헤매던 몇 놈을 찾아내는 이른 아침 구조 활동으로 시작한 힘든 하루였다. 불행히도, 없어진 양들 중 한 마리가 협곡으로 떨어져서, 예기치 않은 도살이 필요해졌다. 오후 늦게 휘몰아치는 흙먼지 폭풍 때문에 동물들이 모조리 다시 흩어질 조짐을 보였다. 양 무리를 산의 북쪽, 더 풍부한 방목지대로 이끌면서 그는 양들을 세기 위해 자주 멈추어야 했다.

그 일은 폭풍이 일으킨 혼돈의 상태 직후에 발생했다. 처음에는 단지 허기나 갈증 때문이었을지도 모른다고 생각했다. 어쩌면 폭염 탓이었는지도 모른다. 피로와 일의 단조로움 때문이었을지도 모른다. 그렇지만 전에는 결코 본 적 없는 무언가를 보고 있다고 맹세할 수 있었다. 사막에서 절대 흔치 않은 무언가를 말이다. 더욱이 그는 오랜 세월을 사막에서 지내 온 터였다. 너무 갈증에 허덕이다 실제로 존재하지 않은 것들을 본 사람들을 알고 있었다. 그가 경험하고 있는 게 그것이었을까? 알아낼 방법은 단 하나였다. 그는 더 가까이 접근해 알아봐야겠다고 마음먹었다.

그는 몇 걸음을 걷고는 눈을 깜박였다. 그가 받은 인상은 달라지지 않았다. 그것은 여전히 거기에 있었다. 불꽃이 사방으로 물결치고 있었고 어둡고 나무 같은 떨기나무를 뚫고 번졌다. 하지만 그 떨기나무는 타고 있지 않았다. 연중 유난히 건조한 이 시기에 말이다. 만약 불타오른다면, 몇 분 만에 전소되고 말 것이다. 그러니까 자신이 목격하고 있는 현상이 이상하다는 점을 이제 충분히 알아차렸다.

이 목자는 한창 젊을 때 보통 번개 때문에 발생하는 떨기나무 숲의 화재를 많이 봐 왔다. 하지만 이것은 뭔가 달랐다. 그 작은 떨기나무는 불에 굴복하기를 거부했다. 그것은 까맣게 타 들어가지 않았으며 연기도 나지 않았다. 그는 얼떨떨한 기분으로 꼼짝도 하지 못하고 그 자리에 있었다. 마음이 그 장면에 사로잡혀 버렸다.

그를 동요시킨 것은 목소리였다. 사태를 보는 것과 거기에 진짜 있는지 분명치 않은 불꽃에서 나오는 목소리를 듣는 것은 전적으로 다른 일이었다. 그리고 후자는 그가 감당할 수 없는 일이었다. 그러나 그 순간 모세가 하는 행위가 그의 인생을 영원히 바꾸게 될 참이었다. 그것은 달리 특별할 것 없는 풍경 속의 범상치 않은 무언가에 주의를 기울이는 단순한 행위였다.

이 출애굽기 3장의 이야기를 잘 알고 있을 것이다. 이것은 자기가 자란 세상을 피해 도망 다니고 바로를 피해 도망 다니며 그 자신을 피해 도망 다녔던 한 남자의 흥미로운 이야기다. 사막 저편에 이르러서야, 그는 자기 내면과 외부의 현상에 주의를 기울였다. 거기 세상의 끝자락에서, 그는 여태껏 들어 본 어떤 것과도 같지 않은 방언으로 그에게 말씀하시는 목소리에 주의를 기울였다. 그가 주의를 기울이지 않았다면, 그의 인생은 아마 달라지지 않았을 것이다. 그가 주의를 기울이지 않았다면, 그는 "돌이켜 가서 이 큰 광경을 [볼]"(출 3:3, 개역개정)

기회를 놓쳤을 것이다.

성경에는 하나님의 부르심에 주의를 기울임으로써 성숙을 향한 첫 걸음을 내딛었던 사람들의 이야기가 숱하게 나온다. 아담, 하와, 가인, 노아, 아브라함, 사라, 모세, 기드온, 드보라, 사무엘, 다윗, 마리아, 요셉, 동방박사들, 예수님, 바울. 창세기로부터 사도행전에 이르기까지 성경은 하나님이 주도하시는 기획에 대한 사람들의 응답을 묘사하는 서사들로 이루어진 다채로운 태피스트리를 엮어 낸다. 게다가, 성경의 인물들이 주의를 기울이기로 결정한 방식은 중대하고도, 때로는 생명을 위협하는 결과를 초래했다.

그런데 그들에게 자신이 하나님의 말씀을 듣고 있다는 확신을 준 것, 그들이 주의를 기울인 그것은 과연 무엇이었을까? 그들은 그 말씀이 소화불량, 부모나 배우자와의 다툼, 혹은 단순한 희망 사항의 산물에 불과하지 않다는 사실을 어떻게 알았을까? (만약 나의 확대가족이 내 신경을 건드리는 데다 내가 산을 정말 좋아한다면, 아내와 아이들을 데리고 콜로라도로 이주하라고 하나님이 말씀하셨다는 생각을 나는 훨씬 더 순순히 받아들일 것이다.) **그들이 주의를 기울이던 것이 그들의 삶에 영향을 미쳤다.** 혹은 십중팔구, 앤드루 뉴버그[Andrew Newberg, 『하나님은 당신의 뇌를 어떻게 변화시키는가』(*How God Changes Your Brain*)]와 조지 베일런트[George Valiant, 『행복의 완성』(*Spiritual Evolution*)]가 명확히 표명한 새로운 신경 영성학(neurospirituality)의 정신에 입각해, 어떤 이들은 이 경험들이 그들 자신 밖의 어떤 **실재하는 동인**과도 무관한, 특정한 신경 발화 패턴을 반영했을 뿐이라고 해석할 것이다.

우리는 근대적 사고 및 포스트모던 사고방식으로 생각해 버리기 쉽다. 우리에게 유효하지 않은 특별한 방식으로 이 사람들이 하나님과 통했다고 생각하는 것이다. 어떤 사람들은 '주님의 말씀'을, 의도는 좋지만 세상이 돌아가는 방식에 대해 그다지 많이 알지는 못했던 고대 저자들 측의 공상적이고 원시적인 사고로 축소하며, 이 이야기들을 아무렇지도 않게 노골적으로 제쳐 놓는다.

최근에 이 신앙의 영웅들 중 몇 사람의 이야기를 읽은 적이 없다면, 그것을 다시 살펴보는 게 좋을 것이다. 그들이 어떻게 무엇에 주의를 기울였는지 잘 생각해 보자. 모세가 주의를 기울였다는 점이 놀랍지 않다. 누군들 그렇게 하지 않겠는가? 자그마치 불타는 떨기나무다. 그러나 성경의 이야기는 모세가 실제로 떨기나무를 **중요하게 여겼음**을 드러낸다. 그는 이 자연현상에 주의를 기울인 후에, 자신의 대응을 곰곰이 생각했다. 그의 행위는 자동적이지 않고, 심사숙고된 것이었다.

하나님은 모세가 하나님에게 기꺼이 주의를 기울이는 것을 보신 **후에** 그와 이야기하신다. "모세가 그것을 보려고 오는 것을 보시고, 하나님이 떨기 가운데서 '모세야, 모세야!' 하고 그를 부르셨다"(출 3:4).

하나님은 그분을 향한 우리의 관심을 진정으로 즐기시는 듯하다. 우리가 그분에게 주의를 기울이는 정도는 우리에게만 영향을 미치지 않고, **하나님**에게도 영향을 미친다. 하나님은 단지 식물로 된 초를 밝히는 것에 그치지 않고 더 나가실 만큼, 하나님에게 주의를 기울이는 모세를 기뻐하셨다. 하나님은 모세와 이야기하기로 결심하셨다. 하나님이 말씀하시고 우리가 주의 깊게 들을 때, 경이롭고 아름다우며 두려운 일들이 일어난다.

신경 과학의 관점에서 주의를 기울인다는 것은 무엇을 의미할까? 그리고 주의를 기울이는 것이 어떻게 우리의 모든 관계에, 특히 예수님과의 관계에 영향을 미칠까?

이제 내가 당신의 주의를 끌었으니

의도적으로든 무의식적으로든 우리의 세계에 영향을 줄 때마다, 우리는 주의라고 불리는 마음의 기능을 사용한다. 주의는 마음에 시동을 거는 열쇠로 간주할 수 있다. 정신적이고 신체적인 무척 다양한 행위들이 우리가 주의를 기울이는 대상을 좇아 일어난다.

우리는 **자발적으로** 주의를 기울일 때가 많다. 이를테면, 당신은 이 문장을 의도적으로 읽고 있다. 골프 코스에서, 공을 홀 안에 넣기 위해 공의 유력한 경로를 판단하려고 퍼트 구역 안의 약간 경사진 곳의 경계를 확인한다. (혹은 내 경우에는 공을 찾을 수 있도록 공이 페어웨이에서 정확히 얼마나 벗어나 숲속에 떨어지는지 주의 깊게 지켜본다.) 혹은 자기를 통제하려 드는 엄마와 나눈 대화를 전하려는 아내의 감정적인 이야기에 주의를 기울이려고 노력한다. (아내는 당신이 노력하지 않는다며 항의할 테지만, 맹세코 당신은 노력하고 있다.) 그리고 물론, "주의를 기울여!"라고 말하면서, 우리가 당면한 업무에 집중하도록 이끌어 주는 사람도 있다. 이런 경험을 모두 해 본 적이 있다.

또 어떤 때 우리는 주의를 **자동적이고도 무의식적으로** 활성화한다. 예를 들어, 양파를 썰고 있을 때 손가락에 이는 통증의 감각 때문에 그 손가락의 상처를 내려다본다. 밤중에 시끄럽게 귀를 울리는 아기의 울음소리에 잠이 깬다. 또는 심장이 고동치고 숨이 가빠지기 시작할 때 갑작스럽게 공황 발작이 일어날 것에 대비해 마음을 단단히 먹는다.

알람 시계를 맞추는 것처럼 무언가에 주의를 집중하기로 선택하는 상황과, 그 시계의 알람 소리처럼 물리적으로나 정서적으로 지각을 일깨우는 자극에 부지불식간 주의가 사로잡히는 상황은 다르다. 우리는 그 차이를 직관적으로 알고 있다. 더욱이, 사물에 주의를 기울이는 자발적인 방식과 무의식적인 방식 사이에는 연속체가 존재하는 경향이 있음을 우리는 인식한다. 도보 여행을 하는 중에 갑작스레 우연히 아름다운 풍경을 본다고 상상해 보자. 우리는 우리를 깜짝 놀라게 한 그 아름다움에 사로잡혔다고 느낀다. 그러나 거의 즉시, 동일한 풍경이 주는 즐거움 때문에 목적을 갖고 그 풍경을 바라보는 것으로 옮겨가는 매끄러운 이행을 시작한다. 본능적인 주의와 의도된 주의 사이의 경계는 분간하기 어려울 정도로 흐릿한 것 같다.

주의의 활성화에 가장 자주 관여하는 뇌의 부분을 확인하기 위해 많은 실험이 이루어졌다. 일반적으로 우리의 자발적 집중 기제를 책임지는 신경세포의 해부학적인 위치로 여겨지는 부분은 뇌의 전두엽 일부인 배외측 전전두피질(dorsolateral prefrontal cortex)이다(78쪽의 그림을 보라). 집중하려는 대상을 선정할 때, 뇌의 이 부분은 우리가 집중하고 있는 대상의 다양한 측면에 상응하는 다른 신경조직층과의 연접 연결을 만들어 내면서, 스포트라이트처럼 작용하기 시작한다. 그것은 우리가 집중하고 있는 대상을 형성할 수 있도록 모이는 다수의 뇌의 다른 요소들에, 말하자면 "빛을 비춘다." 예를 들어, 오늘 아침 동료와 벌인 언쟁을 기억하고 있다고 해 보자. 배외측 전전두피질은 우리 마음속에 있는 심상을 생성하기 위해 시각적·언어적·정서적인 지각을 대표하는 뇌의 이질적인 부분들에서 비롯되는 다른 신경망들을 모집하는 역할을 한다.

뇌는 수십 가지 자극들을 끊임없이 걸러 내면서, 어떤 것들은 마음의 시야로부터 제거하는 한편 어떤 것들에는 집중할 수 있도록 해 준다. 이를테면, 이 문장을 읽는 바로 지금, 들어오는 다른 감각들이 당신의 주의를 얻기 위해 경쟁하고 있다. 아들 방에서 들려오는 음악 소리, 주변 시야에 있는 물체들, 커피의 향기. 당신은 어느 것에 가장 집중해 주의를 기울일 것인가?

부지불식간에 주의가 사로잡힐 때, 뇌의 대체 가능한 부분들이 종종 그 작용을 개시한다. 몸의 시각, 청각, 또는 촉각의 영역으로부터 입력된 감각 정보가 처음에는 피질을 우회해 뇌간에 신호를 보내는 것이 일반적이다. 뇌간은 생명을 위협하는 상황에 직면할 때 너무도 중요한 투쟁 혹은 도피 반응을 조절하는 신경세포들이 자리한 곳이다. 뇌간으로 이어지는 감각 정보에서 갑작스러운 변화들은 그 상황에 적절한 신체 반응을 자동적으로 촉발한다. 이 반응들은 앞서 설명한 대로, 의식적 자각을 책임지는 뇌의 부분(피질)이 연동하기 전에 발생한다. 이 작용들은 십억 분의 일 초에서 백만 분의 일 초 만에 발생한다. 뇌간에서 심장, 폐, 근육들로 보내진 신호들은 뇌의 다른 부분들로도 보내져 결국 변연계 회로를 경유해 피질로 전달되어 의식적인 주의를 일으킨다. 그 매끄러운 이행이 일어날 때, 우리는 배외측 전전두피질을 연동하게 한 셈이다. 배외측 전전두피질과 변연계 회로와 뇌간 사이 연계의 중요성 **그리고 우리가 이 연계에 주의를 기울이는 방식**은 머지않아 명백해질 것이다.

다 좋긴 하다, 라고 생각하고 있을지도 모른다. **지금까지 놀랄 만한 건 없다**. 우리의 삶이 우리가 주의를 기울이는 것에 영향을 받으며, 주의를 기울이지 않으면 문제가 생기기 쉽다는 건 충분히 말이 된다. 횡단보도의 보행자에 주의를 기울이지 않으면 그 사람을 칠 수도 있다. 매우 간단하다. 그런데 주의를 기울이는 것이 중요하다는 믿음을 갖고 있음에도 불구하고, 우리는 많은 부분에서 부주의하게 살아간다.

나는 환자들에게 그들이 성찰할 가장 중요한 질문 중 하나가 이것이라고 이야기한다. **내가 주의를 기울이고 있는 것에 나는 얼마나 잘 주의를 기울이고 있는가?** 이것은 우리가 몇 번이고 다시 돌아갈 질문이다. [무언가에 주의를 기울이는 것과 우리가 주의를 기울이고 있는 대상, 특히 마음의 활동 자체에 주의를 기울이는 것은 완전히 별개다. 우리가 주의를 기울이는 데 숙련되어 있지 않은 대상들, **특히 마음의 활동 그 자체**를 선정하고 주의를 기울이려면 마음을 더 깊이 활성화해야 한다.] 우리가 경험의 요소들에 주의를 기울이는 방식은 뇌에 일정한 패턴으로 연결망을 구축하며, 타인의(특히 우리 자녀의) 마음에 주의를 기울이는 방식은 그들의 뇌의 연결망 구축에도 영향을 주기 때문이다. 이밖에, 우리 마음의 활동의 다양한 요소들에 주의를 기울이는 방식은 하나님과 우리의 관계에도 크게 영향을 미친다. 표면적으로 이것은 받아들이기 어려운 것은 아닐지도 모른다. 정말 깊이 생각해 보기 어려운 것은 그야말로 얼마나 많은 것에 우리가 주의를 기울이고 있지 않은가다. 특히 영적으로 말이다.

부전여전

지난 장에서 만난 조지와 열일곱 살 난 그의 딸 크리스틴의 이야기로 돌아가 보자. 조지는 당연히 상황이 걱정스럽다. 고등학교 2학년인 크리스틴은 열다섯 살 때부터 술을 마셔 온 터였다. 원래는 엄마가 크리스틴을 내게 데려왔는데, 술 문제 때문이 아니라 크리스틴에게 공황 발작이 일어나고 있었기 때문이다. 발작은 크리스틴이 교내 농구 경기를 뛰기 전, 혹은 집을 떠나 친척들과 지내거나 친구들과 휴가를 보낼 때마다 느닷없이 일어나곤 했다. 발작이 있을 때마다 그녀는 갑작스럽게 압도하는 공포와 심장의 두근거림을 느꼈으며, 구토도 잦았다. 갑자기 심해지는 공황 상태의 저변에는 크리스틴이 날마다 느끼던 미묘한 불안의 암류가 흘렀다. 처음에 술은 그녀의 불안을 진정시켜 주었다. 그런데 그 후로 그녀는 자신이 가지고 있으면서도 그다지 잘 이해하지는 못하던 고통스러운 감정들에 둔감해지려고 술을 마시기 시작했다.

크리스틴을 처음 살피기 시작했을 때, 그녀의 불안뿐만 아니라 술에 대해서도 이야기했다. 크리스틴은 알코올의존증이 자신의 인생에 원하는 바는 아니지만 어떻게 멈추어야 할지 모르겠다고 말했다. 술을 끊으면 공황이 다시 시작될까 봐 염려했다. 그녀는 공황을 줄여 주는 약물치료를 해 보기로 동의했고, 십 대들을 위한 지역 알코올의존증 회복 프로그램에 들어갔다.

그다음에 무엇이 크리스틴을 불안하게 만드는가에 대한 그녀의 인식을 탐색하기 시작했다. 그다지 망설이지 않고 그녀는 "아빠"라고 말했다. 크리스틴은 아빠가 그녀의 술 문제를 발견했을 때 얼마나 '충격'을 받았는지 상세히 설명해 주었다. "아빠는 농구 기량과 성적 문제로 늘 저를 들볶으세요. 제가 구기 종목 장학금을 받기를 원하시는데, 그러지 못할 경우 제 성적이 희망하는 대학에 들어갈 만큼 좋지 않다고 생각하세요. 저는 이해가 안 가요. 그러니까, 아빠가 저를 학교에 보낼 돈이 없다거나 그런 게 아니잖아요."

크리스틴은 사실 엄격한 학업 기준을 가진 고등학교에서 평균을 웃도는 학생이었다. 배움의 경험을 즐기는 편이었고 과외 활동에서 큰 즐거움을 누렸다. 크리스틴의 사고방식으로는, 자신이 성공적인 삶을 일구기 위해 기울이고 있는 노력을 고려할 때, 아빠의 염려가 지나쳤다.

심리 치료 작업을 하며 몇 달을 보내는 동안, 크리스틴의 영적인 삶에 새로운 활력이 나타나기 시작했다. 그녀는 자신의 기도 생활이 얼마나 깊은 의미를 갖게 되었는지, 그녀가 '영 라이프' 활동과 교회 청소년부를 통해 사귄 친구들이 예수님을 따르는 삶이 진부함을 넘어서는 생생한 체험이 될 수 있도록 어떤 도움을 주었는지 이야기했다. 그녀는 학교의 요구를 채우기 위해 한 달에 한 번 무료 급식소에서 일하기 시작했다. 그 과정에서 자신보다 불우한 사람들을 이런저런 형태로 섬겼다. 그때 비로소 복음이 어떤 의미가 있는지를 알 수 있었다. 열일곱 살인데 말이다. 정말 멋지지 않은가.

그러나 조지는 여전히 걱정하고 있었다. 딸의 공황이 사라지고 딸이 술을 끊었는데도 불구하고 말이다. 딸의 성적이 오르고 영적인 삶이 분명히 성숙해진 이후에도. 환자는 크리스틴이었지만, 조지야말로 도움이 필요한 사람 같았다.

크리스틴이 보이는 진전에 대한 최근 생각을 전하기 위해 가끔 부모를 만났다. 크리스틴이 나아지는데도, 조지는 그녀가 충분히 열심히 공부하고 있지 않으며 다시 술을 마시기 시작할지도 모른다는 염려를 그악스럽게 표현했다. 취한 딸을 집 안으로 옮기던 기억은 결코 그의 마음에서 멀어진 적이 없었다.

마침내 나는 **그의** 불안에 대해, **그의** 인생의 감정들과 생각들에 대해 알려 달라고 요청했다. 그는 자신의 딸에 대해서만 이야기할 수 있었다. 주의의 초점을 그 자신의 정서로 돌리기까지 애를 먹었다. 그가 주의를 자신에게로 옮겨 자신이 느끼고 있는 바를 돌아볼 수 있기까지는 그의 편에서 (그리고 내 편에서) 큰 노력이 필요했다.

나는 크리스틴의 허락을 얻어, 크리스틴의 가장 큰 괴로움 중 하나는 조지가 크리스틴에 대해 걱정하는 태도라는 사실을 그에게 알려주었다. 그는 업무상의 이유로 집에 없을 때가 많았지만, 집에 있을 때 크리스틴과 나누는 소통 중 대부분은 크리스틴의 삶 거의 모든 영역의 성취도 위주로 돌아갔다. 언어적 메시지만큼이나 비언어적인 메시지는 분명했다. "너는 더 잘할 수 있어(그리고 그래야 해)." 멀리서조차 초조하게 서성이는 그의 태도는 크리스틴의 불안을 부추기고 있었다.

크리스틴이 이제는 훨씬 덜 불안해하는 이유는 그녀가 (회복 그룹과 청소년부에서뿐만 아니라) 심리 치료 관계에서 자신의 삶에 대한(그리고 특히 그에 대한) 감정들을 처리하고 자기가 왜 그렇게 불안한지 이해할 수 있는 장소를 발견했기 때문이라고 그에게 숨김없이 말했다. 나는 크리스틴이 치료를 시작하기 이전에는 자기에 대한 아빠의 행동을 곰곰이 생각하느라 '불안한' 시간을 많이 보냈다는 점을 강조했다. 자신의 마음 밖에 있는 대상에 주의를 집중했던 것이다. 그러나 치료 과정을 거치면서, **그녀는** 자신 **안에서** 감지하고 있는 것에 더 많은 주의를 기울이기 시작했다. 그녀의 성찰은 **단지 그녀가 생각하고 있던, 자신의 외부에 있는 대상만이 아니라**, 그녀 자신의 감정, 신체적 감각, 생각으로 향했다.

나는 조지에게 어쩌면 그도 크리스틴에 대한 생각 외에 그 자신 안에서 경험하고 있는 것에 주의를 기울이기 시작해 보면 유익을 얻으리라고 제안했다. 이렇게 함으로써 딸의 선택들 탓이라고 그가 확신하는 꽤 지속적인 불안의 두방망이질을 좀더 효과적으로 줄일 수 있으리라고 본다고 말했다. 분명히 조지는 자신이 주의를 기울이고 있는 대상에 주의를 기울이고 있지 않았다. 그는 딸의 삶에 대해 지각한 것들에 확실히 주의를 기울였으나, 그 자신의 마음속에 있는 다른, 좀 더 강력한 힘을 지닌 것들에는 좀처럼 주의를 기울이지 않았다. 이것들이야말로 사실 그가 처한 곤경의 핵심이었으며, 어느 정도는 크리스틴이 처한 곤경의 근원이기도 했다. 다시 말해, 크리스틴이 그의 문제가 아니라, 그가 그의 문제였다.

조지는 기술 임원이라는 역할 때문에 가정생활에서 멀어지고 있으며, 그 결과 딸의 인생에 일어나는 많은 사건을 놓치는 것을 얼마나 깊이 슬퍼하는지에 주의를 기울이지 않았다. 그는 이것이 사실임을 알고 있었음에도 불구하고, 오래도록 그 슬픔을 감지하도록 허용하지 않았다. 그 슬픔이 부가적인 죄책감으로 이어지기 때문이었다. 또한 이 감정들이 너무도 두렵고 그를 압도해 버린 나머지 그것들을 마음의 저편에 있는 저장소에 묻어 두고 의식적 자각으로부터 안전하게 자신을 지켜내려 했다.

게다가 그는 크리스틴과 이야기할 때 보내는 비언어적 메시지에도 많은 주의를 기울이지 않았다. 우리 세 사람이 함께 만났을 때, 조지의 감정이 자아내는 압박감을 그의 어조와 얼굴 표정이 어떻게 반영하는지를 보는 건 어렵지 않았다. 나는 크리스틴이 그의 뇌/몸이 보내는 비언어적 신호를 수신하는 유일한 사람은 아니라는 점을 언급했다. **그 자신의 몸과 뇌가 그 동일한 메시지를 수신했다.** 이 비언어적 신호를 통해, **그는** 자신을 두려움에 떨게 하고 있었다. 나는 그토록 많은 불안을 허구한 날 지고 다니는 건 필시 무척 고단한 일일 것 같다고 말했다. 그는 이 짐을 풀어놓을 수 있다면 한시름 놓게 되리라는 점을 인정했다. 그러다가도 크리스틴이 처한 곤경을 떠올리는 심상들에 몹시 괴로워하는 마음 상태로 슬그머니 되돌아갔다.

예수님을 따르는 사람이 되는 것이 그에게 중요하다는 사실을 알고 있었으므로, 하나님이 이 이야기에 어떤 식으로 들어맞는가를 물어보았다. 하나님은 이 상황에 대해 무엇을 느끼고 생각하셨으며, 그것은 그분에게 어떤 영향을 미쳤을까? 조지는 하나님이 그에게 영향을 받으신다는 사실을 알고 있었을까? (이 질문에서 조지가 하나님에게 어떻게 영향을 받는지가 아니라 오히려 반대로 물었다는 점에 주목하라. 우리는 보통 우리가 실제로 하나님에게 어떤 영향을 미치는지를 곰곰이 생각해 보지 않는데, 이에 대해서는 6장에서 더 논의할 것이다.)

조지의 답변은 유용한 정보를 제공했다. 하나님이 그를 어떻게 생각하시는가를 숙고해 볼 때 그중 어느 것도 그다지 좋지 않은 게 분명했다. 죄책감이 지배적인 주제였으며, 그것은 자신에게 만족하지 못하고 실망하시는 하나님이라는 찰나의 심상, 감각, 생각에 반영되어 있었다. "제가 하나님의 기준을 맞추지 못하고 있다는 걸 알아요. 그런데 정말 그러고 싶어요." 조지가 한 말이다.

하나님의 실망에 관한 여러 심상, 생각, 감정에 그토록 많이 주의를 기울이는 것(그것들을 받아들여 만끽하는 것)이 과연 어떤 의미일지 알고 싶다고 내 마음을 표현했다. 그런 인상이 마음속에 그를 사랑하시는 하나님의 심상에 대한 여지를 많이 남겨 두지 않는다고, 이 인지된 실망이 바로 그가 주의를 기울이던 것이라는 점을 인식조차 하지 못한다면 그 상태가 달라질 가능성은 별로 크지 않다고 지적했다.

그런 다음, 그가 가정에서 어떻게 자랐는지를 물었다. 놀라운 점은 없었다. 그의 아버지는 요구가 많고 정서적으로 무감한 사람이었다.

어머니는 평생 아버지의 명령대로 따랐다. 그런 가정에서 하나님과 관계를 갖는다는 것은 교회에서 정한 일련의 규칙들과 규정들을 따른다는 뜻이었다. 조지는 자신의 가정에서 정서적으로 성장해 온 방식이 하나님에 관한 자신의 경험에 계속 영향을 준다는 사실을 전혀 알지 못했다.

그는 열다섯 살쯤이었을 때(덧붙이자면, 크리스틴이 술을 마시기 시작한 나이와 같은 나이 즈음에) 가족에게서 '체크아웃'하리라고 결심했던 사실을 기억해 냈다. 여러 해에 걸친 아버지의 비판과 가혹한 대우를 견뎌 낸 후에, 그는 학업과 운동 중심의 삶을 살아가리라고 결심했다. 그는 선생님들과 코치들에게 많은 칭찬을 받았으며, 그 결과 정서적 지지를 포함해 어떤 것에 대해서든 다시는 그다지 가족이 필요 없게 되었다. 나는 그에게 성장기 삶을 반추해 본 마지막 때가 언제였는지 물었다. 그의 대답은 의미심장했다. "그런 일은 전혀 하지 않습니다. 그 부분은 생각할 것이 없어요."

조지처럼 우리는 아주 많은 것들에 무심할 수 있다. 우리의 생각과 감정, 우리가 타인들 및 우리 자신과 주고받는 비언어적 신호, 성장기의 기억과 같은 것들에 말이다. 조지는 자기의 하나님 경험과 인생 경험에 영향을 주던 많은 것들을 의식하지 못했다. 드러나지 않은 채 흐르는 슬픔과 죄책감을, 자기의 얼굴 표정과 어조가 어떻게 자기의 초조함과 성마름을 드러내 주는가를, 딸과 이야기할 때나 딸의 문제들에 관해 이야기할 때마다 약간씩 증가하는 자신의 심장박동 수와 호흡수를 그는 놓치고 있었다. 자신의 뇌간과 변연계 회로의 활동이나 그것들이 자신의 행동에 주는 영향을 알지 못했다. 그것들이 딸의 뇌의 발달에 어떻게 영향을 주고 있는지도 깨닫지 못했다. 더군다나, **자**

신의 뇌 기능의 이 측면들을 무시한 결과, 하나님이 그의 주의를 사로잡으려고 시도하시는 방법들을 놓치고 말았다. 자기의 뇌를 무시하는 것은 하나님을 무시하는 것과 같다.

조지는 아버지의 비판이 야기한 분노와 상처를 결코 다룬 적이 없었다. 그래서 십 대가 된 크리스틴에게 공감하거나 그 자신의 비판이 그녀에게 어떤 영향을 미치고 있는지 이해할 수 없었다. 그러한 연결점 없이 조지가 크리스틴을 평가할 수 있는 유일한 방법은 그녀의 행동을 통해서였다. 물론, 크리스틴의 행동이 항상 좋아 보이지는 않았다.

진흙 발을 가진 성인들

모세에게는 떨기나무가 있었고 성경의 다른 사람들에게는 꿈, 목소리, 천사, 가족 역동성, 그 밖의 여러 인상이 있었다. 마찬가지로, 하나님은 우리 뇌의 활동으로 매개되는 (아마도 불꽃을 제외한) 이정표를 사용해 우리에게 말씀하신다. 뇌의 이 기능들에 주의를 기울이지 않으면, 하나님이 우리에게 말씀하시려는 것에 주의를 기울일 수 없다.

어쩌면 당신은 이미 이런 것 중 많은 대상에 주의를 기울일지도 모른다. 당신은 하나님의 독려를 감지하고 그것에 반응한다. 당신은 자신이 분노했음을 전달하는 십 대 자녀의 미묘한 신체 언어를 읽어 낸다. 당신은 아버지에 대한 형제의 불평을 공감하며 들어 주려고 한다. 그런데 모든 사람에게는 자신이 알아차린 것을 더 잘 알아차리기 위해 주의를 더 잘 기울일 삶의 영역들이 있다.

다윗을 생각해 보자. 이스라엘의 두 번째 왕은 하나님의 마음에 맞는 자였으나, 다른 남자의 아내를 넘보기도 했다. 또한 자녀들을 훈계하는 데 실패했다. 두 가지 결점 모두 궁극적으로 왕국의 부패와 몰락에 기여했다. 그의 시편이 감수성이 풍부한 시인의 심중을 드러내는 건 사실이지만, 그가 헷 사람 우리야의 아내인 밧세바와 성관계를 가질 때 하나님의 율법에 대한 즐거움과 묵상(시 1:2)은 어디에 있었을까? 그는 무엇에 주의를 기울이지 않았던 것일까?

진흙 발(존경받는 사람이 지닌 뜻밖의 성격적 결함을 일컫는 표현—옮긴이)을 가진 영웅의 또 다른 예는 기드온이다. 그는 사실상 아무도 하나님에게 주의를 기울이지 않던 이스라엘 역사의 한 시기에 하나님에게 주의를 기울였다. (그런데 만약 오늘날 천사가 자신을 "큰 용사"라고 불렀다고 말하는 사람을 본다면, 우리는 아마 그가 환각을 일으키고 있다고 생각할 것이다. 우리는 하나님의 목소리를 무시해 버리기 십상이다.) 기드온이 감지하고 듣고 보는 것에 따라 행동하는 데는 많은 용기가 필요했다. 주의를 기울이는 행위는 수적으로 대단히 열세인 히브리인들이 미디안 사람들에게 군사적 승리를 거두는 결과로 이어졌다.

그러나 이 승리 이후 오래 지나지 않아, 기드온은 자신의 즐거움을 위해 종교적인 조형물을 지었다. 그는 자신의 지도력에 대한 보답으로 동족이 내놓은 금으로 우상을 만들었다. 그런 다음 그것을 자기 고향 성읍에 전시했다. 그의 친구들과 이웃들이 그 상을 숭배하기 시작하면서, 기드온과 그의 가족에게 문제를 일으켰다(삿 6-8장에서 기드온의 이야기 전체를 읽어 보라). **이것**은 또 무슨 일이었을까? 웬일인지 기드온은 그의 행위들이 다른 사람들에게 어떤 영향을 미칠지 예상하지 못했다.

그리고 이스라엘의 가장 위대한 사사 중 하나인 사무엘은 어떤가?

소년 시절, 하나님의 목소리를 듣고 그것에 주의를 기울이던 그 남자는 자기 자녀들의 귀에 동일한 민감성을 함양하는 데 크나큰 어려움을 겪었다(삼상 8:1-5절을 보라). 분명히 매우 중요한 어떤 면들에 있어서 그는 하나님에게 주의를 기울였지만, 다른 면들, 특히 아들들의 중요한 인격적 결함에 관해서는 주의를 기울이지 않았다. 이건 어찌 된 영문일까? 다시 한번, 주의를 기울이지 않은 그 실패가 나라 전체에 지속적인 영향을 미쳤다. 히브리인들은 사무엘에게 왕을 요구할 때, 그의 아들들과 그들의 불공정한 행동을 지목했다. 우리가 주의를 기울이는 정도는 문자 그대로 우리 뒤를 잇는 세대들에게 영향을 끼칠 것이다.

요점은 모든 사람에게는 주의를 기울이지 않는 삶의 영역들이 있다는 말이다. 내 말을 오해하지는 말라. 우리는 주의를 기울이기를 원한다. 대부분의 사람은 자신이 자녀, 배우자, 부모님, 하나님에게 분명 주의를 기울인다고 믿기까지 한다. 우리는 결코 그들에게 주의를 기울이지 **않기**로 선택하지는 않을 것이다. (인정한다. 이 말이 전적으로 맞는 건 아니다. 내 아내는 종종 내가 자기에게 주의를 기울이지 않기로 선택하고 있다는 믿음을 가진 듯하다. 나는 그렇게 확신한다. 그녀가 옳을 수도 있다.) 불행히도 우리는 종종, 우리의 자각 없는 태도를 자각하지 못한다. 신앙의 영웅들마저 삶으로 이를 입증한다.

우리의 마음/몸 모체의 많은 요소는 우리의 주의를 얻으려고 애쓰시는 하나님의 수단이다. 그럼에도 불구하고 우리는 그것들을 성찰하는 연습을 많이 해 오지 않은 것 같다. 우리는 조지처럼 우리의 감정에, 기억에, 우리 몸이 우리에게 하는 말에, 혹은 우리의 서사의 깊이와 의미에 집중하지 않을 때가 많다. 우리가 이런 것들(뇌가 우리에게 하는 말들)에 주의를 기울이면 기울일수록, 궁극적으로 하나님에게 점점 더 주의를 기울이는 셈이다.

고린도전서 6장 19절에서 바울은 다음과 같이 쓴다. "여러분의 몸은 여러분 안에 계신 성령의 성전이라는 것을 알지 못합니까?" 몸이 **성전**이라는 이 진술은 1세기 유대인에게 중대한 의미가 있었을 것이다. 성전이 사회적으로도 정치적으로도 그들 삶의 중심이었기 때문이다. 이곳은 하나님이 거주하시는 곳이었으며, 그들이 하나님을 만나고 하나님과 이야기하며 하나님의 목소리를 듣는 건 다름 아닌 이 장소에서였다.

바울은 하나님이 중심에 위치한 물리적 성전이 아니라 사람의 **몸**에 성령의 현존을 통해 지금 거주하신다고 말한다. 바울의 말은 그의 독자들이 하나님과의 친밀감을 경험하는 방법을 이해하는 방식에 현격한 변화가 일어났음을 대변한다. 바울은 하나님이 **곧** 몸이라고 주장하는 것이 아니라, 우리가 하나님에게 주의를 기울이기 위해서는 그분이 살고 계시는 곳에 주의를 기울여야 한다는 사실을 말하고 있었다. 우리의 뇌는 우리가 이 일을 하도록 돕는다. 우리의 마음/몸 경험에 주의를 기울임으로써, 성령이 우리에게 하시는 말씀에 주의를 기울이는 셈이다.

조지가 자기 뇌의 기능들에 주의를 기울이면 기울일수록, 그는 하나님의 말씀들을 이전에는 결코 들어 보지 못한 방식들로 듣기 시작했다. 몸에서 느끼는 바를 더 잘 알아차리도록 돕는 명상 훈련과 더불어, 나는 집중력을 높여 줄 훈련을 해 보도록 제안했다. (두 가지 훈련에 관한 설명은 9장에 나온다.) 그가 그 훈련들을 하는 동안, 사실상 뇌의 신경망들 및 회로를 변화시키고 있는 셈이다.

하나님에게 주의를 기울이는 것이 문자 그대로 자신의 내면에서 새로운 마음을 창조해 내는 것임을 조지가 깨달으면서, 하나님과의 관계는 새로운 의미를 띠기 시작했다. 그리고 그 새로움은 바울이 로마서 12장 2절에서 쓰는 새로운 마음과 관련이 있다. "여러분은 이 시대의 풍조를 본받지 말고, 마음을 새롭게 함으로 변화를 받아서, 하나님의 선하시고 기뻐하시고 완전하신 뜻이 무엇인지를 분별하도록 하십시오."

다시 말해, 하나님은 우리가 주의를 기울이는 대상에 주의를 기울이는 능력을 우리 안에 갖추어 놓으셨는데, 그것은 우리가 그분의 말씀을 들을 공간을 만들어 낸다. 그리고 이로부터, 하나님의 선하시고 기뻐하시고 온전하신 뜻을 분별하는 풍성한 삶이 흘러나온다. 선함, 기쁨, 온전함. 이것들은 모두 우리가 주의를 기울이고 있는 것에 주의를 기울임으로써 시작된다.

하나님과 함께하는 삶의 변화에 더해 조지는 그의 주위와 자기 내면의 모든 것을 더 많이 자각하게 되었다. 그의 감정, 기억, 서사의 중요성 그리고 이런 것들이 주위 사람들에게 끼치고 있는 영향에 대해서 말이다. 특히, **그는 딸 크리스틴이 정말로 경험하고 있는 것에 대해 좀더 인식하게 되었다.** 그가 자신의 다층적인 경험에 대해 주의를 강화하려고 노력함에 따라, 크리스틴과의 관계도 성질이 바뀌었다. 우리는 주의를 기울이는 것이 어떻게 하나님이 모세에게 약속하신 바를 행하실 공간을 만들어 내는가에 대해 이야기했다. "너희가, 주 너희 하나님인 나의 말을 잘 듣고, 내가 보기에 옳은 일을 하며, 나의 명령에 **순종하고,** 나의 규례를 모두 지키면, 내가 이집트 사람에게 내린 어떤 질병도 너희에게는 내리지 않을 것이다. **나는 주, 곧 너희를 치료**

하는 하나님이다"(출 15:26, 저자 강조). 그러므로 주의를 기울임으로써, 특히 자기가 주의를 기울이고 있는 것에 주의를 기울이면서 조지는 치유로 이어지는 과정을 시작했다.

자기가 주의를 기울이는 것에 의도를 갖고 임하는 법을 배우는 것이 조지에게 마지막 단계는 아니었다. 사실, 그것은 정말로 시작이었다. 이 책의 나머지 부분에서 우리가 주의를 기울이는 정도에 영향을 받는 마음의 다양한 기능들을 탐색할 것이다. 여기에는 기억, 정서, 애착의 관계적 과정이 포함된다. 이 기능들 각각은 하나님과의 동행에도 영향을 미치며, 생명과 평화에 기여할 수 있다.

주의를 기울이고 있는 것에 주의를 기울이는 법

지난 3,500년 또는 그 이상의 기간에 하나님과 진정으로 동행하고 그분에게 알려진 사람들은 영적인 훈련을 통해 그 관계를 보살폈다. 우리는 이 훈련 가운데 몇 가지를 살펴보려 한다. 그것들이 인간의 뇌 내부 및 뇌와 뇌 사이의 더 큰 통합을 촉진하는 방식들을 함께 이후에 더 상세히 탐색할 것이다. 지금은 그 훈련들에 얼개와 지원을 제공하는 세 가지 주요 흐름에 초점을 맞추는 것으로 충분하다.

헨리 나우웬(Henry Nouwen)은 그의 책 『영적 발돋움』(Reaching Out, 두란노)에서, 건강한 영적인 삶은 세 가지 중요한 특색(등받이 없는 의자에서 다른 모든 것을 떠받치는 세 개의 다리)을 포함한다고 제안한다. 그 특색에는 성경(특히, 그렇지만 이에 국한되지는 않는) 연구, 기도, 공동체가 있다. 하나님과 함께하는 삶에 필수적인 이 세 영역 각각에서 얼마나 심도 있게 활동하는지 진지하게 되돌아보기를 권한다. 이것들은 하나님의 행복을 위해 당신이 충족시켜야 하는 요건이 아니다. 열한 번째 계명도 아니다. 간단히 말해, 삶의 이 세 차원은 의에 주리고 목마른 이들의 이야기에 지극히 중요한 변화를 촉진한다. 이 일에 당신도 포함될 수 있다. 여러 변화 중에서도 그것들은 당신이 주의를 기울이려고 작정하는 대상에 주의를 기울일 능력을 강화해 줄 것이다.

나우웬은 세 개의 다리 중 어느 하나라도 빠지면 의자는 오래 서 있지 못하리라는 사실을 정확히 지적한다. 그러므로 이 논의가 진행되어 가는 동안에, 이 각각의 영역이 당신에게서 차지하는 위치를 곰곰이 생각해 보길 바란다. 그 영역 중 어느 영역이든 부재하거나 도중에 무너져 내린 것 같다고 느끼더라도, 자신을 판단하거나 비난하지 말라. 그저 당신이 있는 곳에서 시작하며, 그 영역과 다시 관계를 맺도록 작은 조치를 취해 보라.

5장

미래 기억하기

2001년 9월 11일의 테러 공격에 대해 처음 들었을 때 어디에 있었는지 기억하는가?

3 곱하기 4는 무엇인가?

처음으로 학교에 간 날을 기억하는가?

자전거 타는 법은 언제 배웠는가? 그때와 장소를 마음속에 떠올릴 수 있는가?

어제 당신이 여섯 살짜리 자녀에게 늘어놓은 분노에 찬 장광설을 예수님이 생생히 기억하신다는 느낌을 받는가?

위의 질문들은 어떤 식으로 비슷할까? 분명히 각 질문은 특정 사실이나 경험을 얼마나 잘 기억하는지 평가한다. 그 질문들은 각기 어떻게 다를까? 3 곱하기 4가 12임을 기억하는 것이, 처음 학교에 간 날을 회상하는 것과는 다르게 '느껴진다'는 점을 알아차렸는가? 그것은 이 질문들이 뇌 안의 서로 다른 신경 경로들을 사용할 것을 요구하기 때문이다. (그것은 또한 당신이 여덟 달 전에 상사가 매긴 연례 평가의 구체적인 세부 사항을 기억할 수는 있지만, 간밤에 배우자와 나눈 대화의 상세한 내용은 기억할 수 없는 이유를 설명하는 데 도움이 된다.)

4장에서 우리의 마음에 시동을 켜는 열쇠인 주의의 매우 중요한 기능을 고찰했다. 이 장에서는 또 다른 아주 중요한 작용인 기억을 탐색한다. 기억은 중추신경계가 이 능력을 나타낼 때부터 끊임없이 작용한다. 그때가 정확히 언제인지 알지 못하지만, 어떤 연구자들은 그것이 출생 이전에 시작된다고 본다. 이 장에서는 기억이 어떻게 우리를 종종 무의식적인 방식들로 하나님 및 우리 이웃들과 연결해 주는지(혹은 그들에게서 분리하는지) 고찰할 것이다. 또한, 우리 삶에서 기억의 역할을 더 잘 이해하면 성령의 열매를 맺는 데 어떻게 도움이 될 수 있는지 탐색하려 한다.

매일의 삶에서 기억이 얼마나 중요한지 인정하는 데는 많은 노력이 필요하지 않다. 만일 차의 오일을 교환하는 것이나 아버지의 생일에 전화 드리는 것을 기억하지 못하거나 간밤에 배우자와 나눈 대화를 기억해 내지 못한다면 문제가 있으리라는 건 당연한 상식이다. 그러나 기억이 우리 삶의 윤곽을 형성하는 깊이에 대해 우리는 의식하지 못할 때가 많다. 기억의 역할을 탐색하는 데 전 생애를 바치는 연구자들이 있을 만큼 기억은 중요하다. 그런데 기억의 유의미성은 맨 처음 창조주와의 여정을 문서로 기록한 사람들이 보기에도 명백했다. 그들의 이야기와 말은 하나님 및 타인과 깊은 관계를 구축하는 일이 대체로 기억의 유효성에 달려 있음을 시사한다.

> 나는, 너희와 숨쉬는 모든 짐승 곧 살과 피가 있는 모든 것과 더불어 세운 그 언약을 기억하고. (창 9:15)

> 나는, 야곱과 맺은 언약과 이삭과 맺은 언약과 아브라함과 맺은 언약을 기억하고, 또 그 땅도 기억하겠다. 그들에게 버림받은 그 땅은, 오히려 그

들이 없는 동안 폐허로 있으면서, 안식을 누릴 것이다. (레 26:42-43)

당신들이 이집트 땅에서 종살이한 것과 주 당신들의 하나님이 당신들을 거기에서 구속하여 주신 것을 생각하십시오. (신 15:15)

주님, 먼 옛날부터 변함없이 베푸셨던, 주님의 긍휼하심과 한결같은 사랑을 기억하여 주십시오. (시 25:6)

야곱아, 이런 일들을 기억하여 두어라.
이스라엘아, 너는 나의 종이다.
내가 너를 지었다. 너는 나의 종이다.
이스라엘아, 내가 너를 절대로 잊지 않겠다. (사 44:21)

예수께서는 또 빵을 들어서 감사를 드리신 다음에, 떼어서 그들에게 주시고 말씀하셨다. "이것은 너희를 위하여 주는 내 몸이다. 이것을 행하여 나를 기억하여라." (눅 22:19)

나는 밤낮으로 기도를 할 때에 끊임없이 그대를 기억하면서 하나님께 감사를 드립니다. 나는 조상들을 본받아 깨끗한 양심으로 하나님을 섬깁니다. (딤후 1:3)

이 본문들은 기억의 비중과 영향력을 분명히 보여 주는 성경의 작은 표본일 뿐이다. 기억이 중요한 과학적 연구 분야가 되기 오래전에 고대인들은 우리가 기억하는 바가 주위의 모든 **것**과의 관계, 즉 살아 있는 존재들뿐 아니라 물리적 우주와의 관계에도 심대한 영향을 끼친다는 사실을 알았다(앞의 레위기 구절을 보라).

우리 각자가 살아가는 삶의 너무도 많은 부분이 사실은 기억되는 삶이다. 이런 의미에서 자기의 구원을 "이루"는 일(빌 2:12을 보라)에는 부분적으로 과거를 기억하는 행위가 어떻게 동시에 마음속에 미래를 창조하는지 주의 기울이기가 포함한다.

기억과 뇌

기억을 탐색하기 시작하면서, 다시 한번 뇌를 생각해 보자. 3장은 우리가 하는 각각의 경험은 신경세포망들이 발화(에너지와 정보의 매끄러운 융합)하는 특정 패턴과 상관관계가 있음을 설명한다. 이 패턴은 우리가 어떤 것이든 처음으로 할 때 발달한다. 하나의 활동을 반복할 때마다, 우리는 바로 그 일군의 신경망들을 발화시킨다. 1949년에 캐나다 심리학자인 도널드 헵(Donald Hebb)은 대단히 영향력 있는 저작인 『행동의 조직: 신경 심리학적 이론』(*The Organization of Behaviour: A Neuropsychological Theory*)을 출간했다. 학습과 기억에 대한 연구에서 헵의 원리로 알려진 개념이 발전했다. 함께 발화하는 신경세포들은 함께 배선된다는 개념이다. 다시 말해, 특정 패턴으로 반복해서 활성화되는 신경세포들은 더 많이 활성화될수록 통계상 동일한 패턴으로 발화할 가능성이 크다. 하나의 연결망의 초기 신경세포들이 일단 발화하면, 관련된 신경세포들 또한 활성화되며, 어떤 다른 일군의 신경세포들을 향해 이탈하지 않고서 동일한 생체 전기적 경로를 따라 그 연결망의 끝까지 움직일 개연성이 아주 높다.

이 점에 대해 다음과 같이 생각해 보자. 이전에 아무도 여행한 적 없는 빽빽한 밀림을 뚫고 나가야 한다면, 당신은 마체테(machete, 중남미 원주민이 벌채 도구나 무기로 사용하는 날이 넓은 칼―옮긴이)로 최초의 길을 만들어 낼 것이다. 무성하게 우거진 잎들을 고려해 보면, 나중에 온 사람은 당신의 발자국을 따라가지 못할 가능성이 있다. 그러나 사람들이 당신의 바로 뒤에서 죽 따라간다면, 그들은 점차 그 길을 밟아 다져서 당신이 만든 오솔길을 더 알아보기 쉽게 만들 것이다. 사람들이 이 노선을 더 자주 답파하면 할수록, 미래의 여행자들은 그 숲을 통과하는 새로운 경로를 만들어 내기보다 기존의 경로를 사용할 가능성이 더 커진다. 또한 여행자들이 이 경로를 시작하기만 하면, 밀림을 통과해 가는 도중에 경로에서 이탈하기로 결정하지는 않을 것이다. 그들이 당신의 오솔길을 끝까지 따라갈 개연성은 사실상 매우 높다.

이 이미지는 신경 과학자들에게 기억이란 무엇인지를 분명히 보여 주는 데 유용하다. 무언가를 '기억'할 때, 우리는 이전에 더 빈번히 발화되거나 덜 발화되었던 신경세포들을 발화시키는 셈이다. 그 패턴들이 더 자주 발화해 왔을수록, 미래에 동일한 패턴으로 더 쉽게 발화할 것이다. 매주 만드는 스파게티를 준비하는 데 필요한 재료와 조리법을 곧바로 기억해 낼 수 있는 이유도, 몇 년 동안 만들지 않았던 명절 음식을 준비할 때는 요리책을 찾아봐야 하는 이유도 그 때문이다.

우리가 특정 경험과 연관성이 있는 신경세포들을 활성화하면 할수록, 우리는 그 동일한 경험을 '기억해' 내거나 수행할 가능성이 더 커진다. 이것은 뇌가 기억을 만들어 내기 위해 작용하는 일반적인 방식이다. 어떤 의미에서 삶은 살아 있는 기억이 되는데, 우리가 하는 일의 굉장히 많은 부분이 과거에 했던 일의 반복이기 때문이다. 우리는 기념일들을 기억할 때 이 복잡한 신경학적 지도화 체계(neurological mapping system)에 고마워한다. 그런데 우리 뇌의 배선이 누군가의 분노나 실망의 감정에 대해 그 사람에게 부루퉁하거나 고함을 지름으로써 대응하기를 '잊지 않는다'면 어떻게 될까? 이 현실이 친구나 십대 자녀와 함께하는 삶 못지않게 예수님과 함께하는 우리의 삶을 형성한다.

뇌의 특정한 해부학적 부위가 마음의 주의 체계와 관련이 있는 것처럼, 뇌의 여러 영역은 기억의 다양한 유형들과 관련이 있다. 우리 마음에는 다수의 기억 도식들이 있는데, 이것들은 본질적으로 우리 경험들을 정신적으로 체계화한 것이다. 이 도식들은 뇌에 두루 존재하는 각기 다른 신경망들을 사용한다. 이 신경망들은 몇 가지 뚜렷한 유형의 학습 및 기억에 관여하며, 각기 다른 발달 속도 및 단계로 성숙한다.

즉각적, 단기, 장기 기억이 이 도식들의 예에 해당한다. 여기서 각각의 용어는 기억의 암호화와 복구 사이의 시간 간격을 나타낸다. 이를테면, 대부분의 사람들은 무작위로 나열된 일곱 개의 숫자를 즉시 기억할 수 있지만 많은 경우에 그보다 더 많은 숫자는 기억하지 못한다(그래서 전화번호는 일곱 개의 숫자로 되어 있다). 연습으로 더 많은 숫자를 기억할 수 있지만, 그 연습에는 시간이 필요하며 더 많은 수의 숫자들에 해당하는 신경망의 많은 발화가 필요하다.

뇌의 또 다른 체계는 주로 우반구와 관련이 있으며, 주관적인 인상, 감정, 경험의 감각을 포함하는 기억의 유형들을 암호화한다. 별도의 체계는 9월에 들어 있는 날의 수와 같은 사실에 입각한 자료를 암호화한다. 이것은 아는 사람들의 얼굴을 알아보는 것을 책임지는 체계와는 다르다. 배우자가 방 안으로 걸어 들어오는 것을 볼 때 당신은 그 사람을 '기억하고' 있다고 지각하지는 않지만, 그것이 정확히 당신의 마음이 하고 있는 일이다.

여러 해 동안 보지 못한 사람을 사진에서 알아보도록 요청을 받을 때처럼, 서로 다른 체계들이 특정 기억을 불러일으키기 위해 함께 일하는 때가 종종 있다. 그 사진을 볼 때 그 사람이 누구인지 알고 있음을 곧바로 지각할 수도 있지만, 그 사람의 이름이나 그 사람을 기억하는 맥락을 떠올리지는 못할 수도 있다. 당신의 마음은 무언가가 딱 하고 맞아떨어질 때까지 맥락을 설명해 주는 무한히 늘어선 정보를 고려하며, 서로 다른 기억의 층들을 이어 붙이기 시작한다. 그 순간에 당신은 그 사진 속 사람의 이름뿐 아니라, 서로 어떤 관계인지에 대한 다른 많은 정보로도 가득 찬다.

이 체계들은 세목에 있어서 방대하다. 그러나 각각은 함께 발화하는 신경세포들이 함께 배선된다는 헵의 원리를 따르는 듯하다. 그러므로 신경 과학의 관점에서 기억하기는 본질적으로 신경세포들이 함께 발화할 확률을 증가시키는 과정이다. 우리가 기억을 바꾸는 경험이 어떻게 미래를 새롭게 구성할 수 있는가를 고찰하는 동안, 이 점을 명심하라. 본질적으로, 그것은 성경이 "마음을 새롭게 함"(롬 12:2)에 대해 이야기할 때 가리키는 바다.

우리의 목적을 위해 기억의 가장 일반적인 유형 중 두 가지, 즉 **암묵** 기억과 **외현** 기억에 초점을 맞추고, 우리의 삶에 대한 그 기억들의 관련성을 논의할 것이다.

암묵 기억

연구자들은 **암묵 기억**(implicit memory)이 인간의 마음에 나타나는 기억의 최초 형태라고 믿는다. 실제로 암묵 기억은 출생 시에 존재하며, 일부 증거에 따르면 임신 후기에 작용하기 시작하는 듯하다. 암묵 기억은 종종 무의식적 학습 및 기억과 동일시된다. 해부학적 관점에서, 뇌 아래쪽의 (반드시 덜 정교한 것은 아니지만) 좀더 원초적으로 발달된 부위들이 암묵 기억에 관련된다. 이것은 우반구의 다른 부위들과 더불어 변연계 회로, 편도체, 뇌간을 포함하면서도 그것들에 국한되지는 않는다.

암묵 기억들을 암호화하거나 복구하기 위해서 의식적인 주의나 정신적인 활동이 필요하지는 않다. 다시 말해, 마음이 어떤 것을 기억해 내도록 주의를 기울일 필요는 없다. 암묵 기억들은 방을 가로질러 가거나 자전거를 타는 것 같은 일상적인 경험에서 상당히 빈번하게 일어난다. 이런 행동을 할 때마다, 우리 몸은 그것들을 하는 법을 자동적으로 '기억해 낸다.' 일반적으로 그것을 어떻게 진행해야 할지 생각할 필요도 없고, 그 행위를 기억하고 있다는 느낌을 가지지도 않는다. 뇌는 보통 의식적이고 의도적인 정신 활동을 위해 활성화되는 회로를 우회하는 신경망들을 사용해 일어나는 행동들을 협의 배선으로 암호화했고 현재 표현하고 있다. 원한다면 자전거를 타는 행위에 대해 생각할 수 있지만, 페달을 밟기 시작하면서 과거에 해 봤던 행위를 한다는 의식을 하지는 않는다.

의식적인 자각 없이 하는 걷기와 같은 활동에 더하여, 암묵 기억은 지각, 행동, 정서, 신체적 경험의 형태로도 나타난다. 아마 기억이 나겠지만, 우반구는 포괄적 신체 지도와 의사소통의 비언어적 요소들의 신경 통합을 발달시키는 데 좀더 관여한다. 이런 이유로, 암묵 기억은 비언어적 소통 및 신체 언어를 통해 드러날 때가 많다.

암묵 기억은 또한 신경 과학자들이 흔히 정신 모형(mental models)이라 부르는 것을 사용한다. 우리가 생의 초기에 형성하는 암묵 기억 모형들은 일정한 내적·외적 자극에 응하여 자동적으로 생겨나는 경향이 있다. 예를 들어, 당신이 어렸을 때, 부모가 눈살을 찌푸리다 결국 어김없이 화를 폭발시키는 생활을 경험했을 수도 있다. 청년이 되어 여자 친구가 눈살을 찌푸리는 모습을 본다면, 그때마다 당신은 위협을 느끼기 쉽다. 문제는 물론 그녀는 화가 난 게 아니라 그저 어리둥절한 상태일 수도 있다는 점이다. 그러나 정신 모형은 당신이 성장기의 환경과는 다른 환경에 있음을 나타내는 신호들을 묵살한다. (그 결과, 어리둥절한 여자 친구는 당신이 새로운 모형을 형성하려고 애쓰는 일에 매우 관심을 갖거나, 새 남자 친구를 찾으려 애쓸 것이다.)

암묵 기억은 온 생애에 걸쳐 적극적으로 작용한다. 이는 사람들이 오랜 기간에 걸쳐 많은 것을 경험하며, 과거와 연관된 무언가를 경험하고 있음을 사실상 알지 못한 채 그 경험들을 '기억'할 수 있다는 뜻이다. 내가 결혼한 지 5년밖에 되지 않았을 때, 아내는 우리가 나의 가족을 방문할 때마다 내가 하던 행동에 대해 흥미로운 관찰을 했다. "있잖아, 커트." 그녀가 말했다. "우리가 거기 갈 때마다 이 사내가 나타나. 그 사람은 당신처럼 생겼고, 당신처럼 말을 해. 심지어 당신 이름도 갖고 있지. 그런데 난 그 남자가 누구인지 정말 잘 모르겠어. 그 사람은 내가 결혼한 남자처럼 행동하지 않거든."

이 변신은 상당히 마술적으로 일어나는 듯했다. 내가 고향에 돌아가려고 할 때, 나는 더 자신 없고 불안하게 행동하기 시작했다. 요컨대, 가족에게 성장기에 행동하던 방식과 비슷하게, 다시 말해 성인이기보다는 어린 소년인 것처럼 행동했다. 그리고 아내는 내가 그 점을 알아차리기도 전에 이를 지적하기에 이르렀다. 분명히 이 행동은 우리의 관계에 부정적인 영향을 끼쳤다. 그녀는 자기가 결혼한 상대는 불안정한 십 대가 아니라 성인이라고 생각했다. (다행히, 그녀가 내게 이 점을 밝히 드러내 준 이후로 나는 이제 열세 살이기보다는 열아홉 살인 것처럼 행동하는 편이다. 나는 지난 20년 동안 많이 자랐다.)

암묵 기억은 또한 극도로 충격적인 상황 중에 지배적일 수도 있다. 예를 들어, 집 근처의 달리기 길에서 성폭행을 당하는 여성의 경험을 생각해 보라. 그 폭행이 벌어지는 동안 그녀의 몸과 마음은 매우 큰 충격을 받아서 의식적으로 일어나고 있는 일을 외면하고 주의를 기울이지 않을지도 모른다. 그녀가 겪고 있는 극심한 정서적 유린으로부터 자신의 마음을 보호하기 위해 그녀의 뇌는 벌어지고 있는 일을 외현적으로 암호화하기를 그칠 수도 있다(이 장에서 나중에 보게 되겠지만, 외현 기억은 의식적인 주의를 필요로 한다). 그녀는 실제로 해리(dissociate)를 일으키며, 마음의 주의가 그 순간에 겪고 있는 현실보다 덜 고통스러운 무언가로 흘러갈 수도 있다.

그 폭력적인 사건 후 몇 시간 만에 그녀는 자신의 아파트에서 '깨어나' 얼마나 많은 시간이 지났는지, 혹은 자기 옷이 왜 그렇게 더럽다거나 팔다리에 멍이 들었는지에 대해 아주 희미한 기억만을 가질 수도 있다. 그런데 그 주의 어느 날, 그 달리기 길 근처에서 걷다가 갑작스럽게 압도적인 공포, 숨을 쉴 수 없는 상태, 방향감각을 상실한 느낌, 복부와 골반의 고통스러운 감각에 꼼짝 못 할 수도 있다. 그녀는 여전히 실제 겪은 강간에 대해 분명히 기억할 수 없고, 그에 수반되는 정서적이고 신체적으로 나타나는 암묵 기억들만을 가지고 있다. 사실, 그녀는 이 참혹한 사건을 둘러싼 세세한 사항들을 결코 완전히 기억할 수 없을지도 모른다.

그녀의 이야기는—그리고 내가 나의 부모님과 있을 때 자동적으로 퇴행하던 양상에 관한 나의 이야기는—우리가 암묵 기억의 특정 요소들을 동일한 사건에 대한 외현 기억들과 연결할 수 없다면 삶이 얼마나 복잡해질 수 있는가를 분명히 보여 준다. 우리의 암묵 기억이 그것을 조성한 실제 삶의 사건과 어떻게 연결되는가를 알고 있지 않으면, 문제가 발생한다.

브래드는 문제가 있었다. 그와 그의 아내는 어느 날 저녁에 다툼을 벌인 이후로 몇 주 동안 교착상태에 빠져 있었다. 말다툼은 브래드가 그날 장모님에게 생일 축하 전화를 하지 못한 사실을 인정했을 때 시작되었다. 그가 전화를 하겠노라고 아내에게 약속했던 터라, 그녀는 자기가 얼마나 실망했는지 그에게 말했다. 사실, 그녀에게 중요한 어떤 일을 그가 완수하지 못한 적이 처음이 아니었기 때문에 그녀는 화가 난 게 분명했다.

정말 흥미로웠던 것은 두 사람의 다툼이 아니었다. 아내의 화에 대한 브래드의 반응이었다. 그는 집을 나가서, 차에 탄 채로 떠나 버렸다. 그는 차를 몰고 동네를 여기저기 돌아다니면서 휴대전화로 걸려 오는 아내의 전화를 무시하고 몇 시간이 지난 후에야 돌아왔다.

나의 호기심을 자극한 것은 브래드가 자신의 행동에 대해 신경을 쓰지 않는다는 점이었다. "정말이지 아내의 말을 들어 보셨어야 해요." 그가 말했다. "그러니까, 장모님께 전화를 못 드린 것에 대해 마음이 불편했지요. 그런데 아내가 그렇게 화를 내면 어떻게 해야 할지 모르겠어요. 아내는 도통 상대할 수가 없어요." 그녀가 그에게 어떤 식으로 말했는지, 또 그녀가 물리적으로 적의를 나타냈는지 물었다. 브래드는 아내가 "극도로 심하게" 말했으나, 이번이나 다른 말다툼을 할 때도 물리적 다툼은 전혀 없었다고 했다. 그는 "후회할지도 모르는 말을 하고 싶지 않았기" 때문에 집을 나가지 않을 수 없었다고 덧붙였다.

대화를 멈추고 중간 휴식을 가지는 대안을 고려해 보았는지 물었다. 그는 그 생각은 한 번도 떠오르지 않았다고 말했다. 나는 집을 나가려고 한 것뿐 아니라 미친 듯 걸려 오는 아내의 전화를 무시하려고 한 그의 결심들이 지금 어떤 느낌을 주는지가 궁금했다. 그는 마치 자기 행동에 의문을 제기하는 게 그 행동 자체보다 더 이상한 것처럼 약간 당황한 듯했다. 그는 아니라고, 자기가 보기에 그날 밤 차를 몰고 배회하지 않았다면 분명 갈등을 고조시킬 일을 했을 수도 있다고 말했다. (마치 집을 나가는 게 어떻게든 상황을 수월하게 만든 것처럼 말이다.)

사람들이 브래드에게 화가 났을 때 그가 보통 어떻게 대처하는지 곰곰이 생각해 보라고 청했다. 그는 얼마간 생각해 본 뒤에 이렇게 말했다. "그런 상황은 피할 수 있으면 피하지요." 우리는 어린 시절 그가 가정에서 어떤 식으로 자랐는지 이야기하기 시작했다. 아버지는 브래드가 열 살 무렵에 술을 끊은 알코올의존증 환자였다. 아버지가 화를 내기 시작한 때가 그 무렵이었기 때문에, 그는 자신의 나이를 기억할 수 있었다. 그렇다. 그의 아버지는 술은 끊었지만, 알코올의존증의 정서 및 행동상의 근원을 해결하기 위해 한 일이 거의 없었다. 결과적으로, 브래드의 아빠가 퇴근하고 집에 올 때면, 온 가족은 그가 화를 폭발시키는 일 없이 저녁을 넘기기를 바라며 살얼음판을 걷듯 조심스레 행동해야 했다.

브래드는 아버지가 술을 끊은 후 어느 시점부터인가, 저녁 식사 전에 자전거를 타게 됐다는 사실을 떠올렸다. 아버지가 도착할 시간에 집에 있는 걸 피하기 위해서였다. 그 밖에도 아버지가 예기치 않게 폭발하려 할 때면 아버지에 대한 공포가 비단뱀처럼 마음을 둘러싸 버리지 못하도록 바퀴 두 개 달린 구명 수단을 사용하곤 했다. 브래드가 마침내 운전면허증을 땄을 때 그의 차는 위안을 주는 작은 안식처가 되었다. 자신의 감정을, 너무도 압도적인 그 감정을 무시할 수 있게 해주는 음악이 있는 떠도는 성막이 되었노라고 브래드는 회상했다. 사춘기가 무르익을 때쯤에는 더 이상 아버지의 화를 이전만큼 두려워하지 않았다는 생각이 떠올랐다. 그가 더 두려워한 것은 분노에 찬 장광설을 쏟아 내는 아버지에게 물리적으로 위해를 가하고픈 자신의 충동이었다. 그래서 그는 차를 몰았다.

브래드가 이야기를 끝내자, 그의 얼굴 근육들은 이완되기 시작했다. 곧이어 눈물이 나왔다. 처음으로 그는 아버지의 분노에 그가 한 방어 방법을, 아내와 다툰 뒤 차를 몰고 배회하려고 한 자신의 결정과 연결했다. 브래드는 아내가 화를 낼 때 자신을 보호하려고 한 그 밤에 하나의 암묵 기억을 경험하고 있었음을 전혀 알지 못했다. 본질적으로 아내에 대한 그의 행동은 일군의 정신 모형들에서 유래했다. 그가 아내의 비언어적 신호들을 감지하고 주관적으로 해석한 방식으로부터 자신의 몸 안에서 느낀 것, 차에 탄 채 차를 몰고 떠나려는 충동에 이르기까지 말이다. 브래드가 자각하지 못하는 상태에서 브래드의 마음은 수십 가지의 과거 경험들을 기억해 냈다. 그러면서 그가 성장한 가정에서는 효과를 보았지만 현재의 가정에서는 파괴적인 전략을 사용하도록 이끌었다. 그렇지만 우리가 상세히 이야기를 나눌 때까지, 그는 자기와 아내가 싸우던 밤에 자기가 무언가를 '기억하고' 있었다는 사실을 전혀 알지 못했다. 그가 보기에 문제의 발단은 아내와의 싸움이었다.

브래드는 이 암묵 기억들과 좀더 어린 시절의 고통스러운 사건들 사이에 중요한 연관을 짓게 되었다. 자기가 이전에 의식 없이 반사적으로 내보이던 반응들에 **주의를 기울이자**, 그 반응들을 적절한 맥락에 넣으며 아내가 그 반응들의 주된 원천이 아님을 인식할 수 있었다. 그는 아내가 화를 내도 더 이상 물러날 필요가 없었다. 그가 그렇게 물러날 때마다 그녀는 버림받은 느낌을 받았고 그들의 관계도 손상되었다. 훈련을 통해, 갈등을 경험할 때마다 그는 자신의 감정과 달아나고 싶다는 충동이 다른 시간과 공간에서 유래한다는 사실을 고려하게 되었다.

또한 아내가 그에게 화가 났을 때 그녀에게 반응하는 방식을 바꿀 구체적인 방법들을 개발했다. 그는 몸과 마음의 반응들에 의식적으로 주의를 기울이려 노력하면서 그 반응들을 서서히 고쳐 나갔다. (이런 변화는 대체로 그가 정서에 대해 배우면서 이루어졌다. 다음 장에서 정서를 더 자세히 탐색할 것이다.) 그렇게 함으로써 그는 언제 압도당하는 느낌 없이 자신의 불안에 대해 무언가를 할 수 있을지 결정할 더 많은 공간을 확보했다. 그 결과, 그는 아내에게뿐만 아니라 자신에게도 좀더 납득할 수 있는 반응을 하게 되었다. 아내가 화가 났을 때 그녀와 계속해서 이야기할 수 있었으며, 그의 아내는 이제 버림받기보다는 이해받는다고 느꼈다. 차를 몰고 동네 여기저기를 무모하게 돌아다니는 일은 더 이상 필요하지 않았다.

자신의 암묵 기억 이해하기

이 짧은 이야기의 함의를 자신의 삶에 적용하기는 어렵지 않다. 자녀와 최근에 나누었을 대화, 당신이 역정을 낸 그 대화를 돌이켜 보라. 혹은 상사가 '당신을 괴롭히려 작정'했다는 당신의 의심을 확인해 주는 듯한, 상사의 이메일을 돌이켜 보라. 당신이 과거 경험과의 연관성을 알아차리지 못한 채 암묵 기억에 근거해 친구, 배우자, 혹은 부모와 해 온 수십여 차례의 상호작용들을 마음속으로 그려 보라.

결혼 생활 및 가족 치료 분야의 연구에 따르면, 부부 사이의 정서적 갈등의 약 80퍼센트는 그 부부가 서로를 알기 전에 일어난 사건들에 뿌리를 두고 있다. 그래서 나는 결혼 생활 상담에서 통상적으로 각 배우자가 상대에게 보이는 반응의 얼마만큼이 자신의 '80퍼센트'인가 하는 점을 묻는다. 다시 말해, 갈등의 어느 정도가 현재 사건의 직접적인 결과물이기보다 기억을 하고 있는 자기 마음의 부분들로부터 흘러나오는 것인가?

자신의 삶에서 반복되는 갈등을 찬찬히 주의 깊게 생각해 보라. 얼마나 자주 관계를 회복하기보다 유해한 방식으로 다른 사람의 말, 행위, 혹은 신체 언어에 무의식적으로 반응하는지 생각해 보기를 바란다. 자신의 반응들을 솔직하게 평가함으로써 문제에 대한 해결책의 초점을 자신에게로 되돌릴 수 있다. 언뜻 보기에는 그다지 유쾌하지 않을 수도 있다. 이미 충분히 많은 문제를 안고 있는데, 어째서 더 떠맡아야 한단 말인가? 그러나 이러한 발견에는 크나큰 자유가 있다. 좀 진부한 표현이긴 하지만, 진정으로 바꿀 수 있는 건 자신의 행동뿐이라는 말은 여전히 진실이다.

당신의 문제들이 외부의 영향력과는 무관하다거나 타인이 당신에게 실제적이고 객관적인 곤경들을 만들어 내는 게 아니라고(브래드의 알코올의존증 환자 아버지는 분명히 그런 경우였다) 암시하는 게 아님을 강조하고 싶다. 당신의 고통이 상상으로 떠올린 것이라거나 무의식적 기억의 산물임을 암시하지도 않는다. 그렇지 않다. 단지, 경험이 변하려면 먼저 당신이 하고 있는 것을 변화시켜야 함을 지적하고 있을 뿐이다. 기억의 관점에서 이것은 자신의 기억들, 특히 암묵적인 기억들이 전적으로 타인의 행동과 태도 때문에 일어났다고 치부될 수도 있는 문제들을 어떻게 만들어 내는지 알아차려야 한다는 뜻이다. 이 무의식적인 기억들을 드러내고 다루는 또 하나의 중요한 이유가 있다. 그 암묵 기억을 불러일으키는 현재의 상황을 둘러싸고 높아지는 실존적인 압박감을 완화하기 위해서다.

  암묵 기억이 싹을 틔우고 뿌리를 내리며 꽃을 피우는 원천인 이야기의 토양 속에 자신의 두 손을 집어넣으면서, 어쩌면 갈등 관계에 있는 사람과 이런 발견을 공유하는 게 좋을 것 같다. 그 관계에서 성숙해지고 싶다는 공통의 바람이 있다는 가정하에 말이다. 당신의 이야기를 경청하는 사람이라면 보통은 자신의 반응을 이해하려 애쓰는 당신을 보면서 좀더 연민의 태도를 보여 줄 것이다. 브래드가 자기 삶의 이 부분을 다루는 동안 그의 아내는 그에게 좀더 인내심을 가질 수 있었다. 심지어 초반에 그녀가 화가 났을 때 브래드가 그녀와 계속 함께 있으려고 애를 쓰던 때에도, 그녀는 인내심을 보여 주었다.

  암묵 기억이 당신의 미래를 창조해 내는 거의 무한한 방식들을 상상하기는 그다지 어렵지 않다. 보통 무의식적인 몽롱한 상태에서 그저 동일한 배선을 반복적으로 발화하면 된다. 설령 예수님을 따르는 사람이라 하더라도, 자기가 어째서 자신 및 가까운 타인들을 곤경에 빠뜨리는 식으로 거듭 행동하는지 이해할 수 없을지도 모른다.

좋은 소식은 당신이 알지 못한다는 사실조차 알지 못하면서 알지 못하는 것들에 얽매여 암묵 기억이라는 늪에 빠져 있을 필요가 없다는 것이다. 시곗바늘을 거꾸로 돌려 삶에서 실제 일어난 사건들을 바꾸는 건 불가능하지만, **기억하는 것을 다르게 경험함으로써 자신의 기억을 바꿀 수 있다**. 이 가능성에 더 주의를 기울이면서, 예수님이 치유를 촉진하고 우리 마음을 새롭게 하시기 위해 현실의 시공간에서 하고 계시는 일을 알아차리게 될 것이다.

외현 기억

무언가를 기억하는 것에 관해 이야기할 때는 보통 외현 기억(explicit memory)을 지칭한다. 외현 기억은 사실[factual, 때로는 의미(semantic)라 불리는] 기억과 자전(autobiographical) 기억이라는 두 가지 하위 집단으로 이루어진다. 자신이 태어난 도시나 독립선언문 서명 날짜, 혹은 살고 있는 거리의 쓰레기 수거 요일을 말해 보라고 요청받을 때 우리는 사실 또는 의미 기억에 의지한다.

과거의 경험에 대한 의식적인 자각을 활성화할 때 자전 기억이 일어난다. 오늘 아침 식사로 먹은 음식, 지난여름에 간 그랜드캐니언 여행, 혹은 아들에게 방을 치우라고 이제까지 세 번 말했다는 사실처럼 말이다. 자전 기억의 경우, 시간이 경과했다는 뚜렷한 자각을 할 수 있다. 우리는 5분 전과 어제와 지난주 사이의 차이를 식별할 수 있다. 사실 기억과 자전 기억 사이의 흐름은 종종 미묘하다. 그러나 외현 기억의 이 두 유형은 구별되며, 서로 약간 다른 뇌의 부분들이 각각의 유형에 관련된다.

외현 기억은 대개 피질 아래 신경세포들의 밀집 회로인 해마가 뇌의 모체에 완전히 통합되는 생후 18개월과 24개월 사이에 발달하기 시작한다. 어린 시절에 숟가락으로 먹는 법 같은 일정한 행위들을 배운 기억이 전혀 없는 이유는, 해마가 정신적 처리에 완전히 관여하기 전에 우리가 이 활동들을 배웠기 때문이다.

해마가 출현하면서 마음은 감각, 감정, 신체적 자각, 지각의 형태로 정보를 제공하는 뇌의 구별된 영역들로부터 수집되는 암묵 기억 경험의 독립된 측면들을 결합할 수 있다. 이런 식으로 해마는 통합하는 지도 제작자의 역할을 한다. 사실들을 기억해 낼 수 있고 암묵 기억을 외현 기억과 연결하는 맥락화된 마음 지도를 만들어 낸다. 뇌의 이 부분이 발달해야만 아이들은 일상생활에 관한 사실들을 알고 기억하기 시작하며, 자신이 기억하고 있음을 인식할 수 있다. 그들은 자신의 팔꿈치를 식별하거나 A라는 글자를 알아볼 수도 있다. 이것들은 의미 기억의 예다.

(기억들을 암호화할 뿐 아니라 복구하는) 외현 기억의 활성화에는 의식적인 주의가 필요하다. 외현 기억에 접근할 때, 무언가를 기억해 내고 있다는 분명한 느낌을 갖는다. 이 '기억하는 느낌'은 순간들을 함께 엮어서 일련의 연속되는 진행으로 당신의 인생 이야기를 만들 수 있다. 이야기하는 인간의 능력은 우리를 모든 생물과 구별 짓는 요소로, 우리 마음이 우리를 하나님 및 타인들과 연결하는 방식에서 중요한 역할을 한다. 기억은 이 과업의 초석이다.

다시 말해, 우리의 서사를 기억하려면 주의를 기울여야만 한다. 이것은 자명해 보인다. 그러나 모세와 여호수아와 선지자들의 많은 권고에도 불구하고, 고대 히브리인들은 어떻게든 자기들의 서사를 소홀히 하기 쉽다는 사실을 알았으며 그 소홀함의 결과를 겪었다. 우리도 물론, 같은 일을 할 때가 많다.

전전두피질의 성장 및 해마와의 신경 통합이 일어나면서 우리는 각자 시간을 가로지르는 자아감을 발달시키기 시작한다. 이 정신적인 시간 여행, 그 사람의 과거와 현재에 대한 마음의 다감각적인 자각, 뒤따르는 미래에 대한 예측을 자전 기억이라 부른다.

당신은 원하는 생일 선물을 정확히 언제 어디서 남편에게 말했는지 분간할 수 있다. 그게 지난달이었다고 확신한다. 당신은 거실에 앉아 있었다. 남편이 신문을 읽고 있는 동안 당신은 차를 마시고 있었다. 지금 남편은 당신이 다른 누군가에게 원하는 것을 말한 게 분명하다고 말한다. 그래서 자신은 당신에게 다른 것을 사 주었노라고 이야기한다. (이것이 입증하는 바는 무엇보다도 우리는 사건들을 늘 동일한 방식으로 기억하지는 않는다는 것이다. 또한, 신문을 읽는 일은 아내가 자기에게 하는 말을 기억하게 하는 소수의 해마 신경세포들의 작용을 끄는 뚜렷한 능력을 지니고 있음—남자들에게만 해당하기는 하지만—을 분명히 보여 준다. 확실히, 이 부분에서 더 많은 연구가 필요하다.)

과거 속으로 한층 더 움직여 들어가면서, 당신은 3학년인 자신을 본다. 학교에 가기 전에 엄마가 아침 식사로 만들어 주던 팬케이크를 마음속에 그려 보고 냄새를 맡는다. 혹은 쉬는 시간에 당신을 괴롭히던 동급생들의 얼굴이나, 자신을 방어하지 못하는 상황에 대해 아빠가 당신에게 창피를 주던 방식을 기억해 내면서 전율한다. 진실은 어떤 기억들은 다른 기억들보다 훨씬 더 고통스럽다는 것이다. 몇 가지 기억은 너무 고통스러운 나머지 당신은 실제로 그 기억들로부터 주의를 돌리려고 할 수도 있다. 때로는 그 기억들이 형성되고 있는 바로 그 순간에(앞서 묘사된 강간 피해자처럼) 말이다.

그러한 자전 기억들은 대단히 경험적이라는 사실을 주목해 보자. 다시 말해, 그 기억들은 **특정한 때에 특정한 장소에서 일어난 한 사건에 명백하게 뿌리박힌 부분으로서** 소환된다. 어쩌면 당신은 이런 생각을 하고 있을지도 모른다. 음, 물론입니다. 그거야 분명하죠. 저는 3학년 교실 안에 있는 제 자신을 볼 수 있어요. 그리고 제가 샐리 브루크마이스터의 머리카락에 껌을 붙이기 위해 서 있던 구석을 볼 수 있어요. 그게 뭐 그리 특별하죠? 사실은, 이런 회상이 매우 어려운 두 가지 상황이 있다.

먼저, 취학 이전의 아이들은 분절된 단위의 시간을 성인처럼 쉽게 기억해 내거나 구분할 수 없다. 서너 살 먹은 아이들은 자기가 지난주에 무엇을 하고 있었는지는 고사하고 어제 아침 식사로 무엇을 먹었는지 정확히 기억하기 어려울 수도 있다. 이것은 일반적으로 정상적인 아동기 기억상실로 간주된다. 기억하다시피, 뇌는 인생의 첫 3년 내지 5년 동안 성장과 가지치기로 폭발 중에 있다. 모든 신경 회로들이 좀더 지속적인 배선 패턴을 만들어 낼 만큼 충분히 반복해서 발화하는 데는 시간이 필요하다. (어린아이의 부모가 이것을 기억하는 게 중요하다. 우리가 아이들에게 어떤 것을 단지 한 번이나 두 번 이야기했으므로 아이들이 그것을 기억해야 한다고 여기지 말아야 한다. 또한, 이것은 우리 아이들에게 "부탁합니다"와 "고맙습니다"를 말하도록 수없이 상기해야 하는 이유를 유용하게 설명해 준다. 그들이 자꾸 잊어버리는 건 보통 우리의 요구에 순응하기를 고집스럽게 거부하기 때문이 아니라, 아직 완전히 성숙하지 않은 뇌 때문이다.)

이런 형태의 기억은 많은 성인에게도 그다지 쉽게 일어나지 않는다. 예컨대, 자기 생각을 잘 표현하는 총명한 대학생이 열세 살 즈음 이전의 인생 이야기 중 어느 것도 기억해 내지 못할 수도 있다. 그는 우수한 대학에서 전부 A학점을 받는데도, 6학년 시절의 일을 기억하지 못한다. 그는 행콕 선생님이 자기의 6학년 선생님이었던 **사실을** 기억할 수는 있지만, 자기가 그 반에 있는 것을 마음속에 그리거나 인생의 그 시기에 일어난 어떤 사건들도 '볼' 수는 없다. 그는 자기가 멤피스에 살았던 것을 알고 있지만, 열여섯 살 때 자기 가족이 이사하기 이전에 살던 집은 거의 기억하지 못한다.

어쩌면 당신은 이 학생의 이야기에 공감할지도 모른다. 그렇다면, 자기 삶의 궤적을 처음부터 끝까지 파악하는 데 큰 어려움을 겪을 수도 있다. 이 현상은 7장에서 애착의 역할을 고찰할 때, 더 상세히 탐색할 것이다.

은행에 있는 기억?

우리는 때때로 기억을 대여 금고로, 기억된 경험의 형태를 한 귀중품을 맡겨 두는 장소로 생각한다. 어떤 사건을 기억하고 싶을 때, 살펴보고자 하는 그 사건을 복구하기 위해 그냥 우리 뇌의 대여 금고로 가는 것으로 생각할 수 있다. 마치 할아버지의 순금 시계를 보관하는 잠겨 있는 금속함을 열기 위해 은행으로 향하는 것처럼 말이다. 이렇게 할 때, 그것에 대해 마지막으로 생각한 때로부터 바뀌지 않은 채 거기에 그대로 있으리라고 생각한다.

그러나 기억은 사실 잠겨 있는 금속함과 같지 **않다**. 우리가 무언가를 기억할 때마다 그 기억 자체는 달라진다. 그 심상과 연관된 신경망들이 비슷하지만 약간 다른 방식으로 발화하도록 강화되거나, 다르게 발화하도록 형성되고 변경되기 때문이다. 간단한 예가 도움이 될 수 있다. 어제 막 결혼한 젊은 남자가 지금 비행기에 앉은 채로 자신의 결혼식을 회상하고 있다면, 그가 자신의 특별한 날을 회상하는 방식은 비행기의 이륙을 기다리는 동안의 특정한 일군의 감정, 심상, 감각에 영향을 받을 것이다.

그의 현재 정신 작용은 전날 일어난 일에 대해 마음속에 이미 가지고 있는 상(像)에 영향을 줄 것이다. 다시 말해, 그가 기억의 행위를 하고 있는 맥락(환경과 환경에 대한 그의 감정 모두)은 그가 가지게 될 바로 그 기억을 형성할 것이다. 그와 신부가 신혼여행을 떠나는 중이라면, 그의 마음 상태는 단일한 것이 된다. 그러나 그가 몇 시간 뒤에 교전이 진행 중인 지대 가까이에 착륙할 군용 수송기에 막 탑승한 것이라면, 뇌의 연결망을 이루는 매우 상이한 층들은 그의 해마에 자기들의 영향력을 적극적으로 섞어 넣으면서, 어제의 예식이라는 '불변의 사실들'을 대표하는 신경세포들과 연접을 형성할 것이다. 이 보기가 예증하듯, 우리의 기억들은 마음의 대여 금고에 꼼짝 않고 고정된 것이 아니다. 그것들은 문제의 사건들을 암호화할 뿐 아니라 소환하기도 하는 환경이 되는 바로 그 상황 정보에 따라 변화된다.

대여 금고란 게 없다는 개념, 기억은 늘 변화하고 있다는 개념은 뇌에 관한 한 사실상 과거나 미래와 같은 건 없다는 신경 과학의 제안과 관련이 있다. 이 제안이 과거에 어떤 실제 사건도 일어나지 않았다거나 우리가 미래를 정확히 예측할 수 없다는 의미는 아니다. 당신의 자매가 당신을 구박한 일이나 운동 코치가 성적으로 부적절하게 접근한 일이 발생하지 않았다거나 그 일들은 다 머릿속에 존재할 뿐이라고 암시하는 것도 아니다. 오히려 당신의 뇌가 과거를 기억하고 있든 미래를 예측하고 있든 간에, 그저 특정한 일군의 신경망들을 활성화하고 있다는 사실을 의미한다. 이 신경망들이 발화할 때, 이 신경망들은 과거 사건이나 예상되는 미래의 심상들에 대한 자각을 생성한다. 그러나 당신의 뇌 활동은 오로지 현재의 순간에만 일어나고 있다. 이 활동에 내재하는, 엄밀한 의미의 '과거'란 존재하지 않는다.

많은 사람들은 마치 그들의 뇌가 현 순간에 구성하고 있는 것과는 동떨어진 객관적 현실처럼 과거를 인식한다. 사람들이 과거라고 인지하는 것에 얼마나 큰 비중을 두는지를 고려하면, 이것은 중요하다. 혹시 당신의 인생 이야기에 존재한 사건들을 마치 화강암에 새긴 돌이킬 수 없는 것으로 생각했을지라도, 당신은 생각보다 더 많은 힘을 가지고 있다. 어떤 면에서 당신이 봐 온 대로의 과거는 존재하지도 않는다. 한층 깊은 그 현실을 기꺼이 받아들이면, 당신은 이 '객관적 현실'에 상당히 다르게 대응하기 시작할 수 있다.

이것은 몇 가지 이점을 가지고 있다. 먼저, 그로 인해 당신이 여하간 진정으로 누리게 될 유일한 시간인 현재의 순간에 좀더 주의를 기울일 자유를 얻는다. 현 순간에 존재하는 것은 또한 몸의 불안 표지들(심장박동 수, 혈압, 호흡수, 코르티솔 산출량 등)을 감소시킨다. 마지막으로, 덜 불안해지면 당신의 서사를 시각화하고 짜 맞추는 방식에 더욱 더 창의력을 발휘하게 된다. 과거는 고정되어 있고 그것을 바꾸기 위해 할 수 있는 일이 아무것도 없다고 믿으면, 보통 둘 중 하나의 방식으로 대응하는 경향이 있다. 과거가 바뀔 수 없다는 사실에 과거를 그냥 '잊고' 넘어간다. 또는 과거의 사건들이 너무 압도적인 나머지 정신적 외상에 의한 생각 및 기억들이 끊임없이 밀려온다면, 절망적이며 앞으로 나아갈 수 없다고 느낄 수도 있다. 어떤 방식이든, 당신의 서사는 잊어버리기를 갈망하는 그 사건들에 늘 채색될 것이므로, 당신은 사실상 꼼짝 못 하게 된다.

기억과 서사 구성

사람이 외현 기억의 역량을 갖추기 이전에 발달되고 통합되어야 하는 해마와 전전두피질은 언어에 대한 신경 처리 중추들이 통합되어 가는 동일한 시기 즈음에 성숙하기 시작한다. 따라서 확장되는 사실 기억과 자전 기억은 머지않아 엄청난 생각, 개념, 관념의 강으로 흘러들어 가는 말(words)과 촘촘하게 뒤얽힌다. 그러나 그 기억들은 암묵 기억의 세력과 협력하여 그리한다. (암묵 기억뿐 아니라 외현 기억도 포함해) 끊임없이 흐르는 심상들의 계속적인 순차적 배열은 생각 및 언어라는 매개체를 통해 이해된다. 이것이 당신의 역사, 당신의 서사가 된다.

당신은 자신의 이야기라는 렌즈를 통해 세계와, 세계에서 자신의 자리를 짜임새 있게 이해하게 된다. 또한 (마음속에서) 자신의 이야기를 되돌아보거나 (타인에게) 자기 이야기를 하는 방식과 맥락은 그 서사 자체의 짜임새의 일부가 된다. 다시 말해, 자신의 이야기를 되돌아보고 타인에게 전하는 과정과 타인이 그 이야기를 듣는 과정을 당신이 경험하는 방식은 실제로 그 이야기를 형성한다. 그리고 **그 이야기가 상응하는 바로 그 신경 상관물, 즉 신경망**을 형성한다. 게다가, 우리는 개별적인 이야기들을 엮어서 우리 공동체의 더 크고 더 포괄적인 이야기가 되는 직물을 짠다.

  소녀 시절, 학교 수업을 마치거나 친구들이랑 놀다가 집에 온 뒤 슬퍼할 때마다 당신을 보며 엄마는 연민과 따스함으로 반응했을 수 있다. 엄마가 그렇게 반응할 때마다 일군의 신경세포들이 활성화되고 그 신경망은 보강되고 강화되었다. 당신은 기분이 나쁠 때도 엄마가 당신을 인정해 주리라고 기대하게 되었다.

  반면, 슬프다고 말할 때마다 엄마가 당신을 비웃으며 쳐다봤다면, 당신은 슬픔뿐 아니라 수치심도 느꼈을 것이다. 두 사람이 이 춤을 되풀이할 때마다, 당신의 기억은 강화되고 수치심과 슬픔 사이의 연관성은 더욱 강해졌다.

  그런 경우, 성인이 되어서도 슬픔을 의식적으로 자각하지 않으려 어떻게 해서든지 회피하기 쉽다. 그래야 그에 딸려 오는 수치심의 감정을 피할 수 있을 테니 말이다. 이것은 친구 관계, 결혼 생활, 또는 육아에 좋지 않은 영향을 끼친다. 당신은 타인의 슬픔에 공감하기 어려워하게 된다. 그러나 당신이 슬픔을 느낄 때 공감과 위로로 대응하는 치료사나 좋은 친구를 만난다면, 슬픔의 감정에 대한 당신의 기억은 처음엔 미미할지라도, 결국 달라질 것이다.

  과거의 사실들을 달라지게 하지는 않겠지만, 과거에 대한 당신의 기억은 달라지게 할 수 있다. 슬픔에 대한 색다른 반응을 경험한 이상, 색다른 대응을 예상할 수 있기 때문에, 당신의 미래 또한 달라질 것이다. 당신이 친구의 공감을 느끼던 순간을 의도적으로 상기하면, 그 기억과 슬픔에 대해 당신이 미래에 할 대응을 계속해서 강화한다.

  치료사나 친구의 대응이 슬픔과 수치심 사이의 오랜 연관성에 어떻게 그런 강력한 영향을 미칠 수 있을까? 간단히 말해, 당신의 우뇌는 비언어적 인식으로 인해 다른 사람의 우뇌와의 조우에 '놀랄' 수 있다. 당신이 슬픔을 느낄 때 조급함이나 혐오보다는 연민의 눈길을 본다면, 우뇌는 그 대응을 참신한 것으로 등록하고 아마 자신만의 색다른 출력을 내보낼 것이다. 그토록 강한 연관성이 바뀌기 위해서는 우뇌적 처리에서 이런 극적인 변화가 필요하며, 그것은 당신의 우뇌가 다른 우뇌를 접할 때만 가능하다. 깊고 정서적으로 친밀한 돈독한 친구 관계를 맺거나 심리 치료를 받거나 영적 지도자와 만나는 게 대단히 유익할 수 있는 것은 바로 그 때문이다.

자서전으로서의 성경

많은 사람들이 성경을 그토록 거듭나게 하는 힘이 있는 것으로 여기는 이유 중 하나는 성경이 근본적으로 각양각색의 목소리들로 전달되는 이야기이기 때문이다. 성경의 모든 저자는 하나의 신성한 인격(a Person)과 맞닥뜨렸다. 그리고 한순간 지속되었든 평생에 걸쳐 지속되었든 그 조우 중에 각각의 이야기를 하는 사람은 그 다른 목소리(that other Voice)에 의해 변화되었다. 이야기를 하는 사람은 좌뇌의 논리적·선형적 신학으로 제한받지 않으실 하나님에 의해 변화되었다. 태초에는 창조의 흙 속에서 손을 더럽히고 나중에는 구원의 고통과 아름다움 속에서 그 손이 피투성이가 된 하나님에 의해 다시 창조되었다.

우리의 우뇌가 변화되고 신경망이 좌에서 우로 그리고 아래에서 위로 통합되지 않으면, 하나님은 우리가 평생에 걸쳐 형성해 온 신경망들로 이루어진 좁고 수축하는 잘 파인 홈 안에 머무르리라는 점을 아신다. 게다가 우리는 곧잘 그 신경망들을 우리 자녀들 안에 만들어 내도록 조력한다.

이 장의 처음(129-130쪽)에 나열된 성경 구절에서 화자들이 원래의 청중(혹은 우리)에게 그저 하나님이나 역사에 대한 사실들을 상기하도록 권유하지 않는다는 사실을 주목하라. 그들과 우리는 하나님, 우리의 이웃, 땅과 더 연결되고 친밀해지도록 부름받는다. 그러므로 기억하기는 단순히 마음의 기능에 불과하지 않다. 오히려 우리가 하나님과 사람들의 구체적이고 현실적인 행위들을 회상할 때 드러나는 우리 삶의 체화된 표현이다. 그것은 하나님의 사람들 모두를 포함하는 은총과 모험으로의 초대다. 그것은 단지 우리 머릿속의 과거가 아니다. 우리의 행함 속에 드러나는 현재다.

그래서 나는 우리의 이야기를 충실하게 들려주고 경청하는 것이 예수님을 따르는 자로서 우리가 할 수 있는 가장 중요한 일 중 하나라고 믿는다. 이야기하기는 불가피하게 우리의 기억(말하는 자나 듣는 자 모두의 기억)을 끌어들이며, 그리하여 다른 미래를 가능하게 한다. 성경은 부분적으로는 창조, 반항, 구원, 재창조의 **이야기**를 담고 있기에 크나큰 영향력이 있다. 하나님의 고대 백성의 삶이라는 풍성하고 지저분하고 아름답고 비극적이고 희망에 찬 태피스트리로 전해지는 그 모든 이야기를 말이다.

신명기 6장에서 모세는 이스라엘 백성에게 주님은 오직 유일한 하나님이심을 기억하고 그분을 "[그들의] 마음을 다하고 [그들의] 뜻을 다하고 [그들의] 힘을 다하여"(5절) 사랑하라고 권고한다. 그러나 거기에서 그치지 않는다. 그는 계속해서 그 백성이 하나님을 기억할 방법을 상세히 설명한다.

> 내가 오늘 당신들에게 명하는 이 말씀을 마음에 새기고, 자녀에게 부지런히 가르치며, 집에 앉아 있을 때나 길을 갈 때나, 누워 있을 때나 일어나 있을 때나, 언제든지 가르치십시오. 또 당신들은 그것을 손에 매어 표로 삼고, 이마에 붙여 기호로 삼으십시오. 집 문설주와 대문에도 써서 붙이십시오. (6-9절)

이 구절들에서 모세는 이스라엘 사람들이 기억을 구성할 수 있는 다양한 일상의 환경을 제시한다. 이 활동들은 단지 그들이 과거에 대한 사실들을 회상하게 하려는 의도로 나열한 것이 아니다. 이 활동들의 의도는 그 백성의 우반구와 좌반구 모두를 통합하기 위함이다.

10절에서 모세는 미래로 옮겨 가며, 자기들의 이야기를 기억하고 들려주는 것이 다가오는 시절에 히브리인들의 공동체 경험에 영향을 미치리라는 점을 암시한다.

> 주 당신들의 하나님이, 당신들의 조상 아브라함과 이삭과 야곱에게 맹세하여 당신들에게 주기로 약속하신 그 땅에, 당신들을 이끌어 들이실 것입니다. 거기에는 당신들이 세우지 않은 크고 아름다운 성읍들이 있고, 당신들이 채우지 않았지만 온갖 좋은 것으로 가득 찬 집이 있고, 당신들이 파지 않았지만 이미 파놓은 우물이 있고, 당신들이 심지 않았지만 이미 가꾸어 놓은 포도원과 올리브 밭이 있으니, 당신들은 거기에서 마음껏 먹게 될 것입니다. 당신들이 그렇게 될 때에, **당신들은 이집트 땅 종살**

이하던 집에서 당신들을 이끌어 내신 주님을 잊지 않도록 주의하십시오.
(10-12절, 저자 강조)

모세는 히브리인들에게 밤에는 불기둥, 낮에는 구름 기둥의 모양으로 그들에게 나타나시고 그들을 위해 물리적이고 현실적인 행위들을 이룬 참 인격(a real Person)이신 하나님에 대해 그들의 집단적인 기억을 활성화해야 한다고 상기시킨다. 십계명의 율법이 하나님과의 관계를 대체하는 것은 하나님의 의도가 아니었다. 하나님은 그저 히브리인들의 좌뇌에만 말을 걸도록 만들어진 논리적이고 선형적이며 문자적으로 엄밀한 명령의 체계적 목록을 공표하신 것이 아니다.

다시 말해, 모세는 단지 히브리인들에게 오로지 그들의 해마만이 관련될 과거에 대한 사실들을 기억하라고 요청하고 있지 않다. 그보다는, 그들은 자신의 우반구와 좌반구를 통합하는 행위를 해야 한다. 이스라엘 사람들은 출애굽의 이야기를 되풀이하는 동안 너무도 많은 것들을 표현할 것이다.

- 겁에 질린 폭군의 행위로 비탄에 잠긴 어머니들의 고통
- 노예 신세와 무력함의 치욕
- 낯설고 때로 대단히 파괴적인 자연의 위력에 직면해 뒤섞이는 희망과 우려
- 도처에 가득한 양의 피 냄새
- 이집트 사람들의 장남 장녀의 갑작스러운 죽음에 뒤따르는 비명
- 말 그대로 하나님만 아시는 곳으로 갑작스레 이동하고 있는 백만 혹은 그 이상의 난민들의 혼란

- 조금 전에는 사형선고처럼 보였던 바다에서 물이 빠져나가는 초현실적인 현상
- 탐욕의 무게를 이기지 못하고 익사하면서 벌건 눈을 한 채 거품을 문 말들
- 측량할 수 없는 극도의 피로와 안도

몇십 년 후에 식탁을 둘러싸고 편안히 모인 어느 히브리 가족을 마음속에 그려 보자. 그들은 맛있는 음식을 먹으며, 그들의 백성이 구출된 이야기를 경청하고 있다. 가족 중 나이 든 어른이 이야기를 들려준다. 빵과 삶은 양의 정강이 살 위로 공유되는 출애굽이라는 극적인 사건 전체를, 듣는 이들은 보고 냄새 맡으며 느낄 것이다. 가족들은 이야기하는 사람의 비언어적 신호들을 받아들일 것이며, 그 식사 시간은 그 백성의 이야기라는 더 큰 풍경의 일부가 될 것이다. 이야기를 하는 사람은 듣는 이들의 눈에서 놀라움을 인지할 것이며 그의 원래 기억은 그 자신의 마음속에서 다시 활성화되고 확장될 것이다. 그는 하나님과 자신의 관계에 대한 훨씬 더 깊은 자각을 가지고, 하나님의 궁극적인 보호하심을 더욱 확신하며, 이야기하기에서 물러날 것이다. 그의 가족의 현재와 미래는 그 이야기의 사실들뿐 아니라 그 이야기를 **하는 행위**에 영향을 받아 펼쳐질 것이다.

마음을 다해 하나님을 사랑하는 것은 우리 기억의 제한된 부분이 아니라 기억 전체를 활성화하는 행위다. 하나님을 사랑하는 것은 체계적인 신학의 논리에 국한되지 않는다는 뜻이다. 하나님을 사랑하는 것은 자서전적인 행위다. 우리의 과거를 기억하고 미래를 예측하는 것에 관한 행위다. 그것은 멀리 떨어져 있기를 거부하시며 오히려 우

리 각각의 이야기를 사용해 우리에게 맞서고 우리를 공포에 떨게 하고 우리를 위로하고 우리의 죄를 깨닫게 하고 우리에게 구애하시는 하나님에 관한 행위다.

하나님 기억하기

환자들은 비록 다른 사람들을 신뢰하지는 않지만 적어도 하나님은 신뢰한다고 종종 내게 말한다. 그것은 전혀 사실이 아니다.

하나님은 다른 사람들보다 더 신뢰할 만하다고 믿을 수도 있지만, 그렇다고 해서 그들이 그분을 진정으로 신뢰하는 건 아니다. 우리의 신경망 덕분에 밝혀진 진실이 있다. 우리는 모두 정확히 우리 삶 속에 있는 사람들에게 하는 대로 하나님에게 하는 경향이 있다는 것이다.

당신의 기억은 당신의 미래를 창조한다. 그것은 당신이 자신의 과거에 의해 창조된 신경망들을 통해 미래를 상상하기 때문이다. 히브리인들도 그랬고, 오늘 당신도 마찬가지다. 미래에 당신의 대응에 동력을 제공할 경험들은 당신의 기억 안에 깊이 박혀 있다. 그렇다면, 우리가 종종 자신을 하나님에게 내맡기려고 몸부림치는 건 매우 당연한 일이다. 우리 뇌 안에는 그 과정을 촉진할 형판(母型, template)이 없을지도 모른다.

우리가 예수님을 이해하고 또한 이해하려 노력하는 방식은 우리 기억과 우리 이야기를 통해 걸러지기 마련이다. 하나님은 보통 그분이 창조하고 좋다고 하신 체계인 우리의 마음/뇌 모체를 통해 일하시기 때문이다. 그분은 우리의 암묵 기억과 외현 기억 기능들을, 자신에게 우리를 더 가까이 끌어당기기 위해서뿐만 아니라 바로 그 기능들을 치유하고 새롭게 하며 활력을 주기 위해서도 사용하신다. 그리고 이 일은 단지 은유적으로만 일어나지는 않는다.

우리는 우리가 예수님을 신뢰하지 않는 방식들에 놀랄 때가 많은 것 같다. 그것은 단지, 너무 상처 입었거나 잠들어 있어서 그분을 신뢰할 수 없는 우리 자신의 파편들을 그분이 자주 상대하시기 때문이다. 예수님은 그 차원들을 치유하고 깨우기를 원하시지만, 우리는 보통 다른 사람들에게 그 부분들을 믿고 털어놓기를 꺼리는 만큼이나 **그분**에게 믿고 털어놓기를 꺼린다. 성육신이 그렇게 아름다운 발상인 이유가 바로 그 때문이다. 하나님은 예수님 안에서, 우리의 마음을 만지려고 오셨다. 그리고 거기에는 우리의 뇌가 포함된다. 문제는 우리가 암묵 기억과 외현 기억으로 여과된 상태의 예수님이 아닌, 있는 그대로의 예수님과 만날 것인가 하는 점이다. (물론 하나님에 대한 우리의 모든 생각, 감정, 감각, 이해는 우리의 인간성을 통해 여과되기 때문에, 아무도 신성에 대해 완전히 정확하게 이해할 수는 없다. 그렇지만 어떤 예수님 경험들은 다른 경험들보다 더 가까이 다가간다.)

그러나 진정으로 사랑받는 것, 용서받는 것, 혹은 위로받는 것이 어떤 느낌인지 이해하는 데 도움이 되는 경험(즉, 신경 상관물)이 거의 없다면 어떻게 될까? 대부분의 경험이 타인에게서 정서적으로 거리를 두어야 한다고 가르쳐 왔다면 어떻게 될까? 혹은 관계에 충동적이고도 전적으로 사로잡히는 경향이 있지만 결국 당신 자신에 대한 감각이나 자신이 원하는 것에 대한 감각이 좀처럼 없다는 사실을 알게 될 뿐이라면 어떻게 될까?

누군가가 예수님의 연민과 용서에 대해 이야기해 준다고 해서 그 연민과 용서가 느껴지지는 않을 것이다. 예수님의 연민과 용서가 논리적으로는 말이 될지도 모르고 용서하거나 용서받는 것의 의미를 이따금씩 경험할 수도 있지만, 그 경험이 너무 드문 나머지 용서가 필요한 다른 상황들로 쉽게 전이되지 않는다. 마찬가지로, 당신은 아마 인내, 친절, 용서의 가치를 믿고 있겠지만, 이런 것들을 체화하기란 어렵다는 걸 깨달을 수도 있다.

용서가 호흡만큼 노력 없이 흐르도록 내면에 확고히 자리 잡으려면, 용서가 어떻게 **당신의 기억 속에서 느껴지는지** 일종의 정신 모형이 있어야 한다. 그렇지 않으면, 설령 당신의 신학이 면도날같이 예리할지라도 삶은 무미건조하게 느껴질 것이다. 당신이 용서의 개념을 아무리 이념적으로 동의한다 해도, 열두 살짜리 자녀에게 컴퓨터 가까이에서 먹거나 마시지 말라고 누누이 말했는데도 아이가 음료수를 자판에 엎지를 때 당신은 여전히 참지 못할 것이다. 아이가 자판을 망가뜨린 것을 사과할 때, 용서는 당신의 기본 응답이 아닐 것이다. 용서의 모형이 당신에게 만들어진 적이 없다면, 당신이 기꺼이 누군가를 용서하는 미래를 예측하는 것 또한 상당히 어려울 것이다.

잘 잊어버리는 선지자

다행히 성경은 우리의 기억력 감퇴에도 불구하고 우리를 찾으러 오시는 하나님에 대한 풍부한 이미지를 제공하는 이야기들로 가득하다. 엘리야 선지자를 생각해 보라. 열왕기상 18-19장은 바알 숭배를 대표하는 제사장들과의 목숨을 건 대결을 기록한다. 엘리야의 기도에 대한 응답으로 불이 하늘에서 내려서 여호와의 능력과 권위를 더할 나위 없이 입증하는데, 그 후에 선지자와 그의 협력자들은 이교의 제사장들을 학살했다. 그렇게 해서 엘리야는 그 종교 체제뿐만 아니라, 아합왕이 이끄는 정치체제에도 직접 도전했다. 아합왕은 분노에 차 으름장을 놓는 자기 아내 이세벨에게 들볶이는 수동적인 겁쟁이였다. 하나님은 사실상 잊을 수 없는 극적인 쇼를 상연하셨다. 그런데 정말 잊을 수 없는 것이었을까?

모조리 태워 버리는 불이 휩쓴 후에, 아합은 성인이라기보다 어리고 미성숙한 소년처럼 행동한다. 서둘러 왕비에게 달려가 그 사건들에 대해 보고한 것이다. 그러자 권력에 탐닉하는 이세벨은 선지자에게 위협적인 메시지를 보냈다. "내일 이맘때에 네가 죽으리라."

무능한 아합 앞에서는 겁이 없는 엘리야도 고압적인 이세벨을 몹시 두려워했다. 그는 지체 없이 최소한 130킬로미터가량 떨어진 다른 지역으로 달아났다. 샌들을 신은 채 엄청나게 걸은 것이다. 그는 사막 깊이 파고들어서는 광야에서 죽기를 기다렸다. 그 전날에 그는 왕에게 무엇을 해야 할지 지시하고 있었다. 그런데 오늘, 그는 기진맥진했다. 그는 끝났다. **이것**은 어찌 된 일일까? (그의 명령에 따라 이제는 죽은) 거의 일천 명의 종교 지도자들을 제압한 지 몇 시간 만에 그는 이 성난 여자와 그녀의 심복들에 맞닥뜨려 꽁무니를 빼고 있었다. 거짓 선지자들 앞에서 두려움 없이 행동하는 것처럼 보였던 엘리야는 어쩌다 체념하는 절망의 자리로 그렇게 빨리 옮겨 간 것일까?

물론, 진짜 답은 나도 모른다. 엘리야는 하나님이 그의 개인적인 요청에 답하시며 현실의 시간과 공간에서 행동하시는 것을 막 경험했다. 그러더니 갑자기 그 일을 기억하기 어려워 보인다. 정말 그랬다. 그는 일어난 일을 사실로서 회상할 수 있었지만, 도망가는 순간에 그 사실들은 그저 사실들에 지나지 않는 듯했다. 그에게는 왕에 맞선 방식으로 왕비에 맞설 수 있게 해 줄 패기와 활력이 부족했다.

분명히, 우리에게는 그 문제에 대한 엘리야의 내밀한 책략을 제공해 줄 CNN의 앤더슨 쿠퍼(Anderson Cooper)의 인터뷰가 없다. 열왕기상의 이야기에서, 이세벨은 그녀의 남편이 명목상의 우두머리인 정치 조직을 궁극적으로 운영한 막후 실력자였던 것 같다. 이것을 알고 있던 엘리야가 아합에 대해서는 아니지만, 이세벨에 대해서는 정말로 무언가를 두려워했을 가능성도 있다. 그러나 그렇다고 해서 의문이 사라지지는 않으며, 그 의문은 결국 몇 가지 가능한 추측으로 이어진다. 이를테면, 엘리야는 어린 시절과 청년 시절에 무슨 경험을 했기에 성난 고압적인 여자와의 조우와 같은 특정한 대인 만남에 무의식적인 대응을 형성한 것일까? 엘리야의 갑작스러운 행동의 변화를 고려하면, 이세벨의 분노를 피해 달아날 때 그가 '기억을 하고' 있다고 충분히 생각할 만하다. 그의 암묵 기억이 그가 명백히 회상할 수 있는 것(어제의 화염 폭풍)의 온전한 비중과 의미를 받아들일 능력조차 압도하고 있었다고 추측할 수 있다. 그의 암묵적인 대응이 우위를 차지하고 그가 상상하는 미래를 만들어 내기 시작했다. 그는 좀더 비관적인 결과를 고려하기 시작했다. 그가 본 유일한 미래에서 그는 관 속에 들어 있었다.

우리의 삶은 엘리야의 삶과 너무도 흡사해 보인다. 어째서 우리는 하나님이 우리의 삶에서 하신 일을 어떻게든 '잊고' 낡은 삶의 방식으로 퇴행하는 것일까? 우리는 왜 예수님의 용서를 느꼈음에도 불구하고, 여러 해 동안 우리를 학대해 온 가족에게 그와 동일한 면죄를 베푸는 데 어려움을 겪는 것일까?

하나님의 은혜에 대한 사실들을 알고 있을 때조차, 우리는 여전히 수치스럽고 부족하다고 느낄 때가 많다. 우리의 자녀를 사랑함에도 불구하고, 여전히 가장 적절하지 못한 때를 골라서 그들에게 버럭 화를 내며, 우리 자신의 해결되지 않은 상처와 두려움의 여파로 그들에게 창피를 준다. 엘리야처럼 우리가 미래를 생각하는 방식을 암묵 기억이 관장하고 있다는 사실을 알지 못한 채, 때때로 우리의 삶에 관해 훨씬 비관적인 결과에 집중한다.

그렇지만 엘리야의 이야기에는 큰 희망이 담겨 있다. 하나님이 엘리야가 숨어 있는 동굴에서 그를 만나려고 나가셨기 때문이다. 그분은 주의 천사를 보내 그를 어루만지며 보살피게 하셨다. 그다음에 하나님은 즉시 엘리야에게 무엇을 해야 할지 말씀해 주시거나 그를 위해 문제를 해결해 주시는 대신, 이렇게 물으셨다. "너는 여기에서 무엇을 하고 있느냐?"(왕상 19:9)

엘리야가 자신의 두려움을 인정했을 때, 하나님은 그를 물리치거나 하찮게 여기거나 조롱하지 않으셨다. 또한 하나님은 엘리야 옆을 지나갈 것을 약속하셨지만, 엘리야가 보는 크고 강한 바람, 지진, 혹은 불 가운데서 자신을 드러내지 않으셨다. 자연의 이 모든 거센 작용들은 아마도 엘리야를 다시 동굴의 깊숙한 곳(산속에서만이 아니라 그의 마음과 기억 속에서도)으로 몰아넣었을 것이다. 그분은 엘리야를 압도하지 않으시고, 엘리야의 경험을 변화시키는 세미한 소리로 그의 공포와 절망에 답하셨다. 그 결과, 엘리야가 기억하는 미래는 변화되었다.

엘리야를 부드럽게 불러내고 그가 주의를 기울이자마자, 하나님은 다시 물으셨다. "너는 여기에서 무엇을 하고 있느냐?"(13절) 그렇게 하신 다음, 하나님은 엘리야에게 임무를 주셨다. 선지자는 그가 온 길을 돌이켜 가야 하며, 그 도상에서 영적인 지형뿐 아니라 정치적인 지형에 대한 진실을 반영하는 색다르고 좀더 자신감 있는 행위들을 실행해야 할 것이다. 엘리야는 사실 혼자가 아니라, 여호와에게 변함없이 충실했으며 여호와가 남기기로 약속하신 칠천 명 중 하나였다(15-18절).

하나님은 이 일을 우리 모두에게 행하신다. 그분은 먼저 우리의 사막과 적막한 산으로 찾아오신다. 그분은 우리에게 질문을 하시는데, 때때로 처음에는 우리를 우리 마음의 동굴 속, 낡은 신경 경로들과 반복되는 아주 오래된 기억들의 후미진 곳으로 깊이 몰아넣을 수도 있는 어려운 질문을 하신다. 그분의 파고드는 탐색은 우리를 지치고 굶주리며 겁에 질리게 할 수도 있다. 그분의 질문은 심지어 우리가 너무도 열심히 회피하려고 하는 바로 그 감정을 이끌어 낼 수도 있다. 많은 경우에 그 질문은 그저, **"너는 여기에서 무엇을 하고 있느냐?"**이다. 그분은 결코 경멸하거나 조롱하면서 묻지 않으시고, 언제나 희망과 기대를 안고 물으신다. 그분은 우리가 우리 신경 경로들의 근원을 더듬어 보기를, 결국에는 다른 경로를 취해 우리의 이야기에 새로운 결말을 창조하기를, 우리의 미래를 다르게 '기억하기'를, 간절히 바라시는 어조로 물으신다.

우리는 이따금 주의를 기울이지 않을 때도 있지만, 하나님은 추구하는 바를 중단하지 않으신다. 그분은 우리에게 그분과 만나기를, 씨름하기를, 불평하기를, 울기를 권하며 다시 속삭이신다. 우리가 끝장났을 때, 그분은 다시 부드럽게 물으신다. **"너는 여기에서 무엇을 하고 있느냐?"** 그분이 물으실 때마다, 우리는 우리의 이야기를 다르게 전한다. 이제 그 이야기는 우리가 혼자가 아니라고 말해 주는 목소리(a Voice)를 듣는 경험을 포함해야 하기 때문이다. 그리고 그 목소리를 듣는 것은 우리의 기억과 우리의 미래를 살아가는 방식을 변화시킬 것이기 때문이다.

이에 더해, 우리에게는 희망을 품을 훨씬 더 많은 이유가 있다. 기존의 신경망들이 발화할 가능성이 큰 건 사실이지만, 우리의 뇌가 아름답고 불가사의한 가소성을 지닌 상태로 창조되었음을 최근의 연구가 입증하는 것도 마찬가지로 사실이다. 그것은 우리의 신경세포들이 기쁨, 화평, 인내, 친절, 선함, 신실, 온유, 절제와 서로 연관되는 방식으로 전용될 수 있다는 뜻이다. 연속되는 오래된 기억의 배선을 무의식적으로 따르는 대신, 성찰을 통해 새로운 경로를 창조하기로 택할 수 있다. 거기에는 하나의 요건이 있는데, 바로 이것이다. 우리는 "**너는 여기에서 무엇을 하고 있느냐?**"와 같은 질문에 답함으로써 우리의 기억이 어떻게 스스로 드러내 보이는지에 주의를 기울여야만 한다.

자서전 쓰기

일단 491-492쪽에 있는 질문들에 대한 답을 적었다면, 손으로 직접 자서전 쓰기를 고려해 보자. 종이에 자신의 인생 이야기를 써내는 일은 주의를 집중해야 하며 타이핑을 칠 때보다 더 느리고 더 찬찬히 생각할 수 있게 해 준다. 이는 당신의 우반구를 활성화하는 데 도움이 된다. 우반구는 당신이 쓰고 있는 내용에 해당하는 기억과 연결된 비언어적이고 암묵적인 기억, 즉 감정, 감각, 심상, 지각과 관련이 있다. 그 결과, 당신이 한동안 생각해 본 적 없던 기억들이 모습을 드러내는 불가피한 일이 생길 수 있다.

물론, 손으로 쓰는 동안, 당신은 정보를 논리적이고 선형적인 방식으로 처리하는 좌반구 또한 활성화할 것이다. 언어(좌측 모드)를 시공간적(視空間的), 비언어적, 암묵적인 경험(우측 모드)과 결합하는 이 과정은 우반구와 좌반구의 신경세포가 서로 좀더 탄탄히 연접하게 한다. 다시 말해, 뇌의 통합을 촉진한다.

자신의 가장 이른 기억에 대해 생각해 보는 것으로 시작하라. 그 기억을 기록한 후에, 가능한 한 상세히 인생의 첫 10년에 대해 기억할 수 있는 만큼 계속 써 보라. 첫 기억 이후의 사건들을 쓰려고 너무 부담 갖지 말라. 또한, 모든 것을 연대순으로 가지런히 정리하는 것도 신경 쓰지 말라. 그저 생각나는 것을 기록하면서, 사실에 기반을 둔 사건들뿐만 아니라 감각, 감정, 심상, 색채 따위를 묘사하기 위해 면밀한 주의를 기울여 보라. 그런 후에, 당신의 두 번째 10년, 세 번째 10년 등등을 계속해 보라.

한동안 쓴 후에, 당신의 이야기를 기꺼이 읽어 주고 당신의 서사에 대해 당신이 어떻게 생각하고 느끼는가에 대해 마찬가지로 기꺼이 질문해 줄 신뢰하는 친구, 목사, 신부, 영적 지도자, 혹은 상담사를 선택하라. 당신 자신에게 이 질문을 던져 보라. 내 서사를 신뢰하는 사람에게 읽어 주는 이 경험은 내가 기억하는 것과 기억하는 방식, 내가 느끼는 것을 어떻게 달라지게 했는가?

이 일이 자기 삶의 가장 사적이고 세세한 부분을 드러내므로, 특히 이전에 이 일을 해 본 적이 없다면, 다소 겁이 나는 일임을 감지할지도 모른다. 본질적으로, 당신은 바울이 고린도전서 13장 12절에서 생각하는 것에 참여하고 있다. 알려짐의 경험을 가능하게 하고 있다. 당신의 서사를 구성하면서 자신의 암묵 기억과 외현 기억이 더 많은 의미를 자아내는 방식으로 함께 엮이고 있음을 발견하기 쉽다. 특히 다른 누군가가 당신의 말을 공감하는 태도로 들어 주는 것을 경험하면서 말이다. 당신은 암묵 기억을, 그것을 만들어 낸 사건들과 연결하기 시작할 것이다. 결국 당신의 가장 깊은 감정의 참된 원천에 대한 더 큰 자각에 이를 것이다. 브래드 역시 그 점을 깨달았다. 갈등을 피하려는 그의 욕망은 아내와 거의 아무런 관련도 없었으며, 거의 다 그의 아버지와 관련이 있었다. 이 점을 발견하면서 그는 주변 사람들에 대한 반응들을 바꾸기 시작했다. 오늘 당신에게도 같은 일이 일어날 수 있다.

당신의 서사를 절친한 이에게 읽어 주었다면, 되돌아가 당신이 쓴 것을 다시 읽으면서, 읽는 동안 드는 느낌에 면밀한 주의를 기울여 보라. 다른 기억들이 떠오르기 시작하면, 주저하지 말고 그것들을 추가하라. 서서히 10년의 기간에서 기억을 샅샅이 다루었다는 생각이 들 때, 계속해서 그다음 10년으로 나아가라. 머지않아 당신의 인생이라는 태피스트리가 당신이 알지 못하던 색깔과 질감으로 짜이는 것을 볼 것이다.

유아기의 많은 세세한 부분을 기억하지 못하더라도 절망하지 말라. 자신의 이야기를 기억하고 숙고하며 다른 이들에게 전하는 이 과정을 시작하면서, 아마도 다년간 휴면 중이던 신경망들을 활성화할 것이다. 이 기억하기 과정은 그것들을 깨우기 시작할 것이다. 결국 모든 세세한 부분을 기억하게 되리라는 보장은 없다. 그러나 당신은 더욱더 많은 기억에 대해 의식적으로 자각할 가능성이 있다. 이것은 과거에 대한 당신의 기억을 개선하고 변화시키며, 따라서 미래에 대한 당신의 예측을 바꾸어 놓는다.

6장 정서의 영역으로 옮겨 가기 전에 마지막 조언을 하겠다. 하나님의 말씀은 기억에(단지 사실들에만이 아니라 그리고 암묵 기억이 우리의 행동을 맘껏 통제하도록 허용하는 방식으로가 아니라) 주의를 기울이는 것의 중요성을 확인해 주는, 글로 된 기록이다. 시편 저자가 쓰는 글처럼 말이다.

> 내 영혼아, 주님을 찬송하여라.
> 마음을 다하여 그 거룩하신 이름을 찬송하여라.
> 내 영혼아, 주님을 찬송하여라.
> 주님이 베푸신 모든 은혜를 잊지 말아라.
> 주님은 너의 모든 죄를 용서해 주시는 분,
> 모든 병을 고쳐 주시는 분,
> 생명을 파멸에서 속량해 주시는 분,
> 사랑과 자비로 단장하여 주시는 분,

평생을 좋은 것으로 흡족히 채워 주시는 분,
네 젊음을 독수리처럼 늘 새롭게 해 주시는 분이시다. (시 103:1-5)

현대 과학이 기억에 대해 더 많은 것을 아는 지금에도, 우리의 조상들은 3천 년도 더 전에 신경 과학이 지금 확인해 주고 있는 것에 대해 확신했음을 성경은 일깨워 준다. 왜냐하면 우리의 재생된 기억들의 충만함 속에서 주님의 모든 은택, 즉 그분의 용서와 치유와 속량과 단장하여 주심과 흡족히 채워 주심과 새롭게 하심을 **기억할** 때, 우리의 미래와 우리 아이들 및 우리가 관계를 맺고 있는 타인들의 미래는 변화될 것이기 때문이다.

6장
___

정서: 하나님 경험

"무엇을 느끼고 계신가요?"

아마 예상하다시피, 나는 이 질문이나 조금 변형된 질문을 내 환자들을 만날 때면 거의 언제나 묻는다. 그 질문을 표현하는 방식은 별로 달라지지 않지만, 그에 대한 응답은 많이 달라진다.

"아무런 느낌도 없어요."

"불안합니다."

"상사가 저를 이해하지 못하는 것 같아요."

"결혼 생활을 그만 끝내고 싶어요."

"혼란스러운 느낌이죠."

"모르겠습니다"(어쩌면 가장 흔한 대답일 것이다).

자신의 정서를 식별하지 못하는 이들은 흔히 그 정서를, 합리적 과정을 통해 길들여야 하고 명확한 사고를 방해하는 골칫거리로 여긴다. 환자들은 자주 화가 나지 않으면 좋겠다고 말한다. 또 어떤 이들은 돌봄과 관심에 굶주려 있다고 느끼는데, 그 느낌은 그들이 나약하다는 느낌을 강화한다. 그들은 그런 뒤에 곧 죄책감을 느끼는데, 하나님은 그들이 약한 것은 말할 것도 없고 약하다는 느낌조차 기뻐하지 않으신다고 확신하기 때문이다.

사람들은 우울감, 깊은 슬픔, 수치심을 다루는 중에 한탄한다. "이 모든…**감정**을 없애 버릴 수만 있다면, 세상은 더 나은 곳이 될 거예요. 적어도 그런 기분이 듭니다."

정서에 대한 이런 멸시는 대개 하나님과 함께하는 우리의 삶에 영향을 준다. 그것은 뇌가 스스로 체계화할 때 중심으로 삼는 바로 그 에너지가 바로 정서이기 때문이다. 정서가 없다면, 삶은 정지할 것이다. 정서는 우리가 하나님과 타인들과 우리 자신을 가능한 가장 기본적인 방식으로 경험하며 연결하는 수단이다.

나는 환자들에게, 하나님께는 정서가 그들에게 의미하는 바보다 훨씬 더 중요하며 없어서는 안 되는 것이라고 암시한다. 그럴 때 환자들은 놀라는 경우가 많다. 그들은 하나님이 우리의 정서에 매우 관심이 있으시며 (다른 여러 가지 중에서도) 우리의 정서를 통해 우리를 경험하신다는 사실을 알고는 마찬가지로 놀란다. 하나님이 그분 자신 이외에 창조된 어떤 것을 필요로 하신다고 넌지시 말하려는 게 아니다. 그런데 만일 정서가, 혹은 훨씬 더 깊고 더 거칠며 더 실제적인 비슷한 무언가가 하나님의 본질적인 요소라면 어떻게 될까? 우리가 이해하는 대로의 정서가 하나님이 그분의 심중에서 경험하시는 것을 반영하고 있다면? 우리가 우리 마음의 이 측면에 주의를 기울이는 일은, 곧 하나님의 존재를 반영하는 우리의 한 부분(비록 우리의 정서는 덜 강렬한 버전일지라도)에 주의를 기울인다는 뜻이므로 온당하지 않을까? 이 말이 억지스럽게 들리는가? 다음의 성경 구절들을 받아들이도록 해 보라.

"비록 산들이 옮겨지고
언덕이 흔들린다 하여도,

> 나의 은총이 너에게서 떠나지 않으며,
> 평화의 언약을 파기하지 않겠다."
> 너를 가엾게 여기는 주님께서 하시는 말씀이다. (사 54:10)

> 에브라임아, 내가 어찌 너를 버리겠느냐?
> 이스라엘아, 내가 어찌 너를 원수의 손에 넘기겠느냐?
> 내가 어찌 너를 아드마처럼 버리며,
> 내가 어찌 너를 스보임처럼 만들겠느냐?
> 너를 버리려고 하여도, 나의 마음이 허락하지 않는구나!
> 너를 불쌍히 여기는 애정이 나의 속에서 불길처럼 강하게 치솟아 오르는구나.
> 아무리 화가 나도, 화나는 대로 할 수 없구나.
> 내가 다시는 에브라임을 멸망시키지 않겠다.
> 나는 하나님이요, 사람이 아니다.
> 나는 너희 가운데 있는 거룩한 하나님이다.
> 나는 너희를 위협하러 온 것이 아니다. (호 11:8-9)

괜찮다면, 하나님이 선지자를 통해 이 말씀을 하면서 **느끼시는** 감정을 상상해 보라. 좀더 구체적으로 말해서 언어 자체뿐만 아니라 맥락으로, 하나님이 어떻게 들리고 어떻게 보이는지(그분의 몸가짐을, 혹은 그분의 얼굴 표정이 어떠하리라고 마음속에 그리는지) 당신이 감지하는 바를 상상해 보라. 이 구절들을 읽는 어떤 이들은 하나님의 질문들에서 갈망을 감지할 수 있는 반면에, 또 어떤 이들은 그러지 않을 수도 있다. 하나님의 애정이 불길처럼 강하게 치솟아 오른다는 개념이나 그분의 맹렬한 진노의 이미지에 대한 자신의 반응을 주의 깊게 살펴보

라. 당신이 이 감정들에 "대해 생각하는 것"에 생각이 국한되어 있는가, 아니면 읽고 있는 구절을 곰곰이 생각하는 동안 자신이 무언가를 느끼고 있음을 알아차리기도 하는가?

이제 성경의 첫 번째 책에 있는 이 절을 살펴보라.

> [여호와께서] 땅 위에 사람 지으셨음을 후회하시며 마음 아파하셨다.
> (창 6:6)

이 절은 성경 전체에서 가장 가슴 저미는 문장 중 하나다. 하나님의 정서적인 경험을 묘사할 뿐만 아니라, 그분의 정서적인 반응을 인류와 직접 연결한다. 우리가 다른 인간의 깊고 고통스러운 정서를 상대하는 것과는 다른 차원의 일이다. 우리를 지으신 것으로 인해 고통과 슬픔을 느끼시는 하나님의 경험에 대해 깊이 생각해 보고 또 그 경험과 연결될 때 어떤 느낌이 드는가? 이러한 구절들은 하나님의 백성이 수 세기 동안 그분을 어떻게 경험해 왔는지를 반영하며, 정서가 얼마나 강력하게 우리를 하나님과 이어 주는지 분명히 보여 준다.

그런데 정서라고 부르는 이 현상은 무엇일까? 감정에 주의를 기울임으로써 우리는 어떤 도움을 받는 것일까? 정서를 기억하는 방식 및 내용과 어떻게 연결할 수 있을까? 정서의 형태들에 대해 더 잘 인식하는 것은 하나님 및 타인들과 소통하는 우리의 경험을 어떻게 달라지게 할까? 이것은 중요한 질문들이다. 정서를 무시한다면 어떻게 위험에 처하는지 보게 될 것이다. 왜냐하면 정서를 무시하는 것은 하나님의 목소리를 무시하는 것이기 때문이다.

바닥 없는 정서의 우물

우리가 하나님 및 타인들과의 관계에서 정서의 중요성을 과소평가하는 한 가지 이유는 정서의 역할에 대해 불완전하게 이해하기 때문이다. 구체적으로는 감정들이 어떻게 경험되고 표현되는지에 대해 잘 이해하지 못한다. 그러므로 다른 사람들과의 정서적인 연결을 강화하는 법을 더 깊이 들여다보기 전에 우리가 말하는 정서(emotion)의 의미를 정의해 보자. (정서에 대한 일관되고 고정된 정의가 있다고 암시하는 건 아니다. 우선 첫째로, 뇌 기능의 모든 영역에 관한 지식처럼, 정서에 관한 우리의 지식은 끊임없이 증가하고 있다. 게다가, 다양한 분야의 연구자들은 정서의 각기 다른 특질을 조사하고 있기 때문에 그 용어를 사용할 때 정서의 각기 다른 측면을 강조한다. 그렇지만 우리가 하나님 나라를 추구하면서 정서의 역할을 탐색하는 동안, 고찰할 정서의 특정 측면들에 관해 실용적인 정의를 내리는 편이 유용하리라고 분명히 믿는다.)

정서를 묘사해 보라는 요청을 받을 때, 대부분의 사람은 슬픔, 행복, 수치심, 두려움, 분노, 죄책감, 또는 다른 감정의 측면에서 언급한다. 우리는 모두 이 존재 상태들에 공감할 수 있으며, (다는 아니라도) 대부분의 사람은 하나의 감정을 다른 감정과 손쉽게 구별할 수 있다. 우리는 죄책감이 기쁨이나 슬픔이나 분노의 감정과는 질적으로 다르다는 사실을 안다.

우리의 뇌는 어떻게 이런 구별을 할 수 있게 해 주는 것일까? 많은 사람은 정서가 외부의 사건과만 결부되어 있다고 생각한다. 친구에게 상처를 주었기 때문에 죄책감을 느끼거나, 누군가가 우리를 칭찬해 주었기 때문에 기쁨을 느낀다. '창피한' '죄책감을 느끼는' '두려운'

과 같은 말들이 도움이 되지만, 흔히 생각해 보지 않는 방식으로 우리는 정서를 경험하고 표현하기도 한다. 우리가 특정 감정을 의식적으로 자각하기 이전에, 우리의 몸이 이미 반응하기 시작한 것이다.

아래로 깊이: 기본 정서

친구들과 거실에 앉아 있다고 잠시 상상해 보라. 통유리로 된 큰 창밖으로는 눈부신 하늘이 보이고, 당신은 따뜻하고 다정한 대화에 푹 빠져 있다. 친구들이 있는 곳에서 만족스럽고 행복한 기분을 의식적으로 자각하는 당신은 편안하고 느긋하다. 어떻게 보면, 당신은 "기쁨을 느끼는 것에 기뻐한다"는 사실을 자각하고 있다.

이야기를 나누는 중에, 당신과 친구들은 무언가가 창을 톡톡 두드리는 소리를 듣는다. 그때 당신은 어떻게 반응하는가? 처음 반응은 기본 정서에 의해 추동된다. 깜짝 놀랄 때, 말초신경계의 부분들은 의식적 자각 없이 대응한다. 그것은 당신의 호흡수와 심장박동 수가 혈압, 근육 긴장도, 땀 분비량과 더불어 올라간다는 뜻이다. 덧붙여, 당신의 뇌는 스트레스 호르몬을 더 많이 분비하도록 부신에 신호를 보낸다.

뇌 시간은 백만분의 일 초에서 십억분의 일 초로 측정된다. 그래서 무언가가 창에 부딪힌 것을 의식적으로 자각하기 오래전에, 중추신경계는 여러 출처에서 온 정보를 수집하고 종합하면서 당신의 신체적 반응을 준비한다. 당신의 몸이 행동할 수 있도록 준비시키기 위해, 중추신경계는 청각계, 근육계, 내장계를 포함하는 당신의 말초 감각 신경계에 신호를 보낸다.

이 과정 내내, 당신의 뇌는 에너지의 급격한 증가를 경험하면서 그

에너지 흐름의 패턴을, 즉 신경세포들의 전기적 발화 패턴을 변화시킨다. 우반구는 당신의 상태에서 뚜렷하고 미묘한 변화들을 감지하면서 전기적 자극들을 등록한다. 이 부위의 신경세포들은 또한 당신이 경험하지만, 자각하기도, 말로 쉽게 표현하기도 어려운 원시적인 정서 반응들을 등록한다. 그게 무엇이 되었든 말이다.

에너지 변화에는 좌반구를 포함해 뇌의 다양한 부분들이 관련된다. 이 과정은 뇌의 각기 다른 부분들을 전기적으로 연결하면서(이 경우에는 두 반구 및 아래쪽, 깊은 쪽의 부위들을 위쪽의 피질 부위들과 통합하면서) 뇌를 통합한다. 이 과정은 의식적인 자각이나 합리적인 사고를 등록하는 뇌의 부분들에서는 대체로 배제된다. 당신의 뇌는 이 사건에 대해 애초에 무언가가 창문에 부딪힌다는 측면에서 '생각'하기보다는, 이 특정 자극에 응하여 활성화된 다양한 신경망들의 구석구석에 이르는 전기적 발화의 패턴에 누적되는 변화를 등록한다.

실제로, 다음에 발생하는 일은 무엇이 창에 부딪혔는지에 다분히 달려 있다. 가령 작은 새가 어쩌다가 창으로 날아들었다가 유리를 스치고 지나갔다고 해 보자. 다들 그 소음에 잠시 주의를 돌릴지도 모르지만, 새가 다치지 않은 채 날아가 버릴 경우, 당신과 친구들의 주의는 빠르게 대화로 돌아가며 각자의 생리학적 수치들은 몇 초 안에 정상으로 되돌아갈 것이다.

만약 창으로 날아드는 새 때문이 아니라 집에 들어와 거실에서 당신과 친구들에게 합류하기 전에 인사를 하려던 또 다른 친구 때문에 이 소음이 발생한 거라면 당신의 반응은 어떻게 달라질까? 이 경우에 당신의 기본적인 신체/정신적 반응들은 좀더 지속적이며, 결국 친구가 도착했다는 기쁨이라는 예측 가능한 감정으로 이어지기 쉽다. 그러나 기쁨을 느끼고 있음을 의식적으로 자각하기 오래전에, 당신의 몸은 그 특정 감정을 느끼기 쉽게 만드는 기본 신호들을 보내고 있다. 이 기본 감각들의 지속 시간 및 강도는 뇌가 이 특정 상태(행복)를 당신이 그 상태를 경험했던 다른 때와 비교할 수 있을 만큼 상당하다. 뇌는 암묵 기억을 책임지는 회로를 통해 그런 경우들을 **기억하며**, 궁극적으로 당신이 친구를 만나는 기쁨을 자각하는 데까지 이르게 한다.

그런데 권총을 든 낯선 사람이 그 소리를 낸 것이라면? 이 시나리오에서는 전적으로 다른 일련의 정서들을 경험한다. 그 정서들은 이내 폭포처럼 흘러내려 공포로 묘사할 수도 있는 상태가 된다. 당신의 몸은 이 감정을 불러일으켰던 다른 상황들과 당신이 느끼는 공포를 비교하며, 갑작스러운 공포로 인한 감정들을 일으키는 신호들을 등록한다.

이 세 가지 예(새, 친구, 권총을 든 낯선 사람)는 기본 정서의 중요한 두 단계를 보여 준다. 이 진행에서 첫 번째 단계는 **초기 정향**(initial orientation)이라 불린다. 이것은 주의가 하나의 자극에 끌릴 때 발생하는 정향의 과정을 가리킨다. 이 과정은 빠르게 일어나며, 주의가 옮겨 가는 것은 에너지가 급격하게 증가한다는 첫 번째 징후다.

이 초기 정향의 뒤를 이어 뇌는 암묵 기억에 상응하며 뇌간('투쟁 혹은 도피' 기제) 및 변연계 회로(정서, 두려움 인지 등)를 편입시키는 많은 신경망들을 통해, 상대적인 안전도 및/혹은 끌림의 수준 면에서 그 자극을 평가하는 일로 옮겨 간다. 이것에 계속 주의를 기울일 필요가 있거나 주의를 기울이길 원하는가? 기본 정서의 이 두 번째 단계는 **평가와 각성**(appraisal and arousal)이라 불린다.

뇌는 (다시 말하지만, 보통은 의식과 연결되지 않은 신경세포층을 사용해)

환경을 평가하고, 적절한 행위를 하도록 뇌/몸 체계의 나머지 부분을 각성시킨다. 우리는 그 자극에 더욱 전적으로 끌리거나(우리가 그것을 대단히 좋아하거나 싫어해서 주의를 기울이는 일은 중요하기 때문에), 그 자극을 무시한다. 각기 다른 환경은 각기 매우 다른 기본 정서 반응을 만들어 낸다.

뇌는 우리가 잠을 자는 동안에도 내부적으로뿐 아니라 외부적으로 끊임없이 상황을 주시한다. 그것은 현재의 순간에 경험하는 일을 과거에 일어난 일과 비교함으로써(암묵적이고 외현적인 신경 기억 둘 다를 사용해), 미래 행위를 대비하는 예측 장치다. 이 끊임없는 주시 및 에너지 변화는 뇌가 스스로 체계화하는 축이 되는 활동이다. 이것이 정서다. **정서**(emotion)라는 단어의 기원은 e-motion['e-'는 'out'(밖으로)의 의미를 지닌 접두사로, 움직임을 의미하는 'motion'과 결합한 형태임을 보여 준다—옮긴이], 즉 움직임을 준비하는 개념에 근거를 둔다. 정서 현상이 계속 진행 중인 행위나 움직임과 깊이 결부된 이유가 그 때문이다. 우리는 느낌을 우리의 행동으로부터 분리할 수 없다.

예기치 않은 사건에 직면할 때, 어쩌면 우리는 분명한 생각이나 말의 형태로 충분히 표현되지 않을 수도 있는 정신적 활동 또한 인식할 수 있다. 이 감각들은 상당히 빠르게 축적된다. 언어 발달 이전에 생기는 감각으로, 신체적 자각과 반드시 연계되지는 않는다. 이 지각들은 말로 묘사하기 어렵긴 하지만, 우리 내부에서 **무언가가 바뀌는 것**에 대한 깊은 자각을 불러일으키는 심상이나 산만한 무정형의 인상으로 형성될 수도 있다. 이 바뀜은 우리 자신의 내면의 연결감 및 타인과의 연결감의 강화나 약화로 이어질 뿐 아니라, 행복감의 강화나 약화로 이어진다.

다시, 이 활동의 많은 부분은 우리의 의식적인 자각에 곧바로 도달하지는 않는 활동을 책임지는 뇌간, 시상, 변연계 회로, 하측 두피질과 같은 뇌의 깊은 쪽과 아래쪽에 있는 부위들과 관련이 있다. 이러한 정서는 우리가 의식적으로 통제하지 못하는 뇌의 영역들에서 발생한다. 이 뇌의 영역들은 하등 포유류와 파충류의 뇌를 닮아서 우리를 나머지 피조물과 계속 연결해 준다. 그와 동시에, 통합하며 진동하는 전기적 활동의 파동이 뇌 전체를 가로질러 계속해서 왔다 갔다 한다. 이 파동은 뇌가 이질적인 영역들을 수렴해 전체가 되도록 한데 모으는 방식일 수 있다. 그렇게 우리가 느끼는 전반적인 감각을 만들어 내는 것이다.

기본 정서는 (가슴의 뻐근함이나 손이나 발의 얼얼함과 같은) 감각적 지각과 좀더 산만한 정신적 심상을 통해 경험된다. 그것은 다른 신체적 행동으로 한층 더 분명히 표현된다. 이를테면, 팔짱을 끼거나, 이를 악물거나, 등이나 목의 근육을 꽉 조이는 행동이 이런 기본적 반응에 해당한다. 눈썹을 치켜올리거나, 신음을 내거나, 눈살을 찌푸리거나, 미소를 지을 수도 있다. 이 신체적인 현상들은 결국, 진행 중인 뇌의 상태에 대해 알리는 메시지를 뇌에 돌려보냄으로써 감각 피드백 고리를 강화한다.

표면에는: 범주 정서

결국, 이 순간들이 더 길고 더 강화된 시간들로 확장되면서, 우리는 **범주 정서**(categorical emotion)라 불리는 질적으로 뚜렷한 감정 상태들을 (우리가 주의를 기울이고 있다면) 자각한다. 이 감정들이 일반적으로 우리가 정서에 대해 이야기할 때 의미하는 것이다. 몇 가지만 거명하자면, 거기에는 수치심, 죄책감, 분노, 슬픔, 기쁨, 두려움이 포함된다. 현재, 연구자들은 우리가 이 특정 상태들에 대해 구체적으로 어떻게 자각하는지 알지 못한다. 그렇지만 우리는 그런 정서들이 우리의 내적인 신경 활동 및 경험적 활동에서 비롯될 뿐만 아니라 타인의 마음의 신경 활동 및 경험적 활동과 벌이는 상호작용으로부터도 생기리라고 추측한다.

정서에 관한 실상

지금까지 본 것처럼, 정서는 우리가 기쁨, 두려움, 슬픔과 같이 선뜻 거명할 수 있는 감정보다 훨씬 더 깊이 들어간다. 하나님과 다른 사람들에게 더 잘 공감하도록 도와줄 정서에 대해 우리는 그 밖에 무엇을 알고 있을까?

1. **정서는 당신이 조절하는 것이자, 당신을 조절하는 것이다.** 정서에 대해 자각하면 하나님 및 타인과의 관계가 성장하도록 정서를 이용할 수 있다. 다시 말해 정서에 얼마만큼 주의를 기울이는가(또다시 등장한, 당신이 주의를 기울이고 있는 현상에 주의를 기울이는 것)가 성장에 영향을 미칠 수 있다.

2. **정서 상태는 고립된 상태에서 영향을 받거나 생성되지 않는다.** 당신의 정서 상태는 타인들에게, 특히 자녀들에게 심대한 영향을 끼

친다. 자신의 기본 정서 상태에 주의를 기울이면 기울일수록, 타인의 정서 상태 역시 엄밀하고도 효과적으로 인지할 수 있다.

3. **정서에는 논란의 여지가 없다.** 딸이 기쁨, 수치심, 실망의 감정이나 어떤 일반적인 형태의 괴로움을 감지한다면, 그것이 실제로 딸이 느끼는 정서다. 딸이 그 정서를 쉽사리 표현할 길이 없을지도 모르지만, 분명히 감지한다. 만약 딸아이가 농구팀에서 제외된 일로 운다면, "팀에 들지 못하는 것에 대해 슬퍼해선 안 돼. 너뿐 아니라 많은 사람이 제외됐잖아"라고 말하는 건 무분별하다. 또한 "이제 그만 울어라. 네 살 먹은 여동생도 아니고!"라는 말은 굉장히 역효과만 낳게 될 것이다. 이 말로 인해 딸은 자기가 감지하는 정서를 표현하는 것이 수치스럽다고 느낄 것이다.

두 경우 모두, 딸의 기본적이고 범주적인 정서 상태는 **반박의 대상이 되는 견해들이 아님**을 깨달을 필요가 있다. 그 **정서는 관심을 필요로 하는 참된 경험들이다.** 여기서 다시 하나님이 우리에게 가장 빈번하게 말을 거시는 수단은 다름 아닌 정서라는 뇌의 표현이라는 점을 지적하려 한다. 우리가 이 감정들을 무시하거나 부인하거나 그것들에 대해 논쟁을 벌인다면, 하나님의 전령들을 무시하는 셈이다. 그렇다고 해서 정서 상태들이 **바로** 하나님이며 따라서 우리를 지배할 권리를 가지고 있다는 뜻은 아니다. 그것들은 의식적이고 주의 깊고 균형 잡힌 응답을 필요로 하는, 논란의 여지가 없는 공식 성명들이다.

4. **범주 정서는 시대와 문화와 성을 막론하고 보편적인 반면, 기본 정**

서는 늘 동일한 방식으로 나타나지는 않는다. 당신은 모든 사람들과 동일한 범주 감정의 감각들을 경험한다. 그러나 흥미로운 점은 당신의 기본 정서를, 동일한 범주 정서를 가진 다른 사람들과는 다르게 표현할 수도 있다는 것이다. 다른 누군가에게서 기본 정서의 표현(얼굴 표정이든, 한숨이든, 어조든)을 목격할 때, 그 반응이 당신에게 갖는 의미는 그것을 표현하는 사람이 의미하는 바와는 매우 다른 것일 수도 있다. 이로 인해 온갖 종류의 대인 관계적 단절이 일어날 수 있다.

정서적 단절

퇴근 후에 기차역에서 아내와 만난다고 해 보자. 아내에게로 걸어가는 동안 그녀의 얼굴 표정을 알아차린다. 그 즉시 턱과 목 근육이 꽉 조이는 것을 감지함과 동시에, 당신의 뇌는 아내가 당신에게 화가 나 있거나 마음이 상해 있다는 해석에 빠르게 적응한다. 당신은 이 표정을 이전에 수도 없이 봐 왔으며, 그것이 정확히 무엇을 의미하는지 알고 있다. 그것은 '나는 당신, 인간 남자로 받아들여지려 애쓰는 무신경한 민달팽이 당신에게 화가 나 있어. 이제 엎드려 길 때야'라는 뜻의 보편 기호다. 당신은 갑자기 그리고 자동적으로, (자신이 의식하지 못하는 암묵 기억 정보의 도움을 받아) 그녀의 (그리고 당신의) 고통을 변함없이 덜어 주는 적절한 술책을 쓴다. 말하자면, 당신의 신발을 바라본다. 이 행위가 당신이 존재한다는 것과 그녀가 당신에게 화가 나 있다는 것을 아내가 잊기 위해 필요한 거리와 시간을 최소한 다음 몇 분 동안이라도 만들어 내리라고 믿는다. 이것은 좀처럼 효과가 없다. 그리고 그게 효과가 없는 이유는 다음과 같다. 당신은 이 표정을 수도 없이 봐 왔지만, 대부분의 경우에 그 표정의 출처는 아내가 아니다. 당신은 실제로 화가 났던 당신의 어머니에게서 그 표정을 보았다. 어머니는, 아마도 자신의 정서에 대한 자각이 부족한 탓에 당신의 정서 상태에 주의를 기울이는 일을 그다지 잘하지 못했을지도 모른다. 그런 이유로 그녀는 자기가 화를 내면 당신에게 어떤 영향을 미치는지 알아차리지 못했다. 어머니의 화가 자아내는 불쾌한 감정에 대처하기 위해, 당신은 어머니의 시선으로부터 거리를 두는 법을 배웠을 수도 있다. 당신은 (그렇다) 자신의 신발을 바라봄으로써 거리 두기를 하곤 했다. 아무도 당신이 느끼는 것을 처리하도록 도와주지 않았으므로, 당신은 자신의 감정을 의식적으로 다루는 법을 도무지 배운 적이 없다. 사실, 당신은 자신이 상처받고 두렵고 수치스럽게 느꼈다는 것을 의식조차 못 할지도 모른다.

　당신은 아내에 대한 행동들이 어머니와의 관계와 어떻게든 관련이 있다는 사실을 거의 자각하지 못한다. 본질적으로, 당신은 자신의 기본 정서 상태를 통해 해석되는 암묵 기억 반응들을 경험하고 있다. 이것은 어머니와의 관계 맥락에서는 타당하지만, 아내와의 관계에서는 그렇지 않다. 당신이 분노의 표현이라고 해석한 아내의 표정은 실제로는 불안이나 두려움의 감정에서 기인했을지도 모른다. 어쩌면 그녀는 당신에게 화가 난 게 전혀 아닐 수도 있다. 그녀는 속이 상하고 거리감을 느끼는 것이 아니라, 돌봄과 관심에 굶주려 있고 더욱 친밀해지기를 원하고 있을지도 모른다. 심장박동 수는 증가하고 있는데 묵묵히 신발을 바라본다고 해서 그녀의 불안을 진정시키지는 못한다. 그것은 오히려 (그녀가 당신에게 부과하는 민달팽이 값과 함께) 그녀의 불안을 고조시킨다.

　이 경우, 당신의 기본 정서 반응들에 주의를 기울이고 그 반응들을 암묵 기억과 연결시키면, 관계에 자유가 들어설 여지가 생긴다. 아내의 얼굴 표정에 자동적으로 신발을 응시하는 반응을 보이는 대신에, 그녀에게 기분이 어떤지 물어볼 수도 있다. 일단, 당신 자신의 뇌 회로로부터 수신하는 신호보다는 그녀의 진정한 감정에 근거해 반응한다면, 훨씬 더 효과적으로 대응할 가능성이 있다. 그러나 이것은 쉽지 않은 일이며, 연습이 필요하다. 에린이 알게 된 것처럼, 이것을 위해 또 다른 마음의 현존이 필요할 때가 많다.

느껴진다는 느낌의 가치

에린은 우울증에 대해 도움을 얻기 위해 나를 찾아왔다. 건축가인 그녀는 남편과 하나님에게 헌신적이었다. 조용하고 천성적으로 수줍음을 타기는 했지만, 쉽게 호감이 가는 사람이었다. 외견상으로는, 그녀의 인생 이야기에서 어떤 비극적 요소도 명백히 확인할 수 없었다.
　어느 날 나는 그녀에게 어린 시절의 이야기를 해 달라고 청했다. 그녀가 이야기를 시작하자, 평소에는 상당히 무표정한 얼굴이 달라지면서 동시에 몸가짐의 분위기도 달라졌다. 그녀는 부모님의 격한 말다툼에 대해 그리고 부모님이 이혼하리라는 극심한 두려움에 관한 선명한 기억을 이야기했다. 그 다툼들의 세세한 내용은 흐릿했다. 비록 어머니나 아버지가 자기의 고통을 한 번이라도 알아준 기억이 전혀 없었음에도 그녀는 자신이 경험한 괴로움을 정확히 기억해 냈다. 그녀가 이 사건들에 대한 기억 속으로 한층 더 거슬러 올라감에 따라, 그녀의 목소리는 점점 조용해졌으며 느끼는 바를 말로 표현하지 못할 정도가 되었다. 그녀의 눈에 눈물이 고였다. 그녀는 이야기를 멈추고 눈길을 돌렸다. 그녀는 팔짱을 끼고 주먹을 꽉 쥐고 있었다.

앞선 회기들에서, 이따금씩 에린에게 무엇을 느끼고 있는지 물었을 때, 그녀는 자주 곰곰이 생각하고 나서야 속절없이 "잘 모르겠어요"라고 답했다. 그러면 나는 무엇을 느끼는지가 아니라, 그녀가 무엇이라도 느끼고 있는 **곳**을 물었다. 의아한 표정을 짓는 그녀에게, 나는 "당신이 뭐라도 느끼고 있다는 걸 몸의 어디에서 감지하나요?"라고 질문을 명확히 했다.

에린은 잠시 생각한 후에, 가슴이 꽉 죄는 것 같고 목이 죄어드는 것 같다고, 점점 더 발견해 가고 있다는 느낌으로 분명히 말했다. 나는 그녀가 그 밖의 어떤 곳에서든 뭐라도 느끼고 있음을 인지하는지가 궁금했다. 나는 그녀의 몸가짐과 얼굴 표정을 지적했다. 그녀의 눈물을 알아보았다. 그녀가 외견상 보이는 모습을 고려하면, 자신이 느끼고 있는 것을 느끼는 일이 틀림없이 쉽지 않으리라고 그녀에게 말했다. 부모님에 대해 너무나 걱정스러운데도 그 점에 관해 이야기할 사람이 없다는 건, 어린 소녀 시절뿐만 아니라 그 이야기를 내게 들려주었던 바로 그 순간에도 틀림없이 무척 무섭고 고통스러웠으리라고 특별히 덧붙여 언급했다.

그녀의 이야기와 그녀에게서 관찰한 바에 관한 소견을 말하면서, 나는 내 정서 상태의 변화들을 알아차렸다. 나 역시 가슴이 뻐근한 것을 느꼈다. 나도 눈물이 나왔다. 더욱이, 나는 그녀가 감지하는 바를 감지했을 뿐 아니라, **그녀가 느끼는 바를 내가 감지한다는 점을 그녀가 감지하고 있음을 감지했다.** 그녀는 댄 시겔이 **느껴진다는 느낌**(feeling felt)이라고 묘사하는 것을 경험하고 있었다. 나의 소견과 그녀가 느끼고 있는 바를 내가 느끼는 점에 대해 그녀는 몸가짐과 얼굴 표정에서 눈에 띄게 이완된 반응을 보여 주었다.

그다음에 나는 에린이 그 시점에 이르기까지 경험해 온 감정들을 어떻게 묘사할지 생각해 보라고 권했다. 그녀는 두렵고 슬프며 당황스럽다고 분명히 표현할 수 있었다. 이 단어들은 그녀가 이전에는 마음속에서 말로 그려 볼 수 없었던 범주적인 정서 상태들을 나타냈다. 적지 않은 해방감과 함께 그녀는 처음으로 정서의 이런 신체적 징후들에 대한 자각을 인정했다. 내가 그녀의 기본 정서를 알아봐 준 후에 어떻게 느끼는지(어떻게 "생각"하는지가 아니라) 물었을 때, 그녀는 편안하고 마음이 놓인다고 말했다.

에린이 더 큰 '통합'의 자리에 이르기 위해서는 우리 두 사람의 뇌가 협력해야 한다는 점에 주목하라. 두 마음으로부터, 그녀가 좀더 연결되고 일관된 느낌을 받고, 덜 혼자라 느끼며, 가장 중요한 점은 자신이 막 경험한 정서들을 느끼는 것을 덜 두려워하게 해 주는 하나의 과정이 출현한다.

내가 에린이 느끼는 바를 느꼈다는 것은 내 감정과 행위가 그녀 자신의 감정과 행동을 **조건으로 하는** 것이었음을 나타낸다. 즉, 그녀 자신의 감정과 행동에 영향을 받고 의존했다는 뜻이다. 이를 위해서는 내가 그녀에게 먼저 **조응**해야 했다. 이것은 정서의 또 다른 중요한 측면이다. 우리의 에너지 변동은 타인의 마음속 변동에 대단히 큰 영향을 받는다. 우리의 뇌는 심지어 우리가 주의를 기울이고 있지 않을 때도 서로를 찾고 서로에게 영향을 끼치는 경향이 있다. 우리의 우반구는 종종 우리가 알아차리지도 못하는 상태에서 타인의 뇌의 우반구에서 비롯되는 비언어적 자극들을 포착하고 그 자극들에 응하는 경향이 있다.

이 연결은 좋을 수도, 그리 좋지 않을 수도 있다. 마케팅과 광고 책임자들은 이것에 의지한다. 그들은 (언어적일 뿐만 아니라) 비언어적인 자극들이 어떻게 우리를 형성하고 있는가에 우리가 주의를 기울이지 **않는다**는 사실에 의지한다. 이것은 매디슨 애비뉴(Madison Avenue, 광고 회사들이 모여 있는 뉴욕시의 거리 이름으로 미국 광고업의 중심지―옮긴이)에 도움이 된다. 이것이 관계에 늘 그렇게 도움이 되는 건 아니다. 친구의 신체 언어(그리고 그것에 대한 나의 내적·외적인 반응들)에 주의를 기울이지 않으면, 어느새 자신이 상처가 될 수 있는 말과 행동을 하고 있음을 발견할 수도 있다.

뇌가 그렇게 상호 의존적이며 조건에 따라 일어나는 방식으로 응한다는 사실은 진정한 개인이란 없음을 우리에게 일깨워 준다. 의식하고 있든 그렇지 않든 간에, 우리 각자는 주위 타인들의 조건에 따른 정서적 경험에 영향을 받는다. 우리가 타인에게 영향을 주지 **않거나** 타인에게 영향을 받지 **않기란** 불가능하다. 우리의 뇌는 우리 내면에서 그리고 우리 사이에서 움직이는 정서에 우리가 조응하는 수준에 비례해 발달한다. 결국 우리 공동체도 그와 마찬가지로 발달한다.

하나님이 개인으로서의 우리를 구원하는 걸 가장 중요하게 여기는 건 아니라는 견해를 성경 전체에서 지적하는데, 그것이 전혀 놀라운 일이 아니다. 그분의 바람은 온 세상을 구원하는 것이며, 우리는 **정서로 뗄 수 없게 연결된 한 무리의 사람들로서** 그 과정에서 구원받고 있다. 우리 자신을 개인으로 생각하는 것은 서구에서 흔하지만, 이런 사고는 좀더 통합적인 방식보다는 마음의 좌반구적 방식에 훨씬 더 국한되어 있다. 사랑의 길로 살아가려면, 자신의 마음이 정서의 과정을 통해 타인과 연결되기를 갈망한다는 사실에 주의를 기울여야 한다. 뒤에 나오는 장들에서 보게 되겠지만, 고린도와 골로새의 교회들에 보내는 편지에서 바울은 이것을 말하는 것이나 다름없다. 이와 같이, 우리가 정서적인 조응 및 조건 의존성의 측면에서 뇌에 관해 배우고 있는 내용은 히브리인들과 예수님을 따르는 이들이 3천 년이 넘는 기간에 믿어 온 것을 가리킨다.

하나님처럼 느끼기

우리는 타인의 정서 상태에 관한 신호를 종종 놓치지만, 대개 하나님에 대한 우리의 정서적 응답과 우리에 대한 하나님의 응답에 훨씬 더 주의를 기울이지 않는다. 그리고 우리를 향한 그분의 감정을 실제로 감지할 때, 좋지 않을 때가 많다. 우리는 하나님이 우리에게 실망하신 게 아닐까 의심쩍어하면서도, 우리에 대해 좋은 감정을 갖고 계시다고 '믿는다'(좌뇌를 통해 인지적으로 동의한다).

그런데 수많은 성경 구절은 뭔가 상당히 다른 것을 보여 준다. 다음의 구절이 마치 멀리 떨어져 있는 적대적인 신이 하는 말처럼 들리는가?

> 그러나 주님께서는 너희에게 은혜를 베푸시려고 기다리시며,
> 너희를 불쌍히 여기시려고 일어나신다. (사 30:18)

하나님은 조작이나 강압에 관심이 있으신 것도 아니다. 그분은 적극적이고 직접적이며 조건에 따른 설득에 관심이 있으시다. 우리는 그것을 불타는 떨기나무의 현시 속에서 모세가 하나님의 사자와 조우하는 장면에서 본다. 출애굽기 3장 3절은 모세가 그 떨기나무를 곰곰이 생각해 보고 살펴보기로 결심했다고 전한다. 그다음에 일어나는 일이 중요하다. "모세가 그것을 보려고 오는 것을 보시고, 하나님이 떨기 가운데서 '모세야, 모세야!' 하고 그를 부르셨다"(4절). 하나님의 행위는 모세의 움직임에 대한 반응이었음을 주목하라. 이 이야기에서 하나님은 분명히 주도권을 잡으신 것처럼 보이지만, 모세를 압도하지는 않으셨다. 하나님의 개입은 모세의 정서/행동 상태, 혹은 마음/몸 상태를 조건으로 했다.

나중에 출애굽기 32장에서 하나님은 금송아지를 예배하기 시작한 히브리인들의 터무니없는 행동에 대한 반응으로 분노에 휩싸이신 것처럼 보인다. 하나님은 모세에게 "내가 하는 대로 두라"고 요구하신다. 그분은 모세가 이스라엘 백성을 대신하여 탄원한 이후에야 노여움을 "푸신다." 하나님이 모세가 한 논리적·합리적 주장 앞에서 뜻을 굽히신 거라고 추정하기 쉽다. 혹은 어쩌면 하나님은 단기 기억상실증에 걸리셨으며, 모세가 제시하는 사실들을 상기했을 때 마음을 바꾸신 것이라고.

하나님이 모세가 제시하는 사실들뿐만 아니라(혹은 심지어 주로 그 사실들 때문이 아니라) 모세의 탄원에 반응하신 것일 수 있을까? 모세가 특히 분노에 찬 하나님의 면전에서 무엇을 느꼈을지 깊이 생각해 보라. 모세의 계보로부터 새로운 민족을 만들겠노라는 하나님의 제안에 대한 모세의 두려움과 불안이 어떠했을지 상상하기 어렵지 않다. 모세의 비언어적 신호들, 이를테면 그의 얼굴 표정, 어조, 몸짓들을 마음 속에 그려 보라. 하나님이 모세의 정서에 반응해 행동하셨을 수도 있지 않을까? 만약 그렇다면, 어떤 의미에서는 하나님의 '우뇌'가 모세의 우뇌에 응답하고 있었던 것이다.

물론, 요점은 하나님이 우리에게 조응하시며 조건에 따라 느끼고 행동하신다는 사실이다. 우리는 우리의 정서 상태를 통해 하나님에게 영향을 미친다. 우리는 분명히 성경을 통해 기쁨, 상처, 놀람, 환희, 큰 슬픔, 분노, 거리감과 다수의 다른 감정을 느끼며 우리에게 반응하시는 하나님을 본다. 우리의 문제는 우주를 창조하신 분에게 우리가 그렇게 많은 영향을 미친다고 믿을 만큼 우리 자신을 진지하게 여기지 않을 때가 많다는 점이다.

히브리인들의 두 번째 왕인 다윗은 하나님과 함께 정서에 반응하는 삶을 살았고 자신도 조건에 따라 하나님에게 영향을 미친다고 믿은 한 사람의 예를 보여 준다. 다윗은 그저 신학적으로 입에 발린 말을 한 것이 아니었다. 다윗은 하나님과 심중에 나눈 관계 덕분에 왕으로 선택되었다고 알려졌다. 그는 단순히 하나님이 사람들에게 원하시는 행동들에 동의하고 그것들을 실행하도록 선택된 것이 아니었다. 사무엘상 16장은 하나님이 다윗의 키나 소양에만 관심이 있으셨던 게 아니라는 점을 알려 준다. 하나님은 다윗의 친아버지와 선지자이자 사사인 사무엘을 포함해 다른 이들은 볼 수 없었던 것, 다름 아닌 다윗의 심중의 상태에 관심이 있으셨다. 신경 과학의 관점에서 이 '심중'(heart)이라는 개념은 대체로 정서(단지 이것만은 아니지만)의 문제일 것이다.

하나님의 마음에 맞는 사람

다윗은 자신의 심중을 언뜻 들여다보게 해 주는 수많은 노래와 시를 지었다. 그 노래와 시들 중 많은 것들이 시편에 수록되어 있다. 그러나 전혀 유쾌하지 않은 상황에서 하나님의 심중과 접촉한 다윗의 또 다른 이야기에 주의를 기울여 보자. 그 일은 다윗의 용사 중 한 사람인 헷 사람 우리야의 아내 밧세바와의 간통 이후에 일어난다. 남편이 왕을 위해 용감하게 싸우느라 멀리 있는 동안 밧세바가 다윗의 아이를 임신한 사실을 알게 되자, 다윗은 우리야를 죽게 만든다(자세한 내용을 위해서는 삼하 11-12장을 보라).

권력의 남용과 간통, 거짓말, 살인 그리고 무엇보다 비겁함과 같은 다윗의 비열한 행위에 선지자 나단이 다윗과 대면한다. 흥미롭게도, 나단은 그 문제를 직접적으로 다루지 않는다. 그는 "이봐요, 아시다시피 당신은 적절하지 않은 여자와 관계를 맺었어요. 하나님은 그 사실을 다 아시며, 이제 당신은 그 대가를 치를 것입니다." 이런 식으로 말함으로써 다윗의 좌뇌 모드의 논리적·선형적인 사고에 호소하지 않는다. 그렇다고 "그러니까, 데이브, 동네에 외출 나와 목욕하는 여자들을 살펴봤어요?"라든가 "최근에 아내 아닌 사람과 성관계를 갖고 그 여자 남편은 죽게 했습니까?"와 같은 의미 없는 질문을 하지도 않는다. 그 대신에 나단은 예수님이 몇 세기 후에 하신 것처럼, 이야기를 하나 들려준다. 선지자는 가난한 사람의 하나뿐인 새끼 양을 빼앗는 부자의 이야기로 다윗의 뇌의 논리적·선형적인 마지노선을 측면에서 공격한다.

우리가 본 바와 같이, 스토리텔링의 힘은 이야기 자체의 경계를 넘어선다. 그것은 우리의 기억과 정서 구석구석으로 들어간다. 때로는 부드럽게, 때로는 폭발적으로 폭로하고 일깨우고 충격을 주고 환기시킨다. 이것이 다윗에게 일어나는 일로, 그의 **심중**이 폭로된다. 이야기가 예기치 않게 그의 우반구를 활성화할 때, 그는 허를 찔린다. 실제로 그는 무너진다. 나단은 다윗의 마음에 속속들이 사무치는 이야기를 전한다. 나단의 맞섬에 응답하는 그의 첫 번째 말은 그저 "내가 주님께 죄를 지었습니다"(삼하 12:13)였다.

다윗이 밧세바나 우리야를 언급하지 않았다는 사실을 주목하라. 그는 이 상황을 신문에 어떻게 그럴듯하게 제시할지, 혹은 정치적인 후유증을 어떻게 다룰지에 대해 이야기하지 않는다. 그는 자기가 **하나님**에게 무엇을 한 것인지에 관해 이야기한다. **하나님**의 마음을 상하게 했노라고. **하나님**을 슬프게 했노라고. **하나님**을 저버렸노라고. 그는 자신이 하나님을 가장 친밀하고 원초적으로 경험하는 영역, 바로 자신의 정서에 타격을 입었다. 그는 자기 행위들의 여파로 하나님이 느끼신다고 자신의 심중이 느끼는 바를 말로 표현한다. 그리고 비록 밧세바에 대한 그의 행동은 용서할 수 없는 것일지라도, 나단에 대한 그의 응답은 하나님이 처음부터 아셨던 그의 존재, 다시 말해 "[하나님의] 마음에 맞는"(삼상 13:14) 사람과 전적으로 일치한다.

다윗의 심중, 즉 그의 정서는 죄책감과 수치심 속에서도 하나님의 심중, 즉 하나님의 정서와 완전히 맞물려 돌아가는 것처럼 보인다. 이에 대한 나단의 응답은 의미심장하다. "주님께서 임금님의 죄를 용서해 주실 것입니다. 그러므로 임금님은 죽지는 않으실 것입니다"(삼하 12:13). 선지자가 하는 말은 사실상 다음과 같다. "하나님은 당신을 이해하세요. 그리고 당신이 하나님을 이해한다는 것을 이해하시지요. 당신은 하나님에게서 분리되지 않을 것입니다. 당신은 이 일로 목숨을 잃지 않을 것입니다."

다윗이 하나님과 가장 원초적이고 근본적으로 연결된 경로는 정서였다. 다윗은 논리적 주장에 대한 반응으로 뉘우친 것이 아니다. 뉘우치려는 욕망은 다른 무엇보다도 그저 욕망일 뿐이다. 그리고 우반구와 아래쪽 및 깊은 쪽 뇌 조직의 후미진 곳에서 시작되는 욕망은 오랫동안 떨어져 지내 온 존재와 재회하기 원하는 아주 오래된 갈망에 공명한다.

이 교류에 대한 나의 소견에는 상당한 추측이 들어 있음을 인정한다. 그렇지만 시편 51편에 나오는 다윗의 참회의 기도 시는 다윗과 하나님의 정서적인 연결을 나타낸다.

> 하나님, 주님의 한결같은 사랑으로
> 내게 자비를 베풀어 주십시오.
> 주님의 크신 긍휼을 베푸시어
> 내 반역죄를 없애 주십시오.…
> 나의 반역을 내가 잘 알고 있으며,
> 내가 지은 죄가 언제나 나를 고발합니다.
> 주님께만, 오직 주님께만, 나는 죄를 지었습니다.
> 주님의 눈앞에서, 내가 악한 짓을 저질렀으니,
> 주님의 판결은 옳으시며
> 주님의 심판은 정당합니다.…
> 우슬초로 나를 정결케 해 주십시오.
> 내가 깨끗하게 될 것입니다.
> 나를 씻어 주십시오.

> 내가 눈보다 더 희게 될 것입니다.…
> 아, 하나님, 내 속에 깨끗한 마음을 창조하여 주시고
> 내 속을 견고한 심령으로 새롭게 하여 주십시오.
> 주님 앞에서 나를 쫓아내지 마시며,
> 주님의 성령을 나에게서 거두어 가지 말아 주십시오.
> 주님께서 베푸시는 구원의 기쁨을 내게 회복시켜 주시고,
> 내가 지탱할 수 있도록 내게 자발적인 마음을 주십시오.…
> 주님은 제물을 반기지 않으시며,
> 내가 번제를 드리더라도 기뻐하지 않으십니다.
> 하나님께서 원하시는 제물은 찢겨진 심령입니다.
> 오, 하나님, 주님은 찢겨지고 짓밟힌 마음을
> 멸시하지 않으십니다. (1, 3-4, 7, 10-12, 16-17절)

다윗은 하나님에게 산문으로 된 편지를 쓰지 않는다. 그는 간통 및 고백과 사죄의 적절한 자리에 대한 신학 논문을 받아쓰게 하지 않는다. 사전에 만들어진 어떤 기도를 기계적으로 올리지도 않는다. 대신에 시를 쓴다. 그는 최고조에 이른 자신의 정서에 직면하며, 이 시편에서 자기 뇌의 우반구와 좌반구의 통합을 이루어 낸다. 이것이 시가 하는 일이다.

이 시편을 읽으면서 우리는 다윗이 가진 고뇌의 무게가 우리를 엄습하는 것을 감지할 수 있다. 모든 행에서 우리는 언어로 상징화되는 정서의 바다에 잠긴다. 정서는 생각을 발견하고, 생각은 말을 발견한다. 시편 51편은 나단에게 "내가 주님께 죄를 지었습니다"라고 한 다윗의 말이 정말로 무엇을 의미하는지 설명해 준다.

나는 정경을 체계화한 이들이 성경의 중심에 시편을 놓을 때 자기들이 무엇을 하고 있는지 알았다고 제안한다. 신경 과학의 관점에서 이 책은 완벽한 상징적 위치에 있으면서, 우리가 언어(좌반구)와 정서 상태(우반구)를 시의 아름다움으로 결합할 때 일어나는 마음의 완전한 통합을 시사한다.

자신의 감정 돌보기

다윗이 부하들과 전장에 나가기보다 왕궁 옥상에서 밧세바가 목욕하는 장면을 바라보고 있을 당시 그의 정서적인 삶을 확실하게 묘사할 수는 없다. 그렇지만 분명히 그는 자신의 정서적 삶에 주의를 기울이지 않았다. 다윗의 가정생활에 관해 성경의 기록은 다윗과 그가 밀어낸 왕의 딸이며 그의 아내인 미갈이 관련된 이전의 사건을 보여 준다. 예배 행사에 참석한 다윗이 여호와 앞에서 춤을 추는 모습을 보고, 미갈은 당황한다. 다윗이 집에 오자 미갈은 그에게 창피를 주고, 다윗은 매섭게 자신을 방어한다. 가정에서의 상황이 한동안 좋지 않았던 것 같다. 여러 해 뒤에 가정적·사회적·정치적으로 장기적인 부작용을 낳는 방식으로 그의 정서 상태를 행동화하는 다윗의 모습이 그다지 놀랍지 않다.

다윗의 경험이 분명히 보여 주듯, 우리가 정서와 관련해 하는 일은 직계가족이든 교회든 동네든 학교든, 우리가 몸담고 살아가는 공동체의 성격을 결정한다. 당신이 죄를 범하고 범죄의 대상이 되었다는 사실을 발견하게 해 주는 것이 바로 정서다. 당신을 움직여 고백과 회개에 이르게 하는 건 바로 정서다. 배우자나 친구가 변화를 향한 초대에 마음을 여는 것은 근본적으로 정서에 대한 응답으로서만 가능하다. 정서는 하나님이 당신의 주의를 끌기 위해, 또 그분이 그토록 갈망하는 완전한 성숙에 이르는 가정을 창조하기 위해 사용하시는 피조물의 일부다. 정서는 분명히 하나님이 사용하시는 유일한 도구는 아니다. 그러나 뇌의 관점에서 보면, 하나님은 정서에서부터 시작하시는 듯하다.

자신의 정서에, 타인의 정서에, 하나님의 정서에 어느 정도까지 조응되어 있는가? 자신이 그 정서들에 응답하는 방식에 얼마나 많은 주의를 기울이는가? 예를 들어, 자녀의 정서에 조응하는가, 그렇지 않으면 자녀의 행동에 반응하면서 오로지 당신 자신의 정서에 응하여 행동하는가? 아들이 학교에서 힘든 날을 보낸 후에 버릇없이 말할 때, 곧바로 그에게 무례한 짓을 한 벌로 외출 금지령을 내리는가? 아니면 아들의 건방진 태도를 바로잡을 뿐만 아니라, 아들이 학교에서 겪은 힘든 일에 관해서 어떻게 느끼고 있는지 이야기하도록 권하는가?

어떤 대인 관계의 상호작용이든 같은 질문이 제기될 수 있다. 기본적이고 범주적인 정서 상태에 주의를 기울일수록, 삶의 대부분은 다른 마음(배우자, 상사, 목사)이나 자신의 마음에서 우러나오는 정서 상태의 변화들에 응답하는 것과 관련이 있음을 더욱더 잘 알게 된다. 요컨대, 삶은 근본적으로 정서에 관한 것이다. 당신이 정서에 조응하지 않더라도 결국은 어떻게든 정서에 응답하게 된다. 하지만 그 응답은 당신을 영광보다는 수치로 더 가까이 데려가는 생각, 감정, 행동의 형태로 일어난다.

더욱이, 당신이 정서 상태에 주의를 기울이고 정서에 관해 적극적으로 숙고하며 믿음직한 친구, 영적인 조언자, 혹은 심리 치료사와 이야기할수록, 당신은 뇌의 신경 회로를 점점 더 말 그대로 통합하게 된다. 그뿐 아니라, 자신의 정서 상태에 더 많은 주의를 기울일 때, 다른 사람들의 마음 상태를 더 잘 알게 된다. 이로 인해 결국 그들의 마음의 통합 또한 도울 수 있다.

기본 정서를 조절하는 법을 배울 수 있으며(연습하면, 불안을 느낄 때 얼굴 근육을 이완할 수 있다), 그것이 당신을 조절한다(당신의 어깨 위에 누군가의 손이 닿는 부드러운 감촉은 몸 전체에 폭포수처럼 두루 흘러내리는 따스함과 휴식을 만들어 낸다)는 점을 앞에서 언급했다.

문제는 에린처럼 당신은 그 기본 정서를 사실상 인식하지 못할 수도 있다는 점이다. 그렇지만 기본 정서가 **하나님에 대한 경험 그리고 하나님과 함께하는 경험을 포함해** 자기 삶의 경험들을 이해하는 가장 중요한 수단 중 하나라면, 당신이 그 정서적 패턴들에 주의를 기울이지 않을 경우, 기본 정서는 바로 그 관계에 대해 무엇을 말해 주는가?

두 번째 문제는, 당신은 자기 삶에 적극적으로 영향을 끼치는 저 범주 정서들을 말로 표현하는 연습을 별로 하지 않을지도 모른다는 것이다. 당신은 (자기 생각뿐만 아니라) 자기 감정에 관한 대화도 좀처럼 하는 일이 없는 가정에서 자랐을지도 모른다. 앞에서 살펴본 것처럼, 기쁨, 분노, 수치심과 같은 범주 정서들을 돌보지 않으면, 하나님과 당신의 관계는 제한적일 수밖에 없다. 자신의 감정을 하나님과 공유할 수 없을 뿐만 아니라, 그분의 감정과 연결이 사실상 끊어진다.

세 번째 문제는, 타인의 감정 상태를 식별하는 걸 어려워할 수도 있다는 점이다. 타인의 감정을 식별하려고 할 때 잘못 해석하는 경우가 잦을 수 있다. 그래서 나는 환자들에게 내가 무엇을 느끼고 있다고 느끼는지 종종 묻는다. 그 질문이 처음에는 다소 곤혹스러울 수 있다. 처음에는 내가 무엇을 생각하고 있다고 생각하는지 나에게 말할 수도 있다. 좀더 파고들면, 내가 무엇을 느끼고 있다고 생각하는지 의견을 말할지도 모른다. 그런데 내가 무엇을 느끼고 있는지 느낀다고? 어떻게 그렇게 할 수 있을까? 실제로 다른 사람의 감정을 어떻게 느끼는 것일까?

나는 보통, 내게서 목격하는 것에 대한 그들의 기본 감각 경험을 꼭 집어 가리킨다. 내가 사용하고 있는 단어들뿐만 아니라, 나의 비언어적 신호들을 잘 생각해 보도록 청한다. 내 몸가짐, 얼굴 표정, 내가 얼마나 느긋해 보이는지 그리고 내 어조에 대해 무엇을 알아차리는가? 이 신호들에 근거해 내가 무엇을 느끼고 있다고 그들은 느끼는가?

또한 내 비언어적 신호들에 의식적인 주의를 기울이면서 그들이 느끼는 바를 묘사해 보도록 청한다. 다시 말해 그들은, 내가 느끼고 있는 것에 대해 그들이 느끼고 있는 반응에 주의를 기울이는 법을 배워야 한다. 그리고 내가 느끼고 있거나 느끼고 있지 않은 것을 그들이 잘못 해석할 경우에 나는 보통 명확하게 이야기해 준다. 내가 느끼는 것과 내 감정에 대한 그들의 해석 사이에 어떤 차이가 있는지 우리가 탐색할 수 있도록 말이다.

그런데 "하나님의 현존 안에 있을 때 당신은 그분이 무엇을 느끼신다고 느끼는가?"라는 질문에 대해 우리는 어떻게 답할까? 또다시, 사람들은 재빨리 상투적인 대답을 내놓는다. 그들은 흔히 자기가 하나님이 생각하신다고 믿는 것을 말한다. 그것은 어떤 분석의 형태로 나타난다. 정서의 언어를 사용할 수도 있지만, 그들의 진술 취지는 자신에 대한 하나님의 평가, 말하자면 그분의 '좌뇌' 기능의 중요성을 내비치는 것이다.

"하나님은 제가 기도를 더 해야 한다고 생각하십니다."

"그분은 저를 마음에 들어 하지 않으세요."

"그분은 저의 선택들에 대해 슬퍼하시죠."

"제가 하나님을 기쁘게 할 만큼 열심히 하지 않아서 그분은 저에게 실망하셨어요."

"인생이 상당히 힘들었지만, 불평하면 안 돼요. 제가 정말 은혜를 모르고 그건 좋을 리가 없기 때문에, 하나님이 저에게 화가 나신 것 같아요."

하나님이 '우반구'를 가지고 계심을 고려하는 것, 즉 그분의 정서 상태에 주의를 기울이는 것은 때로 쉽지 않다. 우리가 자신의 정서 상태에 얼마나 좀처럼 주의를 기울이지 않는가를 고려하면, 놀랍지도 않다. 그렇지만 이전 장들에서 발견한 바와 같이, 성경을 읽고 우리 자신의 서사에 주의를 기울이며 그 서사를 쓰고 들려주는 것은 우리의 마음을 통합하는 생명력 있는 수단이다. 그것은 우리가 자신의 감정과 하나님의 감정에 모두 주의를 기울이도록 도와줄 것이다.

하나님과 정서적으로 연결되는 것이 왜 그렇게 어렵게 여겨질까? 간단히 말해서, 하나님에 대한 우리의 정서적인 응답은 종종 우리 자신의 이야기와 암묵 기억 활동 때문에 흐려진다. 잘 암호화된 수치심이나 죄책감의 상태에 상응하는 신경 경로들은 기쁨과 환희의 새 경로들이 작동할 여지를 거의 남겨 놓지 않는다. 이 때문에 우리의 암묵 기억과 기본 정서 상태가 하나님이라고 인식하는 모습이 아니라 하나님의 **실제** 모습을 일깨워 주는 다른 사람들의 경험에 주의를 기울일 필요가 있다. 그러나 이 점을 기억해야 한다. 하나님은 우리의 어떤 부분도 왜곡되거나 모순되게 내버려 두기를 원치 않으신다. 그분은 치유가 필요한 모든 것을 드러내기 위해 온갖 수를 다 쓰신다. 특히 우리 마음의 지형의 더 큰 부분에 편입되지 않는 정서에 상응하는 저 촘촘히 배선된 아주 오래된 암묵적인 신경망들을 드러내는 일에 그분은 언제나 관심을 가지신다.

때때로 우리는 하나님과의 관계를 형성하는 데 정서가 얼마나 중요한지 이해하지 못한다. 우리 중 어떤 이들은 하나님과 함께하는 삶을 드러내는 많은 방식이, 신학적으로 '옳음'에 크게 의존하는 신앙 체계에 집중해 왔다. 사물이 논리적이고 선형적이며 사실에 입각한 의미에서 참인 줄을 알면, 단지 우리가 어떻게 행동해야 하는지의 측면뿐만 아니라 우리 자녀든 친구든 적이든 타인들이 어떻게 행동해야 '마땅한지'의 측면에서도 확신을 갖고 살아갈 수 있다고 믿는다. 유감스럽게도, 대체로 뇌의 좌반구 활동에 추동되는 이러한 사고방식은 이 논리적인 지침을 따르지 않는 (종종 삶의 대부분처럼 느껴지는) 삶의 부분들을 설명할 수 없거나 우리가 그 부분들과 더불어 살게 해 주지 않는다.

그렇다고 해서, 논리적 사고라는 좌반구의 필수불가결한 기능이 중요하지 않다는 게 아니다. 사실 그 기능은 정서의 경험 못지않게 중요하다. 그러나 우리는 하나님과 소통하는 방식 및 하나님에 대해 타인과 소통하는 방식에서 불균형한 접근법을 취하도록 부추기는 세계에서 살고 있다. 정서는 대개 의사 결정에서 명예직이면서 중요성은 떨어지는 지위를 부여받는다. 물론, 하나님과 우리의 관계는 정서에 관한 것만은 아니다. 전혀 그렇지 않다. 하지만 정서에서 그 관계가 시작된다. 그리고 만약 우리가 이야기의 시작에 주의를 기울이지 않는다면, 그 이야기를 충분히 이해하기 어렵다.

하나님의 기쁨 느끼기

하나님의 정서를 깊이 생각하는 일이 낯설게 느껴진다면, 하나님이 느끼시는 감정에 다가가도록 도와주는 훈련을 하는 것도 좋은 방법이다. 먼저, 이 구절과 마주할 때 어떤 느낌이 드는지 잘 생각해 보라.

주 너의 하나님이 너와 함께 계신다. 구원을 베푸실 전능하신 하나님이시다. 너를 보고서 기뻐하고 반기시고, 너를 사랑으로 새롭게 해 주시고 너를 보고서 노래하며 기뻐하실 것이다. (습 3:17)

집중을 방해하는 것이 없는 조용하고 편안한 장소를 택해 잠시 시간을 내라. **하나님이 당신과 함께 계시는 것을 매우 기뻐하고, 당신의 마음을 진정시키며, 당신의 존재를 기뻐하시는 중에** 당신이 하나님의 현존 안에 있음을 최선을 다해 그저 상상해 보라. 하나님이 당신에 대해 노래하시는 장면을 상상해 보라. 이 문장을 쓸 때까지, 나는 하나님이 노래하시는 것에 대해 실제로 한 번도 생각해 본 적이 없었다. 그분은 바리톤일까, 테너일까, 소프라노일까, 알토일까, 아니면 형언할 수 없이 아름다운 발성의 어떤 혼합된 조합일 수도 있을까? 요점은 그분이 당신을 매우 기뻐하시기 때문에 당신을 기려 오페라를 공연하신다는 사실이다.

아직 이해가 되지 않는가? U2(아일랜드 출신의 세계적인 록 밴드-옮긴이)가 당신만을 위해 콘서트를 연다고 생각해 보라. 당신을 기리기 위해서 말이다. 그런데 이제 그게 보노(Bono, U2의 리드 보컬-옮긴이) 대신 하나님이라고 상상해 보라. 너무 멋지지 않은가. 우리는 종종 우리가 하나님의 현존 안에 있을 때 어떻게 느끼는 게 **마땅한지**를 숙고한다. 그런데 그분이 **당신의** 현존 안에서 어떻게 느끼시는가를 상상해 본 적이 있는가? 예수님이 환희와 기쁨과 평안을 느끼시는 것을 느끼는가? 그렇지 않다면, 그분이 대신 무엇을 느끼신다고 느끼는가? 당신은 그분이 어떻게 생겼다고 상상하는가? 그분의 목소리는 어떠한가? 그분은 무슨 말씀을 하시는가? 그분의 어조는 어떠한가? 그다음에, 하나님의 이 주도적인 움직임들에 응답하면서 자신이 무엇을 느낀다고 느끼는가?

이 훈련은 5분에서 10분이 걸릴 수 있다. 6주 동안 매일, 하루에 한 번이나 두 번 행하라. 자신이 전반적으로 무엇을 느끼는지(당신 안에서 어떤 정서가 일어나는지), 특별히 생각이 하나님에게로 향할 때 무엇을 느끼는지, 계속 지켜보며 확인하라. 전반적인 고통과 불안의 수준뿐만 아니라 전반적인 몸 상태가 그 기간에 걸쳐 어떻게 달라지는지 주의해서 살펴보라.

정서의 목록을 규칙적으로 기록하는 것도 자신이 무엇을 느끼는가를 발견하는 데 실질적인 도움이 될 수 있다. 그것은 간단한 일이며 이삼 분 만에 끝낼 수 있다. 최소한 6주 동안 매일, 하루에 최소한 서너 번, 몇 분 동안 멈추어 지난 서너 시간 동안 무엇을 느껴 왔는지 잘 생각해 보라. 이를 색인 카드에 적고 기록을 보존하라. 한 주에 한두 번 자신이 적은 것을 다시 살펴보라. 자신의 동향과 그것이 그 주의 사건들과 어떤 관련이 있는지에 주의를 기울이기 시작하라.

대안으로 시편 26편 2-3절 같은 성경 구절을 기도하는 마음으로 묵상할 수도 있다.

> 주님, 나를 샅샅이 살펴보시고,
> 시험하여 보십시오. 나의 속 깊은 곳과 마음을 달구어 보십시오.
> 나는 주님의 한결같은 사랑을 늘 바라보면서
> 주님의 진리를 따라서 살았습니다.

여기서 시인은 자신을 향한 하나님의 사랑에 주의를 기울이고 그 사랑을 느끼는 가운데, 하나님이 자신에게 자기 심중의 내용을 드러내 보여 주시기를 청한다. 그는 자신의 마음속에 무엇이 있는지 알기 원하며, **또 다른 마음이 그를 거들어 주기를 청하고 있다.** 그는 자기가 그곳에서 발견할 것과 접촉하기를 두려워하지 않는다. 특히 그가 먼저 사랑에 둘러싸여 있을 때는 더욱더 그렇다. 당신도 두려워해서는 안 된다.

7장

애착 : 삶의 연결

인생에서 가장 갈망하는 것은 무엇인가?

초콜릿? 페라리 F430? 피지에서의 휴가? 섹스?

실제로 우리 각자가 더, 호흡하는 공기보다 훨씬 더 원하는 것이 있다.

바로 연결(connection)이다.

즉각적인 물리적 생존에 가장 필요한 것은 아니라 할지라도, 창조주는 우리의 장기적인 복지에 연결이 가장 필수적인 것이 되도록 우리를 지으셨다. 실은, 우리 인간이 취하는 모든 행위는 다른 인간과 연결되려는 더 절실한 시도의 일환이다. 심지어 그것이 우리를 겁에 질리게 할 때도 말이다. 심지어 마음 한켠 언어 이전의 알 수 없는 자리에서 우리가 배신당하지 않을까 하는 의심이 들 때마저도. 심지어 연결을 회피하거나 가장 통제된 형태의 연결 이외의 모든 연결로부터 우리 자신을 세심하게 보호하는 능수능란한 솜씨를 완성하느라 여러 해를 보냈을 때마저도. 우리는 이따금씩 일어나는 연결을 혐오하면서도 자신이 그것에 끌리는 것을, 특히 특정한 사람들과 관련해서 그렇게 되는 것을 발견한다.

이 연결의 개념을 반영하는 또 하나의 용어는 **애착**이다. 우리는 마음의 특정 기능들에 계속 중점을 두면서 애착 연구로 주의를 돌린다. 다시 한번, 하나님이 우리를 그분 자신에게로 향하게 하기 위해, 또 깊이 있고 자비롭고 정의로운 삶으로 향하게 하시기 위해 피조물의 중요한 한 기능인 애착을 어떻게 사용하시는지 살펴볼 것이다. 애착 이론은 개별적 뇌란 없으며, 심지어 개별적 신경세포도 없다는 가정을 뒷받침한다. 사실, 연구자들은 우리가 애착하는 방식이 애착 과정 자체의 매개체인 신경망들을 형성한다는 점을 발견했다. 그 신경망들은 이제 동일한 대인 관계 역동을 강화하며, 그 역동은 우리가 부모에게 애착했던 것과 아주 흡사한 방식으로 타인에게 애착하게 한다.

연결은 갓난아기의 첫 숨과 함께 시작된다. 아기는 추위, 배고픔, 통증, 혹은 피로든지 자신이 느끼는 고통의 흐름을 뒤집어 주리라고 여겨지는 우주에 대고 울부짖는다. 위로와 힘으로 자신에게 응답해 주기를 바라면서 말이다. 귀청을 찢을 듯한 이 울음소리에 조응하는 부모는 그 불편함을 만지고 달래며 찾고 진정시키려 움직인다. 심지어 새벽 세 시에도.

다른 때, 아이는 그저 주목받고 인정받는 것을 즐긴다. 가령, 강보에 싸인 이 소중한 존재가 조용히 누워 가만히 응시하며 눈을 깜박이면서 머리털이 수북한 작은 머리만 움직인다고 해 보자. 갑자기 아기가 자신도 순간적으로 깜짝 놀랄 정도로 사지를 움직인다. 아기는 당신이 자기를 주목하는 것에 주목한다. 아기의 입술, 턱, 입 근육의 어렴풋한 감실거림은 이가 없는 미소의 원형을 만들어 낸다. 당신이 이가 좀더 많이 드러나는 미소를 지으며 호의를 되돌려 주면, 아기는 신이 나서(신이 나는 것과 같은 추상적인 개념은 아기의 작은 뇌가 아직은 뚜렷이 인식하지 못할 수도 있지만) 몸 전체를 뒤틀며 꽥 소리를 지른다.

유아와 성인 사이의 연결은 우선 유아의 신체 중심성(physicality, 몸과 몸의 욕구 충족에 몰두하는 성질—옮긴이)을 통해 전달되고 해석된다. 하지만 그것은 딛고 설 탄탄한 관계적 기반을 추구하는 아이와, 이상적으로는 아이의 욕구에 (때로는 그 욕구가 표현되기도 전에) 의식적으로 주의를 기울이며 아이를 돌보는 부모 사이에 계속 오가는 춤의 시작일 뿐이다. 그 과정에서 부모는 또한 세상을 항해하는 데 필요한 기반을 아이에게 제공한다.

각각의 아기가 산도를 통과해 물리적 우주에 진입하는 것과 마찬가지로, 우리는 애착이라는 입구를 통과해 관계의 세계에 진입한다. 그 통로는 아이와 부모의 협력을 통해 독특한 형태로 만들어진다. 그것은 참여자들의 마음/뇌/몸 모체를 통해 표현되고 받아들여지며 해석되는, 수백까지는 아니라도 수십 가지의 일상적 경험의 결과다.

물론, 아기의 좌반구의 언어적·논리적 반영 영역이 상대적으로 충분히 발달하지 않은 상태이므로, 아기는 이 과정에 대해 의식적으로 생각할 수 없다. 아기는 다음과 같이 내적 독백을 할 수 없다. '이봐, 이 관계는 지난 보름가량 꽤 잘 진행되어 왔어. 나는 든든하고 안전한 느낌이고, 룸서비스는 훌륭해. 그들의 아들이라는 사실이 정말 자랑스러워.'

그러나 아기 우뇌의 신경세포들은 깊은 쪽의 피질 하부 조직들과 더불어 벌집 모양의 연결망 안에서 아주 많은 벌처럼 연결하고 가지치기하면서 그야말로 서로를 타고 어수선하게 뻗어 나가고 있다. 이 신경세포들은 엄청나게 들어오는 비언어적 신호들을 흡수한다. 그 신호들은 아이를 돌보는 이들의 몸뿐만 아니라 아이 자신의 몸 안에서 나오고 있다. 다시 말해, 아기는 웃음의 경박함과 성마름의 긴장감을 동등하게 감지할 수 있다. 아기의 몸은 엄마의 젖가슴에서 나오는 젖뿐만 아니라 엄마의 불안까지 동시에 빨아들인다. 아기는 아빠의 신체적 접촉이 주는 상대적 부드러움이나 거침을 구별하고, 혹은 그 접촉의 전적인 현존이나 부재를 구별한다. 아기는 자신의 고통뿐만 아니라 즐거움에 대한 부모의 응답의 적절한 시기 선택 및 강도에 주목한다. 아기의 뇌는 관계를 형성하는 각각의 주요 인물의 존재가 생성하는 전반적인 수준의 안전, 평온, 혹은 혼돈을 등록하기 시작한다. 본질적으로, 아기의 뇌는 아기의 경험들에 맞춰 배선되기 시작한다. 사실, 부모와의 관계는 평생 영향을 미치게 될 방식으로 신경망을 형성한다.

이 애착 과정의 많은 부분이 아래쪽 뇌 조직과 우반구를 통해 매개된다. 이 체계들은 아이들이(그리고 결국에는 청소년들과 성인들이) 자신을 조절하는 방식을 책임지는데, 그들이 하고 있는 바로 그 상호작용에 의해 윤곽이 그려진다. 그러므로 우리는 하나님이 "내 장기를 창조하시고, 내 모태에서 나를 짜 맞추셨습니다"(시 139:13)라고 고백하면서도, 하나님이 창조 과정을 완성하기 위해 우리와 협력하는 데 매우 관심이 있으시다는 사실을 또한 깨닫는다. 그렇다. 그분은 각각의 아기를 자궁에서 만드시지만, 그런 후에는 부모에게 그들 자녀의 신경학적 배선을 형성할 개별적인 자유와 책임을 부여하신다.

과학적 연구의 정식 영역으로서 애착은 상대적으로 새로운 것이다. 하지만 성경의 창조 서사가 명확히 하듯 이 개념은 새로운 게 아니다. 창조의 새벽에 연결됨은 호흡처럼 자연스럽고 필요한 것이었으며, 하나님이 자신의 존재 상태를 반영하는 수단이었다. 즉, 공동체, 통합, 연결을 반영했다. 창세기 2장 18절에는 생명을 불어넣은 그 진흙 속에 두 손을 파묻고 계시던 하나님이 사람의 미완성 상태를 감지하시며, "남자가 혼자 있는 것이 좋지 않으니, 그를 돕는 사람, 곧 그에게 알맞은 짝을 만들어 주겠다"고 선언하시는 장면이 드러난다.

그런데 연결에 대해 이토록 아름답게 묘사한 뒤 얼마 지나지 않아, 하나님의 명을 어김으로써 그분과의 연결을 끊으려는 첫 남자와 첫 여자의 선택이 나온다. 그 이야기는 창세기 3장에 상세히 설명되었다. 그들의 선택이 초래한 끔찍한 결과는 인간이 얼마나 절박하게 서로를 필요로 하는지, 그렇지만 애정 어리고 활력이 넘치며 대담한 친밀감을 유지하는 게 얼마나 어려운지를 분명히 보여 준다. 그렇다면 성경의 이야기가 궁극적으로, **우리와 함께하시는** 하나님, 임마누엘의 이야기인 점은 놀랍지 않다. 하나님은 우리의 저항과 공포 안에서도 현존하시며 연결되어 계신다. 예수님은 우리가 만들어 낸 수치심과 고적감의 수렁 가운데서 우리를 사랑하신다.

성경이 보여 주는 것처럼, 애착은 우리 존재의 가장 원시적인 형질 안으로 반죽되어 들어갔다. 절망과 어둠의 순간들에도, 우리의 행동이 역겹고 상처를 주는 때에도, 우리는 경로를 되찾고 에덴에서 잃어버린 애착에 대한 피할 수 없는 갈망에 따라 행동하려고 필사적으로 노력하고 있다. 단독으로 기능하는 신경세포나 단독으로 기능하는 뇌의 개념은 자연에는 절대로 존재하지 않는다. 그 점에 관해 신경 과학의 견해는 명확하다. 다른 신경세포들로부터 입력이 없으면, 단일 신경세포는 사멸할 것이다. 마찬가지로 다른 마음들로부터 입력이 없으면, 단일한 마음은 불안해지고, 그러고는 우울해지고, 그러고는 희망을 잃고, 그러고는 의도적인 수단(자살)이나 좀더 수동적인 형태로 형편없이 자기를 방치하다 죽음에 이른다. 남자나 여자는, 혹은 신경세포나 뇌는 혼자인 것이 좋지 않다.

애착 과정이라는 용어는 특별히 아이와 주요 양육자 사이에 대인관계적으로 발생하는 사건을 나타내는데, 그 안에서 미성숙한 유아의 뇌는 스스로 체계화하는 작업에 성인 뇌의 도움을 받는다. 엄밀히 말하면, 이것은 아이가 부모와 연결되려는 방식을 묘사한다. 그 반대가 아니라 말이다. 이것은 부모가 이 과정에서 아무 역할도 하지 않는다는 뜻이 아니다. 오히려 정반대다. 사실, 앞으로 보게 되겠지만, 아이의 기질에 대한 부모의 대응은 아이의 애착 패턴을 형성한다. 출생의 순간부터 유아의 뇌는 연결을 추구한다. 유아의 뇌는 나타나는 삶의 감각에 일관성을 가져오는 데 도움이 될 무언가를(누군가를) 찾으며 주변 환경을 살피는 소형 레이더 시스템과 같다.

각각의 아이는 부모가 반응하는 대상인 유전적으로 미리 결정된 일정한 기질을 가지고 세상에 태어난다. 이 부모의 반응은 이제 아이가 각 부모에 대해 발달시키는 경향이 있는 특정 애착 패턴을 끌어낸다. 이것은 같은 부모를 둔 두 명의 동기라도 왜 진정으로 같은 가정에서 자라나는 일이 좀처럼 일어나지 않는가를 설명해 준다. 어떤 두 아이도 정확히 동일한 기질을 갖고 있지 않으므로 각 아이는 부모로부터 서로 다른 정서적 반응을 끌어내기 때문이다.

유아들은 각각의 개인에 대해 특정 애착을 발달시키는 경향이 있다. 이것은 아이가 엄마와 일정한 방식의 애착을 발달시키지만, 아빠와는 어쩌면 상이한 방식을 발달시킬 수도 있음을 의미한다. 그러므로 애착 패턴은 관계마다 다르다. 성인이 된 당신은 엄마처럼 행동하는 사람들과는 엄마와 관계 맺던 것과 동일한 방식으로 관계를 맺으며, 아빠의 행동과 같은 행동을 나타내는 사람들과는 또 다른 방식으로 관계를 맺는 경향을 보일 수 있다.

애착은 뇌, 특히 우반구가 여러 겹의 신경망들과 발달에 중요한 정서 및 기억의 경험들을 통해 세상과 접촉해 온 결과로, 이르면 생후 7개월에 형성될 수 있다. 뇌는 유아가 부모와 갖는 상호작용들에 응하여 배선될 수 있다. 이 현실들을 고려하면, 오로지 몇몇 사람들만 애착 대상으로 삼긴 하지만, 거의 모든 유아들이 애착을 보이는 게 놀랍지 않다. 그들은 방 안으로 걸어 들어오는 누구하고도 무차별적으로 관계를 형성하지 않으며, 친밀한 정서적·사회적 근접성을 지닌 이들과 애착 관계를 형성하는 편이다.

그렇다면, 애착의 발달 과정에서 유전적인 요인들은 얼마나 많은 영향력을 행사할까? 어떤 연구는 유전적 요인들이 하는 역할이 거의 없음을 보여 준다. 그보다는, 아이와 부모(그리고 아이가 나이를 먹어 청소년기에 이르면서 교사, 청소년부 리더, 혹은 코치) 사이에 존재하는 심오한 관계 역동성이 뇌와 행동적 변화 둘 다를 형성한다. 염색체는 우리 몸의 나머지 부분을 생겨나게 하는 물질적인 원료다. 그러나 그 유전자들이 하는 일의 상당량은 상호 연결된 방대한 신경계를 통해 유전자에 제공되는 경험들에 달려 있다.

애착 연구

1960년대 후반과 1970년대 초반에 영국의 연구자 존 볼비(John Bowlby)는 애착 이론을 전개하기 시작했다. 그의 책 『애착』(*Attachment*)은 이 분야의 몇몇 획기적인 저작들 중 첫 책이었다. 그는 유아들 및 걸음마를 시작한 아이들과 보통은 엄마인 그들의 주요 양육자들 사이의 친밀한 정서적 유대의 형성과, 그 유대가 너무 일찍 깨질 때 아이들에게 미치는 영향을 연구했다. 그가 처음에 관찰한 것들 가운데 다수는 제2차 세계대전 중에 부모와 떨어졌던 아이들에게 일어난 결과에 근거했다.

그는 이 주요 관계들이 형성되고 또한 지속되거나 중단되는 방식과 정도는 아이들의 정서적이고 행동적인 활력에 의미심장한 영향을 준다고 주장했다. 그는 부모-자녀 관계는 자녀들이 주변 세계를 자신 있게 또 마음 놓고 탐색할 수 있는 '안전한 기지'를 제공하리라고 상정했다. 그렇게 되면 이 아이들은 스트레스에 직면해 정서적 탄력성을 나타내고, 또래와 건강한 관계를 형성하며, 그들 자신의 마음 안에서 정서적인 균형 감각을 확립할 수 있으리라는 생각이었다.

연구자들은 안정적인 애착이 아이의 미래의 인지적·사회적·정서적인 발달에도 광범위하게 긍정적인 영향을 끼친다는 사실을 이제는 알고 있다. 건강한 애착은 아이들이 성장해 성인이 되었을 때 일관된 서사를 형성하는 축이 되는 마음의 근본 모체를 발달시키는 데도 도움이 된다. 그들은 자신의 삶을 이해하고 다른 성인들과 성숙하고 안정적인 관계를 형성하는 일을 더 잘 해낼 수 있다.

볼비의 동료 중 메리 에인즈워스(Mary Ainsworth)는 그의 연구를 진척시켜, 애착에 특정 패턴들이 있음을, 상응하는 행동과 태도를 가진 일정한 방식들이 있음을 입증하는 데까지 이르렀다. 이 패턴들은 수많은 정밀한 연구에서 되풀이되었다. 이 방식들은 그 패턴을 다른 패턴으로 바꾸는 대안적인 정서적 경험을 접하지만 않는다면, 사람들의 삶에서 성인기에 이르기까지 계속 사용 가능하다는 점에서 안정적인 경향이 있다. 에인즈워스의 뒤를 이어, 버클리 소재 캘리포니아 대학교의 메리 메인(Mary Main)과 그녀의 동료들은 이전의 연구 결과들을 부지런히 시험하고 적용해, 성인기에 나타나는 애착을 이해하는 방식을 포함해 해당 이론을 훨씬 더 알차게 체계화했다.

메리 에인즈워스는 존스 홉킨스(Johns Hopkins)에 있는 동안, 갓난아기가 있는 스물여섯 쌍의 부모에게서 자녀 양육 관행을 조사하기 위해 연구를 수행했다. 유아가 태어난 뒤 12개월에서 18개월 동안, 에인즈워스와 그녀의 조력자들은 유아와 주요 양육자, 즉 일반적으로 엄마 사이에 일어나는 매일의 상호작용을 관찰했다. 유아들이 한 살에서 한 살 반이 되었을 때, 각각의 엄마와 아이는 '유아의 낯선 상황'(the Infant Strange Situation)이라 불리는 실험에 참여했다. 실험은 나이에 걸맞은 장난감들이 있는 작은 실험실에서 이루어졌다.

그 실험의 의도는 몇 가지 다른 관계상의 변화에 아이들이 반응하는 범위를 좀더 공식적으로 탐색하고 측정하는 것이었다. 처음에 엄마/아빠와 아이는 실험실에 자기들끼리만 같이 있었다. 그다음에 낯선 사람이 방에 들어와 엄마가 있는 데서 아이와 접촉하기 시작했다. 어느 시점에 엄마가, 그다음에는 그 낯선 사람이 그 방을 떠나는 설정이었다. 짧은 시간 안에 엄마는 방으로 돌아와 아이와 접촉하려고 시도할 것이다.

연구자들은 20분의 시간 내내 이 실험의 상호작용을 관찰했다. 엄마와 함께 있는 동안 방과 장난감들을 탐색하는 아이의 능력, 엄마가 있을 때뿐만 아니라 부재하는 상황에서 낯선 사람의 존재에 보이는 반응, 엄마와 낯선 사람이 떠나는 상황에 대한 아이의 반응, 엄마가 방으로 돌아온 것에 대한 아이의 전반적인 반응을 포함해, 몇 가지 중요한 일련의 행동에 연구자들은 주목했다. 이전에 여러 달에 걸쳐 관찰했던 양육 방식과 낯선 상황이 벌어지는 동안 아이가 보인 행동, 특히 실험 말미에 엄마가 실험실에 돌아온 즉시 아이가 보인 반응 사이에 상관관계를 보여 주는 몇 가지 결과는 그들이 발견한 가장 중요한 결과에 속했다. 이 조사 결과는 에인즈워스와 메인이 최종적으로 식별한 다음의 네 가지 뚜렷한 애착 패턴의 근거가 되었다.

안정적인 애착
불안정한 애착-회피하는
불안정한 애착-양가감정을 느끼는/불안한
불안정한 애착-혼란에 빠진

곧 정의를 내리게 될 이 네 가지 패턴은 아이가 주요 양육자와 상호작용 및 대응의 패턴에 기초해 세상에 접근하는 다양한 방식을 보여 준다. 비록 아이가 각기 다른 양육자들과 여러 유형의 애착을 나타낼 수도 있지만, 일반적인 집단에서 안정적인 애착은 대략 65퍼센트 정도로, 가장 흔히 발생한다. 보통 아이는 하나의 우세한 형태의 애착을 발달시키며, 이 형태에 딸려 오는 다른 방식들이 조금씩 있다. 이런 의미에서, 아이는 모든 개인과 동일한 패턴의 관계를 맺지는 않는다.

지난 20년에 걸쳐, 연구자들은 유아들의 애착 패턴과 그들이 아동기, 청소년기, 성인기로 성숙해 가면서 사람들과 가까워지는 방식 사이에 어떤 연관이라도 있는지 알아내기 위해 성인의 애착을 연구해 왔다. 메리 메인과 동료들은 이 연구에서 성인 애착 면담(the Adult Attachment Interview), 즉 AAI라는 도구를 개발했다. 성인 애착 면담은 60분에서 90분이 걸리는 면담으로, 환자를 대상으로 스무 개의 질문으로 이루어진다.

성인 애착 면담은 각각의 성인이 자기 삶의 서사를 전하는 방식을 탐색함으로써 애착에 대한 그들의 입장을 평가하려고 한다. 애착은 우리가 우리의 이야기를 들려주는 방식에 반영되기 때문이다. 질문들은 연구 대상의 부모 및 다른 애착 인물들과의 경험, 유의미한 상실이나 대단히 충격적인 사건 그리고 만약 자녀가 있다면 자녀들과의 양육 경험도 탐색한다.

면담은 서사의 **일관성**을 평가한다. 다시 말해, 치료사는 단순히 연구 대상의 삶에 대한 정보나 사실들을 찾으려는 게 아니라, 환자가 자신의 이야기를 들려주는 태도와 방식을 평가한다. 연구 대상의 이야기에 나오는 사건들과 그가 자신의 이야기를 하는 동안 나타내는 정서는 서로 잘 맞는 것 같은가? 연구 대상은 자신이 이해하지 못하는 질문들을 명확히 해 주기를 요청하는가? 그는 조사자가 실제로 요청하고 있는 것을 제공하는가? 그는 대화의 흐름을 따라 자신의 말을 명료하게 설명하면서 이해받기를 구하는가? 그가 면담은 공동의 노력임을 인식하며, 면담이 진행되는 동안 그 과정에 대해 분명히 생각하고 있는가?

정의 가능한 네 가지 측면이 이 연구에서 드러났다. 여기에는 자율적이거나 자유로움, 무시함, 몰입하거나 얽매임, 해결되지 않은 정신적 외상이나 상실이 포함된다. 이 면담 기법을 사용하자, 적어도 세 가지 중요한 사실이 밝혀졌다.

1. 성인들의 애착 상태는 **80퍼센트의 신뢰도로** 그들의 자녀가 그들에게 나타낼 애착 패턴을 예측한다. 설령 그들이 아직 부모가 아니라

도 마찬가지다. 이것은 성인들의 상태가 자녀의 존재에 크게 영향받지 않는다는 사실을 말해 준다.

2. 애착 패턴은 오랜 시간에 걸쳐 안정적인 경향이 있다. 그러니까, 유아가 관계에서 애착을 보이거나 연결되는 방식은 청소년기를 통과해 성인기에 이르도록 한결같다는 것이다. 인상적이게도, 아동기 애착의 네 가지 유형은 각각 성인의 애착에 대한 AAI의 상응하는 묘사와 서로 밀접한 관련이 있다.

안정적인 아이 ⟵⟶ 자유로운 성인

불안정한-회피하는 아이 ⟵⟶ 떨쳐 버리는 성인

불안정한-양가감정을 느끼는/불안한 아이 ⟵⟶ 몰입하는 성인

불안정한-혼란에 빠진 아이 ⟵⟶ 해결되지 않은 정신적 외상이나 상실을 지닌 성인

다시 말해, 사람들이 어려서 정서 상태를 관리하는 법을 배우는 방식은 성년의 우정, 결혼, 직장에서의 관계로까지 이어진다. 한 사람의 애착 패턴이 어떤 나이에라도 바뀌는 것은(불안정한 애착에서 안정적인 애착으로, 혹은 그 반대로) 가능하지만, 이런 일은 외부의 관계로부터 비롯된 의미심장한 영향이나 환경의 극적인 변화 없이는 일어나지 **않는다**. 사실, 성숙해져서 더 건강한 방식들로 관계를 형

성한 것으로 보이는 사람들은 '획득된 안정' 애착을 일구어 냈다는 평가를 듣는다. (나중에 이 조사 결과의 의미를 논의할 것이다.)

3. 애착에 대해 떨쳐 버리는, 몰입하는, 혹은 해결되지 않은 성향을 가진 성인들은 인생의 예기치 않은 우여곡절을 다룰 때, 특히 대인 관계에서 그런 상황이 될 때, 안정적으로 애착된 이들보다 일반적으로 훨씬 더 가시밭길을 걷는다.

정신화하기

놀랄 것도 없이, 안정적인 애착을 가진 성인들은 대개 다른 이들보다 더 공감 능력이 있다. 공감은 '타고나는' 자질이 아니다. 연구자들이 '정신화하기'(mentalizing) 혹은 '정신화'(mentalization)라고 부르는 활동, 즉 다른 사람의 감정, 욕망, 의도를 감지하고 해석할 수 있게 해 주는, 상상력이 풍부한 정신 활동을 통해 사람들은 이 자질을 일구어 낸다. 이 과정은 역동적이고 유연하며, 갓난아기의 양육자에 따라 건강하거나 건강하지 않은 방식으로 진화한다.

아기는 태어나면, 주요 양육자들로부터 직접 보고 듣고 만지고 느끼는 경험을 통해 자기에 대한 감각을 해석하고, 더 나아가서는 자기 마음에 대한 감각을 해석한다. 아기는 자신의 마음에 대한 독립적인 감각을 가지고 있지 않다. 아기는 그 감각을 획득할 것이다. 그런데 그 감각은 아기가 엄마의 눈에서 보는 자신의 모습에서 근거한다. 그리고 아기가 '보는' 것은 우선적으로 아기의 부모가 보는 것에 좌우

될 것이다. 아기의 엄마가 정신화를 잘한다면, 다시 말해 유아의 욕구에 조응하여 건강한 방식으로 응답한다면, 유아는 자신에 대한 특정한 감각과 엄마의 마음에 대한 특정한 감각을 발달시킨다. 유아는 엄마가 자기를 자애롭게 보는 것을 본다. 만약 아기의 엄마가 정신화를 잘하지 못하면, 아기는 다른 결과를 경험할 것이다. 어느 쪽이든, 아기는 **주로 엄마의 응답에서 목격하는 바를 통해** 자기를 보고 **자기를 이해한다.**

유아는 아장아장 걷고 좀더 큰 어린이가 되어 감에 따라, 주요 양육자의 좀더 예측 가능하고 안전한 기지에서 더 멀리 떨어져 나간다. 그 과정에서 타인의 마음을 읽는 자신의 능력에 의존해야 한다. 아이는 주변의 타인들이 뜻하는 바를 '읽기' 시작할 것이며, 불안을 느낄 때는 아마도 평온함을 만들어 내려고 시도할 것이다. 엄마가 자신을 생각하고 있다는 심상, 생각, 감각, 감정을 불러일으키려 할 것이다. 성장해 가는 유아의 초기 삶에서 이 과정은 뇌의 아래쪽 및 우측 모드 처리 기능들에 큰 영향을 받는다. 좌측 모드 기능이 점차 작동함에 따라, 아이들은 우측 모드 기능을 언어적 형태로 표현하는 방법들을 개발한다. 그들은 다른 사람의 마음을 그저 '감지'할 뿐만이 아니라 그들이 감지하는 바를 생각으로 옮기기 시작한다.

난 바보야!
나는 그것을 상당히 잘해.
그 애는 날 미워해.
그 애는 날 멋지다고 생각해.

(정신화가 밀접하게 연관된) 기억처럼, 정신화는 암묵적이거나 외현적이라고 이해된다. 암묵적인 정신화는 빠르게 작동하며 대체로 암묵기억에 의존하는 신경로를 사용한다. 실제적인 측면에서 이것은 우리가 타인이 뜻하는 바에 대한 어떤 대안적 이해도 좀처럼 고려하지 않은 채 타인의 의도를 재빨리, 자동적으로, 자기 기억의 암묵적 모형들로 해석함을 의미한다. 그래서 동료가 화가 난 것 같은 어조로 말하는 걸 들을 때, 당신은 그 사람이 그냥 피곤할 뿐일 가능성을 고려하기보다는 당신을 좋아하지 않는다고 추정한다.

　외현적인 정신화는 의식적이고 사색적이며 위협적이지 않은 환경에서 더 쉽게 일어날 수 있다. 맥락화를 책임지는 피질 섬유를 추가로 보충해야 하는 이유로 발화하는 데 더 오랜 시간이 필요한 신경 경로들을 사용하는 경향이 있다. 외현적인 정신화를 사용하면 상상을 통해 동료의 마음속에 있는 것을 **맥락화**할(혹은 그것을 형성하고 그것에 영향을 미칠) 수 있다. 비록 동료가 짜증스러운 목소리를 내기는 해도, 아마 그녀가 여러 곤란한 문제를 처리한 몹시 괴로운 하루를 이제 막 마쳤나 보다고 생각하는 것이다. 그러면 동료가 당신을 미워하는 게 아니라 몹시 지쳐 있을 뿐이라고 결론지을 수 있다.

　아이가 건강한 방식으로 정신화하는 법을 배우는 정도는 애초에 부모의 정신화하는 능력과 직접적인 연관이 있다. 부모가 조응하는 태도로 아기의 마음을 읽고서 아기의 욕구에 지혜롭게 응답하지 않는다면, 그 아이는 자신의 욕구와 의도를 타인에게 알리는 왜곡된 방법을 개발할 것이다. 이런 이유로, 정신화는 애착 과정에 영향을 주며 그것의 결과를 형성하는 주요한 힘이다.

하나님과 애착

우리의 애착 패턴은 우리의 신경망으로 전환되고 또 우리의 신경망을 통해 전환된다. 애착 패턴은 타인과의 관계에 영향을 줄 뿐 아니라 하나님과의 관계를 형성하는 주요한 힘 중 하나다. 우리의 지배적인 패턴이 보통 무엇이든 간에, 우리는 그 동일한 신경망을 통해 하나님과 관계를 맺고 하나님에 관한 것들을 추정할 것이다. (어찌 되었든, 그분은 우리의 뇌를 창조하셨으며, 우리를 그분 자신과의 개인적인 만남으로 초대하실 때 우리의 뇌를 우회하지 않으신다.)

하나님에 관한 것들을 추정하기가 단지 하나님에 대해 **논리적으로 생각한다**는 뜻이 아님을 기억하라. 우리의 뇌는 다양한 정서 상태의 힘과 외현적일 뿐 아니라 암묵적인 기억의 힘을 통해 **우리의** 하나님 **경험을 구성한다**. 때때로 우리가 신학적으로 동의하는 바에 모순되는 방식으로 말이다. 이렇게 우리의 애착에 주의를 기울인다는 건 우리가 예외 없이 하나님과의 연결에 주의를 기울이고 있다는 뜻이다.

애착의 네 가지 패턴

안정적인 애착

자기 이야기의 일관된 의미를 이해한 사람들은 그들의 자녀도 역시 안정적으로 애착할 수 있게 해 준다. 그들은 아이 이야기의 씨앗이 발아해서 안정을 향해 나아갈 수 있는 토양을 제공한다. 사실, 아이의 애착 패턴을 형성하는 데 영향을 주는 모든 변수 중에서 **가장 강력한 단**

하나의 요인은 부모가 자신의 삶을 이해했는지 여부다.

안정적으로 애착한 아이들의 부모는 자녀들의 욕구에 대해 정서적으로 조응하고, 예민하게 인지하며, 바로 응답한다. 엄마는 아이들의 삶에서 흔들리지 않는, 의지할 수 있는 존재다. 자녀들의 욕구에 한결같이 연민과 인내와 친절함으로 응답하는 엄마 덕분에 아이들은 세상이 예측 가능하며 안전하다고 느낀다. 아빠는 아이들의 정서 상태 및 비언어적 신호와 같은 주로 우뇌에 의해 매개되는 행동의 측면들에 주의를 기울인다. 아빠는 자기 아기나 아이의 우측 모드 기능들과 공명하는 동안 예외 없이 자신의 우반구 기능들을 알아차려야 한다. 이런 아이들은 이해받고 연결된 느낌을 가지며, 우주는 그들에게 의미가 있다. 건강한 형태의 정신화를 보여 줌으로써, 부모는 자녀 또한 이 자질을 일구어 낼 수 있는 잠재력을 창조한다.

아이의 정서 상태에 대한 이런 의식적인 접근은 실제로 아이가 자기의 기쁨, 아픔, 두려움, 실수에도 마음을 쓰시는 하나님에 대해 점차 친숙하게 인식하도록 해 주는 신경학적인 형판을 마련한다. 또한 상반되는 표면적인 증거에도 불구하고 아이가 하나님을 신뢰할 수 있고 바로 응답하시는 분으로 경험하며, 그분이 창조하신 세상을 궁극적으로 또 무한히 안전한 곳으로 인식하는 토대를 마련한다. 아이는 성장해 가면서 실질적인 관계를 맺을 수 있고 그런 관계를 가질 가치가 있는 하나님을 좀더 쉽게 상상할 수 있다.

유아의 낯선 상황(ISS) 실험 말미에, 안정적으로 애착된 아이의 엄마가 몇 분 동안 아이가 혼자 있었던 실험실로 돌아왔을 때, 엄마는 고립되는 것에 괴로워하고 대체로 울먹이는 아이를 발견했다. 엄마를 보자마자, 아이는 곧바로 엄마에게 다가가 위안과 확신을 찾는다. 아아이는 짧은 시간 안에 적절한 수준의 정서적 균형을 회복했으며, 엄마를 떠나 다시 한번 방 안의 장난감들을 탐색하러 가는 경향이 있었다. 본질적으로, 이런 부모는 아이가 두려움 없이 기지에서 벗어나 세상과 맞닥뜨릴 수 있게 하는 안전한 기반을 갖춘 정서적 환경을 구축한 것이다.

안정적인 애착을 우세한 패턴으로 가진 아이들은 성인 애착 면담(AAI)에서 애착에 대해 자율적이거나 자유로운 성향을 보이는 성인으로 성장하는 경향이 있다. 이 사람들은 타인의 감정에 주의를 기울이고 관계를 소중히 여기며, 사회적으로, 정서적으로, 인지적으로 잘 통합될 가능성이 있다. 다른 사람들은 그들을 협조적이지만 줏대 없지 않고, 좋은 지도자나 추종자로 인식하고, 갈등을 (피하지 않고) 기꺼이 해결하려 한다고 평가한다. 불안정한 요소들이 없지는 않으나, 그들은 그 요소들을 기꺼이 받아들이고 다루려고 한다. 또한 자신의 자녀에게 안정적인 애착을 촉진하는 방식으로 양육할 가능성이 크다.

성인 애착 면담은 사람들의 이야기에 관한 사실들이 아니라 사람들이 자기 이야기를 하는 방식을 측정하는 데 초점이 맞추어져 있음을 기억하라. 스토리텔링의 형식은 애착의 특징이므로, 성인 애착 면담은 그 사람이 자기 삶의 사건들을 제시하는 데 수반되는 일관성, 충실함, 풍부함을 평가한다. 안정적인 애착을 가진 사람은 자기의 이야기를, 바로 그 이야기를 통해 해석되고 이해되는 자기 삶의 정서적인 지형에 대한 건실한 인식을 가진 상태에서 들려준다.

자녀들의 욕구에 의식적으로 주의를 기울이며 그들과 상호작용을 하는 데 유연한 부모들은 말 그대로 자녀들의 뇌의 신경 배선 과정을 돕고 있는 셈이다. 이로 인해 그 자녀들은 그들에게 관심이 있고 그들 때문에 기뻐하며 그들이 넘어질 듯 비틀거릴 때면 연민을 품고 은혜로 가득하지만 그들을 수치스럽게 하지는 않으면서 기꺼이 훈육하시는 하나님의 이미지를 열린 마음으로 받아들인다. 나이가 들면서, 삶이 통합적이라기보다 단절된 느낌이 들 때, 그러니까 그들은 주스를 원하지만 우유만 주어질 때, 그들이 침실이라 부르는 환경상의 재난 구역에 대해 엄마와 다툴 때, 그들이 첫사랑과 결별할 때, 그들의 결혼 생활이 견딜 수 없게 느껴질 때, 그들이 자녀들에게 제공해야 한다고 믿는 것보다 자녀들이 더 많은 것을 요구할 때, 그들에게 암이 발병할 때, 그들은 **거기에** 계시는 하나님에 대한 각인을 **그들의 신경 회로 안에** 여전히 간직할 것이다. 뼈와 피의 하나님. 힘과 자비와 신비의 하나님. 그들의 삶에서 행동하시는 역사의 하나님. 그들의 몸에 뿌리를 두고 있으면서, 부인할 수 없는 방식으로 그들이 느끼는 것에 바로 그 하나님에 대한 증거가 있다. 그리고 그들은 이것이 단지 **사실**(외현적으로 암호화되는, 주로 좌반구의 작용)로서만이 아니라 오히려 **환기된 자전적 기억으로서** 실존적이고 정서적이며 기억되는 경험(뇌의 아래쪽과 위쪽의 부위들뿐만 아니라 좌반구와 우반구의 통합을 필요로 하는 경험)으로서 "참되다"고 인식한다.

자녀에게 안정적인 애착을 북돋는 법
안정적인 애착은 자녀들이 원하는 때 언제라도 원하는 듯 보이는 걸 준다는 뜻이 아니다. 자녀들이 인생의 두 번째 해로 옮겨 가면(혹은 심지어 그 이전에), 그들에게는 물리적인 한계가 필요하다. 그러나 어린 자녀에게 조응하는 지혜로운 부모들은 걸음마를 시작한 아이가 자신들의 지시에 곧바로 응답하지 않을 때 그 아이가 '거역'한다기보다 아직 성숙하지 않은 신경망에서 반응하는 것으로 인식한다.

아들이 뒷마당에서 노는 광경을 바라보고 있는 아빠를 상상해 보자. 아이가 관목에서 이파리 하나를 딸 때, 아빠는 자세히 보려고 다가간다. 아빠는 아이가 그 이파리를 들어 올려 혀로 가져가는 것을 보며 "입에서 이파리 빼야지" 하고 타이른다. 소년은 아버지의 요구에 응하지 않을지도 모른다. 그것은 지시에 불복해서가 아니라 적어도 부분적으로는 그의 뇌에서 폭발적으로 증가하는 일련의 신경망들 때문이다. 이 신경망들은 선명한 초록색 식물 이파리를 따서 입에 넣고, 또 빼내어 아빠에게 건네는 일련의 이행을 다소 순탄하지 않은 과정으로 만든다. 그렇지만 아빠가 은연중에 그리고 거의 즉각적으로 아이의 곤경을 감지할 수 있다면, 그 이행을 돕기 위한 정서적 완충제를 제공할 수 있다.

아빠는 그 예기치 않은 식물을 회수하려고 아들에게 다가가면서 자신이 어조와 몸동작을 주시하며 확인할 것이다. 의식적으로 얼굴 표정을 따스하고 부드럽게 바꾸는 아빠의 태도는 아들이 방어적으로 응답(가령, 이파리를 갖고 도망가기, 가능한 한 빨리 이파리를 먹으며 꽥 소리를 지르기)할 가능성을 낮출 것이다. 덧붙여 말하자면, 이런 응답은 의식적인 자각이 거의 없이 이루어질 수도 있다.

자동차 운전, 성적인 기준 설정, 위험한 행동에 대한 충동 다루기와 관련된 허용 한도를 정하면서 청소년 자녀와 상호작용하는 엄마의 방법에서도 마찬가지다. 폭발적인 뇌 성장으로 말미암아 자기가 천하무적에 불멸의 존재라고 믿게 되는 십 대에게는 부모의 지혜로운 인도가 필요하다. 부모는 십 대들과는 신체적 접촉을 덜하게 될 것이다. (아마 열여섯 살짜리에게 베고니아 이파리를 먹지 못하게 할 필요는 없으리라.) 반면에, 호르몬 및 신진대사의 아찔한 변화로 복잡하게 형성되어 가는 아들의 신경망들 때문에 씨름하는 엄마와 아들 사이에서는 희망 사항이지만 좀더 언어적인 상호작용이 존재한다.

자녀의 정서 상태에 조응된 부모는 안정적인 애착의 토대를 제공한다. 물론, 어떤 부모도 모든 상호작용에서 자녀의 마음을 완벽하게 읽을 수는 없다. 영국의 정신 분석가이자 애착 분야의 연구자인 피터 포니지(Peter Fonagy)에 따르면, 가장 민감한 부모조차 45-50퍼센트 정도만 자녀와 정확히 일치하는 듯하다. 그러나 시간이 지나면서 점차 아이는 부모가 자신의 정서적 균형을 깨뜨리는 실수를 할 때도 자기 정서 상태는 중요하다는 경험을 한다.

하나님은 부모들이 완벽하기를 기대하지 않으신다. 그렇지만 우리가 민감하게 알아차리기를 분명히 갈망하신다. 그분은 우리가 결코 실수를 저지르지 않을 거라고 기대하시지는 않는다. 그러나 불가피하게 저지를 실수들에 우리가 조응하는 데 관심을 가지신다. 하나님은 우리가 실수에 대해 솔직하게 반응하는 데 관심을 가지시는데, 그분이 만족할 때까지 우리가 우리의 수치스러운 행동에 대해 몹시 자책하도록 하기 위함이 아니다. 하나님은 통합에, 연결에 관심이 있으시다. 그리고 우리의 실수에 대해 언어적으로뿐 아니라 비언어적으로도 진실을 말하면 실제로 우리가 상처를 준 사람의 마음의 통합을(우리 자신의 마음의 통합 또한) 강화한다.

가령 평범하게 조응하는 아빠가 직장에서 긴 하루를 보내고 집에 왔는데, 차고의 공간을 열두 살 된 아들의 자전거가 막고 있는 상황이라고 해 보자. 아빠는 한숨을 쉬고, 주차 기어를 넣고는, 밖으로 나와서 차고 안에 주차할 수 있도록 자전거를 치운다. 차고에서 거실로 이어지는 문을 열었는데 아들이 한 손에는 텔레비전 리모컨을 들고 다른 손에는 쿠키를 든 채 소파에 널브러져 있는 광경을 목격한다. 그러자 짜증이 치밀어 오른다.

"아들아," 아빠가 퉁명스럽게 말한다. "자전거를 제자리에 두라고 몇 번이나 말했니? 다음번에 또 그러면, 한 주 동안 자전거는 압수야."

아들이 몸을 돌려 자신을 볼 때 비로소 이 아빠는 아들의 풀이 죽은 얼굴과 빨개진 눈 언저리를 알아차린다. 아빠는 곧바로 자신이 한 가혹한 말을 철회할 수 있기를 바란다. 그의 목소리가 부드러워진다. "라이언, 괜찮은 거니?"

"죄송해요, 아빠." 말을 꺼내자마자 아들의 눈에서는 눈물이 떨어지기 시작한다. "저는 그냥…오늘 학교에서 맷이 이사 간다는 말을 들었어요. 자기 아빠가 새 직장을 얻게 돼서 몇 달 있으면 온 가족이 다른 주로 이사 간대요." 아빠는 가족이 2년 전에 그 지역으로 이사 온 이래로 맷이 아들의 가장 친한 친구라는 것을, 사실 그의 유일한 진짜 친구라는 사실을 알고 있다.

그렇지만 이 상황에서도, 잘못을 깨달은 이 아빠는 건강한 새로운 관계를 쌓을 기회를 갖는다. 아들이 배려심이 없다고 자동적으로 추정하지 말았어야 한다고 아들에게 인정하고 나서 용서를 구한다면, 그 아빠는 아들의 애착 패턴을 강화하는 데 도움을 준다. 아들에게 상처를 주었음에도 불구하고, 좋지 않은 행동에 대한 아빠의 고백은 두 사람 사이에 정서적인 친밀함의 요소들을 회복시키는 능력을 높인다.

아직 어린 자녀의 정서 상태에 도움이 되도록 주의를 기울이고 응답할 때, 자녀들은 당신의 배려와 민감성을 감지한다. 그들은 자신의 욕구를 충족시킬 수 있는 자기 능력을 인식하게 된다. 처음에 언어 및 논리적·인지적으로 구성된 생각의 도움 없이도, 그들은 성장하여 자신의 환경과 의미 있게 상호작인 방식으로 행동할 것이다. 그들은 자신의 세상에 의미 있는 변화를 일으킬 수 있다는 사실을 이해할 것이다. 그들은 느껴지는 것을 느끼는 경험을 할 것이며, 점차 다양한 정서를 마주할 것이다. 당신은 그들에게 이 감정들을 이해하고 또 그들의 삶의 더 큰 지형으로 통합시킬 언어를 부여할 것이다.

불안정한 애착—회피 유형

안타깝게도, 우리의 애착 경험이 다 안정적인 것은 아니다. 그렇지만 불안정한 애착을 가진 자녀들을 키우는 대부분의 부모는 분명 자녀들을 사랑하며 그들에게 마음을 쓴다. 사실, 대부분의 부모는 자기가 자녀의 행복에 매우 헌신하고 있다고 말한다. 자녀의 정서 상태에 대응하는 태도는 이 애착 유형 배후의 추동력으로, 양육자들은 흔히 자기가 취하는 양육의 효과를 인식하지도 못한다. 그들은 자녀가 성장해 학교에서 공부를 잘하고, 규칙을 따르며, 사회의 견실한 일원이 되는 법을 배우는 데 매우 신경 쓰기도 한다. 특히 자녀가 그리스도인이 된다는 의미에 관해 '옳은 것들'을 믿기를 그리고 하나님의 본성, 예수님, 사람의 본성을 고려할 때 올바른 신학적 입장을 견지하기를 바랄 수도 있다.

불안정한 애착의 세 유형 중 첫 번째는 회피 유형이다. 이 패턴은 정서적으로 여유가 없고, 민감하게 알아차리지 못하며, 감응이 없고, 아이의 정서 상태에 대해 거부하는 부모의 가정에서 발생하는 경향이 있다. 부모가 끊임없이 적극적으로 그리고 고의로 아이가 거부당한다고 느끼도록 만드는 말이나 행위를 한다는 뜻은 아니다. 그보다는 이 부모들은 아이 내면의 감정은 중요하지 않으며 세상은 정서적으로 황량한 곳이라는 감각을 불러일으킨다. 아이의 마음은 정서에 주의를 기울이지 않는 법을 배우며(아이가 정서에서 아무것도 얻지 못하므로), 가령 친밀함이나 정서적인 연결을 회피하는 것처럼 삶의 스트레스 요인들에 적응할 대체 수단을 발견한다.

유아의 낯선 상황 연구의 최종 실험실 회기에서 회피적으로 애착한 아이의 엄마가 실험용 놀이방으로 돌아왔을 때, 아이는 엄마를 가로등과 같이 대했다. 부연하자면, 그 아이는 엄마가 부재한 상황에서 정서적인 고통이 현저하게 **결여되어** 있었다. 아이는 엄마가 자기의 정서적 고통에 대해 좀처럼 위안을 주지 못한다는 사실을 알았기에, 엄마의 존재를 무시하는 경향을 보였다. 이렇게 어린 나이에도, 이 아이들은 마치 자기 뇌에서 일어나는 정서적 입력이 믿을 만하지 못하며, 이 정서를 주변 사람들에게 표현한다고 자기의 욕구가 충족되지는 않는다는 사실을 파악한 듯하다. 시간이 지나면서 점차 이러한 아이들은 대처하기 위해서나 자신의 주의를 딴 데로 돌리기 위해 다른 형태의 행동에 의지하면서, 본질적으로 자신의 고통에 대한 자각을 떨쳐 버리는 법을 배운다.

더욱이, 섬엽(insula)은 타인의 비언어적 메시지를 해석할 뿐만 아니라 자신의 몸에서 보내는 정서적 신호를 해석하는 데 도움을 주도록 설계되었는데, 이 불안정한 아이들은 섬엽을 포함해 자기 우반구에서 일어나는 입력을 떨쳐 버리는 법을 배운다. 그 결과, 이 아이들은 섬엽에서 비롯되는 신경세포들의 발화를 막아 버린다. 그 결과, 그들이 이 신체적 감각들을 인식하도록 해 줄 좌우 피질의 다른 부분들과 연결되는 것도 말 그대로 막아 버린다.

발달이 미흡한 마음의 이 부분들을 보상하기 위해 그들은 보통 논리적이고 선형적이며 문자적으로 충실한 처리의 이점에 크게 의존하며 좌반구를 과도하게 발달시킨다. 그들은 사람들이 그들에게 하는 말 자체를 대단히 중요하게 여기면서도 언어에 수반되는, 맥락을 설명해 주는 신체 언어, 얼굴 표정, 혹은 어조는 놓친다. (이런 패턴을 지닌 남편은 아내의 침묵을, 마음의 상처나 불안을 표현하는 방식으로 받아들이기보다는 할 말이 없다는 뜻으로 해석한다.) 다른 한편으로, 다른 사람들은 흔히 그들을 강하고 사려 깊으며 느긋하고 좀처럼 동요하지 않을 사람으로 본다.

성인 애착 면담의 관점에서 보면, 떨쳐 버리는 성향을 지닌 성인들은 그들의 이야기를 꽤 단조롭게 하는 경향이 있다. 그들의 서사는 대개 두드러진 사실들과 사건들의 선형적 진행에 주로 치우쳐 있으며, 정서적인 맥락의 진한 색채는 회피하려 한다. 이야기가 논리적으로는 의미가 통할지 모르나, 그 이야기를 듣는 일은 물감이 마르는 걸 바라보는 상황과 약간 비슷하게 느껴질 수 있다. 또 한편으로, 좌측 모드 처리는 삶의 많은 분야에서 중요하게 여겨지는 요소이므로, 그들은 선택한 직업 분야에서 상당히 뛰어날 수도 있다. 남자는 복잡한 컴퓨터 시스템을 위해 소프트웨어를 설계할지도 모른다. 여자는 침착하게 판례들을 논할 때 타의 추종을 불허할 수도 있다. 또는 로저처럼, 외과의로서 뛰어난 기량으로 이름을 알릴 수도 있다.

로저의 이야기

로저의 교육적 배경은 나무랄 데가 없었다. 그는 명문 아이비리그에서 학부와 의학 학위를 마친 후에 이 나라 최고의 소아외과 레지던트 훈련 프로그램 중 하나를 이수했다. 삼십 대 중반 무렵에는 본격적으로 두 가지 업에서 첫발을 내딛었다. 그는 대학 병원에서 자신의 첫 직책을 수락했으며, 아빠가 되었다. 하나의 일에서 유망주로서 빠르게 승진했다. 다른 일에서는 잠시 성공하는 듯하다 실패하고 있었다. 그의 아내 조이는 그들의 첫아이인 게이브리얼이 두 살 반쯤 되었을 때 나를 찾아왔다. 그녀는 걸음마를 시작한 아이에게 보이는 로저의 끊임없는 조바심과 엄격한 대응에 무엇을 해야 할지 더 이상 알지 못하겠노라고 말했다.

"이해가 안 돼요. 그이는 지역에서 가장 존경받는 젊은 소아 외과의 중 하나인데, 자신의 아이에게는 어떻게 해야 할지 모르는 것 같아요." 그녀가 안달하며 말했다. "저는 아이를 더 갖고 싶고, 로저도 마찬가지예요. 그런데 때때로 마치 아이가 둘인 것처럼 느껴져요. 둘 중 하나는 마흔 살이 다 되었지만요. 그이가 게이브리얼과 어쩌고 있는지 보고 있노라면, 아기를 또 하나 갖는 것이 정말 걱정이 돼요. 어쩌면 그저 일로 인한 스트레스 때문인지도 모르겠어요. 그이는 정말 바쁘거든요." 나는 로저가 상담을 받아 보길 권했으며, 그는 기꺼이 나를 찾아왔다.

로저는 따뜻하고 다정하며 목소리가 나긋나긋했다. 그는 더 좋은 아빠가 되고 싶다는 점을 인정했다. 자신이 그랬던 것처럼 게이브리얼에게 반응한 이유에 대해 그는 완전히 당황하고 있었다. "아이 때문에 미치겠어요." 로저는 말했다. "아이가 말 그대로 너무 고집불통 같아요. 아이에게 왜 그렇게 화가 나는지 도무지 모르겠네요." 이러한 수준의 격한 분노는 게이브리얼이 두 살쯤 되었을 때 시작되었다.

첫 만남에서 나는 로저의 정서적인 건강의 전반적인 상태를 중심으로 통상적인 문제들을 탐색했다. 그는 어떤 불안이나 우울, 약물 남용의 내력도 부인했다. 그는 아내와 아들에게 헌신적이었으며, 부모님과도 좋은 관계를 형성하고 있었다. 엄청난 시간을 쏟아야 하긴 했지만 자기 일을 사랑했다. 로저와 조이는 그의 생각에 "설교가 지적으로 자극이 되는" 것 같은 지역 교회 모임에 참여했다. 그가 인생에서 어떤 주요한 정신적 외상이나 상실을 겪은 적이 있는지 물었을 때, 그는 사려 깊으면서도 단호하게 없다고 말했다.

다음으로 나는 아주 어린 소년이었을 때의 삶을 물었다. 그는 7학년이나 8학년 이전의 삶은 명확하게 기억나는 게 전혀 없다고 말했다. 그뿐만 아니라, 자신의 가족이 정서나 감정에 대해 결코 이야기한 적이 없다는 점을 인정했다. 그의 아빠는 조용했고 엄마는 불안해했으나, 그들은 자녀들이 학교에서 공부를 잘하고 예의 바른 시민이 되는 것을 강조했고, 그 점을 제외하고는 자녀들의 삶에 관여하지 않는 경향이 있었다. 그는 중학교와 고등학교 시절의 많은 시간을 자기 방에서 책을 읽으며 보내거나 동네 식료품점에서 일하면서 보냈다고 기억했다. 고등학교와 대학에서 친구들을 사귀긴 했지만, 대부분의 힘을 학업에 쏟았다.

그가 자신의 정서를 묘사하기 위해 극히 적은 단어를 쓴 데다 어린 시절에 대해 거의 기억해 내지 못하는 걸 보면서, 나는 그에게 몸 스캔이라 불리는 간단한 연습을 함께 해 보자고 권했다. 이 이완 연습은 흔히 시각적 심상 유도(guided visual imagery)라 일컫는 기법을 사용한다. 환자는 편안한 자세를 취한 채 눈을 감고서 지시에 따라 체계적으로 몸의 각기 다른 부분들에 주의를 집중한다. 발에서 시작해 그다음에는 하지를 통과해 나아가고 몸 전체를 지나 올라가면서 결국 복부, 등, 목, 머리, 얼굴로 각각 이동하다가 호흡에 집중하는 것으로 끝이 난다. 이 과제는 참여자들이 몸의 감각에 대한 자각을 높이고 자기의 정서 상태가 몸의 감각을 통해 전환되는 방식에 대한 자각을 확대할 수 있게 해 주며, 몸의 각 부분에서 느끼는 스트레스와 긴장을 푸는 방법을 제공한다. 또한 암묵 기억을 암호화했다가 복구한 몸의 부분에 주의를 기울이면 암묵 기억을 불러일으키는 재주도 있다. 놀랍게도, 그 훈련에서 로저가 자신의 복부에 초점을 맞추는 지점에 이르렀을 때, 그는 갑자기 눈살을 찌푸리며 낮은 신음을 냈다. 그가 무엇을 경험하고 있는지 묻자, 그는 더듬거리며, "음…무언가가 보여요. 여러 해 동안 생각해 본 적이 없는 일이 기억나고 있어요"라고 말했다.

 그는 마음속에서 보고 있는 것을, 처음에는 막연하고 흐릿하게 인식하며 묘사하기 시작했다. 그는 자기가 여덟 살이나 아홉 살쯤이던 때를 회상했다. 그는 뉴저지에 있는 집의 진입로에 서서, 교통량이 많은 고속도로로 개방된 지점을 힐끗 보던 참이었다. 그의 엄마와 두 살 된 남동생이 거기에 서 있었다. 갑자기 남동생이 엄마가 멈춰 세우기도 전에 길로 뛰어들었고, 다가오는 차에 치였다. 머리를 다친 동생은 며칠 후 숨을 거두었다. 이때쯤, 로저의 날카로운 기억이 이전에는 뚫고 들어갈 수 없던 마음의 장막을 가르고 통과했다. 그의 눈에서는 눈물이 흘러내리고 있었다. 그는 이것이 자기 이야기라는 사실, 내가 앞서 어떤 상실이나 정신적 외상에 관해 물었을 때 그가 어떤 외현 기억도 갖고 있지 않던 이야기라는 사실을 믿지 못하겠다는 듯 속절없이 나를 바라보았다. 그 이후의 몇몇 회기에 걸쳐, 그는 자기 인생이 이 비극의 여파로 어떻게 펼쳐졌는지 서서히 기억해 냈다.

 그 누구도 그와 함께 남동생의 죽음을 다룬 적이 없었다. 그의 부모는 걸음마를 시작한 아이를 잃은 사실에 대한 비탄에 숨이 막힐 지경이어서, 로저에게 그가 목격한 것과 잃어버린 것에 대해 좀처럼 위로해 줄 수가 없었다. 그들은 로저의 남동생에 대해 로저는 고사하고 서로와도 결코 이야기하지 않았다. 집은 침묵과 슬픔으로 가득했다.

그는 자기에게 위장 문제가 생겼던 때를 기억해 내기 시작했다. 그의 부모는 그를 의사에게 데려갔으나 복부의 불편감은 저절로 사라졌다. 그는 절대 그 사고에 대해 누구에게도, 심지어 아내에게도 말하지 않았다. 돌이켜 생각해 보면, 차 사고로 인해 죽은 형제가 있었다는 **사실**을 인식하고 있었으나, 몸 스캔을 체험할 때까지는 자신이 그 사고를 목격했다는 점을 기억해 내지 못했다. 몸 스캔을 체험하는 동안, 남동생의 죽음 이후 로저의 정서적 고통이 자리 잡았던 부분인 복부에 집중할 때 그 기억이 활성화되었다. 그리고 게이브리얼에 대한 로저의 양가감정은 게이브리얼이 두 살(로저의 남동생이 죽을 당시의 나이)이 될 때 시작되었다. 아마도 로저의 두 살 된 남동생에 대한 암묵 기억이 자기 아들의 존재에 의해 환기되었던 것 같다.

로저의 부모는 그에게 자기 정서를 표현할 말을 해 주는 방식으로 로저가 감정을 처리하도록 도와준 적이 없었다. 그래서 로저는 관계적 세계의 험지를 다니는 대안적 수단에 의지하는 법을 배웠다. 그 수단은 자기 마음의 좌측 모드의 강점에 의존하는 방식이었다. 뛰어난 학회원이자 소아 외과의로서 그는 강점을 떨쳐 드러내는 성과를 이루었다. 오래되고 고통스러우며 피할 수 없는 상실과 비탄의 암묵적 기억의 반향을 일으키는 두 살짜리에 의해 그가 무너질 때까지는.

정서는 기억의 처리, 즉 기억이 암호화되고 복구되는 방식을 촉진한다는 사실을 연구자들은 발견했다. 정서적인 처리가 부족한 로저

같은 사람은 자기의 중학교 시절 이전에 일어난 사건들을 쉽사리 기억해 내지 못한다. 그러나 로저가 그랬던 것처럼, 정서에 주의 기울이기를 등한시하는 사람들은 되돌아와 그들을 괴롭힐 수도 있는 인생의 중요한 부분들을 방치하는 위험을 무릅쓴다.

다행스럽게도, 로저가 강렬한 비탄의 감정을 처리하는 작업을 시작하기에 늦은 것은 아니었다. 무력함 속에서 그가 느껴진다고 느끼는 경험을 하자, 그는 바로 그 감정을, 압도적인 슬픔에 여덟 살짜리가 보일 만한 정상적이고 예상되는 반응으로 새롭게 바라볼 수 있었다. 그가 그 비탄과 혼란의 감정을 경험하자, 그 감정들은 더 이상 그다지 압도적으로 느껴지지 않았다. 그가 고통이 있을 때 긴장을 풀고 위안을 경험하는 데 필요한 많은 전략을 짜기 위해 우리는 함께 노력했다. 그는 몇 주 전만 해도 견딜 수 없다고 여겼던 것을 견디게 되었다. 다시 말해 자기 아들이 그의 인내심을 시험하거나 달랠 길이 없어 보일 때 부서불식간에 활성화되는 감정을 견디게 되었다. 그는 아들 게이브리얼이 느끼고 있는 것을 더 잘 감지할수록 게이브리얼에게 더욱 공감하게 된다는 사실을 발견했다.

불안정한 애착−양가감정/불안 유형

양가감정을 느끼는 애착을 가진 아이들 부모는 일관성 없고 거슬리는 양육자의 태도를 보인다는 특징이 있다. 이 부모들은 그들 자신이 너무도 불안에 사로잡혀서 자녀의 마음을 읽지 못하는 경우가 많다. 따라서 정서적 여유, 민감한 지각력, 감응력에 관한 한, 아이는 부모의 행동을 예측할 수 없다. 엄마는 때때로 딸에게 주의를 기울이다가 어떤 때는 그러지 않는다. 아빠는 아들의 욕구에 민감할 때도 있다가 그러지 않을 때도 있다. 이따금 엄마는 아이가 혼자 있는 것에 만족할 때 아이와 접촉하려 든다. 예를 들어, 유아가 장난감을 가지고 조용히 놀고 있는데, 엄마가 상당히 예기치 않게 갑자기 나타나서 그 활동을 방해할 수도 있다. 이 민감성 및 예측 가능성의 결여는 아이에게 불안, 불확실성, 불안정성의 수준을 상승시키는 결과를 초래한다. 아이는 세상이 정서적으로 신뢰할 수 없는 곳이라고 결론짓는다.

이 애착 패턴을 가진 이들은 성경을 그들 자신의 영적인 이야기로 걸러서 받아들이면서, 하나님에 대한 자기의 **실제적·경험적인 감각**이 그와 같은 정서의 측면에서 이해될 가능성을 만들어 낸다. 불안할 때, 그들은 하나님을 민감성이 매우 결여된 예측할 수 없고 신뢰할 수 없는 분이라고 감지할 가능성이 더 크다. 그들의 마음의 심상 및 정서적 감각은 그들의 삶에 하나님이 침범하고 있으며, 그들에게 불만을 갖고 계시다는 인식을 시사한다. 그들은 자기들이 '신앙으로 받아들이도록' 교육받는 성경에서 읽는 '사실들'을 좌뇌를 써서 이해하지만, 그들의 우뇌는 신경 연계의 부족 탓에 그 사실들과 관련된 부수적인 정서적 특질이라는 부분을 통합하지는 못할지도 모른다.

유아의 낯선 상황 실험에서, 양가감정/불안 애착을 형성한 유아들에게 하나의 분명한 패턴이 나타난다. 엄마의 부재 속에서 아기는 자기가 사실 정서를 소중히 여긴다는 점을 내비치며 괴로움의 증거를 보여 준다. 엄마가 방으로 돌아오면 아이는 즉시 위안을 찾아 엄마에게 돌아가지만, 안정적으로 애착된 유아와는 달리 쉽사리 달래지지 않으며, 장난감들을 탐색하기 위해 다시 멀어지기를 상당히 주저한다. 유아는 마치 자기 위안의 원천인 엄마가 어느 순간에라도 증발해 버리는 게 아닐까 우려하는 것 같다. 엄마는 어느 관점에서는 위안의 잠재적 원천이기는 하지만, 아이가 해결하려고 시도하는 바로 그 불안을 강화하는 정서적인 기후 패턴을 만들어 내기도 한다.

성인 애착 면담에서, 어릴 때 양가감정/불안의 불안정한 애착을 가졌던 성인들은 애착에 대해 몰입하거나 얽매이는 성향을 드러낸다. 그들은 타인에게 의존하는 것에 관한 의심과 두려움에 쉽게 압도당할 공산이 있으며, 이따금 우뇌 처리가 '물밀 듯 일어날' 것이다. 그들의 암묵 기억의 요소들은 때때로 예고 없이, 또 겉으로 보기에 외부 상황에 자극받지 않고, 좌뇌 처리를 방해한다. 그리하여 그들은 유려하고 일관성 있는 서사 과정을 방해하는 마음의 요소들에 '얽매이거나' '몰입하게' 된다. 그들의 정서 상태가 흔히 그들이 자각하지 못하는 방식으로 지배한다는 점에서 그와 같은 몰입은 그들이 타인의 욕구를 돌보기 매우 어렵게 만든다.

성인 애착 면담에서 이야기가 전해지는 방식으로 보자면, 우측 모드 처리 회로가 좌측의 처리 회로를 제압하는 듯하다. 당사자가 이해의 선형적 흐름 안에 쉽사리 놓이지 않는 감정에 휩싸여서, 이야기가 지리멸렬하게 들릴 수도 있다. 과거 사건과 현재 사건 사이의 경계가 모호하고 혼란스럽게 들릴 수 있다. 더군다나 이야기하는 사람은 몰입해 있는 경우가 잦다. 좌뇌는 그렇게 예고 없는 예측 불가능한 방식으로 자기에게 떠맡겨지는 정서적인 짐을 응집력 있게 이해하기 위한 적절한 접근 수단을 갖고 있지 않다.

리디아의 이야기

열일곱 살에 리디아는 자기 미래에 대해 지속적으로 염려하고 낙담했다. 그녀는 군중을 경계하며 다른 사람들이 자신에 대해 어떻게 생각하는지를 끊임없이 생각했다. 그녀는 자신이 반드시 옳은 말을 하려는 것에 관한 염려에 사로잡혀 있음을 알았다. 다른 사람들과 상호작용을 한 후, 대부분 그 대화를 마음속으로 돌이켜 보고 자기 행위를 비판했다. 자기가 '잘하지 못했음'(말을 너무 많이, 혹은 너무 적게 했다거나, 호응을 얻는 데 실패한 듯 보이는 농담을 집어넣으려고 애썼음)을 지각할 때면 예외 없이 낙담했다.

리디아의 불안에 대해 안다면 대부분의 급우, 친구, 지인들이 놀랐을 것이다. 그녀는 신체적으로 매력적이고, 생각을 잘 표현하며, 침착했다. 비록 가까운 친구는 한둘밖에 없지만, 그녀를 아는 모든 사람은 약간 수줍어하긴 해도 그녀가 매력적인 사람이라고 여긴다. 전 과목에서 A를 받는 학생인 데다, 이미 몇백 명의 관중 앞에서 연주 경험이 있는 재능 있는 바이올린 연주자라고 그녀의 부모는 알려 주었다.

그러나 리디아와 엄마의 상호작용을 목격하자마자, 나는 리디아의 불안의 원인에 대해 더 잘 분별하게 되었다. 리디아의 엄마는 자기의 염려가 오로지 딸의 곤경 때문이라고 주장했지만, 서성이고 걱정하는 그녀는 딸보다 훨씬 더 불안해 보였다. 그들의 관계 방식을 관찰하는 동안, 리디아가 엄마의 정서적인 동요에 반응하는 정도를 알아차렸다. 도움이 되려는 엄마의 시도들에서 리디아는 거의 위안을 얻지 못하는 것 같았다. 이런 현상은 그다지 놀랍지 않았다. 리디아에게 질문하는 방식을 포함해 리디아 엄마의 비언어적 신호들의 대부분은 그녀 자신의 높아진 불안 수준을 내비쳤기 때문이다.

리디아와 내가 그녀와 엄마의 관계를 탐색하는 동안, 리디아는 엄마가 자기를 사랑한다고 확신하면서도 언제 엄마가 '중압감에 시달리지' 않고 자기 말을 들어 줄 만큼 차분한 상태가 될지 도무지 알지 못하겠다고 말했다. 그녀는 엄마의 위안을 지독하게 갈망했으며, 이따금 손에 넣을 수 있었지만, 더 많은 경우에는 도저히 그 위안을 기대할 수 없었다. 결국 그녀는 훨씬 더 불안한 상태로 남겨졌다.

"이따금 삶이 정말 온통 엄마에 관한 것처럼 보여요." 리디아가 말했다. "제가 걱정하지 않도록 엄마가 걱정을 멈추게 하는 방법을 모르겠어요."

우리가 몇 주에 걸쳐 이야기를 나누는 동안, 리디아는 비록 몹시 다감한 청소년이었지만 엄마의 정서와 더 나아가 또래의 정서를 너무 자주 살피고 확인하느라 정작 자신의 정서를 돌보는 훈련은 거의 하지 못했음이 분명해졌다.

리디아의 엄마는 교외에 있는 큰 교회의 여성 사역 책임자였다. 예수님을 신뢰하고 아무것도 염려하지 말고 산상수훈의 백합화와 새를 기억하라는 성경의 권고를 리디아의 엄마는 들먹이곤 했다. 그럼에도 불구하고 정작 그녀는 리디아에 대해서 불안해했고, 리디아를 위로해 주시려는 예수님의 열망에 대해 리디아에게 거의 납득시키지 못하고 있었다. 하나님에 대한 리디아의 정신화는 대체로 자신에 대한 하나님의 침범과 불만을 상징하는 여러 심상 및 정서적 감각을 그러모은 것이었다. 예수님이 무거운 짐을 진 모든 이에게 자기에게로 와서 쉬라고 초대하시는 것을 들었을 때도 그것이 별로 중요해 보이지 않았다. 리디아는 마음속에 그와 같은 예수님에 대한 형판이 아예 없었다.

로저는 자기의 정서 상태와 더 친숙해지고 좌뇌 처리 모드에 덜 지배될 필요가 있었던 반면에, 리디아는 예측 불가능한 우측 모드를 좌반구가 조정할 수 있도록 좌반구를 연동시키는 것으로 유익을 얻었다. 몇 주 동안 우리는 그녀가 어떻게 느끼는지에 대해서뿐만 아니라, 이런 감정들이 그녀의 뇌가 작용하고 있는 방식의 측면에서 어떻게 이해되는지도 이야기를 나눴다.

그녀는 특정한 마음 상태에 더 많은 주의를 기울이기 시작했다. 특히 심장을 마구 뛰게 하거나, 호흡을 짧아지게 하거나, 그녀가 친구에게 했던 말에 대해 생각에 잠기게 하는 마음 상태에 주의를 기울였다. 이 징후들 중 뭔가가 일어나는 것을 알아차리자마자, 그녀는 자기 뇌가 그 과정에서 무엇을 하고 있는지 상상하려고 했다. 이를테면, 편도체(공포의 중추)가 변연계 회로(그녀의 정서 조절기)와 뇌간(그녀의 '투쟁 혹은 도피'의 중추)을 장악하는 동시에 전두엽(보통 이 모든 것을 좀더 유연한 방식으로 조절하는 부분)을 우회하는 것을 마음속에 그리는 법을 배웠다.

시각적 심상 유도 기법을 이용해 나는 (그녀가 차분한 상태일 때) 격정으로 제정신이 아닌 엄마가 포함된 가능한 시나리오(보통은 리디아가 엄마의 선례를 따르도록 부추기는) 속에서 자신을 보는 법을 연습하도록 도왔다. 그다음에 리디아는 심호흡 기법을 사용해 뇌와 몸이 좀더 평온해지고 있다고 상상하려 애썼다. 이것은 그 시나리오상의 사건에 대해 좀더 차분하고 사려 깊게 인식할 수 있게 했으며, 그녀의 정신적 처리 과정은 엄마의 불안이 밀고 들어와도 덜 지장을 받게 되었다. 결국, 리디아의 불안은 그녀가 우리 관계의 맥락에서 자기 뇌를 길들이면서 가라앉았다.

불안정한 애착-혼란 유형

불안정한 애착의 세 번째 유형은 유아의 낯선 환경 실험에서 묘하게 비극적인 방식으로 행동한 특정 무리의 아이들에 대한 관찰에서 나왔다. 엄마가 사라진 후에 실험실로 되돌아오려 할 때, 이 아이들은 이상하고 때로 무질서하며 이따금 심지어 자해하는 행동을 벌였다. 그들은 최면 상태와 같은 표정으로 얼어붙어 버리거나, 자기 자신을 때리거나 머리를 바닥에 쿵 하고 찧거나 빙글빙글 돌거나 양육자를 외면하는 동시에 조심스레 다가가려 했다. 대개는 겁에 질린 표정으로 자리를 떠서 방의 한구석으로 옮겨 갔다. 그들은 사실상 자신을 진정시킬 수 없어 보였으며, 엄마를 위안의 원천으로 여기지 않는 게 틀림없었다.

이 아이들은 세상을 무섭고 혼란스러운 곳으로 여긴다. 그들은 스트레스가 있을 때 자기 마음을 정리할 수 있는 일관된 수단이 거의 없다. 이것은 충동적인 과도한 행동과 함께 갑작스럽고 엉뚱한 정서적 변화를 초래한다. 이런 유형의 불안정한 애착을 가지고 성장한 성인에 대한 성인 애착 면담의 인물 개요는 해결되지 않은 정신적 외상이나 상실로 불린다. 그들의 서사는 앞뒤가 상당히 맞지 않으며, 이야기 속의 빈 곳들 때문에 때때로 중단되는 경향이 있다. 그들이 정신적 외상을 일으킨 경험들을 생략하기 때문에 그 빈 곳들이 생겨난다. 언어와 정서의 흐름에 대한 그들의 표현은 어긋나기도 하는데, 그들이 자기 이야기를 들려주면서 경험하는 일관되지 않은 정신적 처리를 반영한다. 이야기를 그렇게 어수선한 방식으로 들려주는 것은 사회적 조직화를 책임지는 뇌의 부분들에서 신경망들의 연결이 부족한 현상과 관련이 있다. 그들이 부모가 되면, 그들은 결국 자녀에게 혼란스러운 애착 패턴을 불러일으킬 가능성이 크다.

혼란 유형의 애착을 가진 아이들의 부모는 흔히 자신이 겁에 질려 있고/있거나 자신의 자녀를 겁에 질리게 한다. 그들의 행동은 그들이 돌보는 이들에게 정신적으로 혼란과 불안을 일으키는 경향이 있다. 그들은 자녀들을 정서적·신체적으로 혹은 성적으로 학대할 수도 있다. 혹은 조현병이나 극심한 조울증이나 약물이나 알코올 남용과 같은 중대한 정서장애를 겪을 수도 있다. 그들은 발달 초기에 극심한 정서적 박탈을 경험했을지도 모른다. 이러한 부모들 중 대부분은 자녀를 깊이 사랑한다고 말한다. 그러나 자신들의 행동이 어떻게 자녀의 마음이 세상에 대한 일관된 감각을 체계화하는 일을 방해하는지 의식하지 못하는 듯하다.

이 애착 유형을 가진 사람들이 이야기하는 방식은 무질서하고 혼란에 빠진 신경망 처리를 넌지시 드러내 준다. 좌측 모드는 이따금 우측 모드 처리와 암묵 기억을 책임지는 회로들에 압도당하고, 그들의 신경망들은 너무 혼란에 빠진 나머지 초보적 행동을 나타낸다. 이 사람들을 위한 치유 과정은 보통 느리고 힘겹지만, 가망이 없지는 않다.

혼란 유형의 불안정한 애착을 가진 이들의 애착은 정신적 외상에 너무나 연타를 당해 왔기 때문에, 그들은 하나님의 사랑에 대한 흔들리지 않는 느낌 안에서 휴식을 취하기가 어렵다고 여길지도 모른다. 사실, 혼란에 빠진 우뇌 회로 때문에, 그들은 하나님이 자주 그들을 못마땅해하시거나 그들에게 격분하신다는 점만을 감지할 수도 있다. 친밀감에 불편을 느끼기 때문에 하나님과 가까워지는 것에 어차피 마음이 편치 않을지도 모른다.

에밀리의 이야기

에밀리는 아빠가 야간에 하던 이상한 행동을 기억해 냈다. 에밀리가 일곱 살 혹은 여덟 살 무렵까지, 아빠는 에밀리와 다른 아이들이 잠자리에 들고 얼마 안 되어 아이들의 침실 밖 복도를 따라 달리곤 했다. 아빠는 에밀리와 자매들에게 겁을 주려는 시도로 자주 고함을 질렀는데, "마치 무서운 괴물처럼 행동하려는 것 같았다"고 그녀는 말했다.

에밀리는 아빠에게 멈춰 달라고 애원했지만, 아빠는 에밀리와 다른 아이들이 괴로워하는 것에 분개하면서 "난 너희와 재미있게 놀고 있을 뿐"이라고 주장했다.

그녀가 나이를 먹어 가자, 아빠는 전혀 알 수 없는 이유로 분노를 터뜨리기 시작했다. 그는 이따금 그녀를 때렸으며, 한 번은 그녀를 지하 계단 아래로 거칠게 넘어뜨렸다. 십 대 시절 동안, 그는 에밀리를 말로 들들 볶기 시작했는데, 비꼬는 독설이 뒤섞인 그의 말 때문에 에밀리는 분노의 눈물을 흘렸다. 그녀가 화를 내면, 그는 그저 그녀를 놀리고 있던 것뿐이며 그녀가 그것을 너무 기분 나쁘게 받아들이면 안 된다고 푸념했다. "그렇게 예민하면 현실 세계에서 견뎌 내지 못할 거야"라고 에밀리에게 말했다. 아빠의 행동은 어느 정도라도 일관성 있게 정신화할 수 있는 에밀리의 고유한 능력에 지장을 주었다.

두말할 나위도 없이, 성인이 된 에밀리는 아주 약간의 친밀감도 유지할 수 없어 보였다. 그녀는 상당히 매력적이고 총명했지만, 서른일곱 살까지 두 번의 청혼을 받았음에도 결혼한 적이 없었다. 두 남자 모두 그녀의 예측할 수 없는 정서적 동요와 신랄한 비판의 말을 견딜 수가 없다면서 약혼을 파기했다. 이 두 관계가 있던 사이에 그녀는 이따금 음란한 행위에 가담했으며, 종국에는 거듭해서 몇 차례씩 술독과 수치감과 우울증에 빠졌다.

"그건 내가 아니에요. 그런데 내가 왜 계속 그 일을 하는지 모르겠어요." 에밀리는 말했다. 그녀는 고등교육을 받았으며 직업에서도 상당히 노련했다. 그럼에도 불구하고, 동료들과 아주 미미한 갈등조차 견딜 수 없는 탓에 직장에서 고질적인 실패 이력을 갖고 있었다.

사실, 에밀리의 행동은 어릴 때 혼란에 빠진 애착을 가졌던 성인에게서 보이는 전형적인 유형이다. 그들은 정서적 반동의 패턴을 보이며, 우측 처리 모드와 좌측 처리 모드의 통합에 상당한 장애를 보이기 쉽다.

혼란에 빠진 우뇌 회로의 견지에서, 하나님에 대한 에밀리의 심상은 분열되어 있다. 그녀는 하나님이 자기를 못마땅해하시거나 자기에게 격분해 있으시다는 점만을 감지한다. 그녀는 예수님이 그녀를 사랑하신다는 개념에 직면할 때, 그녀 자신이 친밀감에 응답하는 방식 탓에 오히려 더 혼란에 빠지기 시작한다. 마찬가지로, 그녀가 소규모 성경 공부 모임에서 배우는 것에도 불구하고, 또 그 모임의 구성원들이 보이는 극진한 배려에도 불구하고, 연결되려는 그들의 시도를 갈피를 못 잡게 하며 혼란을 주는 것으로 해석할지도 모른다.

정신적인 외상을 입은 뇌를 조절하는 법을 배우는 데는 보통 오랜 기간과 힘든 작업이 필요하다. 에밀리는 지금까지 이 작업을 계속하고 있다. 그녀는 이제 직장에서 두려움을 덜 느끼고 스스로 문제를 일으킬 가능성도 줄어들었다. 그럼에도 그녀는 여전히 친밀감을 두려워하며 현재 남자 친구와의 관계에서 고군분투 중이다. 예측할 수 없고 때로는 이해할 수 없는 변화를 보이는 그녀의 태도와 행동들에도 불구하고 그녀를 떠나지 않으려면 남자 친구는 아마 엄청나게 노력해야 할 것이다. 그래도 희망은 있다.

선약 때문에 에밀리 동료의 결혼식에 동행할 수가 없다고 한 남자 친구의 이야기에 에밀리는 무시당한 기분이 들었다. 그러자 '정서 조절 담당자' 역할을 할 수 있는, 성경 공부 모임 친구 에이미에게 전화를 걸었다. 에밀리는 자기 남자 친구가 전혀 상식을 벗어난 게 아니라는 점을 에이미가 부드럽게 지적할 때 에이미를 신뢰했다. 실제로, 자기의 암묵 기억을 탐색하는 일에 능숙해질수록, 에밀리는 사소한 모욕에 대해 자신이 과도하게 반응하는 경우를 스스로 더 잘 알아볼 수 있다. 우리는 그녀가 통합된 마음을 지닌다는 의미를 더 잘 인식할 수 있도록 꾸준히 작업했다. 그렇지만 그녀에게는 자라면서 거의 갖지 못했던 신뢰의 경험에 상응하는 신경망들의 발화를 촉진해 줄, 그녀를 일깨워 주는 조언들이 더 자주 필요하다.

애착 패턴이 중요한 이유

불안정한 애착의 소유자임을 지금 인식한다면, 당신은 무엇을 해야 할까? 부모님과의 관계의 각인이 영원히 남게 될까? 어쩌면 같은 방식으로 자녀와 관계를 맺고 있는 부모로서, 당신에게는 자녀가 안정적인 방식으로 애착하도록 도울 시간이 아직 있을까?

이 질문들에 영적으로 피상적이거나 진부한 대답으로 너무 빨리 혹은 너무 쉽게 응답하지 않도록 주의해야 한다. 서구 기독교의 하위 문화 속에서 살고 있는 우리가 결과를 보증하는 구절들을 그저 암송하면 변화가 일어나리라고 기대하는 것은 드물지 않다. 우리는 강단으로부터, 또 참석하는 성경 공부 모임과 육아 워크숍과 부부 관계 향상 세미나에서 다양한 형태로 이런 이야기를 듣는다. 우리는 그 언어에 친숙하다. 하나님은 신실하시고, 필요한 것을 공급하실 것이며, 예수님은 우리를 사랑하고 용서하신다는 언어 말이다. 그리고 특정한 삶을 살라는 권고를 받는다. 이웃을 자신처럼 사랑하고, 마음을 새롭게 하며, 하늘에 계신 아버지의 온전하심과 같이 온전하고, 마귀에게 틈을 주지 말라는 권고 말이다.

이 말씀들은 유익하고 참되다. 그러나 우리 마음의 어떤 부분들은 그 말씀들에 대해 감각이 없거나 감응하지 않는 것 같다. 나의 죄 많은 본성에 대한 사실이나 하나님이나 인간에 대한 다른 가정들처럼 신학적인 **사실들**은 큰 가치를 지니고 있지만, 우리가 살고자 하는 방식대로 살도록 하는 데는 그 자체로 그다지 도움이 되지 않는다. 신학적 사실들은 우리의 총체적인 경험을 반영하지 않으며, 단독으로 로저, 리디아, 에밀리를 비롯해 그들과 비슷한 다른 이들을 위해 충분한 실질적 지침을 제공하지 않을지도 모른다. 우리는 신학이 무엇보다 우선하며, 우리의 이야기와 우리의 정서를 형성한다고 믿고 싶어 하지만, 적어도 마음이 기능하는 방식의 관점에서는 그 반대가 진실에 더 가깝다.

다음 장에서 탐색하겠지만, 애착 패턴들은 다행히도 (획득된 안정 애착이라 불리는 상태로 이어지는) 변화의 잠재력을 **분명히** 가지고 있다. 이런 변화가 일어나려면 외부의 뇌 관계와 관련된 실질적인 상호작용이나 환경상의 변화가 필요하다. 우리는 그러한 수정과 관련된 신경 경로들을 동시에 변화시키지 않고서는 우리의 이야기를 변화시킬 수 없다.

이것이 정확히 복음서에서 선포하는 것이다. 즉, 예수님 안에서 온 세상이, 우리의 환경을 강력하게 변화시키는 '외부의 뇌 관계와의 실질적인 상호작용'을 처음으로 접하게 된 것이다.

예수님을 따르는 우리는 하나님이 들려주시는 (그래도 공저자가 없지는 않은) 광활하고 장엄한 이야기에 사로잡혀 있다. 그분은 축복과 선함의 세계를 창조하는 데 전념하신다(그래도 우리의 협력이 필요하다). 성경의 이야기들은 하나님이 이 땅에 풍성한 삶을 가져오기 위해 인간과 협력하는 것에 대해 더없이 진지하시다는 사실을 분명히 보여 준다. 그분은 세계 전반은 고사하고 우리의 개인적인 추문들을 일소하기 위해 홀로 분주하신 것 같지는 않다. 그분은 진지한 협력자들을 찾고 계신다.

첫 협력자인 아담은 다른 몇몇 협력자들처럼 비참하게 실패했다. 어떤 이들은 다른 이들보다 좀더 도움이 되도록 협력했으나, 예수님이 오셨을 때에야 하나님과 협력하는 것이 실제로 무엇처럼 보이는가를 알게 되었다. 그것은 십자가형처럼 보인다. 내가 말한 바와 같이, 하나님은 이에 대해 절대적으로 진지하시다. 그러나 그것은 또한 순전한 기쁨, 치유, 자비, 용서처럼 보이는데, 그것이 부활처럼 보이기 때문이다.

그런데 이것은 애착과 무슨 관계가 있을까? 우리는 이 이야기(Story)에 우리의 장과 절을 덧붙이도록, 즉 공저자가 되도록 초대받았다. 그리고 우리의 이야기를 하는 방식은 하나님의 이야기가 우리 자신의 이야기와 완전히 교차하도록 허용한 정도를 반영할 것이다. 건강한 애착은 하나님이 자신의 피조물들 사이에 연결을 만들어 내는 수단이다. 그러나 우리가 자신의 이야기를 가지고 그분의 이야기 안으로 완전히 들어갈 때 그분과 우리의 관계가 보이는 모습의 그림자이기도 하다. 로저, 리디아, 혹은 에밀리의 이야기에 공감했다면, 당신은 획득된 안정 애착을 달성하는 데 필요한 힘든 작업이 과연 그만한 가치가 있는지 궁금할지도 모른다. 당신이 다른 사람들과 더 깊고 풍성한 관계를 원한다면, 그것은 가치가 있다. 자녀들이 이 마음 든든함을 경험하기 원한다면, 그것은 가치가 있다. 그리고 하나님은 사랑이 많으신 분이고 당신을 이롭게 하시려고 당신의 삶 속에서 행동하시며 당신과 함께하신다는 점을 명시적으로 표현된 사실로서만이 아니라 정서적이고 기억되는 경험으로서 알기를 갈망한다면, 그것은 가치가 있다. 이 변화의 증거는 당신을 향한 하나님의 사랑에 대한 환기된 자전 기억(뇌의 아래쪽과 위쪽의 부위들뿐 아니라 좌측과 우측의 통합이 필요한 기억)으로 당신 자신의 몸 안에 뿌리내릴 것이다.

그것은 과학적 탐구의 영역을 상당히 벗어날 법한 삶의 차원에서 현실이 될 것이다. 시편 37편을 읽으면, 그 시가 당신의 의식 위로 폭포수처럼 쏟아지며 다음을 상기시켜 줄 것이다.

> 우리가 걷는 길이 주님께서 기뻐하시는 길이면,
> 우리의 발걸음을 주님께서 지켜 주시고,
> 어쩌다 비틀거려도
> 주님께서 우리의 손을 잡아 주시니, 넘어지지 않는다. (23-24절)

이 구절을 이해하게 될 것이며, 그것도 단순히 신학적 신념에 대한 논리적·선형적 추론이나 동의의 좌뇌 기능으로서만 이해하지는 않을 것이다. 이와 같은 성경 구절을 읽고 하나님에게 느껴지는 느낌을 경험할 것이다. 24절을 읽으면서, **비틀거리는 것**(stumbling)과 **넘어지는 것**(falling) 사이의 질적인 차이를 감지할 것이다. 하나님의 현존은 위로가 되며 부인할 수 없이 명백하다. 왜냐하면 그분은 특히 안정적인 애착의 과정을 통해 당신의 마음속에 경험적으로 자리 잡으셨을 테니까.

8장

획득된 안정 애착: 새로운 피조물을 가리키다

말린은 지혜로운 여성이다.

그렇지만 그녀의 아들 캘빈은 15개월 된 자기 아들 에릭을 어떻게 다루어야 할지 그녀에게 조언을 구하던 날, 이 사실을 확신하지 못했다. 캘빈과 고등학교 교사인 그의 아내는 캘빈이 집에 머물며 첫째 아이를 돌보기로 결정했다. 성공한 작가인 캘빈은 일하는 시간을 그녀보다 좀더 유연하게 조절할 수 있기 때문이다.

캘빈은 처음에 아버지가 된다는 점에 크나큰 낙관과 기대를 품고 접근했으며, 처음 몇 달은 집에 머무는 아빠의 역할이 상당히 편안히 들어맞는 것 같았다. 그러나 에릭이 자유로이 움직일 수 있게 되자, 모든 것이 달라졌다. 에릭은 항상 뛰거나(걷는 일은 거의 없는 것 같았다), 옹알거리거나(모든 언어가 그에게는 아직 낯설었다), 손으로 가리키고 팔다리를 마구 흔들어 대면서 음식 자국을 남겼다. (어쩌면 이런 건 놀랄 축에도 끼지 않을 일이다. 그것은 많은 남성이 나이를 불문하고 보이는 행동 패턴이기 때문이다.)

아직 발달하지 않은 에릭의 언어 구사력은 아빠와 아들 사이에 흥미로운 알아맞히기 놀이로 이어지는 경향이 있었으나, 캘빈은 아무리 열심히 노력해도 아들의 활기 넘치는 신체적 성향을 감내하는 일에 자신의 기질이 잘 맞는지 궁금했다. 캘빈은 자신이 그 일을 감당할 수 있는지 아직은 아내가 의구심을 갖게 하고 싶지 않았으므로, 자신의 엄마에게 전화하기로 했다.

"엄마, 너무 좌절감을 느껴요." 그는 말했다. "저는 늘 마감 기한을 문제없이 지키는데, 어째서 아장아장 걷는 아이는 따라잡을 수가 없는 걸까요? 너무 벅찬 느낌이 들기 시작해요. 엄마는 다섯 아이를 데리고 어떻게 해내신 거예요?"

말린의 대답에 캘빈은 기운이 빠졌다. "정말 이 문제에 대해 네 아버지랑 이야기할 필요가 있겠구나." 얼마간은 어리둥절하고 얼마간은 짜증이 난 캘빈은 엄마가 왜 그냥 자신이 원하는 이야기를 해 주지 않는지 이해하지 못했다.

"이 문제에 대해 왜 아빠랑 이야기해야 하는데요?" 캘빈이 물었다. "아빠는 어떤 것에 대해서도 저랑 이야기하지 않으세요."

그것은 사실이었다. 그의 아빠는 그에게, 데이트를 하고 밤에 언제까지는 집에 돌아와야 하는지를 말하거나, 숙제를 마쳤는지 물어보거나, 일요일 아침마다 미사를 위해 일어나야 한다고 상기시키려 할 때 빼고는, 그가 자라는 동안 대화를 먼저 시작한 적이 거의 없었다.

캘빈의 아빠는 결코 불친절하거나 엄격한 사람은 아니었으며, 그저 거리를 두는 성격일 뿐이었다. 소매를 걷어붙이고 캘빈과 그의 형제들을 키우는 성가신 일을 도맡은 장본인은 말린이었다. 캘빈은 육아에 대해 결코 아빠에게 도움을 구하지 않았을 것이다. 그래서 그가 아빠와 이야기해야 한다는 엄마의 주장은 혼란만 가중시켰다.

"엄마, 그건 아니죠. 아빠가 걸음마를 시작한 아이들에 대해 아무것도 알지 못하는 거 아시잖아요. 에릭과 저 둘 다 살아서 에릭의 두 번째 생일을 맞으려면 제가 무얼 해야 하는지 엄마가 그냥 아이디어를 좀 주실 수 없는 이유가 뭐죠?"

"저기, 너는 아빠잖니, 캘빈." 엄마가 말했다. "그래서 아빠한테서 조언을 얻어야 한다는 거야. 게다가 최근에 네 아빠가 배우고 있는 것들을 알면, 아마 깜짝 놀랄지도 몰라."

아무렴요, 캘빈은 생각했다. 아빠가 새로운 것을 발견하고 있다면, 캘빈에게 그것에 대해 알려 줄 사람은 엄마일 것이다. 캘빈이 엄마에게 말한 것처럼, 아빠는 절대 그에게 말을 걸지 않았다. 그것이 그들 가족의 방식이었다.

캘빈과 그의 아빠 사이에 구축된 애착 패턴을 고려하면, 캘빈의 반응은 그다지 놀랍지 않다. 말린은 그것을 묘사할 말을 찾지 못한 채, 그녀의 아들과 남편이 그 패턴을 바꿀 수 있기를 기대하고 있었다.

지난 장의 끝 무렵에 암시한 바와 같이, 애착 패턴은 심지어 성인기에도 바뀔 수 있다. 획득된 안정 애착이라 불리는 과정을 통해 사람들은 건강한 애착의 결과로 생기는 행복감과 자신감을 개발할 수 있다. 다시 말해, 마침내 일관되고 완전한 방식으로 그들의 인생 이야기를 할 수 있다. 그렇지만 단지 새로운 사실 정보를 받아들인다거나 강한 의지력이 있다고 해서 그 일이 일어나지는 않는다. 이러한 변화가 일어나려면 외부의 관계와 의미 있는 만남이 생기거나 환경상 엄청난 변화가 필요하다. (그런데 이 장은 불안정한 애착에서 안정적인 애착으로 가는 움직임에만 초점을 맞춘다. 그러나 상습적인 학대나 정서적으로 엄청난 외상을 남기는 사건들은 안정적인 애착 패턴을 불안정한 것으로 뒤바꿀 수 있다.)

안정적인 애착을 얻게 되면 어떤 모습일까? 다음의 시나리오들을 고려해 보라.

- 예민한 일곱 살짜리 소년은 정서를 무시하는 가정에서 살고 있는데, 그를 '이해하는' 2학년 선생님을 만난다. 그 결과, 그의 애착은 더 이상 회피적이지 않고 안정적인 상태로 진화할 수 있다.
- 엄마가 일으키는 불안의 소용돌이 속에서 살고 있는 한 십 대는, 자신의 괴로움을 엄마가 달래 주기를 기대하지 않고 자기 삶에 대해 질문하는 코치나 청소년부 지도자를 존경할 수도 있다. 그 결과, 아무런 조건 없이 느껴진다고 느끼는 경험을 시작할지도 모른다.
- 애착에 대해 떨쳐 버리는 태도를 가진 한 성인은 암 진단을 받을 때까지는 혼자 힘으로 상당히 잘해 왔을지도 모른다. 죽음을 피할 수 없는 자신의 운명에 직면하며, 지지 모임에 합류해 위안을 주는 다른 환자들에게 에워싸인 그녀는 완전히 새로운 경험을 한다. 함께 고통당하는 친구들은 깊은 취약성(vulnerability)을 서로 나누며 그녀를 알고 싶어 한다. 동시에 그녀에게 그녀의 인생 이야기를 처음부터 들려 달라고 청할 수도 있다.

이 이야기들의 공통분모는 세 명의 개인이 모두 처음으로 알려짐에 마음을 연다는 점이다. 그들 중 누구도 자기의 애착 패턴이나 성향을 혼자 힘으로 바꾸어 내지 않는다. 사실, 그들은 자신의 삶을 이해하려고 역시 열심히 노력하고 있는 사람들과 교류한다. 기억하라, 개별적인 뇌 같은 건 없다. 변화가 일어나려면 한 사람이 다른 사람에게 공감하는 태도로 경청하고 응답하는 협력적 상호작용이 필요하다. 말하는 사람이 처음으로 **다른 사람에게 느껴지는 느낌**을 경험하는 것이다.

이야기하기와 경청의 놀랍도록 신비로운 결과 중 하나는 우리의 좌측과 우측의 처리 모드가 통합될 수 있다는 점이다. 논리적이고 선형적이며 옳고 그름을 따지는 처리를 불러오는 본문을 그냥 읽거나 경청할 때에는 발생하지 않는 방식으로, 좌뇌와 우뇌가 서로 통합적으로 엮인다.

다른 누군가가 자신의 이야기를 들려주는 동안 공감하는 태도로 민감하게 반응하며 듣는 사람은 그 이야기를 하는 사람의 존재를 수용해 줄 수 있으며, 이야기하는 사람이 자기의 이야기를 상상할 대안적 방식을 고려하도록 질문과 사색을 통해 그 사람의 호기심을 불러일으킬 수 있다. 그와 동시에, 이야기하는 사람의 우반구와 아래쪽 뇌에 깊이 파묻혀 있던 정서와 기억이 모습을 드러낸다. 서로 간에 일어나는 작용은 마음의 이 기능들을 드러내며 여러 층의 신경조직들 및 뇌 체계들의 통합을 촉진한다. 이는 결국 새로운 신경망들을 만들어 낸다. 이 신경망들의 발화 패턴은 **이전에는 잠재적으로 유효했으나**, 이런 상호작용이 발생하기 전에는 존재하지 않았다.

우리 이야기의 변화와 연관되는 신경 경로들을 동시에 변화시키지 않고서는 우리의 이야기를 변화시킬 수 없으므로, 이런 만남은 필수적이다.

일하시는 하나님

두 사람 사이의 경험을 설명하기 위해 연구자들은 **획득된 안정 애착**이라는 용어를 사용한다. 본질적으로 획득된 안정 애착은 하나님이 우리 모두가 장착하기를 원하시는 과정이다. 세부 사항 및 과정은 각 개인의 삶에 따라 다르겠지만, 하나님은 그분의 이야기가 우리의 이야기와 교차할 수 있게 하심으로써, 우리 모두를 깊은 불안의 자리로부터 마음 든든한 자리로 옮기고 계신다. 바울 사도는 한 서신에서 이 점을 암시한다.

> 누구든지 그리스도 안에 있으면, 그는 새로운 피조물입니다. 옛것은 지나갔습니다. 보십시오, 새것이 되었습니다. (고후 5:17)

다시 한번 그 피조물은—이 경우에는 획득된 안정 애착이라는 증거를 통해—하나님이 예수님의 부활과 함께 새로운 창조 과정에서 시작하신 심오한 현실로 우리를 안내한다.

예수님의 부활은 단지(혹은 심지어 주로) 믿는 자들에게 '천국 무료입장'권을 부여하는 사건은 아니다. 하나님은 지금 이미 자기 피조물을 회복시키는 일을 하고 계신다. 바울은 다시, 이 일이 오늘 우리의 삶에서 구체적으로 어떻게 저절로 이루어질 수 있는지 명확히 제시한다.

> 여러분은 이 시대의 풍조를 본받지 말고, **마음을 새롭게 함**으로 변화를 받아서, 하나님의 선하시고 기뻐하시고 완전하신 뜻이 무엇인지를 분별하도록 하십시오. (롬 12:2, 저자 강조)

우리가 불안정한 애착으로 고통을 겪는다면, 하나님의 이야기에 충분히 주의를 기울이는 것은 하나님 및 타인들과의 확실한 연결 수단으로 나아갈 기회를 제공한다. 그런데 여기가 상황이 복잡해지는 지점이다. 우리가 하나님의 이야기를 듣고 이해하며 그 안으로 들어가려 시도하는 방식조차 우리 자신의 특성에 영향을 받기 때문이다.

만물을 새롭게 하기

성경은 주로(여러 가지 것들 중에서도) 이야기로 되어 있다. 창세기에서 요한계시록에 이르기까지 우리와 함께하시려는 하나님의 갈망과 실천을 담은 이야기로, 예수님의 삶에서 절정에 이른다. 하나님은 우리와 함께 **현존**하신다. 그러나 단순히 물리적으로 "우리와 함께"가 아니다. 그분은 틀림없이 물리적으로 함께하시며, 성령의 현존 가운데서 훨씬 더 가까이 계신다. 예수님 안에서 하나님은 단지 같은 방에 있기 위해 오시는 것이 아니라, 우리에게로 곧장 걸어와 우리의 눈을 똑바로 바라보고 우리의 어깨를 만지고 우리의 이름을 큰 소리로 말하고 미소 지으며 우리와 음료를 나누신다. 그러는 동안 줄곧 우리 각 사람을 주의 깊게 대하고 설득하고 도전하고 초대하고 우리 각 사람의 죄를 깨닫게 하고 우리 각 사람에게 능력을 주시면서, 사랑을 통해 우리를 새로운 피조물로 변화시키신다.

그리고 그 과정에서 **우리의 신경망들이 변화된다.**

알다시피 건강한 애착은 조건에 따라 일어나는 소통으로부터 생겨난다. 그것은 두 명의 개인이 상호작용하는 동안 말로 하는 대화와 비언어적 신호 둘 다를 통해 서로를 긍정하는 소통이다. 이것은 개별 뇌란 없다는 가정을 반영한다. 정통 교리를 믿고, 예수님을 따르는 이들은 하나님이 삼위일체의 사회적 존재라고 주장한다. 성부가 있고, 성자가 있고, 성령이 있다. 그러므로 하나님의 삶 안에서 단일한 '뇌'는 없다. 말하자면, 신성(Godhead) 안에서 하나님은 자신의 삶을 완벽히 이해하셨다. 하나님 자신의 공동체적 삶은 조건에 의한 소통의 삶이다.

그 조건 의존성이 가장 통렬히 드러나는 곳이 겟세마네(눅 22:39-43)다. 성자가 "아버지여,…내게서 이 잔을 거두어 주십시오."라고 간청하시는 바로 그 순간에, 세례받을 당시 성자 자신이 누구인지 알려주시던 그 목소리(the Voice)의 반향을 성자가 들으신다고 상상해도 지나치지 않다. 성자가 말씀하시는 동안, 성자는 성부가 모든 단어, 모든 피비린내 나는 땀방울을 듣고 그것에 응답하시는 것을 분명히 감지하신다. 예수님은 하나님이 예수님 자신을 느끼고 계심을 느끼신다. 예수님은 성부의 눈에 비친 자신을 본다. 정신화는 이제껏 그랬던 만큼 민감하며 활발하다. 성자는 성부의 현존과, 성자에게 성부를 신뢰하라고 권하시는 성부의 집요한 권유를 감지하신다. 그런 후에 예수님은 응답하신다. "내 뜻대로 되게 하지 마시고, 아버지의 뜻대로 되게 하여 주십시오." 성자는 성부의 현존, 그분의 사랑, 그분의 수용을 감지하신다.

지상에 계시는 동안, 예수님은 성부에 대한 그지없이 안정적인 애착을 가지고 성부와 하나되어 사셨다. 예수님은 자기의 삶을, 설령 그것이 죽음으로 이어진다 하더라도, 성부에게 맡기실 수 있었다. 하나님과의 관계를 그토록 엄청나게 신뢰하신 예수님이 불안으로부터 매우 자유롭게 모든 일을 할 수 있으셨던 것이 조금도 이상하지 않다. 다시 말해, 치유하고 형세를 역전시키며 지혜와 확신으로 말하고 폭풍우가 몰아치는 날씨를 잠잠하게 하고 고문을 견뎌 내고 그분 자신의 죽음과 부활의 능력을 통해 죽음의 쏘는 것을 완전히 멸할 수 있으셨던 것 말이다.

그러나 우리는 우리의 불안정한 애착의 관점으로 세계를 보기에, 하나님이 우리에게도 절대적인 안전을 제공하신다는 점을 믿기 어려워한다. 아, 이따금은 우리의 좌뇌로 그것을 "믿는다." 그러나 아동기의 발달 과정에서 회피하거나, 양가감정을 느끼거나, 혹은 혼란에 빠진 패턴들 때문에 우리는 하나님을 흐릿하게 하거나 왜곡하거나 무시하게 된다. 또 예수님이 복음서에서 묘사하시는 기쁨의 삶으로부터 우리 자신을 단절하는 방식으로 그분에게 응답하는 경향이 있다.

우리를 향한 하나님의 사랑을 '믿음'에도 불구하고, 우리가 내적인 삶이나 친구, 부모, 자녀, 배우자, 혹은 이웃과의 관계를 변화시키는 그 사랑을 경험하지 못하는 이유는 무엇일까? 우리를 변화시키는 성령의 능력이라는 개념에 대해, 우리는 의미론적 기억의 신경망에 깊이 새겨진 신학적인 교의로서 동의한다. 그러나 보통 우리는 하나님의 변화시키시는 능력을 우리 마음의 우측 존재 모드로 포괄적으로 감지하지는 못한다. 사실, 우리의 우측 모드는 좌측 모드의 체계적 경향에 종종 압도당한다. 그래서 "하나님이 우리를 어떻게 보시는가?"라는 질문을 받을 때 우리는 자동적으로 '**죄 많은**' '**타락한**' '**사악한**'과 같은 단어들로 응답한다. 그리고 그것을 입증하기 위해 성경의 특정 구절들을 언급할 수 있다. 우리는 그것에 정말 능숙하다. 그러나 **그것이 우리**에게 늘 좋은 건 아니다.

그 이야기를 주의 깊게 대하기

성경은 여러 가지로 비유될 수 있는데, 특히 상처 입거나 치유되거나 기뻐하거나 분개하거나 다정하거나 슬퍼하는 우리의 다양한 부분들을 일깨우고 드러내는 피뢰침이다. 그렇다면 성경에 대한 우리의 반응은 우리의 이야기에 뿌리를 두고 있다.

어쩌면 당신은 성경의 은총과 모험의 이야기 바다에서 부드럽게 씻기고, 용서받고, 생기를 얻어 왔을지도 모른다. 사려 깊은 영적 지도자, 부모, 혹은 친구에게 처음 소개받았던 훈련을 통해 매일 성경을 산소처럼 들이마시고 있는지도 모른다. 반면에, 과도하게 확신에 찬 부모나 권위주의적인 교회 지도자가 무기처럼 사용해 온 성경의 가르침을 그저 수용하는 쪽에 있었을 수도 있다. 그렇다면, 당신의 역사에서 '종교'의 역할에 대한 외현적이고 암묵적인 기억을 고려할 때, 성경을 언급하는 것만으로도 (숨을 죽이고서라도) 비명을 지르고 싶어 할지도 모른다.

내가 이 모든 것을 말하는 이유가 있다. 우리가 성경에 나오는 사람들의 이야기에서 듣는 하나님의 이야기에 다가가고 반응하는 방식은 그 자체가 우리의 이야기, 우리의 뇌, 그 뇌의 신경망들이 기억, 정서, 애착의 측면에서 나타내는 모든 것에 의해 그리고 우리의 마음이 대략 통합된 정도에 따라 편향됨을 강조하기 위해서다. 이런 특정 수신기들을 통해서만 듣는다는 뜻은 아니지만, 우리의 영적인 청각 체계는 이런 것들에 영향을 받는다.

이를 염두에 두고, 하나님이 당신의 이야기를(그리고 더 나아가 당신이 친밀한 정서적 접촉을 하는 이들의 이야기를) 바꾸시는 일을 하신다는 가능성에 마음을 열도록 격려하고자 한다. 더 빈약한 이야기에서 더 풍성한 이야기로, 더 가혹한 이야기에서 더 부드러운 이야기로, 경직된 이야기에서 유연한 이야기로, 더 슬픈 이야기에서 기쁜 이야기로, 수치스러운 이야기에서 자신감 있고 자유로운 이야기로. 공감하며 듣는 이에게 당신의 이야기를 들려주는 것은 그분이 일하시는 수단 가운데 하나다. 성경은 또 다른 수단이다. 그러나 하나님의 이야기가 당신의 이야기를 관통하기 위해, 당신은 늘 하기 쉽지만은 않은 일을 해야만 한다. 다시 말해, 주의를 기울여야 한다.

각양각색의 저자, 문체 유형(이를테면 역사, 시, 교훈), 광대한 역사와 그 이상을 담은 성경은 단순하면서도 복잡한 이야기다. 성경은 하나님이 협력하여 세상을 세상 자체로부터 구하시고, 정의롭고 자비로우며 선량한 하나님 나라를 세우기 위해 꼭 위대하다고 할 수는 없는 사람들의 삶에 어떻게 관여하셨는가를 이야기한다.

그러나 이것은 동화가 아니다. 이야기가 실제 사람들을 포함한다는 점에서 당연히 지저분할 수밖에 없다. 또한, 그 이야기는 하나님을 포함하고 있으므로, 지저분한 것을 간단히 일소하는 법에 관한 이야기라기보다는 우리에게 있는 지저분한 요소를 가지고 얼마나 창의력을 발휘할 수 있는가에 관한 이야기라는 느낌을 받는다. 이것이 하나님이 하고 계시는 일이다. 다시 말해, 지저분한 것들에서 선량하고 신비로운 것들을 창조해 내는 일 말이다.

우리의 특정 신경망들로 인해 우리가 종종 무시하거나 인식하지 못하거나 괴로움을 겪게 되는 하나님 이야기의 측면들에 모두가 주의를 기울여야만 한다. 예를 들어, 우리는 정확히 하나님이 우리에 대한 그분의 '기쁨'을 표현하시는 구절들을 얼마나 자주, 꼼꼼히 읽는가? 혹은 얼마나 자주, 히브리서의 저자가 한 말의 의미를 곰곰이 생각해 보기 위해 멈추는가? "그는 자기 앞에 놓여 있는 기쁨을 내다보고서, 부끄러움을 마음에 두지 않으시고, 십자가를 참으셨습니다"(히 12:2). 어차피 대부분의 사람들은 어느 정도 수치심을 느끼는데, 마음을 좀

먹는 수치심의 작용을 생각해 보기 위해 멈추는 사람은 거의 없다. 이런 경향은 때로 우리 자신의 불안정한 애착을 반영한다. 그러나 하나님은 안정적인 애착을 지닌 이들을 안전함 속으로 훨씬 더 깊숙이, 바울의 표현으로는 믿음, 소망, 사랑 속으로 끌어들이는 일도 하신다. 절박하게 구세주가 필요한 건 단지 불안정한 애착을 지닌 이들만이 아니다. 우리 모두에게 구세주가 필요하다.

이 책의 남은 부분에 걸쳐, 우리 자신의 이야기에 압박을 가하는 하나님 이야기에 관한 여러 주제를 고찰할 것이다. 먼저, 우리가 알려짐으로써 경험하기 갈망하는 그 변화를 설명하고 활성화하는 간단한 장면 하나를 숙고해 보기를 권한다.

누가복음 3장에는 세례를 받으시는 예수님의 이야기가 나온다. (이 이야기는 다른 복음서들에도 묘사되어 있다.) 누가는 다음과 같이 기록한다.

> 백성이 모두 세례를 받았다. 예수께서도 세례를 받으시고, 기도하시는데, 하늘이 열리고, 성령이 비둘기 같은 형체로 예수 위에 내려오셨다. 그리고 하늘에서 이런 소리가 울려 왔다. "너는 내 사랑하는 아들이요, 나는 너를 좋아한다." (21-22절)

이 구절은 예수님과 하나님의 목소리를 들으시는 예수님의 경험에 초점을 맞춘다. 그 목소리(the Voice)는 예수님과 예수님이 사랑받으시며 성부에게 기쁨이 되신다는 사실에 주의를 집중한다. 비둘기 같은 형체가 나타난 것은 이 드라마에서 성령의 활동을 눈에 띄게 하며, 성부 하나님이 예수님 마음속의 추상적인 관념에 국한된 생각이 아니라 물리적으로 감지되는 현상을 통해 예수님과 접촉하셨음을 상기시켜 주는 역할을 한다. 요한복음에는 또한 세례 요한이 이 비둘기 같은 형체가 내려와서 예수님을 감싸는 것을 목격한 장면이 나온다. 이는 요한에게 자기 사촌에게는 뭔가 독특하고 주목할 만한 특성이 있음을 알려 주었다(요 1:32-33).

우리가 예수님의 경험과 그분의 공적인 사역에 대한 이 승인에 초점을 맞추는 건 당연하지만, 이 이야기에서 가능한 부가적인 층과 결을 고려해 보기를 권한다. 좋은 서사는 보통 위대한 교향곡처럼, 몇몇 진행이 나타나는 토대로서 주요 주제를 담고 있다. 닻이 되는 선율은 결코 표면에서 멀리 떨어져 있지 않으며, 이 서사도 마찬가지다. 이 서사의 부가적인 요지, 말하자면 보조적인 진행을 생각해 보자. 즉, 예수님은 성부의 고유한 본성의 계시라는 점을 말이다.

예수님에 관한 것을 알려 주는 것만큼이나, 예수님의 **하나님** 경험에 이 이야기의 초점이 맞춰져 있을 가능성이 있다. 우리는 물론, 예수님이 사랑받으시며 하나님께 기쁨이 되시는 것을 본다. 복음서 전체의 맥락을 고려하면 저자가 이것을 보여 주려고 하는 게 틀림없다. 그것은 누가가 바로 몇 단락 앞에서 기록한 말씀을 확인해 준다. "예수는 지혜와 키가 자라고, 하나님과 사람에게 더욱 사랑을 받았다"(눅 2:52). 서사의 진행은 꽤 간단하다. 즉, 예수님은 하나님에게 기쁨이 되는 방식으로 살아가시며, 하나님의 기쁨이 예수님의 행동에 뒤따른다. 이것이 주요 주제다. 그러나 우리는 누가가 짓고 있는, 교향곡에 깊은 보조적 울림을 주는 중요한 배음을 놓치고 싶지 않다.

이것이 미묘하지만 분명한 음색으로, 여호와는 예수님이 그분을 인식하시는 가장 이른 순간부터 여호와 자신의 참다운 본성을 따라 예수님을 기뻐하시는 하나님이라는 선율을 울리는 이야기라면 어떻게 될까? 예수님은 **행동하시기도 전에** 기쁨을 주는 방식으로 하나님의 현존을 감지하셨으며 그 현존은 예수님으로 인한 하나님의 기쁨으로 꽉 차 있었다는 선율을 울리는 이야기라면? 마치 모든 달리기에 앞서 하나님의 기쁨을 느끼는, 〈불의 전차〉(Chariots of Fire)의 에릭 리델(Eric Liddell)처럼 말이다.

예수님이 이 땅에서 초창기 시절부터 피조물 전체, 특히 인간에 대한 하나님의 근본적인 태도가 연민 어린 깊은 애정이라는 사실을 깊이 인식하신 거라면 어떻게 될까? 이를테면 성부는 우리에게 사랑하고 희생하라고 강요하기보다 설득하고 촉구하는 어리석은 위험을 감수하는 기이한 행동을 하시는 경향이 있고, 우리가 이 세상과 거기서 살아가는 모든 민족을 축복하는 일에 그분과 협력하기를 인내하며 수천 년 동안 기다리셨다는 사실을 예수님이 감지하신 거라면 어떻게 될까?

예수님의 삶이 무엇보다 먼저 여호와의 애정에 대한 그분의 예민한 인식과 성부 하나님에게 깊이 알려지고 사랑받는 것에 대한 **응답**이었다면 어떻게 될까? 이런 의미에서 서사의 진행은 역전된다. 즉, 예수님의 행동이 하나님의 기쁨에 뒤따른다. 먼저 하나님은 한없이 기뻐하시고(그분은 그저 처음부터 그런 하나님이시다), 그 후에 예수님은 하나님에게 한없이 사랑받는다고 지극히 확신하는 사람 특유의 행동으로 응답하셨다. 이런 의미에서, 예수님은 자라는 동안 하나님의 기쁨을 점점 더 많이 인식하셨다. 단지 하나님에 **관하여** 아는 바가 많아진 게 아니라, **자신에 대한 하나님의 기쁨, 자신의 존재로 인한 하나님의 기쁨에 대한 직감적 인식**이 많아졌다. 예수님의 삶은, 자기의 피조물에 때에 따라 주의를 기울이며 그 피조물의 존재를 대단히 기뻐하시는 하나님을 경험하는 것에 대한 살아 숨 쉬고 두려움 없는 응답이었다.

예수님이 상당히 잘 아셨을, 다윗왕이 쓴 다음의 구절을 고려해 보라.

주님, 주님께서 나를 샅샅이 살펴보셨으니,
나를 환히 알고 계십니다.
주께서 내가 앉고 일어섬을 아시고
멀리서도 나의 생각을 밝히 아시오며
내가 앉아 있거나 서 있거나 주님께서는 다 아십니다.
멀리서도 내 생각을 다 알고 계십니다.
내가 길을 가거나 누워 있거나, 주님께서는 다 살피고 계시니,
내 모든 행실을 다 알고 계십니다.
내가 혀를 놀려 아무 말 하지 않아도
주님께서는 내가 하려는 말을 이미 다 알고 계십니다.
주님께서 나의 앞뒤를 두루 감싸 주시고,
내게 주님의 손을 얹어 주셨습니다.
이 깨달음이 내게는 너무 놀랍고 너무 높아서,
내가 감히 측량할 수조차 없습니다.
내가 주님의 영을 피해서 어디로 가며,
주님의 얼굴을 피해서 어디로 도망치겠습니까?
내가 하늘로 올라가더라도 주께서는 거기에 계시고,
스올에다 자리를 펴더라도 주님은 거기에도 계십니다.
내가 저 동녘 너머로 날아가거나,
바다 끝 서쪽으로 가서 거기에 머무를지라도,

> 거기에서도 주님의 손이 나를 인도하여 주시고,
> 주님의 오른손이 나를 힘있게 붙들어 주십니다.
> 내가 말하기를 "아, 어둠이 와락 나에게 달려들어서,
> 나를 비추던 빛이 밤처럼 되어라" 해도,
> 주님 앞에서는 어둠도 어둠이 아니며,
> 밤도 대낮처럼 밝으니,
> 주님 앞에서는 어둠과 빛이 다 같습니다.…
> 하나님, 주님의 생각이 어찌 그리도 심오한지요?
> 그 수가 어찌 그렇게도 많은지요?
> 내가 세려고 하면
> 모래보다 더 많습니다.
> 깨어나 보면 나는 여전히 주님과 함께 있습니다.
> (시 139:1-12, 17-18)

다윗의 경험을 이해하시는 예수님을 상상해 보라. 그분은 개별 피조물의 삶에 긴밀히 관여하시는 여호와를 알게 되신다. 이는 가장 심오한 성격의 정신화다.

만약 우리가 이것이 사실이라 믿는 것처럼 산다면, 우리 또한 불안과 두려움에서 자유로워지지 않겠는가? 우리는 위로를 받지 않겠는가? 철저한 보살핌과 보호를 받는다고 느끼지 않겠는가? 그 결과 정의와 평화를 추구하지 않겠는가? 비축하기보다는 후하게 베풀지 않겠는가? 배우자에게 좀더 인내심을 갖고 대하지 않겠는가? 우리 아들과 딸의 야구 및 축구 경기에서 좀더 얌전한 부모가 되지 않겠는가? 안식일을 좀더 자주 기억하며 좀 덜 시달리고 덜 격분하는 삶을 살지

않겠는가? 범죄자 처벌과 제삼세계의 부채를 좀더 창의적으로 다루지 않겠는가? 당신은 답을 알고 있다.

이와 같은 하나님의 삶에 예수님이 얼마나 몰입하셨는지 생각하면, 예수님으로부터 산상수훈, 다수의 치유, 예루살렘에 대한 마음과 울음, 겟세마네에서 흘린 피비린내 나는 땀방울, 골고다로 향하는 여정, 일요일 아침의 광휘와 함께 도래하는 하나님의 설욕에 대한 예수님의 궁극적인 신뢰가 나오게 되는 게 조금도 이상하지 않다.

투명인간은 없다

구약성경마저 사람들과 늘 어울리시는 하나님을 드러내 보여 준다. 여기에서 하나님은 결코 평평한 이차원의 그림이 아니시다. 그분은 끊임없이 움직이고 계시나, 절대 지나치게 활동적이시진 않다. 계속해서 왔다 갔다 하시지만, 결코 무심하지 않으시다. 친밀하시지만, 결코 조종하려 하거나 그분 자신이 조종되지 않으신다. 위험한 분이지만, 결코 그 사실에 둔감하거나 그것에 대해 미안해하지 않으신다. 사랑하시지만, 절대 아랫사람 대하듯 하지 않으신다. 창세기 16장은 아브람의 아내 사래의 여종인 하갈을 보여 준다. (하나님은 아직 그들의 이름을 아브라함과 사라로 개명하지 않으셨다.) 아브람의 서사는 이미 혼탁한 상황이다. 하나님이 그의 아내를 통해 아들을 주시리라는 약속을 이행하지 않으시리라는 두려움으로 그는, 자식을 얻기 위해 자기의 종과 성관계를 가지라는 사래의 제안에 굴복했다. 하갈은 임신한 후에 사래에 대한 경멸을 드러내고, 사래는 결국 그녀를 학대하기 시작한다. (이 행동은 온 세상에 복을 주도록 하나님이 예정하신 가족에게서 나왔다.)

하갈은 아브라함의 이동식 사유지에서 필사적으로 도망해 자기가 갈 수 있는 유일한 곳인 광야로 간다. 인상적인 점은 하갈이 하나님의 도움에 관심이 있다는 어떤 증거도 보여 주기 전에 **하나님이 그녀를** 찾고 계신다는 사실이다.

주님의 천사가 사막에 있는 샘 곁에서 하갈을 만났다. 그 샘은 수르로 가는 길옆에 있다. 천사가 물었다. "사래의 종 하갈아, 네가 어디서 와서, 어디로 가는 길이냐?" (창 16:7-8)

하나님이 하갈을 발견하신다는 점에 주목하라. 하나님은 지켜보고, 찾으며, 발견하고 계신다. 본문에는 하나님이 행동하시기에 앞서 하갈이 무슨 말을 한다는 어떤 암시도 없다. 하나님은 마치 하갈이 무엇을 생각하거나 하려는지 확신하지 못하는 것처럼 하갈에게 질문하신다. 그분은 하갈이 **지금** 어디에 있는지 잘 알고 계신 듯하다. 하갈의 비언어적 표현들이 그 모든 것을 말해 준다. 그런데 하나님은 하갈이 그분 자신에게 알려지는 경험을 하기를 간절히 원하시는 것 같다. 그것은 하갈이 자기 미래에 대한 정보를 알기 위해서만이 아니라 은혜의 하나님에게 느껴지고 보이기 위해서다. 하나님은 이런 분이다. 그런데 하나님은 그저 관찰만 하시는 다정한 할아버지가 결코 아님을 주목해야 한다. 하갈이 여주인을 피하여 도망하고 있다고 인정하자, 그분은 이런 지시를 내리신다.

주님의 천사가 그에게 말하였다. "너의 여주인에게로 돌아가서, 그에게 복종하면서 살아라." 주님의 천사가 그에게 또 일렀다. "내가 너에게 많은 자손을 주겠다. 자손이 셀 수도 없을 만큼 불어나게 하겠다."
주님의 천사가 그에게 또 일렀다.

"너는 임신한 몸이다.
아들을 낳게 될 터이니,
그의 이름을 이스마엘이라고 하여라.
네가 고통 가운데서 부르짖는 소리를 주님께서 들으셨기 때문이다."
(창 16:9-11)

하나님은 하갈에게 그녀가 도망 나온 바로 그 고통 속으로 되돌아가라고 요구하신다. 그분은 그녀의 망가진 삶을 면밀히 살피신다. 그러나 망설임 없이, 임신한 하갈을 지킬 뿐 아니라 그녀의 자손을 "그 수가 많아 셀 수 없을 만큼" 주겠노라고 덧붙이신다. 하나님은 하갈이 이집트인이고 종이며 여성의 신분임에도 불구하고 그녀를 안전하게 보호해 주실 것이다. 하갈이 살던 시대에 그녀는 가축보다도 가치가 없는 위치에 있다. 그러나 하나님은 그녀만이 알았을, 알 수 있었을 그녀의 심중의 부분들에 말을 건네고 계신다.

하갈은 "내가 여기에서 나를 보시는 하나님을 뵙고도, 이렇게 살아서, 겪은 일을 말할 수 있다니!" 하면서, 자기에게 말씀하신 주님을 '보시는 하나님'이라고 이름 지어서 불렀다. (창 16:13)

하갈은 **보이는** 경험을 한다. 그리고 하나님과 이야기를 나누면서

"**나를 보시는**" 그분을 본다. 하나님은 그녀를 만나시며, 그녀는 알려진다. 그리고 이 경험은 그녀의 삶과 세상의 역사를 영원히 바꾸어 놓는다. 하갈이 알려지고 보이며 들리고 느껴질 때 그녀는 비로소 사래에게 돌아갈 수 있다.

우리는 우리가 남의 눈에 보이지 않는다고 느낄 때가 너무 많다. 특히 하나님이 우리 앞에 계실 때 그렇다. 우리는 배우자, 부모, 친구, 특히 적에게 보이거나 알려진다는 느낌을 받지 못한다. 우리는 보이기를 갈망하며, 그런 일이 일어나면 용기 있고 친절하며 힘 있게 움직일 거라고 느낀다. 예수님은 이와 같은 이야기들에 몰입하신 채, **보이는** 사람으로, 하나님에게 **알려지는** 사람으로 인생을 사셨다. 그분은 아시는 하나님에 **관하여** 그저 알기만 하신 게 아니었다. 예수님은 하갈과 마찬가지로 **알려지셨다**.

하나님은 우리에게 똑같은 것을 원하신다. 우리의 부모조차, 우리와 얼마나 좋은 관계를 맺고 있는가와 상관없이 50퍼센트 정도만 우리의 의중을 헤아린다. 그러나 하나님은 **매번** 의중을 헤아리신다. 애착의 언어로, 우리의 하늘 아버지는 최대치의 능력으로 정신화하신다. 즉, 그분은 항상 우리의 감정과 욕망과 의도를 자애롭게 감지하고 해석하신다.

우리가 죄를 짓지 않았다거나 악하지 않다고 암시하는 것이 아니다. 우리는 확실히 죄인이고 악하기 때문이다. 단지 그것이 보통은 시작하기에 그다지 도움이 되는 지점은 아니라는 점을 말하고 있다. 시작할 곳은 태초다. 태초에 하나님은 기뻐하셨고, 지금도 기뻐하신다. 10장에서 살펴보겠지만, 우리의 뇌는 죄의 근원에 주의를 기울이도록 이끌리기 쉽다. 그런데 우리가 우리에 대한 하나님의 정신화에 **그분**

이 선호하시는 방식대로 주의를 기울이기 시작한다면 어떤 일이 벌어질까?

하나님과 조화를 이루어

지난 장에서 (불안정하고 회피하는) 로저, (불안정하고 불안한) 리디아, (불안정하고 혼란에 빠진) 에밀리를 소개하며, 그들 각자와 작업하던 각기 다른 방식들 중 몇 가지에 대해 이야기했다. 그들이 가진 불안정한 애착 유형에 따라 접근법이 달라지긴 했지만, 나는 그들 모두 동일한 훈련 중 하나를 행하도록 했다. 이 시각적 심상 유도 훈련은 그들이 자기의 감정, 지각, 감각을 일관된 방식으로 취합하는 걸 돕기 위해 성경을 사용했다. 그들의 이야기가 얼마나 망가졌는지에 상관없이 안전하고, 사랑받는다고, 새로운 삶과 새로운 활력과 새로운 모험으로 부름받았다고 말씀하시는 하나님의 목소리를 그들이 들을 수 있기를 원했다.

각 사람이 내 진료실에서 편안히 앉아 있을 때, 나는 그들에게 눈을 감고 평화롭고 고요한 환경 가운데 있다고 생각해 보도록 권했다. 일단 그들이 바닷가든, 산속이든, 조용한 숲속 오솔길이든 실제적인 배경을 마음속에 그리면, 주위의 아름다움을 눈여겨보도록 권했다. 그런 후에 하나님의 현존이 어떠한 모습일지 이야기하지는 않은 채, 그 현존을 감지하도록 마음을 열라고 요청했다. 다음으로는 하나님이 그들의 이름을 부르시고 "너는 사랑하는 나의 자녀다. 너로 인해, 네가 이 땅에 존재함으로 인해, 너무 기쁘다"라고 하나님이 말씀하시는 것을 상상해 보라고 요청했다. 나는 그들에게 하나님의 목소리에 마음을 열기를, 그분의 현존 안에서 오래 머물기를 요청했다. 그런 다음에, 하나님이 그들을 부드러운 사랑의 눈빛으로 바라보시는 것을 느끼는 경험이 일어나도록 허용하는 동안 무엇을 느끼는지를 물었다.

로저와 리디아와 에밀리는 각각 이 훈련에 대해 다른 반응을 보였다. 사실 옳은 응답이란 없으며, 참된 응답만이 존재한다. 그러나 그들은 각자 정서적인 친밀함에 응답하는 태도를 드러냈다.

로저는 사실 이 훈련을 매우 어려워했다. 그는 자기의 감정에 사실상 아무런 주의도 기울이지 않고 자랐기 때문에, 무엇이든 충분히 감지하는 게 어려웠다. 그에게 요청한 시각화 방식은 그의 불편을 가중시켰다. 그는 충분히 활용되지 않고 있는 우측 작용 모드를 연동시켜야 했다. 시공간적 정위와 정서에 필요한 모드다.

엄마의 불안을 넘겨받았던 리디아는 자신의 입장에 따라 하나님이 그녀에게 하실 수도 있는 말씀을 창작함으로써 "하나님을 조종"하고 있을지도 모른다고 걱정했다. 처음에 그녀는 "잘못된" 일을 하고 있을지도 모른다는 우려를 시인하며 매우 불편해했다. 그녀의 좌측 모드의 옳고 그름의 차원이 그녀의 경험을 지배하면서 더 많은 불안을 만들어 내고 있었다. 그녀가 이 훈련 중에 그런 생각들로 쉽게 산만해졌기 때문에, 나는 그녀에게 이 훈련의 단축된 버전을 자주 행할 것을 제안했다. 그 덕분에 새로운 신경망이 형성될 가능성이 높아졌다. 그녀는 점차, 다른 뇌 신호들의 간섭 없이 자기 몸이 자신에게 말하고 있는 것을 수집하면서, 더 오랜 시간 동안 자기의 감각들과 함께 머무를 수 있었다.

에밀리는 명상 중에 할 일에 대한 설명에 괴로워했다. 명상이 시작되기도 전에 말이다. 그녀는 이 명상을 한다는 건 너무도 불안스럽고 너무도 겁나는 일이 되리라는 점을 말로 표현할 수 없는 수준에서 감지했다. 설령 상상의 조우에 불과하다 해도 그토록 친밀한 방식으로 하나님과 접촉한다는 생각에 약간 어찌할 바를 모르고 혼란스러워했다. 그런 이유로, 에밀리가 그 과정에 완전히 무너지는 일 없이 천천히 정서와 마주할 수 있게 해 주는 좀더 점진적인 접근법들에 착수했다. 이 훈련 중 하나는 로저에게도 활용한 몸 스캔이었다(234쪽을 보라).

그들의 이야기가 각기 다름에도 불구하고, 각 사람은 결국 이 훈련을 할 때 평화롭고 사랑받으며 보살핌받는 느낌을 받는다고 보고했다. 그들은 또한 안도감을 경험하고 자신의 괴로움, 불안, 두려움이 손에 만져질 듯한 평온함으로 교체된 느낌을 경험한다고 보고했다.

자기 존재가 하나님에게 깊은 기쁨을 준다는 분명한 계시를 경험했으니, 그것은 언제나 참되다. 이것은 우리를 향한 하나님의 근본적인 마음가짐이다.…언제나 말이다. 나는 이 기쁨이 하나님이 우리에게 응답해 느끼시는 유일한 감정이라고 말하는 게 아니다. 성경의 가르침은 분명하다. 즉, 그분은 화를 내고, 슬퍼하며, 상심하고, 그 밖의 비슷한 감정들을 느끼신다. 그러나 이 정서들 및 다른 좀더 부정적인 모든 정서가 그분의 깊은 언약적 사랑(covenantal agape)에 의해 뒷받침된다. 그리고 그 사랑 가운데 한 속성이 우리의 존재에 대한 그윽한 기쁨이다. 만약 깨어 있는 모든 시간 내내 당신에 대한 성부의 깊은 인식과 기쁨을 완전히 자각하고 있다면, 당신의 삶은 어떤 모습을 띠게 될까?

이 훈련은 두려움에 차 있거나 상처 입은 우리의 부분들을 위로하는 것에 국한되지 않는다. 그것은 화평, 인내, 신실, 온유, 친절, 혹은 절제의 사례들이 결코 아닌 불안정한 행동들에도 말을 건다. 그것은 제한을 두기를 두려워하지 않는다. 히브리인들에게 보내는 편지의 저자가 우리에게 일깨워 주는 것처럼 말이다.

> "내 아들아, 주님의 징계를 가볍게 여기지 말고, 그에게 꾸지람을 들을 때에 낙심하지 말아라. 주님께서는 사랑하시는 사람을 징계하시고, 받아들이시는 아들마다 채찍질하신다."
> 징계를 받을 때에 참아 내십시오. 하나님께서는 자녀에게 대하시듯이 여러분에게 대하십니다. 아버지가 징계하지 않는 자녀가 어디에 있겠습니까? (히 12:5-7)

그러므로 성부가 당신을 기뻐하신다고 당신에게 말씀하실 때 그분의 목소리의 포괄적인 성격을 두려워하지 말라. 심지어 징계에 직면해서도.

하나님은 단순히 우리가 안전하거나 사랑받는다는 느낌만을 위해 우리와 연결되지는 않으신다. 그분의 변화는 언제나 그분을 따라 암흑, 잔혹함, 불의와 반란이 지속되는 우리 자신의 내면 및 세계의 남아 있는 곳들로 가라는 명령(이 단어에 우리는 격분하는 경향이 있다)을 포함한다. 그분은 우리가 자신의 내면 및 세계의 더 깊은 곳들로 들어갈 것을 끊임없이 권하시는데, 두 가지 모험 모두 더 큰 믿음과 소망과 사랑이 필요하다. 그분은 C. S. 루이스(Lewis)가 주목한 것처럼 선하시지만 안심할 수는 없는 분이며 기쁘게 해 드리기는 쉽지만 만족시켜 드리기에는 어려운 하나님이시다.

상황과는 무관하게 하나님은 당신이 깨닫기를 원하신다. 당신은 그분이 크게 기뻐하시는 그분의 자녀라는 사실을. 당신은 이것에 주의를 기울이겠는가, 그리고 어떻게 응답하겠는가? 이 훈련(그리고 그와 같은 다른 훈련들)을 자주 실천함으로써, 어려운 유혹이나 상황에 직면할 때, 예수님이 당신의 어깨를 꼭 감싸 안고 당신에게 이렇게 일깨워 주시는 것을 마음속에 그릴 수 있다. "너는 이 딜레마에 적임자다. 네 친구(배우자, 자녀, 상사 등)에게는 너만이 기여할 수 있는 바로 그것이 필요하다." 혹은 "너는 나의 것이다. 이제 네 마음과 네 세상에 대처하려고 사용하는 것들을 그만둘 때다. 방황하고 회피하고 겁에 질린 행동(이 험담, 이 나태함, 이 수치심, 이 오만함, 이 생각 없음)을 그만둘 때다. 이제 함께 모험에 나설 때다." (10장에서 수치심의 문제를 좀더 명시적으로 다룰 것이다.)

성경을 주의 깊게 대하는 법

로저와 리디아와 에밀리가 알게 된 바와 같이, 하나님의 이야기가 우리 자신의 이야기와 교차할 수 있게 함으로써 우리는 변화될 수 있다. 우리가 우리의 이야기를 하거나 다른 사람의 이야기를 들을 때, 우리의 좌측과 우측 처리 모드가 통합된다. 이런 까닭에, 십계명을 그저 해야 할 일과 하지 말아야 할 일의 목록으로 읽는 것은 통합에 효험이 거의 없다. 산상수훈에 관한 예수님의 훈계나 초대교회 공동체들에 관한 바울의 가르침에 대해서도 동일한 이야기를 할 수 있다. 올바른 생활을 위한 명령들을 그 이야기의 맥락으로부터 따로 떼어 내는 것은 기껏해야 신경학상으로 통합적이지 않으며, 최악의 경우에는 와해를 일으킨다. 우리의 이야기를 들려주는 것이 지극히 중요한 이유가 바로 그 때문이다.

그러나 서사가 우리 마음과 삶을 통합하도록 우리를 도울 수 있는 성경의 유일한 도구는 아니다. 시는 또 하나의 강력한 문학적 도구다. 그것은 몇 가지 뚜렷한 특징을 가지고 있다.

- 율동감을 활성화함으로써, 시는 우리의 우측 모드 작용 및 체계에 접근한다.
- 시 읽기는 우리의 허를 찌르는 효과를 발휘한다. 산문에 대한 평상시의 선형적 기대(예측 가능한 결말로 가는 도중에 한 단어가 또 하나의 단어 뒤에서 순순히 따라갈 것이라는)가 적용되지 않을 때, 우리의 상상력은 활기를 띤다. 이로 인해, 묻혀 있는 정서 상태와 기억의 층이 자극될 수 있다.
- 마지막으로 시가 언어를 사용한다는 점에서, 시는 우측 모드 처리뿐 아니라 좌측 모드 처리에도 호소한다. 이것은 시를 강력한 통합의 도구로 만든다.

그렇다면, 히브리인의 시편을 기독교 성경의 한가운데 배치하는 것은 적절하다. 150편의 시와 노래가 수백 년에 걸쳐 수집되어, 그 자체로 온전한 한 권의 정경으로 묶였다. 시편을 (우리 현대인들이 쉽게 그러하듯) 그저 관련 없는 시들의 모음집으로 접근해서는 안 된다. 물론, 각각의 시는 고유의 운율과 권위로 이야기한다. 그렇지만 우리는 오로지 시편 전체의 맥락에서만, 그런 다음 성경 전체의 맥락에서만, 시를 진정으로 이해하게 된다.

여기 (유랑, 귀향, 반역, 왕국 건설, 또다시 유랑, 예언적 경고와 간청, 메시아의 도래, 죽음, 부활, 하나님 나라의 건설 그리고 미래에 대한 소망의 이야기들 사이) 혼란의 한가운데 그 모든 것을 한데 모으고 우리의 마음을 이끌어 함께 참여하도록 하는 일련의 시들이 있다. 어쩌면 시편의 시들은 애초에 우리 뇌의 너무도 많은 이질적인 층과 체계를 통합하는 능력 때문에 그토록 호소력이 있는지도 모른다. 그 시들은 전체로서의 하나님 이야기에 관심을 갖게 하며, 결국 예수님을 주목하게 한다. 그리고 우리를 불안정한 애착에서 안정적인 애착으로, 건강하지 못한 정신화에서 건강한 정신화로 옮겨 가게 할 수 있다.

예컨대, 시편 6편에서 다윗이 암시하고 있는 바를 생각해 보라. 이 시는 부모와 자식으로 시작되는 연결에 관한 인간 드라마가 하나님의 자녀로서 우리가 하는 행위임을 반영한다.

> 주님, 내 기력이 쇠하였으니, 내게 은혜를 베풀어 주십시오.
> 내 뼈가 마디마다 떨립니다. 주님, 나를 고쳐 주십시오.
> 내 마음은 걷잡을 수 없이 떨립니다.
> 주님께서는 언제까지 지체하시렵니까?
> 돌아와 주십시오, 주님. 내 생명을 건져 주십시오.
> 주님의 자비로우심으로 나를 구원하여 주십시오. (2-4절)

우리가 이 말씀을 크게 외칠 때, 우리 모두의 안에 있는 아기의 큰 소리가 들리지 않는가? 그 누가 어느 순간엔가 이러한 것을 느끼고 이러한 말을 하기를 갈망하지 않았을까? 그다음에 우리는 하나님의 응답에 대한 시편 저자의 경험을 읽는다.

> 악한 일을 하는 자들아, 모두 다 내게서 물러가거라.
> 주님께서 내 울부짖는 소리를 들어 주셨다.
> 주님께서 내 탄원을 들어 주셨다.
> 주님께서 내 기도를 받아 주셨다.
> 내 원수가 모두 수치를 당하고, 벌벌 떠는구나.
> 낙담하며, 황급히 물러가는구나. (8-10절)

이 시는 다윗의 고뇌 뒤에 이어지는 하나님의 구원에 대한 깊은 인식을 표현한다. 그는 하나님에게 **느껴진다고 느낀다**. 말하자면, 하나님은 그의 울음을 듣고 그의 외침을 알아보며 응답하셨으므로, 그 아이는 받아들여진다고 느낀다. 그 결과, 자기 상황에 대한 이해와 미래에 대한 비전에 대변혁이 일어난다. 이 일은 그저 새로운 일군의 사실들에 저자가 간단하게 동의한 결과로 발생하지 않는다. 그보다는, 하나의 욕구가 충족되었기 때문에 발생하는 실존적인 변화를 그는 경험한다. 이것은 시편 저자가 하나님을, 그에게 마음을 쓰시는 분, 그의 괴로움에 연민을 가지고 응답하시는 분으로 정신화하는 것의 전형적인 예시다.

전사이자 결국 이스라엘의 왕이 되는 다윗은 자기 목숨을 노리는 사울과 그 밖의 사람들로부터 도망하는 동안 많은 시편을 썼다. 그런데 그는 시를 통해 하나님과의 경험을 상상하고 구체적으로 표현한 음악가이기도 했다. 그의 시는 그에게 의식적으로 주의를 기울이시는 하나님에 대한 그의 감각을 반영한다. 어쩌면 이 점은 시편 139편에 가장 강력하게 표현되어 있다(268-269쪽을 보라).

다윗은 면밀히 살펴지고 지각되며 발견되고 보호받는다고 느낀다.

그는 자기가 만들어진 환경인 복잡함과 친밀함을 감지하고 하나님이 자기를 만들 때 거기 계셨음을 감지한다. 그는 하나님의 마음속에 있는 자기를 감지하며, 자기를 향한 하나님의 생각들을 감지한다. 어려움에 맞닥뜨릴 때 엄마가 위로와 안도감을 주는 생각들로 자기를 생각하고 있는 모습을 마음속에 그리는 아이처럼, 다윗도 하나님에 대해 마음속에 그린다.

우리가 이 시를 읽을 때, 성령은 뇌의 통합을 촉진하고 우리에 대한 하나님의 정신화의 태도를 보여 주기 위해 그 시를 사용하신다. 우리가 이 노래의 언어뿐 아니라 형식에도 몰입하도록 스스로 허용한다면, 느껴지는 느낌과 알려진다는 자각으로 압도된다. 이것은 단순히 하나님에 관한 사실들을 장황하게 설명한 것이 아니다. 비록 심오한 좌뇌의 신학이 이 말씀에 속속들이 스며들어 있지만, 하나님을 경험한 다윗의 힘은 우뇌를 활성화하는 시의 힘을 통해 전달된다. 이스라엘의 **이야기** 속(**그분**의 이야기 속) 하나님의 행위에 대한 다윗의 기억과 이해는 하나님에게 느껴진다는 느낌(알려짐)의 감각을 불어넣는다. 이 서정시를 음악의 형식에 담아내는 일은 다윗의 심중을 한데 모아 일관성이라는 퀼트로 신경망들을 결합한다.

그렇지만 완벽성은 아니라는 점을 명심하라. 다윗의 삶은 결코 흐트러짐 없이 말끔한 게 아니었다. 사무엘 16장과 17장에서 그의 원가족의 역동에 대해 읽어 보면, 아마도 다윗은 불안정하게 애착되었을 가능성이 있다. 하나님은 선지자이자 사사인 사무엘을 다윗의 아버지 이새의 집으로 향하게 하셨다. 그 집에서 사무엘이 사울왕을 대신할 자에게 기름을 붓는 임무를 맡았을 때, 사무엘은 이새에게 모든 아들을 불러오도록 요청했다. 이새는 여덟 명의 아들 중 막내를 기억하지 못하는 것처럼 보였다. (아니면 보호하고 있었던 걸까?)

다윗의 등장은 나중에 생각이 나서 이루어진 것으로 보인다. 나이가 더 많은 일곱 명의 아들 중 누구라도 택하려는 사무엘을 성령이 제지한 후에, 사무엘은 이새에게 다른 아들들이 있는지 묻는다. 이새는 그때서야 비로소 다윗을 들판에서 불러들였다. 양을 지키는 일은 그 문화에서는 보통 사회적으로 보잘것없는 이들의 몫이었는데, 그것이 바로 다윗의 일이었다. 다윗은 어째서 그토록 쉽게 잊힌 듯 보인 걸까? 분명히, 다윗은 아버지의 마음속에 그의 형제들과 같은 지위를 차지하고 있지 않았다.

다음 장에서, 다윗의 형들이 블레셋 사람들과의 싸움에 보내진 반면에, 다윗은 모종의 기분 장애, 아마도 조울증으로 괴로워하는 사울 왕을 돕도록 보내졌음을 읽는다. 형들이 블레셋 군대와 싸우는 동안, 다윗은 뛰어난 수금 솜씨로 왕을 위로했다. 그때, 이새는 다윗에게 그의 형들을 위한 양식을 들려 보내며, 전장에 있는 형들의 안부를 알아오라고 했다. 엘리압은 동생이 몇몇 다른 전사들과 이야기하는 것을 보고 달가워하지 않았다.

다윗이 군인들과 이렇게 이야기하는 것을 맏형 엘리압이 듣고, 다윗에게 화를 내며 꾸짖었다. "너는 어쩌자고 여기까지 내려왔느냐? 들판에 있는, 몇 마리도 안 되는 양은 누구에게 떠맡겨 놓았느냐? 이 건방지고 고집 센 녀석아, 네가 전쟁 구경을 하려고 내려온 것을, 누가 모를 줄 아느냐?"

다윗이 대들었다. "내가 무엇을 잘못하였다는 겁니까? 물어보지도 못합니까?" (삼상 17:28-29)

보아하니 이새의 집안에서 만사가 순조롭지만은 않았던 것 같다. 엘리압은 어쩌면 사무엘의 축복에 대해 선택받지 못한 것에, 그것도 양치기 때문에 그렇게 된 것에 신경이 매우 과민한 상태였는지도 모른다. 어쩌면 다윗 자신이 어느 정도는 그 불화를 유발했을 수도 있다. 그러나 이새가 정서적인 안전과 이해와 품위가 깃든 가정환경에 일조하지 못하고 있었음에는 의심의 여지가 없다. 어떻게 보면, 다윗은 그 자신의 집에서조차 조롱과 묵살의 대상이었다. (우리가 명백하게 알 수는 없는) 그의 애착 패턴에 대해 궁금해하는 것은 지극히 당연하다. 그를 향해 화내고 어쩌면 혼란스럽게 하는 형제들의 행동뿐만 아니라 그를 무시하거나 방치하는 아버지의 태도를 다윗은 얼마나 참아야 했을까?

우리 중 많은 이들은 이 이야기의 다양한 부분들에 쉽게 공감할 수 있다. 우리를 이해하지 못하는 부모 및 형제와의 갈등, 우리 뒤를 봐주리라고 기대하는 이들로부터 받는 조롱, 가족이 아닌 사람들이 가족들보다 우리를 더 잘 받아들인다는 느낌.

하지만 어느 순간 하나님은, 오래된 가족의 상처와 건강에 좋지 않은 정신화로 초래된 정서적이며 신경학적인 간극을 메우는 방식들로, 또 그 간극을 메우는 관계들을 통하여 다윗을 만나셨다. 어쩌면 다윗은 양치기로 홀로 있는 시간 동안 자신의 기지로 살아남으며 하나님의 현존을 감지했을지도 모른다. 어쩌면 사울의 아들 요나단과의 우정이나 선지자 나단에게서 받은 지도와 조언이 그에게 행복감을 주었을지도 모른다.

그의 시편들에서 우리는 비록 상처받고 수치스러우며 두려운 느낌을 상세히 알고 있으면서도 이 고통을 하나님의 현존과 조응과 애정에 대한 깊은 인식으로 동시에 품은 한 사람을 떠올린다. 다윗은 느껴진다고 느꼈으며, 그리하여 역경에도 불구하고 계속해서 유연하고 자신감 있으며 용감하게 행동했다.

그의 시가 우리를 감싸도록, 우리의 심중(우리의 마음, 우리의 뇌)에 노래하도록 허용할 때, 우리는 또한 통합과 건강이라는 더 깊은 자리에 도달한다. 그것은 우반구와 좌반구 모두와 뇌의 아래쪽 및 위쪽 영역의 신경 발화를 활성화하는 과정을 통해 하나님의 현존을 지각할 수 있는 자리에 우리를 데려간다. 그것은 하나님에 관한 사실들을 가르치는 좌측 모드의 체계만으로는 하지 못하는 방식으로 반구들의 연결을 촉진한다.

앞으로의 장들에서 우리는, 명상과 같은 고전적인 영적 훈련들을 탐색할 작정이다. 그 훈련을 통해 하나님의 이야기가 우리를 보호하도록 감싸는 것을 경험할 것이다. 그렇지만 만약 애착에 대하여 지배적으로 물리치는 태도, 뒤얽힌 태도, 혹은 해결되지 않은 정신적 외상성의 대도로 그 훈련을 시작한다면, 어려운 과제로 여겨질지도 모른다. 그러한 태도로 임할 경우, 시편의 정서적 깊이를 포착하기를 회피하면서, 괴로운 감정들을 예외 없이 모조리 걸러내 버리거나(가령 분노, 수치심, 복수심, 혹은 불평이 두드러진 몇몇 구절), 아니면 우리의 우측 모드가 좌측 모드를 억누르고 있는 상태에서 바로 그 구절들에 압도 당할 수 있다.

이야기의 나머지 부분

캘빈의 어머니인 말린이 지혜롭다는 말로 이 장을 열었다. 그녀가 캘빈에게 그가 부모로서 결코 모방하고 싶지 않은 사람인 그의 아버지와 이야기해 보라고 조언한 점을 떠올려 보라. 내가 왜 그런 말을 했을까?

그녀의 조언을 캘빈은 잘 이해할 수 없었지만, 어머니를 많이 신뢰했고 누구와 이야기해야 할지 몰랐기에, 마지못해 아버지 에드와 만나기로 했다. 그들의 의논은 캘빈이 자기의 미래를 다르게 기억하는 일의 시작이 될 것이었다.

어느 토요일 아침 식사를 위해 그들이 만났을 때, 육십 대 초반의 남성인 아버지는 캘빈이 결코 알지 못했던, 아버지 자신의 삶의 세부적인 부분들을 나누기 시작했다. 캘빈이 태어나기 전에 죽은 에드의 아버지는 폭력적인 알코올의존증 환자였다. 에드는 만약 자기가 자녀들을 갖게 되면 자녀들을 결코 자기가 다뤄지던 방식으로 다루지 않으리라고 맹세했다. 그리고 그는 아무에게도 자기의 어린 시절에 대해 말하지 않을 셈이었다. 그런 말을 함으로써 자기가 그 일을 되풀이 할 위험성을 증가시킬까 봐 두려워서였다. 성장기에 그가 가정에서 보낸 삶을 되돌아보는 것만으로도 얼마나 수치심을 느낄지는 말할 필요도 없었다.

성인으로서 에드는 가정에서 정서적인 문제들이 발생할 때마다 뒤로 물러섰다. 그는 그런 문제가 발생하면 캘빈의 엄마가 수습하게 했다. 그는 자기가 결국은 분노로 주먹을 휘둘러서 누군가를 다치게 할까 봐 정말 너무 두려웠다. 불행히도, 에드는 두려움 탓에 자녀들과 사실상 정서적으로 어떤 것도, 심지어 자녀들이 이루어 낸 많은 성과가 주는 기쁨과 승리조차 공유하지 못하게 되었다. 그의 자녀들은 아빠가 무관심하다고 생각한 반면, 그는 자기가 거리를 지킴으로써 그들에게 좋은 일을 하고 있다고 생각했다.

그러나 첫 손주 에릭이 태어났을 때, 에드는 절망에 이를 정도로 깊은 슬픔을 느끼기 시작했다. 그는 그 작은 남자아이와 연결되기를 너무도 갈망했다. 그 아이를 해칠까 하는 두려움은 좀 덜 느끼게 됐는데, 자기가 그 아이의 행복을 직접 책임지는 건 아니었기 때문이다. 그러나 그는 그 아이와 연결되는 법을 도무지 알지 못했다.

에드가 자신의 갈망을 아내에게 나누었을 때, 그녀는 나를 만나러 가자고 제안했다. 그는 점차 자신의 두려움, 수치심, 큰 슬픔의 이야기를 들려주기 시작했다. 에드는 하나님이 에드 자신의 아버지처럼 분노와 실망에 차 있는 듯 보이는 그런 종교 전통 속에서 자라났다. 교회 출석은 매우 중요했지만, 단지 죄책감과 수치심만 강화하는 경향이 있었다. 그는 물리치는 유형의 불안정한 애착을 발달시켰다.

우리의 초기 면담 이후에, 에드는 다양한 관상 기도 방법들을 활용해 특정 시편들에 관해 묵상하기 시작했다. 이 훈련은 치료에서의 경험들과 더불어, 그에게 느껴지는 느낌의 감각을 일깨워 주었다. 그다음에 그는 자기 이야기를 새로운 방식으로 상상하고 이해하기 시작했다. 에드는 더 이상 자기 아버지의 분노에 대한 기억에 압도당하지 않았다. 그는 친밀감을 덜 두려워했으며, 그 자신의 분노에 대해 더 이상 걱정하지 않았다.

에드는 자기를 기뻐하시는 분으로 하나님을 보게 됐고, 그가 실패하기를 기다리며 그에게 창피를 주려는 분이 아님을 받아들이게 되었다. 새로운 갈증으로 성경을 꼼꼼히 읽으면서, 에드는 하나님 이야기의 전 범위를 보기 시작했다. 그는 하나님이 깊은 사랑과 애정으로 그를 돌보시는 것을 상상할 수 있었다. "누구든지 그리스도 안에 있으면,

그는 새로운 피조물입니다. 옛것은 지나갔습니다. 보십시오, 새것이 되었습니다"라는 사도 바울의 선언은 더 이상 단지 정신적 과정에 대한 비유가 아니었다. 그것은 에드의 마음/뇌의 실질적인 변화들, 그의 변화된 경험에 상응하는 새로운 연접을 형성하는 신경망들을 반영하는 것이었다. 이로 인해 결국 그는 손자와의 정서적인 친밀함이 일어나도록 하는 걸 포함해 기꺼이 가족과 더 많은 모험을 감수하게 되었다.

아들 캘빈이 첫발을 내딛는 일은 기대하지 않은 수확이었다. 캘빈도 그렇게 했을 때 아버지에게서 무언가를 받을 거라고 기대하지 않았다. 캘빈이 아버지의 변화, 특히 그의 영적 차원의 삶에서 일어난 변화에 관한 이야기를 들었을 때, 캘빈은 멍해졌고 안도했다. 그리고 자신도 아버지도 서로 정서를 공유하는 연습을 그다지 해 보지 않았다는 점에서 처음에는 다소 혼란스러워했다.

캘빈은 나중에, 아버지의 이야기를 듣는 일이 어떻게 안도감을 주었는지 에드에게 말했다. 그들이 그런 일련의 대화를 나누기 이전에, 캘빈은 당연히 아버지가 자기에게 관심이 없기 때문에 거리를 두는 것이라고 여겼다. 그 결과, 캘빈은 자기가 부적합하다는 의심을 품게 됐으며 자신감이 떨어졌다. 이제 그는 아버지가 겁에 질린 채, 자녀들과 거리를 둠으로써 그들에게 상처를 줄 수도 있는 자신의 부분들로부터 그들을 보호하리라고 확신했을 뿐임을 깨달았다.

캘빈의 경우에는, 에릭과의 관계에 대해 시간이 흐름에 따라 점차 덜 불안해하게 되었다. 그동안은 부재했던 아버지가, 자기가 그토록 오래 갈구해 왔던 어조와 신체 언어로 자신과 이야기함에 따라, 에릭에 대한 자신의 태도도 더 부드럽고 덜 다급해진다는 사실을 알아차렸다. 삶은 덜 괴로운 것 같았다. 그리고 에릭은 그 어린 나이에도 캘빈에게 덜 반발하는 것 같았다.

에드와 그의 손자는 어떻게 되었을까? 장담하건대, 에릭은 결코 전과 같지 않을 것이다. 한 사람이 자기의 서사를 좀더 일관되게 이해할 때(이 사례에서는 에드), 그 사람은 자기가 친밀하게 접촉하는 이들의 뇌를, 새로운 신경망들을 활성화함으로써 변화시킬 잠재력을 갖게 된다는 점을 신경 과학은 시사한다. 에릭의 뇌 회로는 그의 나이를 고려할 때 자기 아빠에게서 나오는 비언어적인 우측 모드 메시지에 의해 주로 형성될 것이다. 캘빈이 에릭의 마음 상태에 의식적인 주의를 기울이고 그 결과 아들의 비언어적 신호들에 조응한다면, 그 어린 소년이 아빠에게 안정적으로 애착하는 데 도움이 될 것이다.

변화되기엔 너무 늦은 것처럼 느낀 적이 있는가? 에드는 결코 늦은 때가 없음을 보여 준다. 하나님은 언제나 일하고 계신다. 여러 해 전에 당신의 자녀들을 다 망쳐 버렸고 이제 할 수 있는 건 기도뿐일까 봐 걱정한다면, 장담한다. 아직 희망이 있다. 그러나 이 희망은 당신 아이의 이야기가 아니라 **당신의** 이야기를 먼저 이해할 때 생긴다. 설령 당신의 부모가 그들의 이야기에 다른 결말을 쓰기를 꺼린다 해도, 절망하지 말라. 그 대신에, 하나님의 서사가 어떻게, 기쁘게 하기 쉬우면서 동시에 만족시키기 어려운 목소리와 태도로 당신의 서사에서 주의를 끌려고 외치고 있는지 잘 생각해 보라. 각자가 자기 삶을 이해하기 위해 부지런히 작업할 때, (명상과 성경 묵상을 포함한 다양한 훈련들을 통해) 하나님이 우리를 변화시킬 수 있는 위치에 있음으로써 그분의 이야기가 우리 이야기를 가로지르고 변화시키도록 허용할 때, 우리는 나아갈 방향을 알려 주는 획득된 안정 애착의 경험을 가지고 새로운 피조물의 본보기이자 대리인이 된다.

알려짐의 훈련

누가복음 3장의 예수님의 세례 이야기에 기초한 명상 훈련을 하고 싶다면, 산만해지거나 방해받지 않을 조용한 장소를 찾으라. 눈을 감고 편안한 자세를 취하라.

깊은숨을 쉬고 평화롭고 고요한 곳에 있다고 상상해 보라. 바다나 호수 곁, 숲속이나 초원, 혹은 산들로 둘러싸여 있다고 마음속에 그려 볼 수도 있다. 아름다움과 평온함을 발산하는 어디라도 좋다. 이제 상상 가운데 잠시 주변을 인식하는 시간을 가지라. 시각, 촉각, 청각으로 감지하는 것을 그냥 받아들여 보라.

다음으로, 하나님의 현존을 감지해 보라. 그분이 나타나거나 자신을 드러내시는 데는 옳고 그른 방식이 없다. 어쩌면 당신은 그분의 물질성을 몸의 형태로 지각할 수도 있다.

여성이라면, 이제 하나님이 당신의 이름을 부르며 이렇게 직접 말씀하시는 장면을 상상해 보라. "너는 내 딸이며, 나는 너를 정말 사랑한다. 나는 너로 인해 그리고 네가 이 땅에 존재함으로 인해, **너무 기쁘다.**" 남성이라면, 하나님이 이렇게 말씀하시는 장면을 상상하면 된다. "너는 내가 사랑하는 내 아들이다. 나는 너로 인해 그리고 네가 이 땅에 존재함으로 인해, **너무 기쁘다.**"

가능하면 하나님이 이 말씀을 하시면서 당신의 눈을 똑바로 바라보시는 것을 느껴 보라. 그분의 눈길을 외면하지 말라. 그분의 목소리에 저항하지 말라. 몇 분 동안 그분의 임재 가운데 있도록 자신을 맡겨 보라. 당신 마음속의 이 장소를 서둘러 떠나지 말라. 무엇을 느끼는가? 하나님이 부드럽고 강인하게 당신의 영혼의 창을 들여다보시면서 무엇을 느끼신다고 느끼는가?

사람들은 이 훈련에 대해 서로 다른 반응을 보인다는 점을 기억하라. 사실 옳은 반응이란 없다. 참된 반응만이 있을 뿐이다.

이 명상을 매일(아마 몇 분밖에 걸리지 않을 것이다) 6주 동안 훈련할 것을 권한다. 이 훈련을 한다면, 당신이 그저 마음의 어떤 추상적인 차원을 대하는 것만은 아니라는 점을 기억하라. 당신은 실제로 뇌의 신경망들을 변화시키고 있다. 실제로, 이 훈련은 당신을 당신의 성부(Father)에게 알려지고 보살핌받는다는 깊은 인식으로 이끌 수 있다. 처음에 이 인식은 오로지 명상 중에만 일어날 수도 있다. 그러나 결국, 매일 삶에서 당신이 만나는 불편한 순간들에 긍정적인 심상과 감정과 감각, 당신이 듣는 긍정적인 말에 빠르게 접근해, 불안을 자극하는 사건에 대한 대응을 바꿀 수 있음을 발견할 것이다.

9장

전전두피질과
그리스도의 마음

전전두피질(PFC)은 언어중추와 더불어, 하나님이 창조하신 다른 모든 존재로부터 우리를 구별하는 신경계의 부분이다. 주의, 기억, 정서, 애착은 전전두피질에서 모두 만나 통합된다. 그런 이유로 나는 뇌의 이 부분을 종종 마음의 그랜드 센트럴역이라고 부른다.

내 마음의 그랜드 센트럴역에서 열차들이 충돌하는 와중에 어디에서도 차장을 찾을 수 없던 그 아침, 주방에서 내 딸과 내가 서 있던 곳을 생생히 기억한다(감사하게도 내 딸은 기억하지 못하지만).

레이철은 이 이른 토요일 아침에 세 살 반쯤 먹은 아이였다. 아이의 엄마는 자고 있었고, 나는 조용한 시간에 몇 가지 일을 마무리하느라 이미 분주한 상태였다. 레이철은 잠든 상태라면 얌전하게 있어도 괜찮지만 일단 깨어나면 이전의 어떤 합의도 무효화된다고 믿으며 다른 계획을 갖고 있는 것 같았다. 자, 곧 일어날 일에 대해 내게 미리 경고했더라도 나는 그 경고를 깡그리 무시했을 거라고 말해야겠다. 그런데 그 일은 실제로 발생했다.

내가 일어난 지 얼마 안 되어 레이철이 일어났을 때, 아이는 자기의 작은 장난감 카세트 플레이어로 음악을 상당히 시끄럽게 틀어 대기 시작했다. 나는 아직 위층에 있었고, 서둘러 복도를 지나 아이 방으로 가서 소음을 가라앉혔다. 나는 (지금은 기억조차 나지 않는) 긴급한 사안들을 마무리할 수 있도록 집은 조용한 상태로 유지하고, 아내가 계속 잘 수 있도록 환경을 만들어야겠다고 마음먹었다. 나는 계단을 내려가 주방으로 걸어갔는데, 몇 분 동안 모든 것이 조용한 상태였다. 그때, 계단을 내려오는 홈 오디오 시스템 같은 데서 터질 듯 요란한 음악이 흘러나오기 시작했다. 우리의 금발 머리 꼬맹이 레이철은 그저 자기의 장난감 카세트 플레이어에서 나오는 선율로 토요일 아침을 맞고 있었을 뿐이다. 아이가 아침 식탁으로 향해 갈 때, 열차 사고는 시작되었다.

나중에서야 곰곰이 생각해 본 이유로 인해, 나는 그야말로 제정신이 아니었다. 레이철이 주방에 들어서자 나는 아이에게 고함을 질렀다. 내가 겨우 몇 분 전에 제정했으며 당장 (요란하게) 시행할 수밖에 없다고 느낀 정숙이라는 공식 법규를 내가 위반하고 있다는 사실을, 전혀 의식하지 못하는 상태였다. 게다가 그것은 전혀 온건한 시행도 아니었다. 내 말을 인용할 순 없지만, 맹렬히 치밀어 오르는 분노가 튀어나와 아이에게 돌격하는 것을 느꼈다. 열차들은 충돌하고 있었고, 일그러진 쇠붙이가 사방에 널려 있었다.

"그거 끄라고 했지! 내 부탁대로 할 수 없다면 여기 있을 필요 없어. 위층으로 돌아가!" 이런 말을 외친 기억이 난다. 이 글을 쓰면서도 내가 느낀 것과 한 일을 믿기 힘들다. 나는 아이의 감정을 상하게 하고 싶었는데, 알고 보니 그 일에 꽤 능숙했다. 말이 내 입 밖으로 쏟아져 나오는 와중에도 내 마음의 한 조각은 나를 광기의 가장자리에서 끌어내리려 필사적으로 애를 썼지만, 아무 소용이 없었다. 내가 잘못된 길로 가고 있다는 걸 알았지만, 멈출 수가 없었(거나 멈추려 하지 않았)다. 상상해 보라. 예수님을 따르는 자이자 정신과 의사씩이나 된 내가 세 살짜리 자녀에게 시끄럽다며 호통을 치는 장면을, 그리고 그것에 대해 시끄럽게 떠들어 대는 장면을.

나는 레이철의 풀 죽은 얼굴을, 그 상처를, 그렇게 악의 없는 짓에 대해 소리를 지르는 아빠를 보고 당황하고 충격받는 모습을 보았다. 아이는 아무 말 없이 돌아서서 위층으로 올라갔고, 자리를 뜨면서 자신의 작은 카세트 플레이어를 정지시켰다. 무엇이 나를 엄습했던 걸까?

(불행하게도) 이 실화는 우리가 인간으로서 하는 일이 세상에서 목격하는 깨어짐을 만들어 내는 모습을 보여 준다. 친구들, 가족 구성원들, 교회나 학교 공동체의 구성원들, 민족이나 종교 집단들 그리고 심지어 나라들도 제정신을 잃고는, 그들이 몹시 바란다고 주장하는 것과 정반대의 모습을 보인다. 의심의 여지없이 우리는 매일같이 그 예를 접한다.

- 작은 빛이 계속 깜박이며 계산원이 가격 확인을 요청할 때, 계산줄에서 성마른 모습을 보이는 당신
- 학교에 입고 가려 홀터톱(앞 몸판에서 이어진 끈을 목 뒤로 묶어 입는 소매 없는 상의—옮긴이)을 입은 십 대 자녀에게 옷을 갈아입으라고 부탁할 때, 눈을 굴리는 아이의 모습
- 라디오의 토론 프로그램에서 보수와 진보 전문가 사이에 거칠게 오가는 모욕적인 언사들
- 한 구획의 땅을 놓고 전쟁을 벌이는 나라들

이와 같이 매우 흥분한 상태일 때 보통 관련된 이들은 그들이 응답

하는 방식으로 응답할 수밖에 없는 것처럼 느낀다. 그렇지만 전전두피질은 우리가 상처받거나 짜증이 나거나 방어적일 때 우리의 응답을 의식적이고 의도적으로 선택할 수 있게 해 준다. 나의 전전두피질의 활동을 좀더 의식했다면 딸을 그렇게 호되게 공연히 야단치는 일이 일어나지 않았을까? 당신 앞에서 복숭아 통조림들 옆에 79센트에 할인 중이라고 표시돼 있다고 우기며 가격 확인을 하게 하는 나이 든 여성에 대한 짜증을 누그러뜨리도록 도와줄까? 모두가 하나님과 우리 이웃을 좀더 진심으로 사랑하도록 도와줄까?

이 책에서 지금까지 우리는 뇌의 내부 및 뇌들 사이에서 작용하는 마음의 많은 기능을 고찰해 왔다. 그 기능들은 너무도 자주 균형을 잃는다. 좋은 소식은 하나님이 우리의 이야기를 그분의 이야기로 가로지르려 하시며, 그것은 우리의 마음, 우리의 뇌, 우리의 삶을 바꿀 잠재력을 가지고 있다는 것이다. 우리의 마음이 통합될 때, 우리 집 주방에서 있었던 일과 같은 열차 사고들은 일어날 가능성이 훨씬 줄어든다. 전전두피질은 이 뇌 작용들을 효과적으로 통합하는 데 핵심적인 역할을 한다.

예수님은 우리가 하나님의 가족에 속한 자들로서 어떤 특정한 존재가 되도록 부르신다. 이 장에서 우리는 전전두피질이 어떻게 **바로 우리의 뇌**에서 그 존재를 설계하는 중추신경계의 특정 부분에 해당하는가를 고찰할 것이다. 또한, 예수님이 세상에 존재하실 때 그분의 전전두피질이 얼마나 통합되었는지 살펴보려 한다. 그리고 우리가 동일한 정도의 의식적인 통합을 경험할 수 있도록 그분이 우리를 어떤 삶으로 부르셨는지 살펴볼 것이다.

해부학 수업

전전두피질에는 다양하고 복잡하며 의식적이고 의도적인 마음의 활동을 책임지는 신경세포들이 들어 있다. 전전두피질의 각기 다른 부위는 마음의 각기 다른 기능에 상응한다(78쪽의 그림을 보라).
이를테면, 배외측 전전두피질은 (전전두피질의 다른 부분들과 더불어) 다음의 일들을 할 수 있도록 해 주는 많은 실행 기능과 관련이 있다.

- 상충되는 생각들과 감정들 사이에서 분별하고 결정하기
- 즉각적인 만족과 장기적인 결과의 차이를 식별하기
- 기대하는 것들과 바라는 목표 달성에 필요한 것에 대한 정신적 감각 만들어 내기
- 다양한 정신 활동에 종종 동시에 주의를 집중하기

안와 전두피질(orbital frontal cortex)은 우리의 양심 및 사회적 판단 감각과 관련이 있다. 그것은 다음의 일들을 할 수 있는 능력과 연결된다.

- 쾌락에 내몰린 왕성한 감정과 생각과 행동을 누그러뜨리고 조절하는 정서 상태와 인지 생성하기
- 그저 충동에 따라 행동하지 않도록 행동을 억제하기

전측 대상피질(anterior cingulate cortex)은 보통 쾌락과 보상을 추구하는 행동을 추진하는 감정과 관련이 있다. 그것은 가장 의미 있는

외부나 내부의 자극들을 감지하고 그 자극들로 향하는 행동을 활성화하도록 지시한다.

전전두피질의 이 하위 구역들이 앞에 묘사된 활동들에서 핵심적인 역할을 하기는 하지만, 각각의 기능이 어떻게든 뇌의 특정 영역 안에 가지런히 담겨 있다고 결론짓는 것은 옳지 않다. 이 각각의 해부학적 장소는 뇌의 다른 부위들뿐 아니라 전전두피질의 다른 부분들로부터도 광범위한 정보를 받아들인다. 뇌의 다른 부위들로부터 들어오는 엄청난 양의 감각 정보가 전전두피질에 모이면서 광대한 허브를 만들어 내는데, 이곳으로부터 수백 개의 신경 경로들이 뻗어 나가 뇌의 다른 부위들, 특히 뇌간과 변연계 회로에 영향을 주며 어쩌면 그 부위들을 조절한다.

그러므로 전전두피질은 뇌의 다른 부분들과 통합적인 방식으로 일할 때 가장 잘 기능한다. 전전두피질은 인간 마음의 최상위 기능 중 일부를 수행하지만, 중추신경계에서의 위치와 의식적 자각의 수준 측면 모두 '하위의' 목적들을 수행하는 뇌의 다른 영역들에 의존한다. 이러한 윤곽은 이 책의 이후 장들에서 공동체와 그리스도의 몸의 본질을 고찰할 때 좀더 충분히 탐색하게 될 내용을 시사한다.

아래쪽의 뇌간과 변연계 회로에서 발생하는 자동적인 활동인 심장 박동이나 정상적인 호흡 리듬과 달리, 전전두피질의 신경세포들은 활성화하려면 대개 **의식적인 주의**가 필요하다.

전전두피질이 뇌의 아래쪽 부위들로부터 받아들이는 정보는 일상적인 인간 행동의 대부분인 정서 상태와 기억 상태를 나타낸다. (주의, 기억, 정서, 언어, 감각 지각 등) 마음의 이질적인 기능들에 상응하는 다양한 회로들이 전전두피질의 수준에서 얼마나 균형 잡힌 방식으로 통합되는지에 따라 우리의 행동과 태도의 발달이 달라진다.

전전두피질의 아홉 가지 기능

우리가 봐 온 대로, 전전두피질의 각기 다른 해부학적 부위는 특정 정신 활동과 관련된다. 그러나 댄 시겔은 자신의 책 『마인드풀 브레인』에서 전전두피질의 역할을 설명하고 해석하는, 똑같이 유효한 또 다른 방식을 제시한다. 그는 전전두피질에 크게 의존하는 아홉 가지의 기능을 나열한다.

사실, 안정적인 애착은 아래에 나열된 처음 여덟 가지 기능과 서로 밀접한 관련이 있다. 이 속성들은 안정적으로 애착되어 있는 사람들에게서 상당히 확고하게 나타난다. 다음은 전전두피질의 아홉 가지 기능이다.

1. **신체 조절**. 교감신경계와 부교감신경계로부터 받아들이는 정보에 기초해, 전전두피질은 투쟁 혹은 도피 반응 및 다른 반사적인 충동을 촉발한 상황에 대한 반응에 영향을 줄 수 있다.
2. **조율하는 소통**. 전전두피질은 우리 자신의 면면들뿐만 아니라 다른 사람의 마음과도 연결될 수 있게 해 준다. 다른 사람의 생각이나 느낌을 (판단하지 않고) 궁금해하고 짐작할 수 있게 해 주며, 그때 우리가 그렇게 하고 있음을 의식적으로 자각할 수 있게 해 준다.
3. **정서적 균형**. 전전두피질은 우리가 지각하는 정서적인 삶이 활

기차고 역동적이지만 압도당하지는 않도록 변연계 회로를 조절한다.

4. **대응 유연성**. 인간은 자제력을 발휘하는 능력을 갖고 있다. 우리가 정서적으로 감지하는 것과 선택하는 행동 방식 사이에 충분한 시간을 허용하는 능력이다. 이 시간 동안, 우리는 행동의 결과와 첫 충동에 대한 대안을 고려하면서 심사숙고한다.

5. **공감**. 다른 사람이 느끼고 있는 것을 그 감정에 사로잡히지 않고 느끼는 자질이다. 이를 위해서는 (우측) 섬엽을 통해 전전두피질로 전송되는 자신의 내부 신체 감각에서 비롯된 정보뿐만 아니라 다른 사람의 비언어적 신호를 '읽어 내는' 공명 체계를 활성화해야 한다.

6. **통찰**. 우리는 과거와 잠재적 미래를 현재와 연결하면서 '우리 삶을 이해'하기 시작한다. 새로이 생겨나는 우리의 이야기에 끊임없이 확대되는 맥락화를 제공하는 기억 및 정서와 관련된 회로 덕분에 이 능력을 발휘할 수 있다.

7. **두려움 조절**. 전전두피질은 변연계 회로, 특히 편도체로 연장된 신경을 통해 우리 뇌의 '두려움 공장'의 광포한 활동을 진정시키는 능력을 가지고 있다. 비록 어렸을 때 마음의 아주 오래된 부분들에 두려움이 깊이 박혔을지도 모르지만, 전전두피질은 이 두려움이 우리의 행위와 생각을 제어하지 못하도록 무시할 수 있다.

8. **직관**. 우리의 내장 혹은 중공 기관(심장, 폐, 위장관 전체)에서 받아들이는 감각은 뇌의 섬엽을 통해 전전두피질에 등록된다. 우리는 앞에서 확장된 뇌에 대해 배웠다. 여기에서 우리는 이 감각이 뇌

로, 주로 우측 전전두피질로 돌아가는 것을 본다. 이 감각은 방의 느낌으로부터 사람의 느낌에 이르기까지 모든 것에 관한 전체론적인 확신을 제공한다.

9. **도덕성**. 우리가 자신의 이익뿐만 아니라 타인의 행복도 고려하며 세계에서 도덕의식을 구축할 때 전전두피질이 적극적으로 관여한다. 전전두피질이 손상된 이들은 도덕적 판단에 결함을 보인다는 점이 여러 연구로 밝혀졌다.

시겔은 통합된 전전두피질은 유연하고 적응력 있으며 일관되고 활력이 넘치고 안정적인 삶을 초래한다고 제안했는데, 이것은 머리글자 FACES로 상징된다.

유연한(Flexible): 스트레스에 직면할 때 행동과 정서의 회복력.

적응력 있는(Adaptive): 우리의 정신적인 모체에 새로운 성장과 학습을 편입시키면서 적응하고 변화하는 능력.

일관성(Coherence): 우리의 서사에 훨씬 더 뚜렷하고 포괄적인 짜임새를 부여하며 그 서사에 정서와 암묵 기억의 뉘앙스를 포함시키는 수단. 이 특징은 우리가 충분히 정신화되고 '느껴진다고 느낄' 때 겪는 변화와 일치한다.

활력이 넘치는(Energized): 생동감, 기대감, 희망의 느낌을 갖고 살아가는 것.

안정성(Stability): 안전의 경계를 유지함과 동시에 타인들과 연결될 수 있게 해 주는, 안전과 예측 가능성에 대한 깊은 인식.

나는 환자들과 작업할 때마다, 그들의 삶이 이 특징들을 어떻게 반영해 내고 있으며 그들이 각각의 차원에서 어떤 방식으로 더 성장하기를 바라는지 자주 묻는다.

만남의 장소

전전두피질이 수행하는 포괄적이고 복잡한 단계의 정신 활동은 서사에 대한 인식에 접근하는 방식에서 특히 분명히 나타난다. 이 활동은 우리가 주의, 기억, 정서, 논리적·언어적 과정과 몸 안팎에서 계속되는 감각 및 지각의 원천을 종합하고 처리하는 동안 발생한다.

  궁극적으로 우리는 전전두피질 안에서, 특히 좌반구와 우반구의 신경 부위들과 위쪽 및 아래쪽 뇌 영역들의 신경 부위들이 조정되고 통합되면서 우리의 이야기를 이해한다. 그렇다면, 전전두피질은 무언가 특별한 일을 하는 조직이라기보다는(이것이 사실이기는 하지만), 중요하지만 개별적인 다수의 신경망들이 교차해 우리를 우리가 부단히 되어가는 존재로 만드는 잠재력을 지닌 장소다. 전전두피질에 현현되는 이 활력은 우리의 서사가 계속 나타나게 하는 방식과 관계가 있으며, 더 나아가 우리가 타인 및 우리 자신을 이해하는 방식과도 관련이 있다.

  우리의 이야기를 이해하고 그 의미를 찾는 방식은 우리 뇌의 배선에 반영된다. (함께 발화하는 신경세포들은 함께 배선된다는 헵의 원리에 따라) 이 연결망 구축은 우리 이야기의 배선을 전전두피질의 위치에서 강화하는 경향이 있다. 또 다른 외부 관계에 실질적으로 영향받지 않는 한 계속해서 그 일을 할 것이다.

전전두피질의 기능들을 곰곰이 생각해 보는 동안, 자신이 되고 싶어 하는 사람이 되기 위해 우리가 적절하고 균형 잡힌 전전두피질의 통합에 얼마나 많이 의존하는지 이해하기 시작할 수 있다. 충동을 무시할 수 없다면, 의사소통을 하는 중에 조응하지 않으면, 공감하며 반응하지 않으면, 또 그 밖의 경우들에 우리는 황량하고 갈등에 시달리는 관계의 풍경 속을 헤맨다. 혹은 내 경우, 주방에 서서 딸에게 고함을 지르는 자신의 모습을 보게 된다.

저열한 행로와 품위 있는 행로

댄 시겔에 따르면, 전전두피질의 통합 기능이 적절하게 균형 잡혀 있지 않으면, 우리는 저열하게 기능하게 된다. 음악을 재생한 딸에게 내가 과잉 반응을 보였을 때처럼 말이다. 다수의 경로들이 다음의 행로들로 이어진다.

  참을성을 잃고, 그다음에는 차분함을 잃는다.
  배우자나 자녀를 무시하며 침묵으로 일관한다.
  분노를 수동적으로 표출한다.
  내면의 갈등에 대처하는 방법으로 음식, 알코올, 마약, 섹스, 혹은 일에 탐닉한다.

혹은 좀더 교묘해질 수도 있는데, 특히 교회에서 그런 모습이 나타난다. 소비의 땅에서 살아가는 우리는 종종 교회를 소비자처럼 대한다.

우리의 마음과 심중을 그 자체에서 통합하고 우리의 동료 교구민들과 통합하는 힘든 작업을 하기보다는, 그냥 회중을 떠나 '우리의 필요에 더 잘 맞는' 또 다른 회중으로 옮기는 게 언제나 가장 쉬운 일이다. (물론, 우리의 동료 교인들이 한 말이나 행동으로 감정을 상했음에도 불구하고 우리는 다 괜찮다고 말한다. 그래서 그들은 우리가 언짢아한다는 점을 인지하지도 못하는 경우가 많다. 혹은 우리는 또 다른 교회 공동체를 찾게 되면 다 괜찮아지리라 여긴다.)

그러므로 저열한 행로는 전전두피질의 **와해**(dis-integration)를 나타낸다. 본질적으로, 상황을 평가하고 적절히 대응하도록 도와줄 중요한 정보는 우리가 의식적으로 자각하는 범위 밖에 남겨진다. 우리는 주로 (변연계와 뇌간의 신경세포들이 꾸려 나가는 상황에서) 자동적인 상향 처리(bottom-up processing)나 암묵 기억로(implicit memory tracts)에 의해 작용한다.

본질적으로, 그것은 우리가 **진실로부터 숨는** 한 방식이다. 레이첼과의 상호작용에서처럼, 이 진실의 많은 부분은 사실상 정서적이다. 우리는 (나의 투쟁 혹은 도피 기제가 작용하도록 그냥 방치했던 때처럼) 대체 가능한 유익한 신경 완화에 대해 고려하지 않으면서 (내가 그랬던 것처럼) 정서로 들끓거나, 우리의 행동 선택에 더 좋은 영향을 미칠 귀중한 정서적 정보를 차단하면서 정서를 무시한다. 우리가 느끼는 것으로부터(정서로부터) 숨을 때, 우리는 진실로부터 숨는다. 정서는 논란의 여지가 있는 현상이 아님을 기억하라. 정서는 우리의 주관적인 경험을 진정으로 반영한다. 정서에 주의를 기울여야 정서를 가장 잘 다룰 수 있다. 우리가 정서 상태를 균형 잡힌 방식으로 감지하게 해 주는 전전두피질이 적절한 맥락 제공을 등한시하며 본질적으로 작동하지 않을 때, 우리의 뇌가 우리에게 말하려는 진실을 놓치고 만다.

저열한 행로로 다니기

우리는 괴로운 정서 상태를 활성화하는 경험들을 거쳐 저열한 행동의 길에 오른다. 이것은 내면적이거나 외부적인 사건, 생각, 혹은 그 밖의 감정일 수 있다. 그것은 우리 안에 변화를 끌어내는 구체적이거나 추상적인 사건으로, 우리가 감지할 수도 있고 감지하지 못할 수도 있다. 그 계기는 눈짓에서부터 어조, 방금 해고당했다는 소식에 이르기까지 어떤 것도 될 수 있다. 또는 남편이 당신과 성관계를 요구하는 것, 혹은 아내가 당신의 성적인 요구를 거절하는 것이 될 수도 있다. 당신이 들은 설교, 진통제에도 아무런 차도가 없는 듯한 지끈거리는 두통, 혹은 제때에 받지 못한 전화일 수도 있다. 처음의 자극은 저열한 행로의 훨씬 더 저열한 구역들로 점차적으로 하강하거나 상당히 빠른 하강으로 이어질 수 있다.

몇 시간 후나 단지 몇 초 후에라도, 우리의 신체 상태에 주의를 기울인다면 그 상태의 변화를 알아차릴 수 있다. 그러니까 심장박동 수나 호흡이 달라지고 있다든지, 혹은 우리의 생각들이 빠르게 흐르거나 뒤죽박죽된 느낌이 들기 시작한다든지. 긴장이 더욱 높아지면 '자제력을 잃을'지도 모른다고 느끼는 지점으로 옮겨 가는데, 자제력의 상실이 의미하는 바는 사람에 따라 다르다. 결국은 출구를 찾기 힘든 강렬한 감정의 구렁텅이로 곤두박질칠지도 모른다.

이 지점에서, 우리는 마음의 바퀴가 감정과 생각의 골에 박혀 버린 나머지 꼼짝할 수 없다고 느끼기 시작할 수도 있다. 취약함, 상처, 수치, 또는 위협의 감정은 종종 화로 이어진다. 더욱이, 화가 충분히 다루어지지 않을 때는 분개의 경험으로 넘어간다. 이것은 궁극적으로 경멸로 이어진다. 결혼 연구가 보여 주는 바에 따르면, 어느 편이든 상대에 대해 경멸을 표하는 정도는 결혼 실패의 가장 강력한 예측 변수 중 하나다. 이것은 비단 결혼 관계에만 국한된 게 아니라 모든 의미 있는 관계에 들어맞는다.

자신이 저열한 행로에 들어섰음을 발견한다면, 은유적으로 전전두피질이 제정신이 아닌 셈이다. 신경학적으로 전전두피질에 메시지를 보내고 있는 뇌의 다른 부분들과 효율적인 연결이 이루어지지 않는 상태가 된 것이다. 저열한 행로에서 우리는 몸을 잘 다스리지 않고, 타인의 정서 상태에 조응하지 않는다. 정서는 불균형하고 대응은 경직되어 있다. 공감의 여지가 없어 우리의 통찰력을 제한한다. 두려움이 자이로스코프(방향의 측정 및 유지에 사용되는 기구로 선박 및 항공기의 나침반 등에 응용된다_옮긴이)가 되어서 몸을 돌보는 능력을 압도하고 지혜롭게 내면과 외부의 상황들을 직관하지 못하게 만든다. 이것은 궁극적으로 조악한 도덕적 선택으로 이어진다. 이 전 과정은 "그는 뚜껑이 열렸다"는 표현에 새로운 의미를 부여한다.

저열한 행로에서 벗어나 다시 품위 있는 행로에 오르는 데에는 엄청난 에너지가 필요하다. 우리가 저열한 행로를 따라 더 멀리 떠났을수록 특히 그러하다. 첫째로, 우리가 저열한 행로에 있다는 점을 자각해야 한다. 둘째로, 우리 마음의 진로 궤도를 변경하기 위해 우리의 생리적인 상태를 바꿀 적절한 조치를 취해야 한다.

우리 마음의 태도를 바꾸기 시작할 간단하지만 놀라우리만치 효과적인 방법 하나는 신체적인 자세를 바꾸는 것이다. 이를테면, 서 있었다면 앉는 것,(이로 인해 몸이 이완되는 경향이 있다) 또는 갈등에 대해 침착하게 이야기하기 위해 한 방에서 다른 방으로 옮겨 가는 것이 도움이 된다.

때때로 추가적인 정보가 어떤 상황에 대해 생각하는 방식을 바꾸도록 도와줄 수 있다. 어떤 상황에 대해 누가, 무엇을, 어디서, 언제, 어떻게, 라는 질문을 해 보면 많은 것을 알 수 있으며 강렬한 감정에서 한발 물러날 수 있다.

앞에 나열한 질문들에 '왜'라는 질문을 포함하지 않은 점을 주목하라. 그것은 많은 경우에 왜는 질문이라기보다는 진술의 의도를 갖기 때문이다. "왜 그 셔츠를 입는 거야?"라고 묻는 아내의 질문은 사실 질문이 아니다. 당신에게 무언가를 말해 주고 있는 것이다. 그리고 당신은 그게 무엇인지 안다. 그 셔츠를 벗어야 한다는 걸.

좀더 진지하게, 당신은 어쩌면 스스로 이런 질문을 할지도 모른다. **나는 왜 이리 우울할까? 왜 이리 불안할까? 왜 이렇게 외로울까? 왜 그렇게 쉽게 욱하는 걸까? 나는 왜 아직도 취직이 안 되는 거지? 당신은 왜 나를 배신했나요? 왜 내 생일을 잊었죠? 엄마나 아빠는 왜 아직도 나를 아이처럼 대하는 걸까? 하나님은 왜 나에게 암이 생기도록 허락하셨을까? 우리 교회는 왜 이렇게 사분오열하는 걸까? 세상에는 왜 악이 존재할까? 왜, 왜, 왜…?**

왜의 질문들이 부적절하거나 불필요하거나 도움이 되지 않는 건 아니다. 그러나 "내 딸은 왜 죽었는가"에 대한 해답을 갖는 게 도움이 될지 생각해 봐야 한다. 대부분의 경우는 도움이 되지 않는다. 우리는 '왜?'라는 질문을 할 때, (대개 '어떻게'라는 질문에 대한 답인) 좌뇌의 설명을 찾고 있기보다는 너무 압도적이라 이해하기 힘들다고 느껴지는 감정을 인정받기를 구한다.

우리는 우뇌와 아래쪽 뇌의 정서적 상태와 좌반구의 언어적 기능을 통합하는 데 필요한 힘든 작업에 대한 대체물로 **왜**를 사용한다. 바울이 로마서 8장에서 이야기하는 저 '탄식'을 말로 표현하는 데 익숙해지지 않으면, 우리는 욥처럼 하나님과 타인들을 향한 언어를 **왜**의 범주에 넣기 쉽다.

> 어찌하여 내가 모태에서 죽지 않았던가?
> 어찌하여 어머니 배에서 나오는 그 순간에 숨이 끊어지지 않았던가?
> 어찌하여 나를 무릎으로 받았으며,
> 어찌하여 어머니가 나를 품에 안고 젖을 물렸던가?…
> 낙태된 핏덩이처럼, 살아 있지도 않을 텐데.
> 햇빛도 못 본 핏덩이처럼 되었을 텐데!
> (욥 3:11-12, 16)

일반적으로 이러한 **왜**의 질문들은 우리가 저열한 행로에서 벗어나려고 애를 쓰고 있을 때 도움이 되지 않는다.

주의해야 할 게 하나 더 있다. 우리가 품위 있는 기능으로 전환하려고 할 때, 우리는 의식 없는 상태의 깊고 험한 골짜기로 빠르게 다시 떨어져 버리기 쉽다. 친구나 배우자와 말다툼을 하는 중에 상대방이 우리가 거의 빠져나온 정서적인 소용돌이 속으로 우리를 도로 매몰차게 빠뜨리는 말을 하면, 우리는 진로를 바로잡으려 애를 쓸 것이다. 이것은 약물 남용이나 성적인 중독의 패턴을 극복하기가 왜 그리도 어려운지를 유용하게 설명해 준다. 중독자들은 첫 금욕 기간에 심적으로나 영적으로 아직 성숙해지지 못한 상태에서 조절하기 힘든 정서에 종종 휩싸인다. 그 결과 빠르게 그들의 오랜 습관으로 되돌아간다.

품위 있는 행로를 되찾고 그 길에 남아 있기

캐럴린은 그것이 다가오고 있음을 알았다. 그녀의 남편은 그 표정을 하고 있었다. 그의 몸은 다시 엄청나게 뻣뻣해지고 있었다.
"화난 것 같네." 그녀가 말했다.
"화 안 났어." 남편이 대답했다. 그렇다. 물론 화나지 않았다. 그는 **결코** 화가 난 적이 **없다**.

그러고 나서 레이먼드는 입을 꼭 다물었다. 늘 그렇듯, 그의 침묵은 오후 내내 지속될 것이며, 이로 인해 캐럴린은 갈피를 잡지 못하고 혼란스러운 느낌에 빠질 것이다. 그녀의 심장이 쿵쾅댔고, 머리에선 생각들이 소용돌이쳤다. 그녀는 두 눈 바로 뒤에 엄청난 양의 눈물이 곧 넘쳐흐를 듯 가득 고여 있음을 느낄 수 있었다. 그날 끝내려고 했던 일들에 집중할 수 없으리라는 걸 알았다.

그녀는 그 후로 얼마 지나지 않아 점차 악화하는 우울 상태의 첫 단편을 감지할 수 있었다. 마음으로는 의욕의 결핍으로, 몸으로는 피로감으로 지각되는 우울의 타래가 그녀를 감싸고는 더한층 끌어내리려고 을러댔다. 그녀는 그날 저녁에 남편의 주의를 끌려는 마지막 시도로 그에게 고함을 지르며 폭발하게 될까 봐 두려웠다.

과거에 이 패턴에 대해 되돌아본 적이 있었다. 그녀는 이 모든 일이 일어나고 있을 때 예수님은 어디에 계시는지 궁금했다. 널리 알려진 그 성령의 능력이란 건 어디에 있었을까? 그녀는 지난 몇 년 동안 자기의 결혼 생활을 위해 무척 자주 기도했지만, 응답은 멀고 공허해 보였다. 젊은 엄마들을 위한 성경 공부 모임을 이끌고 있는 그녀에게 이러한 순간들은 유난히 수치스러웠다. 멤버들이 악전고투하는 그녀의 결혼 생활에 대해 알게 된다면 어떤 일이 벌어질까?

그녀는 이날 오후에 벌어진 레이먼드와의 충돌이 다를 수 있을지 궁금했다. 지난 몇 주 동안 캐럴린과 나는 그녀의 서사를 검토하는 중이었다. 우리는 주의를 기울이고 기억하며 정서를 다루는 그녀의 방식이 어떻게 발달했는지 이해하기 위해 그녀의 애착 패턴들을 탐색해 왔다.

엄마와의 갈등의 기억은 고통스러웠다. 캐럴린이 어렸을 때부터, 엄마는 그녀에게 화가 날 때마다 말을 하지 않음으로써 대응했는데, 때로는 일주일까지도 지속되었다. 이것이 십 대는 고사하고 여덟 살 아이에게 얼마나 혼란과 불안을 야기했을지 상상하기는 어렵지 않다. 어린 캐럴린은 상당히 슬프고 위축되었다. 십 대가 된 그녀는 쉽게 격분하여 엄마에게 소리를 지르게 되었고, 엄마는 결국 그녀를 매섭게 비웃으며 자주 공격했다. 이것은 캐럴린을 더한층 수치스럽게 했지만, 적어도 엄마는 그녀의 존재를 인정했다. 이것이 어느 정도는 캐럴린의 황량한 고립감을 줄여 주었다. 그러나 대부분의 경우, 캐럴린은 그저 엄마가 애초에 화가 나지 않도록 하기 위해 애를 썼을 뿐이다.

우리가 이야기를 나누는 동안, 캐럴린은 자신의 서사와 결혼을 연결 지었다. 그녀는 남편의 침묵이 어떻게 그녀의 마음속에서 엄마의 침묵과 닮았고, 그로 인해 암묵 기억 반응을 활성화하는지에 대해 좀 더 알아차렸다. 레이먼드의 침묵이 어떻게 그녀의 전전두피질의 아홉 가지 기능을 중앙 처리 시스템에 연결되지 않은 상태로 만들어 버리는지 깨달았다. 그의 침묵이 그녀의 언어적인 폭발을 촉발함에 따라, 그녀의 전전두피질은 점점 더 와해되어 갔다. 그녀는 자기의 행동들이 어떻게 저열한 행로로 넘어갔는지 그리고 그녀가 왜 그 길에 남아 있는지 좀더 분명히 깨달았다.

이 전전두피질의 와해가 계속해서 우리를 저열한 행로에 가두어 둔다면, 그것의 분화와 통합을 강화하기 위해 이용할 수 있는 어떠한 활동도, 품위 있는 행로로의 진입로가 된다. 아주 오래된 성경의 말씀은 이 과정을 다루면서, 하나님이 전체로서의 공동체뿐만 아니라 우리 개개인의 마음을 통합하시려고 어떻게 일하고 계시는지 분명히 보여 준다.

시편 86편 11절에서 다윗은 다음과 같이 쓴다.

> 주님, 주님의 길을 가르쳐 주십시오.
> 내가 진심으로 따르겠습니다.
> 내가 마음을 모아,
> 주님의 이름을 경외하겠습니다.

시편 저자는 처음에 하나님에게 "주님의 길을 가르쳐" 달라고 요청한다. 이것은 해야 할 것과 하지 말아야 할 것들의 목록을 요청하는 것이 아니다. 십계명 암기에 관한 것도 아니다. 그것은 하나님에게 참된 삶의 본질은 무엇인지 드러내 보여 달라는 요청이다. 예수님이 명하신 대로 그의 마음을 다하고 목숨을 다하고 뜻을 다하여 하나님을 사랑하는 법을 가르쳐 달라는 다윗의 요청이다.

우리 삶에서 하나님의 '길'은 우리의 모든 부분을 다해 하나님을 사랑하고 당신의 이웃을 사랑하는 법에 관한 방식이다. 이것은 힘든 작업으로, 특히 그렇게 하는 연습을 별로 해 보지 못한 우리의 그 "마음, 목숨, 뜻"의 부분들에는, 다시 말해, 상처 입은 부분들, 약한 부분들, 혹은 기억이나 정서와 같이 우리가 그다지 많은 주의를 기울이지 않을지도 모르는 기능들에는 힘든 작업이다. 하나님은 우리에게 이 모든 부분들로 하나님과 타인들을 사랑하라고 가르치셨다. 말하자면 우리에게 그분의 길을 가르치셨다. 따라서 우리는 신경 과학의 언어로 우리 마음, 목숨, 뜻에 해당하는 각 특정 측면의 분화나 강화와 성숙을 경험한다.

다윗의 첫 번째 요청이 더 깊은 관계에 대한 더 큰 소망("내가 주의 신실하심에 의지하겠습니다")을 가리킨다는 점에 주목하라. 다음으로 그는 하나님이 그 안에 **분열되지 않은** 마음(an undivided heart), 다시 말해 연합된, 결합된, 혹은 다시 신경 과학의 언어로는 **통합된** 심중을 창조해 주시기를 요청한다. 이 절의 첫 두 행은 이 결합이 하나님의 마음과 다윗의 마음에 관계된 과정임을 나타낸다. 다윗이 하나님에게 그를 좀더 독립적으로 만들어 달라고 요청하지 않고 하나님과 연결될 수 있도록 해 달라고 요청하고 있는 점에 주목하라. 그는 하나님이 적극적으로 그의 내면에 하나의 마음을 창조해 주시기를 갈망한다. 우리의 가장 깊은 정서적/인지적/의식적/무의식적 자아인 심중은 전전두피질의 수준에서 가장 심오하게 나타난다.

마지막으로, 시편 저자는 그의 청원이 이르게 되는 자연스러운 방향에 대한 이해를 드러내는데, 바로 "주님의 이름을 경외하겠습니다"이다. 이 맥락에서 경외(fear)라는 단어는 뇌간의 주요소를 이루는, 위협에 대한 반응성이나, 우리의 의식 없는 끔찍한 암묵 기억을 가리키지 않는다. 이것은 하나님의 능력과 아름다움 앞에서 경외감에 압도된다는 뜻이다. 이 아름다움은 너무도 심오해서, "마음을 모아" 보는 눈을 창조하시는 "주의 신실하심에" 의지함으로써 완화되지 않으면 고통스러울 것이다.

관상의 전통은 무엇에서든 하나님의 아름다움을 통절히 인식하면, 사악한 것을 제외하고는 모든 면에서 하나님의 아름다움을 인식하게 된다고 제안한다. 따라서 우리는 이 세상의 깨어짐과 혼돈에서뿐만 아니라 우리의 적이라고 여겨지는 사람들에게서조차 하나님의 아름다움과 현존을 본다. 그리고 우리는 자비와 정의의 대리인이 아주 절박하게 필요한 곳에서 그러한 대리인으로 서게 된다. 분화되고 분열되지 않은 심중이 어떻게 분화되고 분열되지 않은 공동체로 이어지는가를 이해하기는 어렵지 않다.

통합된 전전두피질인 분열되지 않은 심중의 창조는 정의와 자비와 겸손으로 이어진다. 하나님 나라의 다른 특징들을 얼마든지 상상할 수는 있지만, 어떤 것도 이 특징들보다 더 근본적이지는 않다. 그러므로 품위 있는 행로로 다니는 것은 우리의 개별적인 마음에서 일어나는 일에 국한된 훈련이 아니다. 그것은 집단으로서의 우리에게 영향을 미친다.

신경 과학에 적용되는 위대한 근대성의 신화는 우리가 자신의 노력으로 해 나갈 수 있다는 것이다. 우리는 궁극의 의식적인 평화로움에, 더 나아가 우리를 우리 자신에게서 구원해 줄 궁극의 타자가 없는 문화적 이상향에 도달할 수 있다. 만족할 줄 모르는 우리의 소비 성향과 더불어 계속되는 테러 행위, 지구온난화, 증가하는 제삼세계 부채는 우리를 그러한 백일몽에서 지체 없이 깨운다. 성경이 지적하는 대로,

"만물보다 더 거짓되고 아주 썩은 것은

사람의 마음[heart]이니,

누가 그 속을 알 수 있습니까?"

"각 사람의 마음[heart]을 살피고,

심장[mind]을 감찰하며,

각 사람의 행실과 행동에 따라 보상하는

이는 바로 나 주다." (렘 17:9-10)

심중, 특히 전전두피질은 일반적으로 기만의 경향이 있다. 또한 우리 자신과 타인들에게서 (우리를 믿을 수 없을 정도로 사랑하시는 하나님의 실재뿐만 아니라 우리의 깊은 정서와 기억과 관계 패턴에 관한) 진실을 숨기는 경향이 있다. 자의에 맡겨졌을 때 심중의 일반적인 궤도는 심중 그 자체 안에서, 그리고 다른 심중과 연결을 끊는다.

열역학제이법칙에 의하면 엔트로피는 항상 닫힌 체계에서 물질에 발생한다. 그와 마찬가지로, 우리의 심중은 닫힌 체계로 남아 있을 때 더 큰 혼돈과 단절 상태로 나아간다. 그 때문에 우리는 하나님이 우리의 주의를 얻기 위해 사용하고 그다음에 다시 결합시키길 무척 원하시는 우리 마음의 이질적인 요소들을 의식하지 못하는 상태에 계속 머물게 된다. 앞에서 본 9절의 킹 제임스 번역은 심중을 "치료법이 없는"(beyond cure) 것의 변형인 "극도로 사악[한]"(desperately wicked) 것이라고 부른다. 우리는 실로 가망 없고 병든 상태다['병든'(sick)은 성경에서 **'사악한'**(wicked)이라는 단어의 좀더 일반적인 의미 중 하나다].

덧붙여, 하나님은 이 구절에서 **그분**이 우리의 심중과 마음을 적극적으로 살핀다고 주장하신다. 우리 현대인들(과 포스트모더니즘의 영향을 받은 사람들) 가운데 어떤 이들은 살펴지고 감찰받는 것이, 그러니까 하나님에게 **알려지는** 것이 어떤 의미인지 완전히 이해하기 어려워한다. 우리의 서사는, 특별히 우리의 애착 패턴을 통해 알려짐의 경험에 우리가 좀더 수용적이거나 덜 수용적이 되는 쪽으로 기울게 하는 경향이 있음을 우리는 알고 있다.

다윗과 예레미야 두 사람 모두 우리가 혼자 힘으로 마음을 통합할 수 없음을 분명히 한다. 이것은 하나님이 시작하시고 활성화하셔야만 하는 창조적 과정이며, 실제로 그렇게 하셨다. 예수님을 죽음에서 부활하게 하신 하나님, 승천하심으로써 이 세상 주의 자리에 오르신 예수님, 성령의 충만한 부으심. 하나님은 이렇게 우리의 전전두피질을 통합할 능력을 풀어 놓으셨다. 이 새로운 신경망들은 예수님이 나타나실 때 절정에 이르게 될 새로운 하늘과 땅을 반영하고 시사한다. 새 하늘과 새 땅의 흐릿한 전조는 이미 우리의 삶에서 모습을 드러내고 있다. 하나님 나라는 구원받은 사람들이 우리의 가족, 공동체, 일, 물리적 환경에서 정의를 행하며 자비를 베풀고 사랑할 때마다 나타난다.

다 좋다. 그렇지만 캐럴린은 도대체 어떻게 레이먼드가 한창 침묵으로 일관하는 중에 자신의 마음을 통합하는 법을 배울 수 있을까? 이 지점이 우리가 어떻게 하나님이 주실 것을 받아들이도록 우리 마음을 터놓을지에 대한 통찰들을 제공하면서, 수 세기에 걸친 영적인 지혜와 신경 과학 분야의 최근 밝혀진 사실들이 만나는 곳이다. 다음은 캐럴린이 자기 마음, 자신의 삶, 자기 뇌의 더 큰 통합의 감각을 경험하기 시작하면서 이런 것들을 예수님을 따르는 자의 삶으로 바꾸는 수단이 된 몇 가지 방법들이다.

몸에 대한 조응

우리의 몸과 그것이 끊임없이 말해 주는 바에 대한 더 깊은 자각을 개발하는 것은 품위 있는 행로로 돌아가는 첫걸음이다. 7장에서 나는 신체적 성질을 통해 해석된 정서 상태에 대한 사람들의 인식을 높여 주는 시각적 심상 유도 훈련인 몸 스캔을 설명했다.

나는 캐럴린이 처음으로 몸 스캔을 거치도록 한 후에, 적어도 여섯 주 동안 최소 하루 한 번(이상적으로는 한 번 이상), 그런 후에는 정기적으로 몸 스캔을 실행할 것을 권장했다. 캐럴린은 이것을 훈련하면서 명상 중에만이 아니라 온종일 자기의 감정들에 더 잘 조응했다고 전했다. 그녀는 기본 정서의 변화들을 훨씬 더 빨리 알아차렸으며 그 변화들이 어디로 이어질 수 있을지 기대했다.

요가와 태극권과 같은 동작 연습은 우리 몸의 감각과 호흡에 대한 자각을 높여 주는 부가적인 방법이다. 그와 같은 연습은 섬엽과 전전두피질에서 비롯된 회로들 사이의 통합을 강화한다.

자전적 서사: 자기 이야기를 쓰고 들려주기

저열한 행로는 오래된 신경망 패턴이 반복되는 발화로 가득하다. 이것은 우리가 우리의 서사를 제한되게 이해한다는 의미이다. 이제 우리는 반사적으로 동일한 패턴을 반복하다가 결국 우리의 배우자, 자녀, 고용인, 친구, 혹은 적과 파국에 이르고 만다.

믿을 만한 친구나 상담사에게 우리의 이야기를 쓰고 들려주는 것은 우리의 서사에 대한 이해를 바꾸는 데 도움이 되며, 우리의 삶을 이해하는 데도 도움이 된다(166-169쪽을 보라). 캐럴린은 자기 인생 이야기를 손으로 세세히 쓰고 그것을 자신에게 읽어 주고 그다음에는 나에게 읽어 주면서, 엄마와의 삶과 남편과의 삶 사이의 연관성 같은, 전에는 결코 보지 못했던 것들을 알아차리기 시작했다.

그녀는 레이먼드가 침묵할 때 그에 대한 자기의 암묵적 반응들을 이해하기 시작했다. 그녀는 그 반응들을 단순히 자기 감정을 신경 쓰지 않는 한 남자에 대한 반발로만 받아들인 것이 아니었다. 심한 고통을 의도적으로 무시하는 엄마를 둔 어린 소녀나 십 대에게서 자연스레 예상될 법한 반응으로 본 것이다.

캐럴린은 레이먼드를 겨냥해 성난 장광설을 늘어놓은 걸 부끄러워했으며, 하나님이 그녀를 훨씬 더 부끄러워하신다고 확신했다. 그 당혹스러운 감정들이, 너무나 잔인하게 다뤄지던 아이가 보일 법한 감정들임을 인식하면서, 자기의 서사를 사용해 마음속에서 자신과 그 감정 사이에 얼마간의 거리를 줄 수 있었다. 또한 하나님의 관점으로 자신을 보기 시작했다. 화를 내는 수치스러운 딸이라기보다는 위로가 필요한 아이로 본 것이다.

느껴진다고 느끼는 경험

본인의 생각, 느낌, 행위 등이 타당하다고 받아들여진다는 사실을 감지하는 경험. 이해받는 경험. 느껴진다고 느끼는 경험. 우리가 특히 고통스럽고 유해한 정서 상태일 때, 이러한 것들보다 더 귀중한 경험은 거의 없다. 이렇게 인정받는 느낌을 마음속에 인식할 때, 안심이 되며 스트레스에 좀더 유연하게 대응할 수 있다. 누군가가 어린아이들의 필요를 일관되게 공감해 주며 돌볼 때, 아이들이 새로운 영역을 탐색하고 새로운 것들을 시도할 가능성이 더 많다. 그와 마찬가지로, 우리 또한 자신 안에 비슷한 마음 상태를 기른다면 더 자신감이 생길 것이다. 불확실하고 불안을 자극하는 상황에 직면할 때, 인정과 안전함이라는 우리 내면의 나침반은 (전전두피질의 아홉 가지 기능들 중에서도) 정서적 균형과 대응 유연성을 향상시킨다.

캐럴린은 심리 치료 시간에 자신의 정서를 묘사할 때마다 이해받고 인정받는 느낌을 인식하게 되었다. 처음에는 이 경험에 놀랐지만, 그녀는 안도하며 그 경험을 환영했다. 그녀는 느껴진다고 느끼는 경험을 좀더 자주 할수록 자신의 정서 상태를 더 잘 조절할 수 있다는 점에 주목했다. 우리의 회기들에 대해 생각하면, 내가 했던 말들과 그때 자기가 경험한 편안함과 안정감이 떠오른다고 그녀는 전했다. 그녀는 감당하기 어렵다고 느끼기 시작할 때 이 경험을 활용했다. 그러면 고조되던 신체적 반응들이 잠잠해졌다.

신경 가소성의 삼합

3장의 내용을 기억할지도 모르겠지만, 신경 가소성은 새로운 신경세포들을 만들어 내고, 새로운 신경 연결을 만들며, 뇌에 더 이상 필요하지 않는 연결을 잘라 내는 뇌의 능력이다. 유산소 활동, 주의 기울이기 훈련, 새로운 학습 경험이라는 신경 가소성의 삼합은 모두 뇌의 유연도를 높이는 데 필수적인 역할을 한다.

이런 이유로, 캐럴린에게 맞는 형태의 유산소 활동을 시작하도록 권했다. 그녀는 한 주에 네 번 활기차게 걷는 규칙적인 양생법을 시작했는데, 나갈 때마다 10분에서 50분까지 운동했다. 그녀는 결국 레이먼드에게 함께하자고 권했고, 레이먼드도 참여하게 됐다. 이 공유된 활동은 그들의 관계에 지속적으로 긍정적 영향을 미쳤다.

신경 과학 연구는 뇌의 주의 기제(attentional mechanism)를 한껏 사용하고 자극하는 의식적인 명상 훈련들이 전전두피질의 통합을 강화한다는 점을 확인해 준다. 그런 이유로, 나는 캐럴린이 몸 스캔뿐만 아니라 의식적인 주의 기울이기 훈련도 거치도록 했다. 이를 위해 캐럴린은 주의를 의식적으로 방 안의 한 지점에 30초 동안 유지했다가 다른 지점으로 옮기기를 여러 차례 했다. (이 훈련이 어떻게 작용하는지 이해하려면, 334-336쪽을 보라.) 나는 캐럴린에게 이 훈련들을 집에서 규칙적으로 행할 것을 권했다. 캐럴린은 그 훈련들에 능숙해질수록, 자기 감정을 더 자각하게 될 뿐 아니라 레이먼드를 포함해 타인의 감정에 대해서도 좀더 의식적인 주의를 기울이게 된다는 사실을 알아차렸다.

마지막으로, 캐럴린은 도예 강습을 받기 시작했다. 도예는 그녀가 대학 시절에 조소 수업을 받은 이후로 배우길 갈망해 왔던 활동이다. 이 참신한 학습 활동은 창조성에 대한 그녀의 발견되지 않은 깊은 열정(하나님의 형상을 지닌 자들인 우리 모두에게 내장된 것)을 발산할 수단을 제공했다.

영적인 훈련

몸에 대한 조응, 자신의 이야기 쓰기, 느껴지는 것을 느끼기, 신경 가소성의 삼합 행하기는 우리가 품위 있는 행로에 재진입하여 거기에 머무르도록 도와준다. 신경 과학자들이 이 접근법들을 지지하기 오래 전에, 성도들은 마음의 성장(그것을 분열되지 않은 마음이라 부르든, 통합된 전전두피질이라 부르든)을 촉진하는 영적인 훈련들을 해 왔다.

보통 영적인 훈련으로 불리는 이 실천들은 안으로 향하는 명상과 기도와 금식과 연구 훈련, 밖으로 향하는 검소함과 고독과 순종과 봉사 훈련 그리고 고백과 예배와 지도와 성찬식의 공동 훈련을 포함한다. 여러 면에서 이 훈련들을 충실히 (그렇지만 부담 없이) 할 때 뇌의 통합을 돕기 위해 우리가 논의하고 있는 바로 그 일들을 행한다. 리처드 포스터(Richard Foster)의 책 『영적 훈련과 성장』(*Celebration of Discipline*, 생명의말씀사)과 달라스 윌라드(Dallas Willard)의 『영성 훈련』(*The Spirit of the Disciplines*, 은성)은 각각의 훈련에 대한 탁월하고 면밀한 논의를 제공한다. 우리의 목적을 위해 일부만 살펴보자.

묵상

묵상은 포스터가 제안하듯 출발점인데, 다른 훈련들을 위한 준비 작업이기 때문이다. 지각, 감각, 정서, 생각을 통해 하나님과 우리 자신에게 귀 기울이기를 연습하는 동안, 우리는 기도하는 법을 배운다. 시편은 자주 이 훈련을 반영하며 장려한다. 시편 119편의 저자는 이 묵상을 수없이 언급한다.

> 나는 주님의 법을 묵상하며,
> 주님의 길을 따라가겠습니다. (15절)

> 나를 도우셔서, 주님의 법도를 따르는 길을 깨닫게 해 주십시오.
> 주님께서 이루신 기적들을 묵상하겠습니다. (27절)

> 주님의 말씀 묵상하다가,
> 뜬눈으로 밤을 지새웁니다. (148절)

다윗이 이 시편의 23절, 48절, 78절, 79절에서도 언급하는 묵상의 수행은 하나님이 우리를 살피시도록 순순히 받아들이게 한다. 그것은 우리가 우리의 몸을, 그리고 하나님이 몸을 통해 우리에게 어떻게 말씀하실 수 있는가를 알아차리게 해 준다. 그것은 단지 우리가 다른 무언가(하나님의 율법, 법도들, 일들)에 초점을 맞추도록 도울 뿐 아니라, 우리에게 초점을 맞추시는 다른 누군가에게 초점을 맞추는 과정을 촉진한다. 다른 누군가의 눈을 깊이 들여다볼 때, 우리는 그 사람의 눈을 볼 뿐만 아니라, 우리의 존재가 그 사람에게 보이는 것을 본다. 이것은 알려지는 경험을 반영한다.

하나님은 우리 심중의 내실들을 살펴보실 것이다. 그러나 그렇다고 해서 그분이 바라보고 도전하시는 곳에 우리가 현존하리라는 점이 보장되지는 않는다. 하나님이 살펴보시는 것과 내가 **살펴진다고 느끼는** 것은 상당히 별개다. 후자를 위해서는 내가 현존해야 하며, 이를 위해서는 작업이 필요하다. 이 지점에서 묵상 수행이 도움이 될 수 있다.

기도

묵상은 자연스럽게 기도로 이어진다. 바울은 우리에게 기도에 **힘을 쓰라**고 권고한다(골 4:2). 우리는 기도하기를 갈망해야 할 뿐만 아니라, 기도가 또 힘든 작업임을 인식해야 한다. 특히 관상 기도는 더욱 그렇다. 관상 기도를 하려면 모든 것에서 하나님의 활동을 알아차려야 한다. 이렇게 하면 결국, 그분이 우리를 인도하고 감독하며 위로하실 때 그분의 움직임을 우리가 감지할 가능성이 커진다. 기도는 결국 시편 저자의 경우처럼, 하나님의 사랑과 아름다움의 깊이를 인식하면서 청원 및 찬양의 기도로 하나님에게 답하도록 이끈다. 우리는 언어의 외침으로 기도하지만, 원시적인 동시에 언어적 상징주의보다 더 심오한, 주로 우반구에서 나오는 깊이 느껴지는 표현들로도 기도한다. 다음의 성경 구절은 우리의 뇌와 하나님이 우리를 창조하신 방식에 근거를 둔 의미를 지니고 있다.

> 이와 같이, 성령께서도 우리의 약함을 도와주십니다. 우리는 어떻게 기도해야 할지도 알지 못하지만, 성령께서 친히 이루 다 말할 수 없는 탄식으로, 우리를 대신하여 간구하여 주십니다. (롬 8:26)

우리가 갈망하는 것이나 두려워하는 것이나 바라는 것이 언어를 넘어설 때, 우리는 인식 가능한 말 없이 하나님에게 외친다. 이것은 언어적 구조는 결여되어 있지만 무척 의미심장한 표현 안에 감정과 의지가 합쳐지는 양태로, 성령이 우반구를 적극적으로 연동시키는 방식의 한 예다. 우리가 정서 상태를 돌보지 않으면, 성령은 우리의 삶에서 그분의 일의 이 측면에 관여하는 데 제한을 받는다.

금식

정해진 기간에 음식을 삼가는 금식 훈련은 우리가 우리 몸과 깊이 접촉하도록 해 준다. 적어도 열여덟 시간 뒤에 다음 식사를 할 수 있다는 사실을 알 때만큼 허기를 채우고 싶어 안달하는 경우가 별로 없음을 우리는 잘 안다. 정서적 안정이 얼마나 육체적으로 위안을 주는 것들에 의존하는지, 그리고 암묵 기억들에 촉발되는 괴로운 정서를 재빨리 자동적으로 차단하려고 우리가 얼마나 자주 이 위안들을 사용하는지도 안다.

연구

연구 훈련은 쓰기와 읽기를 포함하는데, 이 둘은 모두 뇌의 아래쪽과 위쪽 부위뿐만 아니라 좌우 반구를 결합한다. 연구를 통해 우리는 사실을 담은 정보를 우리 뇌의 우측과 아래쪽의 정서적 영역들과 연결한다. 기도와 성찰 일지를 계속 적는 것이 이 일에 도움이 된다는 점을 많은 사람이 발견했다.

전전두피질의 통합으로 이어질 수 있는 연구의 다른 영역들에는 자연 세계를 관찰하고 새로운 활동을 하는 것이 포함된다. 피조물과 (그것에 주의가 사로잡힐 여지를 주는 속도로) 규칙적·의도적인 시간을 보냄으로써 우리는 자연 세계를 주의 깊게 대할 때 생겨나는 정서 상태뿐 아니라 우리 외부의 아름다움 또한 알아차리게 된다. 예술의 다양한 표현들(조소, 그림, 음악)을 연구하는 것도 마음을 통합하는 데 도움이 된다.

고백

고백은 다른 외부적이고 집단적인 훈련들처럼 우리를 내면세계로부터 이 세상 자체를 포함하는 우리 밖의 세계로 확장하며, 결국에는 다른 사람들의 내면세계로 우리의 심중과 마음을 확장한다. 고백은 신뢰하는 친구나 영적 지도자에게 우리의 삶, 우리의 서사를 개방하면서 우리 삶의 이야기가 다르게 구술될 길을 연다는 점을 분명히 보여 준다. 이 훈련을 통해 우리는 우리 과거의 죄와 슬픔을 치유하기 위해 다른 이들과 동행한다.

고백은 또한 느껴진다고 느끼는 경험, 우리가 나아가기를 몹시 갈망하는 방향으로 움직이도록 격려받는 경험을 하도록 우리를 준비시킨다. 신앙의 언어로 이를 회개라 부른다. 10장에서 이것을 좀더 상세히 고찰할 것이다.

훈련: 하나님을 위한 공간 마련하기

영적인 훈련에서 두 가지 주의할 점이 있다. 첫째, 영적인 훈련은 하나님에게 점수를 따기 위한 행위가 아니다. 이 훈련들은 하나님의 영이 말씀하실 때 그 말씀을 더 잘 들을 수 있도록 우리를 준비시키기 때문에 가치가 있다. 이 훈련들은 하나님이 일하시도록 우리 내면에 공간을 창조한다. 하나님은 매우 기꺼이 이 일을 하려 하시지만, 우리의 협력 없이는 그 일을 하지 않으신다.

둘째, 단지 좀더 의식적인 상태가 되기 위해 하는 영적인 훈련은 그리스도의 마음을 갖는 것에 맞지 않는다. 많은 사람이 의식적인 상태(mindfulness)의 개념에 끌린다 해도, 타협하지 않는 충성을 요구하는 왕의 개념을 꼭 좋아하지는 않는다. 그런데 바울은 예수님을 따르는 이들이 주의를 기울여야 할 것과 그렇게 하는 법에 대해 상당히 분명하게 말한다.

> 육신을 따라 사는 사람은 육신에 속한 것을 생각하나, 성령을 따라 사는 사람은 성령에 속한 것을 생각합니다. 육신에 속한 생각은 죽음입니다. 그러나 성령에 속한 생각은 생명과 평화입니다. (롬 8:5-6)

우리가 죄악된 본성(육신)의 욕망에 마음을 두는 정도, 다시 말해 본성의 욕망에 주의를 기울이는 정도는 의식 없이 사는 상태를 부추김으로써 우리 마음을 와해시키는 경향이 있다. **유일하지는** 않더라도 원초적 죄악의 '욕망'은 고통스러운 정서를 즉각적으로 줄이려 하는 강렬한 욕구다. 우리는 불쾌한 정서 상태를 외면하고 바로 그 상태로부터 우리를 떼어 놓거나 그 상태를 제거해 줄 내적·외적인 정신 및 행동의 수단을 취하려는 경향이 있다.

이렇게 할 때, 우리는 마음속에서 일어나고 있는 일에 주의를 덜 기울인다. 따라서 내부 혹은 외부의 사건에 죄악된 생각 및 행동으로 응답하는 경향이 있다. 우리의 마음을 이러한 것들에 둘 때, 죽음**으로** 이어지는 것은 아니다. 바울에 따르면, 그것이 **바로** 죽음**이다**. 죽음은 온 세상의 잘못된 모든 것으로 이어지는 와해, 단절, 고립의 상태를 말한다. 그리고 바울에 따르면 꼭 맥박이 없어야 죽은 상태의 조건에 부합하는 건 아니다.

모든 영적인 훈련은 의식적인 주의를 기울이는 기술이 필요할 뿐 아니라 이를 뒷받침하는데, 이 기술은 우리가 마음을 성령에 둘 수 있게 해 준다. 우리가 주의를 기울이고 있는 것에 주의를 기울일 때, 그리고 (우리는 그분이 사랑하시며 크게 기뻐하시는 자기 아들과 딸이라고 말씀해 주시는) 하나님이 가장 큰 공명을 불러일으키는 어조의 목소리로 말씀하실 때, 우리 마음, 특히 전전두피질은 좀더 통합되는 경향이 있다.

바울이 쓰는 바와 같이, 통합된 마음은 **실로** 생명과 평안**이다**. 이것이 캐럴린이 경험한 바였다. 그녀는 일관된 금식과 묵상의 삶을 시행하기 시작하면서 하나님의 현존에 대한 주관적인 자각이 더 커졌다고 전했다. 그녀의 기도 생활은 때때로 덜 언어적이고 좀더 목이 쉰 듯한 후음의 성질을 띠었으며, 이것은 그녀가 하나님 앞에서 더 거리낌 없이 매우 다양한 정서를 경험하게 해 주었다. 그녀는 기도와 고백을 위해 다른 두 친구와 매주 모였다. 캐럴린은 레이먼드의 침묵에 덜 반발하게 되었으며, 그가 조용해질 때 그녀 자신의 교감신경계의 도피 혹은 투쟁 반응이 급격히 증가하도록 내버려 두는 대신 자기가 하나님에게 속해 있다는 것, 특히 자기가 남편에게 속해 있다고 거의 느껴지지 않는 순간들에 하나님에게 속해 있다는 것을 일깨워 주는 하나님의 목소리를 듣는 일에 초점을 맞추었다. 여전히 수치감을 느끼기는 했지만 덜 고통스러웠다.

그녀는 레이먼드에게 그의 삶과 감정에 관해 질문하기 시작했다. 그가 그 자신의 무지에 대해 조급해지려 할 때, 캐럴린은 자신이 참을성 있게 대응하고 있음을 발견했고, 레이먼드조차 그 모습을 놀라워했다. 결국 그녀는 그에게 치료를 함께하자고 청했으며, 그는 동의했다. 그들은 규칙적인 걷기 또한 계속했다.

그리하여 캐럴린은 레이먼드가 화가 난 것을 감지했으나 그가 그것을 부인한 그 오후에, 그에게 다른 방으로 이동해서 대화를 계속할 수 있을지 물을 수 있었다. 그는 동의했고, 그들은 거실에서 편안하게 함께 앉았다. 캐럴린은 자기는 슬픔을 느끼며 그와 연결되고 싶다고 말했다. 그녀는 화가 난 것 같은 레이먼드의 상태를 관찰한 점에 그가 불편함을 느낄 수도 있다는 사실을 알았다. 그렇지만, 여러 해 전 자기 엄마가 침묵으로 일관하며 자기를 무시할 때 무척 겁에 질리곤 했던 일 때문에 물어보는 것임을 시인했다. 레이먼드는 그것을 받아들였다. 그는 비록 여전히 자신의 감정을 알지 못했지만, 그것에 대해 생각해 보고, 그날 나중에 그녀와 이야기하겠노라고 확실히 말했고, 실제로 그렇게 했다. 폭발은 없었고, 그날 그들의 집에서는 상대를 비난하는 장광설이 존재하지 않았다. 생명과 평안뿐이었다.

그리스도의 마음

그러면 그리스도의 마음을 갖는다는 건 무엇을 의미할까? 바울은 고린도 교회에 보내는 첫 번째 편지에서 이것을 논의한다. 여기에서 그는 성령을 하나님의 능력과 신비를 우리에게 나누어 주실 수 있는 분으로 확인한다.

하나님께서는 성령을 통하여 이런 일들을 우리에게 계시해 주셨습니다. 성령은 모든 것을 살피시니, 곧 하나님의 깊은 경륜까지도 살피십니다. 사람 속에 있는 그 사람의 영이 아니고서야, 누가 그 사람의 생각을 알 수 있겠습니까? 이와 같이, 하나님의 영이 아니고서는, 아무도 하나님의 생각을 깨닫지 못합니다. 우리는 세상의 영을 받은 것이 아니라, 하나님에게서 오신 영을 받았습니다. 그것은, 하나님께서 우리에게 은혜로 주신 선물들을 우리로 하여금 깨달아 알게 하시려는 것입니다.…신령한 사람은 모든 것을 판단하나, 자기는 아무에게서도 판단을 받지 않습니다.

"누가 주님의 마음을 알았습니까? 누가 그분을 가르치겠습니까?"

그러나 우리는 그리스도의 마음을 가지고 있습니다. (고전 2:10-12, 15-16, 저자 강조)

이 구절에서 바울은 신경망의 통합을 그리스도의 마음을 개발하는 방법으로 치켜세우지 않는다. 그 대신 하나님의 영이 우리 안에 거하시게 할 때 우리 마음에 일어나는 일을 설명한다. 성령은 우리가 그분과 동떨어져서는 알 수 없는 하나님의 심중과 마음의 신비들을 밝혀 주신다. 따라서 그리스도의 마음을 가지려면, 우리를 살피시면서 우리가 살펴지는 동안, 즉 우리가 알려지는 동안, 우리가 그분을 알도록 허락하시는 통합의 영과 만나야 한다.

하나님은 우리 안에 거하시는 그 영에 우리가 주의를 기울이기를 갈망하신다. 우리가 이 일을 하는 능력을 강화하기 위해 하는 어떠한 일도 도움이 된다. 영적인 훈련을 받는 것은 우리 자신을 그분의 목소리를 들을 수 있는 자리에 두는 한 방법이다. 그분은 사실, 우리가 처음에는 가기를 심히 두려워할 수도 있는 곳으로 우리를 부르실지도 모른다. C. S. 루이스가 관찰한 것처럼 그분은 "길들여진 사자"가 아니시기 때문이다.

영적인 훈련은 3천 년 이상 하나님을 따르는 아주 잘 통합된 이들의 삶에서 수행되어 왔다. 흥미롭게도 그 훈련들은 신경 과학과 애착 연구에 의하면 건강한 마음 상태와 안정적인 애착을 반영한다고 보이는 바로 그 요소들을 촉진할 수 있다. 더욱이, 이 훈련들은 전전두피질의 아홉 가지 기능을 강화할 수 있다.

요컨대, 이 훈련들은 우리가, 바로 그 마음이라는 매개를 통해 우리에게 말씀하시는 성령에게 주의를 기울이기 위하여 우리 마음에 주의를 기울일 수 있게 해 준다. **예수님의 마음은 어느 시대 어느 인간을 막론하고 가장 통합된 전전두피질을 반영한다.**

하나님에 대한 그분의 깊은 자각은 자동적으로 일어나지 않았다. 사실 예수님보다 하나님을 알고 하나님에게 알려지는 것에 더 많은 공을 들인 사람이 없다. 그분은 우리가 마음대로 이용할 수 있는 그 동일한 영적인 훈련들을 통과하기 위해 시간을 내셨으며, 하나님의 마음을 알 수 있도록 하나님에게 알려지는 일에 헌신하셨다. 다시 말해, 그분은 자신이 주의를 기울이고 있는 것에 주의를 기울이셨다.

저열한 행로로의 유혹: 마귀들에 직면하시는 예수님

실수하기 마련인 사람으로서 우리는 저열한 행로로 이어지는 마음 상태를 피하기 위해 얼마나 열심히 애쓰는지 예수님이 과연 이해하실 수 있을까 상상하기 어려워한다. 우리가 정서적 고통을 지닌 예수님의 인간성에 대해 신학적인 말만 앞세울 수도 있다. 그러나 "좀더 가치 있는 영적인" 것과 "가치가 덜한 육체적인" 것을 구분하면서 와해된 방식으로 삶을 바라보는 우리의 (비성경적이고) 플라톤주의적이며 영지주의적인 경향을 고려하건대, 우리는 예수님이 저열한 행로에 실제로 발을 들여놓지는 않으면서 그 행로에 얼마나 가까이 다가가셨는가를 자주 간과한다.

복음서(마태복음 4장, 마가복음 1장, 누가복음 4장)에서 우리는 예수님의 마음을 슬쩍 들여다볼 기회를 얻는다. 예수님은 세례를 받으시고 바로 뒤이어, 성령에 이끌려 광야로 가신다. 그다음 몇 주 동안, 예수님은 금식하며 기도하신다. 사십 일 후에, 사탄이 와서 그분을 유혹하는데, 예수님에게 돌들로 떡 덩이가 되게 하여 허기를 채우라고, 성전 꼭대기에서 뛰어내려 권능을 입증하라고, 세상 왕국들의 정치적 지배권을 예수님에게 넘겨주리라고 약속하면서 사탄 자신에게 경배하라고 제안한다. 본질적으로 사탄은 예수님이 불안에 직면해 그분 자신의 재능을 대처 전략으로 사용할 것을 제안한다. 그러나 그 제안을 받아들였다면 예수님은 그분 마음의, 전전두피질의 다양한 부분들로부터 단절되었을 것이다. 사탄은 예수님에게 하나님의 성실하심을 신뢰하지 말고 홀로 행동하라고, 마치 예수님이 두려워하는 것처럼 행동하라고 요구했다.

광야에서 보낸 기간 바로 이전에 예수님이 사역을 헤쳐 나가게 해 줄 말씀을 들었던 것은 의미심장하다. "너는 내 사랑하는 아들이요 나는 너를 좋아한다." 이제, 그분이 오르지 않을 수 없다고 감지하시는 산 둘레의 쉽고 편한 길들을 택하라고 그분을 유혹하는 생각과 감정이 맹공격을 펼치는 와중에, 그분은 다름 아닌 이 목소리를 경청한다.

사탄의 공격들을 물리치시면서 예수님은 단지 말씀(그분은 성경을 인용하신다)만이 아니라 그 말씀에 대한 자기의 경험에 의존하신다. 적어도 30년 동안 자신을 힘과 위안으로 적셔 준 것에 주의를 기울이시면서, 다양한 감정과 기억을 활용하시는 듯하다. 그분은 자신이 궁극적인 확신과 신뢰를 두고 있는 하나님을 시험할 필요가 없으시다.

신경 과학의 관점에서 사탄은 예수님이 주의를 기울이지 않도록, 그분 자신의 정서 상태와 기억에 대해 의식하지 않도록, 본질적으로 와해된 전전두피질의 방식대로 살아가도록 부추기는 방식으로 예수님을 유혹했다. 사탄은 예수님이 그분 자신의 서사에, 그리고 성부 하나님이 그분에게 메시아라는 소명의 참된 본질을 드러내면서 그분을 격찬하시고 애정을 아끼지 않으시는 사실을 들었던 순간들에, 좀처럼 주의를 기울이지 않도록 유도했다.

사탄과의 이 조우에서, 예수님은 자신의 전전두피질을 와해시키고 저열한 행로를 따라 내려가도록 유혹받으셨다. 우리도 종종 결국 이르게 되는 바로 그 길을 따르라는 유혹이었다.

> 그분 자신과 그분의 백성을 위한 임시변통의 해결책에 이르는 길
> 즉각적인 만족에 이르는 길
> 수치심의 불안정한 효과를 보상해 줄 개인적 매력의 현란한 과시에 이르는 길
> 성급함, 정서적 고립, 경멸, 탐욕, 욕정 등에 이르는 길
> 우리 자신의 고통이든 타인의 고통이든 피하려고 애쓰는 길

다시 말해, 우리의 마음에서 일어나는 갈등들은 예수님이 광야에서 굶주리고 목마르셨던 그 사십 일의 기간에 직면하신 것과 동일한 갈등들이다.

예수님이 그 광야에서, 그리고 기도하러 홀로 멀리 가셨을 때 그 모든 늦은 밤과 이른 아침 동안 행하신 내면의 작업에도 불구하고, 그분은 끊임없이 자신의 전전두피질을 통합하고 계셨으며, 주변 사람들의 아주 하찮은 비언어적 신호까지도 알아보는 데 훨씬 더 능숙해지고 계셨다. 그리고 자기 마음의 통합을 더욱 자각하시면서, 확실히 정의의 문제와 와해의 궁극적인 형태인 제도적인 악폐에 대해 무엇을 해야 하는가의 질문에 주의를 기울이셨다. (오늘날 우리에게 이것은 정치, 상거래, 생태 문제에 대해 우리가 무엇을 하느냐로 변환된다.) 그렇다면, 예수님이 종교 지도자들의 위선과 교만을 그리도 자주 들추어 내신 게 조금도 놀랄 일이 아니다.

우리의 형제이자 왕이신 예수님과 함께 여행할 때, 그분은 우리에

게 일생일대의 모험을 함께할 것을 명하신다. 먼저 그분은 우리를 우리 자신의 마음속 깊은 통합의 자리로 부르신다. 바로 성경에서 우리를 위해 그분 자신이 모범을 보이신 실천으로 부르신다. 또한, 자신의 정의와 자비의 나라를 받아들일 모든 이들을 위해 그 나라의 도래를 알리시면서, 성령의 능력을 통해 우리가 그분을 돕도록 우리를 초대하신다.

통합을 위한 훈련

이제껏 이 책의 여러 군데에서 전전두피질의 통합을 촉진하도록 도와줄 몇 가지 훈련법을 접했다. 다음은 그 훈련들을 좀더 상세히 설명한다.

자전적 서사

신뢰하는 두세 명의 친구로 이루어진 무리와 모임을 갖도록 해 보라. 서로를 격려해 각자 자서전을 쓰고 나서 그것을 공유하라. 이 일이 잘 이루어지려면, 어쩌면 몇 주 혹은 몇 달 동안 매주 혹은 격주로 육십 분에서 구십 분 동안 함께 모일 필요가 있을지도 모른다. 완벽한 방식이란 없다. 중요한 건 기꺼이 자기 이야기를 있는 그대로 나눌 의향이 있는 헌신적인 사람들의 무리에 속하는 것이다. 진행해 나가면서, 하나님이 각 사람에게 그 사람의 이야기에 더 많이 드러내 보여 주실 뿐만 아니라 그분의 이야기(그분의 감정과 생각과 심상)도 더 많이 드러내 보여 주시기를 청하라.

누군가가 읽고 있는 이야기의 언어적 측면들뿐 아니라 비언어적 측면들에도 주의를 기울이라. 참여자들은 또한 느끼는 것(그들이 서로의 이야기를 듣는 중에 그들의 내면에서 자극을 받아 일어나는 정서)에 주의를 기울이고 그 감정을 존중할 필요가 있다. 결코 그 감정을 무시하지 않도록 주의해야 하며 오히려 그 감정 때문에 그 이야기를 하는 사람에게 물어볼 질문들을 만들어 내도록 허용해야 한다.

308쪽에 언급된 다섯 가지 형태의 질문, 즉 **누가, 무엇을, 어디서, 언제, 어떻게**를 사용해 질문하라. 각 질문은 듣는 사람이 알지 못하는 정보를 구하기 위함이다. 하지만 더 중요하게는, 이런 질문으로 이야기를 하는 사람이 **알려지는** 경험이 늘어난다는 것이다.

다른 사람의 이야기를 들을 때 이러한 질문들을 하는 건 이야기를 하는 사람이 **왜**라는 좀더 자극적인 의문에 정서적으로 활성화되는 일 없이 특정 사실들을 되돌아보게 해 준다. 이야기를 하는 사람과 이야기를 듣는 이들 모두, 예측 가능하고 신뢰할 수 있으며 안전한 방식으로 더 깊고 친밀한 결속을 불러일으킬 수 있다.

주의 훈련

이 간단한 5분 훈련은 어디에서나(물론, 차나 중장비를 운행하는 동안을 제외하고) 가능하다. 의자에 편안히 앉아 있으면서, 깊은숨을 들이쉬고는 주의의 초점을 방의 중심(마루나 천장의 중심이 아니라 방 전체 용적의 중심)에 두라. 약 삼십 초 동안 이를 유지하라. 그런 후에, 중단 없이 주의의 초점을 앉아 있는 곳의 맞은편 벽의 한 구역으로 옮겨 보라. 대략 삼십 초 동안 그곳에 주의를 기울이며 가만히 있으라. 그런 다음, 다시 중단 없이 주의의 초점을 방의 중심으로 돌아오도록 해서 삼십 초 동안 그 상태를 유지하라. 그다음에 두 손을 시각적인 길잡이로 사용하지 않도록 가만히 두면서 주의의 초점을 책을 들고 있을 만한 거리에 있는 자기 앞의 공간으로 옮겨 오라. 삼십 초 동안 주의를 기울이는 구역 안에 이 공간을 포함시키라. 마지막으로, 주의를 기울인 채 방의 중심으로 돌아와 삼십 초 동안 그 상태를 유지하라.

나는 내 환자들에게 이 훈련을 매일 가능한 한 자주 행하도록 권한다. 의식적인 주의 기울이기 훈련을 더 자주, 더 짧게 하는 것(일주일에 네다섯 번, 5분에서 15분 동안)이 더 길게 덜 하는 것(일주일에 한 번, 45분 동안)보다 전전두피질의 상호 연계성을 더 높여 준다.

이 훈련은 환자들이 사실은 주의를 통제할 수 있다는 점을 명백히 보여 주는 한편, 무언가를 만들어 내고는 마음속에서 그 동일한 무언가에 초점을 맞추는 것이 얼마나 어려울 수 있는가를 분명히 알려 준다. 방의 '중심'은 이것의 한 예로, 처음에는 힘이 들 수 있다. 이 훈련은 초보자에게 적합한 의식적인 명상 훈련이다. 몸 스캔은 이 훈련의 더 몰입된 형태다.

집중하기 훈련

유익한 명상 훈련의 역할도 하는 간단한 주의 훈련은 갈라디아서 5장 22절에 성령으로 충만한 삶의 소산으로 나열된 명사들(사랑, 기쁨, 화평, 인내, 친절, 선함, 신실, 온유, 절제) 중 하나를 선택하는 것이다. 매일 온종일 그 단어에 주의를 집중하라. 거리낌 없이 그 단어에 상응하는 심상들을 마음속에 창조하라.

각각의 단어에 연속해서 일주일을 할애해 초점을 맞추고, 지속적으로 아홉 단어 모두를 주기에 따라 통과해 나가기를 계속하라. 당신을 저열한 행로로 데려가려고 부추기는 사람과 마주치거나, 그런 정서적 변화를 감지할 때마다, 그날의 단어에 대한 자각에 몰입해 보라. 그 단어가 어떻게 그 순간에 그것을 반영하고 나타내라고 요구하는지 의식적인 주의를 기울여 보라. 특히 마음이 정반대로 하라고 소리치고 있을 때 그렇게 해 보라. 어떻게 이 순간에 기쁨이나 화평이나 인내나 온유의 전달 경로가 될 수 있을까를 자신에게 물어보라. 이 훈련으로 당신의 전전두피질의 통합이 촉진될 뿐 아니라, 주위 사람들에게 느껴진다고 느낄 수 있는 공간을 창조해 낸다. 그럼으로써 그들에게 동일한 일이 일어나게 해 줄 것이다.

10장

신경 과학 : 죄와 구원

성경은 웹스터 사전처럼 **죄**에 대한 사전적 정의를 제공하지는 않는다. 그러나 하나님과 분리되거나 단절된 상태를 나타내거나, 그러한 상태로 이어지거나 그러한 상태의 전형적인 예가 되는 행동들을 나타내기 위해 그 용어를 자주 사용한다. (성경에서 **죄**를 대신해 가장 자주 쓰이는 헬라어와 히브리어 단어들은 '과녁을 벗어남'을 의미한다.)

죄는 하나님과 우리의 관계를 끊는다. 하나님과 분리될 때 우리는 다른 사람들과 분리되며 마음의 여러 요소 사이에서 그에 상응하는 분리를 경험한다. 이것이 캐럴린의 경험이었다. 그렇다면 '분리됨'은 단절, 와해, 신경 과학과 애착 이론에서도 사용되는 다수의 다른 개념에 대한 은유다.

사도 바울은 로마 교회에 보내는 그의 편지에 그러한 와해된 마음들을 상세히 기술한다.

> 사람들은 하나님의 진리를 거짓으로 바꾸고, 창조주 대신에 피조물을 숭배하고 섬겼습니다. 하나님은 영원히 찬송을 받으실 분이십니다. 아멘.
> 이런 까닭에, 하나님께서는 사람들을 부끄러운 정욕에 내버려 두셨습니다.…

사람들이 하나님을 인정하기를 싫어하므로, **하나님께서는 사람들을 타락한 마음 자리에 내버려 두셔서, 해서는 안 될 일을 하도록 놓아두셨습니다.** 사람들은 온갖 불의와 악행과 탐욕과 악의로 가득 차 있으며, 시기와 살의와 분쟁과 사기와 적의로 가득 차 있으며, 수군거리는 자요, 중상하는 자요, 하나님을 미워하는 자요, 불손한 자요, 오만한 자요, 자랑하는 자요, 악을 꾸미는 모략꾼이요, 부모를 거역하는 자요, 우매한 자요, 신의가 없는 자요, 무정한 자요, 무자비한 자입니다. 그들은, 이와 같은 일을 하는 자들은 죽어야 마땅하다는 하나님의 공정한 법도를 알면서도, 자기들만 이런 일을 하는 것이 아니라, 이런 일을 저지르는 사람을 두둔하기까지 합니다. (롬 1:25-26, 28-32, 저자 강조)

이 구절은 '죄들'의 장황한 목록을 포함하고 있다. 여기에는 타락한 마음을 나타내는 행동들과 일반적인 상태 모두 포함되어 있다는 사실을 주목하라. 바울은 우리가 먼저 하나님과의 관계를 폐기하거나 포기해 버린다는 점을 시사한다("사람들이 하나님을 인정하기를 싫어하므로"). 그런 뒤에 본질적으로 사악하고 전체적으로 너무도 지독하게 병이 들어 우리 자신의 진짜 상태를 알지 못할 수 있는 마음 상태로 점차 악화하면서 이런 죄악된 행동들이 나타나는 것 같다고 진단한다.

파멸에서 회복으로

신경 과학의 관점에서 죄는 우리의 마음이 와해된 정도, 혹은 바울의 언어로 타락한 정도에 깊이 반영된다. 다시 말해, 신경 과학의 언어가

와해라 부르는 것은 죄라는 성경적 언어에 대한 상관물이다.

신경 과학은 또한 죄에서 돌아서는 것에 관해 무언가를 말해 준다. 우리가 (캐럴린이 한 것처럼) 마음에 주의를 기울일 때, 우리는 더 이상 와해되지 않고 구원으로 이어지는 고백과 회개의 행위들을 받아들이기 시작한다. 그렇다면 바울이 거듭남을 마음의 치유나 통합과 연결하는 게 전혀 놀랍지 않다.

> 형제자매 여러분, 그러므로 나는 하나님의 자비하심을 힘입어 여러분에게 권합니다. 여러분의 몸을 하나님께서 기뻐하실 거룩한 산 제물로 드리십시오. 이것이 여러분이 드릴 합당한 예배입니다. 여러분은 이 시대의 풍조를 본받지 말고, **마음을 새롭게 함으로** 변화를 받아서, 하나님의 선하시고 기뻐하시고 완전하신 뜻이 무엇인지를 분별하도록 하십시오.
> (롬 12:1-2, 저자 강조)

죄는 와해를 반영하는 반면, 의식적인 통합은 구원의 중요한 상관적 요소다. 실제로, 성령의 창조적이고 통합적인 활동은 신경의 활성화 및 성장을 자극함으로써 일어나는 전전두피질의 통합으로 나타나는데, 이런 통합은 새로운 신경망의 형태로 새로운 삶을 창조한다. 캐럴린은 한 주에 네 번 활기차게 걷기를 시작하고 의식적인 명상 훈련을 하며 도예 수업에 등록함으로써 이 통합을 촉진했다. 그녀가 경험한 변화는, 예수님이 나타나셔서 새로운 뇌를 가진 새로운 몸의 완전한 창조를 포함해 새 하늘과 새 땅의 도래를 알리시는 역사의 정점에서 일어날 일의 전조다.

완벽함에 미치지 못하는

통합되고 성령이 이끄시는 삶을 살고자 갈망함에도 불구하고, 우리는 늘 성공하지는 못한다. 바울이 로마서 7장 21절에서 한탄하듯, "선을 행하려고 하는데, 그러한 나에게 악이 붙어 있다." 다시 말해, 이 세상에서 우리는 (참되고 새로워지는 자아에 반대되는) 죄 많은 본성, 즉 낡고 와해된 존재 방식에 상응하는 마음/뇌 복합체의 그 부분, 말하자면 오래된 신경망을 계속 보유한다.

이 책의 서문에서 표명한 바를 되풀이하겠다. 나는 예수님을 따르는 삶에 관한 중요한 개념들과 뇌의 가능한 관련 상관물들을 탐색함으로써, 뇌에 근거해 그 개념들을 **설명**하려는 게 결코 아니다. 그 개념들을 신경망의 기능으로 축소하려는 의도가 아니다.

세 가지 간단하고 의식적인 상태 훈련 단계에 착수함으로써 우리 자신과 세상에서 마술처럼 죄를 제거할 수 있다고 제안하는 것도 아니다. 우리는 예수님만이 하실 수 있는 것을 궁극적으로 할 수 없다. 우리에게 인간이 되는 길을 보여 주시고 그렇게 될 능력을 충분히 주실 수 있으신 오직 하나의 메시아, 구세주, 주(예수님)가 존재한다. 그러나 하나님은 우리가 "오로지 공의를 실천하며 인자를 사랑하며 겸손히 네 하나님과 함께 행하"(미 6:8)고, 여기 지상에서 하나님 나라를 확장할 수 있도록 예수님이 하신 대로 의식적으로 인생을 살라고 분명히 명하신다.

사실, 신경 과학에 따르면 **실상으로서의** 죄와 구원은 신학에 관한 좌측 모드의 언어적 요소만을 사용해 적절히 설명할 수는 없는 듯하다. 말은 매우 도움이 되지만 불완전하다. 이러한 말에는 우반구의 충실한 조력이 필요하다. 두 반구의 완전한 통합으로 우리는 이 개념들을 더욱 잘 이해할 수 있다. 그러면 타인과의 단절을 감지할 때 우리 마음에 무슨 일이 일어나는지 신경 과학이 이야기해 주는 바를 고찰해 보자.

불화

뇌는 미래를 위해 몸을 준비시키려고 현재를 과거에 견주어 보며, 내부와 외부의 풍경을 끊임없이 훑어본다. 그 과정에서 뇌는 수천 개의 신경망들이 관련된 수백 개의 감각들을 접하는데, 그 일이 일어나려면 수백만에서 수십억 개의 신경세포들이 연결되어야 한다.

  뇌로 말미암아 우리가 무의식적으로, 그런 다음 의식적으로 자각하는 좀더 흔한 감각 중 하나는 괴로움으로 간단히 불리는 감각이다. '**괴로움**'이라는 단어는 특징 없고 포괄적이며 구체적이지 않다. 그리고 실제로 (좀 단순화하자면), 뇌가 어떤 관계에서 무언가가 잘못된 것을 감지할 때, 이 감각은 처음에는 꽤 포괄적이고, 구체적이지 않은 자극이라는 인상을 준다. 뇌의 시간으로, 우리는 정확히 무엇이 잘못되었는지 즉시 알아차리지 못한다.

  이 괴로움의 지각은 우리 몸의 일반적인 감각 신경계로부터 발생해서 아래쪽 뇌 부위의 신경망과 연결된다. 이 신호들은 이제 위로 향해 우반구와 좌반구 둘 다를 통과해, 결국에는 피질로 나아간다. 피질이 그 괴로움을 맥락화하고 의식적으로 해석할 때 비로소 우리는 그것의 근원을 인식한다.

  관계에 관한 한, 괴로움은 일반적이고 별 특징이 없으며 일시적인 두려움이나 불안으로부터 좀더 명시적인 분노, 상처, 실망, 배신에 이르기까지 어떤 것으로도 경험할 수 있다. 괴로움은 그다음에 불화로 이어지는데, 이 불화는 누군가가 다른 사람 혹은 집단과 정서적인 친밀함과 연결이 줄어드는 것을 지각할 때마다 발생한다. 이 연결이 끊어지는 현상은 때때로 좀처럼 눈에 띄지 않지만, 극심한 지장을 초래할 때도 있다. 댄 시겔은 『내면에서 시작하는 양육』에서 우리가 경험하는 이런 현상의 다양한 유형을 탐색한다. 이 유형들에는 계속 오가는/양호한 불화, 한계 설정의 불화, 유독한 불화가 있다.

부모-자녀 관계 연구에서 유래한 불화의 개념은 무엇이 되었든 그 영역에서 부모와 자녀 사이에 일어나는 관계 부조화 사례를 가리킨다. 그러나 불화는 부모와 자녀 사이에서만이 아니라, 두 사람 혹은 그 이상의 **어떠한** 마음 혹은 집단 사이에서든 발생한다. 커플 사이든, 친구, 교구민, 적(여기에는 친구와 교구민이 포함될 수 있다), 스포츠팀(하키와 야구를 생각해 보라), 인종, 문화, 혹은 나라 사이든 말이다.

불화라는 말이 부정적으로 들릴지도 모르지만, 불화의 가장 일반적인 유형들은 시시각각의 삶과 하루하루의 삶에서 자연스럽게 오가는 어긋남에서 진화한다. 이것은 아기가 엄마의 자궁을 떠나지만 결국 젖을 먹거나 안기기 위해 이내 엄마에게 되돌아오게 되는 출생의 순간부터 시작된다. 그 순간 이후로, 아이와 부모는 때로는 친밀함을 바라고 때로는 더 많이 분리되기를 바라며 상호작용의 범위를 오간다. 이런 모습은 자기 발가락을 조용히 탐색하면서 방해받고 싶어 하지 않는 유아들과 그저 방해받지 않고 발톱에 매니큐어를 칠할 수 있도록 홀로 자신의 발가락에만 집중하고 싶어 하는 엄마들, 양쪽에서 다 나타난다.

이 오락가락하는 움직임은 정서적 친밀함의 수준의 변화로부터 생겨날 수 있는 어떤 괴로움이든 견뎌 낼 새로운 대처 전략을 개발할 기회들을 아이의 마음(혹은 그 점에서는 친구나 배우자의 마음)속에 만들어 낸다. 뇌는 이 괴로움을 다룰 도구의 목록을 확대하는 이 과정을 돕기 위해 추가적인 신경세포망들을 자연스럽게 보충한다.

걸음마를 시작한 아이가 발을 헛디뎌 무릎이 까진 뒤 괴로워하는 동시에 대처하기를 배울 때 아이의 우반구와 좌반구가 어떻게 통합되는지 고찰해 보라.

- 섬엽은 그의 몸과 그 몸을 위안이 되는 방식으로 조절하기 위해 어떤 조치를 취해야 하는가를 점차 알아차린다.
- 우반구는 고조된 불편함의 시기에 진정시키는 기제 역할을 하는 심상들을 구축한다.
- 좌뇌는 '아빠는 내가 우는 걸 들을 때, 늘 그렇듯 나를 안아 일으켜 주러 오고 있는 게 틀림없어'와 같은 생각들을 한다.

이 통합은 물론, 부모가 자녀에게 의식적인 주의를 기울이는 환경, 즉 자녀에 대해 정신화하는 환경에서 발생할 가능성이 크다. 친밀함의 일상적인 기복에 아이가 대처해 가면서 아이의 마음이 얼마나 통합되고 유연해지는가는 부모가 안정적인 애착을 위한 환경을 창조하는 정도에 달려 있다.

두 관계자 사이의 정서적인 거리가 확대되었다 축소되며 자연스레 발생하는 이 패턴은 성경의 최초 구절들에 존재한다. 아담과 하와는 하나님 자신을 오고 가시는 분으로 경험했다. 성경은 하나님을 내재적인 분으로 묘사할 뿐만 아니라, 우리를 향하기도 하고 우리에게서 멀어지기도 하는 움직임을 보이시는 분으로 묘사한다.

창세기 3장 8절은 "그 남자와 그 아내는, 날이 저물고 바람이 서늘할 때에, 주 하나님이 동산을 거니시는 소리를 들었다"라고 말한다. 이것은 움직임을 암시하며, 하나님이 때때로 동산에서 최초의 인류와 가까운 곳이 아닌 다른 어떤 곳에 계셨음을 시사한다. 그분은 전적으로 부재하시진 않았지만 좀더 떨어져 계셨다. 우리에게 향하고 우리에게서 멀어지는 하나님의 움직임은, 우리가 그분의 상대적인 부재 안에서 감지하는 정서적인 괴로움에도 불구하고 우리의 유연성과 회복력의 성장을 촉진하는 하나의 수단이다.

엄마가 전화를 받기 위해 마루에서 즐겁게 놀고 있는 어린 자녀를 두고 자리를 뜰 때 비슷한 일이 일어난다. 비록 아이의 관점에서 엄마는 '떠난' 것이지만, 사실 방을 떠난 것일 뿐 여전히 다분히 현존하면서 어린 딸에게 응답할 수 있고 응답하기를 마다하지 않는다. 그러나 아이가 엄마는 언제나 돌아온다는 점을 배우기까지는 시간이 좀 걸린다. 하나님이 우리의 삶에서 사라지신 것처럼 보일 때 종종 우리는 꼭 그 아이처럼 느낀다. 버림받고 잊혔다고 생각한다. 하나님은 이런 방식으로 우리와 상호작용하신다는 것을 배우는 건 오로지 경험과 성장을 통해서다.

양호한 불화

하나님은 우리와 완벽하게 공감하신다. 그러나 부모가 아무리 의식적으로 주의를 기울인다 하더라도 부모와 자녀 사이의 연결감에서 실수나 의도하지 않은 단절은 불가피하게 일어난다. 이를테면, 엄마가 방의 모퉁이를 돌아가면서 유아의 시야에서 사라질 수도 있는데, 그 시점에 유아는 울기 시작할지도 모른다. 아이의 울음소리를 듣자마자, 엄마는 돌아와서 **양호한 불화**라고 할 수 있는 상황을 수습한다. 부모가 계속 의식적인 주의를 기울이면 아이는 나이가 들어 감에 따라 좀 더 회복력을 갖게 되고, 전보다 높은 수준의 분리와 내적인 괴로움도 견뎌 낼 수 있다. 뇌가 발달되어 감에 따라, 엄마나 아빠에게 홀로 있는 시간이 필요하다는 점을 이해하며, 정서를 스스로 조절하는 능력에서도 점차 유능해질 것이다.

아이가 십 대가 될 때, 아들은 자동차를 수단으로 거리가 더 멀어지는 것에 대한 자신의 욕망을 소비하고자 한다. 부모는 사춘기 자녀가 성숙해 가면서 부모에게서 벗어나는 아이를 보게 될 뿐 아니라, 아이가 떠나는 것을 장려하며 약간의 압력을 가하기도 한다. **아이들이 삶의 다음 단계에 맞게 성장하도록** 하기 위함이다.

아이는 성인이 되어 감에 따라, 아동기와 청소년기 동안 자연적으로 발생하는 친밀도의 변화에 대해 배운 것에 근거해, 자신과 자신의 친구, 고용주, 이웃, 배우자 사이의 양호한 불화에 대응할 것이다. 정서적으로 연결된 두 사람조차 자기의 공간이 필요하다.

양호한 불화는 뜻밖의 오해나 심지어 선의의 오해로 성인들 사이에서 발생한다. 그는 팔꿈치로 그녀의 눈을 찌르려던 게 아니었다. 그녀는 정말 그의 비행기가 오전이 아닌 오후 열한 시에 도착한다고 생각했다. 그는 그녀가 열기구 데이트를 즐기리라고 확신했으나, 그녀의 고소공포증은 미처 눈치채지 못하고 있었다.

당신은 인생의 속도와 스트레스로 분주하거나 과부하가 걸려, 바라는 것보다 더 의식 없이 기능하는 모습으로 살아가고 있음을 깨달을 지도 모른다. 이를테면, 할 일이 너무 많은데 자녀들의 요구 사항들이 당신의 일정에 지장을 주고 있다고 느낄 때면 자녀들에게 짜증이 난다. 배우자와 의논하지 않고 이번 주말에 친구들과 골프를 치기로 결정한다. 하루 일이 끝날 즈음에 업무상의 문제들에 압도되어, 배우자가 집에 오는 길에 식료품점에 들러 사 오라고 부탁한 빵을 사 오는 걸 잊는다.

이러한 상황은 관계에서 대수롭지 않은 분리로 이어지는데, 그러한 분리는 큰 수고를 들이지 않고 복구할 수 있다. 그러나 경험의 기반 위에 구축된 용서의 신경 형판을 갖고 있지 않다면, 이 단순한 과실들조차 해결하기가 훨씬 어려워질 수 있다.

한계 설정의 불화

한계 설정의 불화는 정서적인 단절의 또 하나의 흔한 유형이다. 이 불화는 당신이 타인의 행동에, 혹은 심지어 당신 자신에게 경계를 정할 때마다 발생한다. 당신이 기능하는 데 필요한 구조를 만들어 내려면 한계를 설정해야 한다. 경계를 설정하는 일은 친밀한 관계의 일환으로, 어떤 관계에서든 필요하다. 고용주와 고용인 사이이든, 교사와 학생 사이든, 코치와 운동선수 사이든, 목사와 교인 사이든, 혹은 아내와 남편 사이든.

그러나 다시 한번 말하지만, 이러한 유형의 불화는 부모-자녀 관계에서 처음으로 발생한다. 발달 초기에 있는 유아의 우반구는 유아의 지배적인 신경학적인 힘으로 작용하는데, 결국 좌반구의 발현은 논리적·선형적인 방향을 제시하도록 돕는다. 그러나 좌뇌는 처음에 아이에게 필요한 모든 구조를 제공할 수가 없다. 외부로부터 가해지는 제한이 없다면, 뇌는 충동적이고, 절제되지 않은 행동을 하도록 배선될 수도 있다.

한계를 정하기 시작함으로써 부모는 자녀가 절제를 배우도록 자녀의 뇌의 배선에 조력할 수 있다. 이 과정은 부모가 식물이나 뜨거운 찻잔으로부터 아이의 손을 치울 때처럼 비언어적 신호들을 통해 시작된다. 결국 그들은 자녀가 잠이 드는 동안 울게 내버려 두면서, 자녀들이 스스로 달래는 능력을 키우게 한다. 그들은 자녀의 요구에 안 된다고 말하거나, 자녀에게 선택권을 줄 때 제한을 두기 시작한다("파란 컵이나 빨간 컵에 우유를 마실 수 있지만, 주스는 안 된단다"). 나중에는 좀더 나이를 먹은 자녀가 살 수 있는 것, 혹은 볼 수 있는 영화에 한계를 정한다.

이 한계들은 예외 없이 원하는 것을 얻지 못하는 자녀의 내면에 괴로움의 감정을 만들어 낸다. 이러한 형태의 불화는 그 성질상 의도된 것이기는 하지만 반드시 부정적으로 작용하지만은 않는다. 사실 이 불화는, 공감하며 의식적인 주의를 기울이는 부모가 정한 한계일 경우 긍정적으로 작용할 수 있다.

물론 이것을 제대로 하기 위해서는 엄청난 에너지가 필요한 데다, 우리가 늘 완벽한 것은 아니다. 때때로 우리는 보내지 않았어야 할 비언어적 메시지를 보내기도 하고, 육아를 위한 가장 유익한 방책이 무엇인지 도무지 알지 못한다. 결국 우리 자신의 암묵 기억과 기본 정서 상태는 우리가 한계를 정하는 방식에 영향을 주는 정신 모형을 활성화한다.

우리는 예수님도 한계를 정하셨음을 발견한다. 제자들과의 마지막 유월절 식사 중에 예수님은 가까운 미래에 무슨 일이 일어날지와 그분이 떠나셔야만 하는 이유를 밝히신다(제자들은 그분이 떠나지 않으시기를 무척 바라지만).

> 그러나 나는 지금 나를 보내신 분에게로 간다. 그런데 너희 가운데서 아무도 나더러 어디로 가느냐고 묻는 사람이 없고, 도리어 내가 한 말 때문에 너희 마음에는 슬픔이 가득 찼다. **그러나, 내가 너희에게 진실을 말하는데, 내가 떠나가는 것이 너희에게 유익하다.** 내가 떠나가지 않으면, 보혜사가 너희에게 오시지 않을 것이다. 그러나 내가 가면, 보혜사를 너희에게 보내 주겠다.…그러나 그분, 곧 진리의 영이 오시면, 그가 너희를 모든 진리 가운데로 인도하실 것이다. 그는 자기 마음대로 말씀하지 않으시고, 듣는 것만 일러 주실 것이요, 앞으로 올 일들을 너희에게 알려 주실 것이다. 또 그는 나를 영광되게 하실 것이다. 그가 나의 것을 받아서, 너희에게 알려 주실 것이기 때문이다. (요 16:5-7, 13-14, 저자 강조)

예수님은 제자들에게 자신이 떠나지 않으면 성령이 오시지 않을 것이라고 말씀하신다. 성령의 도움으로, 그들은 신뢰하고 이끌고 따르고 위험을 무릅쓰고 적절한 판단을 내리는 능력이 향상될 것이다. 이전에 제자들은 갈등이 있을 때, 문제를 해결하고 분쟁을 매듭짓기 위해 예수님에게 의지하곤 했다. 그러나 그분의 죽음, 부활, 승천 이후에, 그들은 성령의 생기를 통해 부득불 자기들끼리 일을 해결하지 않을 수 없다. 그들은 **철이 들어야** 한다.

유독한 불화

압도적이거나 몹시 고통스러운 정신 상태로 이어지는 상황은 유독한 불화를 만들어 낸다. 우리는 비명을 지르고 누군가를 욕한다. 그렇지 않으면 침묵의 묘실로 물러난다. 우리는 아픔이나 상처에 대해 곰곰이 생각하면서 그것을 키우고, 느껴지거나 표현된 슬픔이나 분노를 절망의 상태로 깊어지게 한다. 우리는 언어적이거나 비언어적으로 연달아 경멸의 행동을 한다.

그렇지만 대단히 충격적인 사건이나 걷잡을 수 없이 호전적인 행동이 유독한 불화를 일으키는 필수 요소는 아니다. 어느 날 당신과 남편이 차를 몰고 가는 중에, 남편이 바람을 피운 여자와 처음으로 점심 식사를 했던 식당을 지나친다. 몇 달 전 드러난 그 정신적 외상을 두 사람 모두 성공적으로 극복하고 있을지도 모르지만, 당신은 갑자기 슬픔과 수치심과 분노에 휩싸인다. 당신은 그다음 몇 분에 걸쳐 남편에게 점차 짜증을 내고 퉁명스러워지다가, 아들이 고등학교로 옮겨 가는 것에 관해 대화를 나누던 어느 시점에선가 폭발하고야 만다. 겨우 몇 분 사이에 당신의 여러 생각과 감정과 심상이 한데 모아져 계기판으로 쏟아져 나오는 동안, 당신은 그 쇄도를 멈출 힘이 없다고 느낀다. 두 사람 모두 그러한 교류로 인해 다음 날을 멍하니 보내면서, 결혼 생활을 복구하는 일에 돌이킬 수 없는 차질이 생겨 진척이 되지 않을까 봐 걱정한다.

죄는 유독한 불화의 벌판에서 우리를 사냥한다. 죄는 우리를 유혹해 지속적인 와해로 이끌고, 지각된 부당함에 대해 의식적인 주의를 기울이지 않고 반응하도록 손짓한다. 이러한 유형의 분리는 우리가 인류로서 자기 파괴적인 성향의 근원에 있는 두려움과 수치심을 강화하는 방식으로 행동하게 한다. 유독한 불화는 우리 마음의 와해와 너무도 매끄럽게 연결되어 있어서 죄와 거의 같은 뜻을 갖는다. 확실히 유독한 불화의 결과와 타락한 마음의 결과는 상당히 비슷하게 들린다.

더 이상의 재미와 게임은 없다

유진은 퇴근하고 집에 와서 여덟 살 난 아들 윌이 어린 친구 두 명과 함께 거실에서 놀고 있는 모습을 보았다. 유진에게는 긴 하루였고, 여덟 살 난 소년들이 서로를 향해 장난감 총을 쏘아 대는 탓에 발생하는 소음을 받아들일 준비가 되어 있지 않았다. 그가 방에 들어섰을 때, 실제로 발포된 고무 총알 하나가 그의 이마를 제대로 맞혔고, 삼인조 소년들은 즐겁게 까불거리며 웃어 댔다.

그 광경과 소음은 너무 과했다. 유진의 마음속에서 분통이 터졌다. 그는 단호하게 소리쳤다. "이봐!" 이것은 소년들의 주의를 끌었다. 그들은 깜짝 놀라고 적잖이 겁에 질린 채 몸을 돌려, 호통을 치기 시작하는 유진이 하는 말을 들었다. "윌, 수없이 말했지. 이 모든 장난감을 꺼내서 어질러 놓지 않았으면 좋겠다고 말이야! 세상에, 넌 간단한 지시 하나도 이해하지 못하니? 당장 치워!"

그러고 나서 유진은 주방으로 멀어져 가며 소리를 질렀다. "그리고 더 이상 시끄럽게 하지 마!" 그곳에서 그는 자신이 분노에 차서 나무라기 시작하는 소리를 듣고 아래층으로 내려와 있던 아내의 심각하고 걱정스러운 시선과 마주쳤다. 유진은 아무 말도 하지 않은 채 그녀의 조용하지만 화난 질책을 무시하고, 옷을 갈아입으러 위층으로 향했다.

분명히 이 특별한 오후에 무엇인가가 유진에게 거슬렸다. 그의 마음의 각기 다른 기능에 해당하는 신경 회로들은 더 이상 서로 이야기하지 않고 있었다. 그의 폭발은 어쩌면 전날 밤 충분히 잠을 자지 못한 것 때문에 일어났는지도 모른다. 그가 사무실을 떠나기 전에 아내와 했던 퉁명스러운 전화 탓일지도 모른다. 교통 체증 탓이거나 과도한 카페인 탓일지도, 혹은 레드스킨(미국의 프로 미식축구팀—옮긴이)이 **또다시** 패배했기 때문인지도 모른다.

이 계기 중 어느 것이든 그의 폭발로 이어졌을 수 있는데, 유진은 자기가 아직 일관되게 다루지 못한 자기 서사 속의 해결되지 않은 기억과 정서로부터 반응할 때가 많기 때문이다. 그는 윌에게 너무도 화가 난 나머지 격렬한 폭발을 멈출 수 없다고 느끼고 있음을 자주 깨닫는다. 아들에게 소리를 지르는 동안 끔찍한 기분이 들지만, 그럼에도 윌에게 너무나 화가 나서 자신의 감정을 떨쳐 버릴 수가 없다.

꽤 정기적으로 일어나는 이러한 소동 중에, 유진은 그 자신의 상처를 확대해 아들에게 상처를 입힌다. 그는 수치심의 독을 아내와 직원들에게도 전달한다. 그는 교회에서 집사이기 때문에, 외관상 좋지 않은 것 같은 어떤 행동도 다른 교구민들의 시야에 들어가지 못하도록 부지런히 노력한다. 그렇지만 집에서 가족과 그 동일한 교구민들에 관해 이야기할 때에는 거의 자제하지 않는다. 이것은 그의 아내를 더욱 당황스럽게 한다. 죄는 형편없는 페인트칠처럼 온 집 안에 개의치 않고 튄다.

유진은 좀처럼 그 자신과 아들 사이의 유독한 불화를 해결하려 하지 않기 때문에, 윌의 마음은 정신적 혼란의 엄청난 소용돌이 속에 빙빙 도는 생각과 감정과 감각으로 가득 차 있다. 윌이 느끼는 목의 긴장, 복부의 불편한 느낌, 가슴의 답답함과 같은 신체적 감각은 내면에 일어나는 혼란의 표면상 징후였다. 윌은 이 혼란스러운 경험들에 어떻게 대처해야 할지 잘 알지 못하므로, 점차 아빠의 분노가 유발하는 수치심의 감정과 단절할 수 있게 해 줄 심리적이고 행동적인 대처 전략을 개발할 것이다. 그는 그 강렬한 감정으로부터 주의를 돌리기 위해 다른 무언가에 대해 생각하거나 다른 무언가를 할 것이다. 신경 과학에 따르면 이 정서적 단절의 과정은 이 와해되는 과정을 반영하는 신경 상관물을 가지고 있는 듯하다.

누군가가 끼어들어 개입하고 바로잡아 주지 않으면, 윌의 애착은 불안정해질 것이다. 게다가 자기 삶의 아픔, 혼란, 무엇보다도 수치심의 감정을 효과적으로 다루고 조절하는 어떤 신경 형판도 발달시키지 않을 것이다. 미래에 이런 감정이 떠오르려 할 때마다, 그는 순전한 부인으로 그 감정을 회피하려 할 것이다. 혹은 분노든, 약물 남용, 일중독이든, 심지어 강박적 설벽으로든, 하나님의 애정을 얻기 위해 완벽하게 행동하려는 자기 욕구에 대해 빈틈없는 신학을 개발해서든 그 감정을 재빨리 분산시키는 식으로 행동함으로써 회피하는 경향을 보일 것이다.

수치심의 요소들

유독한 불화는 그 중심에 수치심의 요소를 갖고 있다. 이것은 유진이 윌에 맞서 휘두르는 무기다. 두려움을 앞세우는 수치심은 다음 장에서 보는 바와 같이, 한결같이 죄의 선행 조건이다. 우리가 그것에 굴욕이라는 꼬리표를 붙이든, 당혹감, 면목 없음, 불명예, 혐오, 망신이라는 꼬리표를 붙이든, 수치심의 감각은 인간의 조건에 너무도 기초적인 것이어서 어쩌면 가장 정확한 정의는 **나에게 문제가 있다**는 극도로 예리한 자각이다. 그것은 **뼈저리게 느껴지는 깊은 부적절감**이다. 수치심은 단지 지각된 사실들에 대한 인정만이 아니라, 더 정확히 말하면, 정서적으로 표현되고 경험되는 현상이다.

수치심은 너무도 정나미가 떨어지는 것이라 우리는 수치심을 감지하는 걸 피하기 위해서라면 그야말로 무엇이든 해서 수치심의 존재나 그 강도를 부인하려 한다. 그렇지만 그 신경 상관물은 스스로 강화하는 경향이 있다. 이런 이유로 우리는 수치심을 느끼는 반응에 수치심을 느끼는 경향이 있다.

이 복잡한 정서에 대한 정확한 신경 상관물이 확실히 규명되지는 않았지만, 최근 연구에 의하면 전전두 및 측두 피질 부위가 아마 그 정서와 관련되는 듯하다. 수치심은 18개월밖에 되지 않은 어린아이들에게서 생길 수 있다. 어떤 연구자들은 훨씬 더 이른 시기에 생기지 않을까 추측한다. 이것은 수치심의 감각과 경험이 **언어 및 논리적· 선형적 사고 과정이 발달하기 이전**에 아이의 마음과 몸에서 활발하게 작용한다는 사실을 시사한다.

다시 말해, 얼굴 표정 및 어조와 같은 비언어적 신호들은 자기가 그런 식으로 느끼는 이유를 아이가 논리적으로 이해할 수 있기 훨씬 이전에 수치심을 느끼게 만들 수 있다. 수치심을 반복적으로 경험하면서 차츰 아이는 자기의 감정에 대처하는 수단으로 그 감정을 설명하는 서사를 구성할 것이다.

그에 반해, 죄책감은 자기 행동이 다른 사람의 정서적인 상태에 영향을 주면서 그 행동에 대한 응답으로 일어나며, 대부분의 아이에게서 세 살이나 네 살 즈음에 나타나는 경향이 있다. 다른 사람들 및 그들의 감정에 대해 좀더 뚜렷하게 인식하도록 뇌가 성장해야 이 정서를 느낄 수 있다.

교감신경계와 부교감신경계

3장에서 교감신경계와 부교감신경계를 간략히 살펴보았다. 이 신경계들은 신진대사나 행동에서 속도를 내거나(교감) 늦추어야(부교감) 하는 몸의 전반적인 필요에 반응한다. 연구자들은 이 신경계들을 가속장치(교감)와 제동장치(부교감)로 보는 경향이 있는데, 여기서 각 장치는 삼위일체 뇌의 세 영역(파충류/뇌간, 원시 포유류/변연계, 신포유류/신피질)의 기능에 영향을 준다.

 이상적으로, 전전두피질 부위는 신체 기관, 감각, 정서, 고도의/복잡한 인지 신경 과정들로부터 입력된 정보를 받고 출력된 정보를 그 신경 과정들로 내보내면서, 세 영역 모두를 조밀하게 자극한다. 댄 시겔 등은 전전두피질을, 매끄러운 방식으로 언제 가속 페달을 밟고 언제 브레이크를 걸지 알려 주는 신경학적인 '클러치'에 비유한다.

 아이들이 몰입하고 들뜬 채로 어떤 활동을 기쁨에 차서 기대하고 있을 때, 그들은 가속장치, 즉 교감 모드에 있다. 그들의 심장박동 수 및 호흡수는 장의 활동이 증가하는 것처럼 증가한다. 그들이 조용해지고 느긋해질 때, 그들은 각각의 생리적 활동을 둔화시킴으로써 부교감신경계라는 브레이크를 걸고 있는 것이다. 교감신경계와 부교감

신경계 사이의 이 균형은 정서 조절의 핵심 요소다.

아이들이 이 균형을 개발하려면 도움이 필요하다. 보통 가속하는 것은 어렵지 않다. 두 살배기들은 연료를 한없이 공급받는 것 같으며, 그들의 확장되는 신경계는 장난감, 계단, 식물, 가위, 전기 콘센트와 같은 새로운 것들을 탐색하기를 즐긴다. 어느 시점에 부모는 그들 자신의 온전한 정신 상태를 위해서뿐 아니라 자녀의 성장과 안전을 위해서도 한계를 정할 필요가 있다. 그렇지만 부모는 또 자녀가 브레이크를 세게 밟지 않고 거는 법을 배워 결국에는 스스로 정서적인 피로움 없이 브레이크를 걸 수 있도록 도와야만 한다.

아이가 자기의 세계를 신나게 탐색할 때마다, 부모가 예기치 않게 "안 돼!"라며 엄한 질책을 하면 아이는 브레이크를 세게 밟게 될지도 모른다. 생리학적으로, 아이는 외면하고 신체적으로 움츠리며 신체적·정서적인 깊은 무게감을 느낄지도 모른다. 이런 식으로 기분 '나쁜' 감각을 아이는 결국 수치심의 감각으로 묘사하게 된다.

물론 아이를 임박한 위험에서 지키기 위해서는 부모의 이런 행위가 때로는 필요하다. 그렇지만 이러한 상황에서 대개는 부모가 매정한 질책에 뒤이어 재빨리 애정 표현을 하거나 아이가 부모의 행위를 이해하도록 돕는 설명을 한다. 그러나 이러한 형태의 브레이크 걸기에 뒤이어 행동적이거나 논리적인 분명한 재연결이 따르지 않을 때 아이는 수치심을 느끼는데, 이 수치심은 정서적 혼란이라는 황무지를 초래할 수 있다. 교감신경계와 부교감신경계 사이의 이 갑작스러운 전환은 아이에게서 너무도 팽팽하게 배선되어 조금이라도 탐탁지 않은 징후를 알아차리면 수치심의 정서가 자동으로 촉발될 수 있다. 이 일이 발생할 때, 암묵 기억로를 통해 활성화되는 아이의 수치심에 대한 헵의 원리적 성향은 성인기로 이어질 수도 있다.

윌이 십 대일 무렵까지 유진이 저열한 행동을 계속한다면, 윌은 아마 자기가 왜 그리도 수치스럽다고 느끼는지에 대한 논리적 서사를 개발했을 것이다. 그의 설명에는 '**나는 너무 체계적이지 못해**', '**나는 충분히 생각하고 있지 않아**', '**나는 충분히 열심히 노력하고 있지 않아**', 혹은 '**나는 아빠에게 부족한 존재야**'와 같은 언설들이 포함될 수도 있다.

윌은 자기가 먼저 이런 것들을 생각하기 때문에, 그리고 그것들이 **사실**이므로 수치스럽다고 여길 수 있다. 그러나 이 생각들은 그가 좀 더 무정형인 수치심의 정서 상태에 대처하는 방식일 수도 있다. 말하자면, 그 생각들이 하나의 틀을 제공해 줌으로써 윌은 그 틀 안에서 일시적으로나마, 아빠를 기쁘게 하기 위해(그러나 가장 근본적으로는, 다음의 시도들로 인해 그는 자기의 주된 정서적 고통을 덜게 된다) '더 열심히 노력하거나' '더 체계적이 되거나' 여러 가지 일을 얼마든지 함으로써 대처할 수 있게 된다.

유독한 불화가 복구되지 않을 때, 자꾸 아이의 마음을 뒤덮는 수치심의 잔여물은 삶의 상황에 대한 아이의 사실상 모든 대응에 영향을 끼친다. 신경 과학의 관점에서, 이러한 사람의 전전두피질은 덜 통합된 경향이 있으며, 마음의 지배적인 신경 패턴은 수치심과 관련 있는 감정 및 행동과 가장 밀접하게 관련된 신경망들을 포함한다. 이 신경망들은 힐끗 보는 것이 되었든, 어조가 되었든, 심지어 착오가 되었든, 아주 미미한 자극으로도 활성화되는 경우가 많다.

우리는 수치심에 사로잡혀 있을 때 가슴을 에는 듯한 고통스러운 고립감을 느낀다. 단지 타인과만이 아니라 우리 자신 안에서도 연결이 끊긴 채, 분리되었다고 느낀다. 우리 다수의 정신적 과정(주의, 기억, 정서, 신체 감각, 선형적·논리적인 인지적 사고 구성)이 수치심의 소용돌이 안에서 파편화되고 혼란에 빠지면서, 우리는 우리나 다른 사람이 느끼고 있는 바를 일관성 있게 감지할 수 없다고 여긴다. 우리 자신 안의 이런 단절은 규모와 범위에서 다른 사람들과의 관계로 확대되어, 가족이든 교회든 학교든 동네든 나라든, 우리의 공동체 안에서 파괴적인 세력이 된다. 수치심은 주로 **나**에 관한 것임에도 불구하고, **우리** 사이에 더 먼 거리를 만들어 내는 까닭에 예외 없이 다른 사람들을 끌어들인다. 한 사람 편에서 창피를 주는 어떤 행동도 다른 사람들에게서 잠재된 수치심 요소들을 활성화할 수 있다. 그들이 그 과정에 저항할 만큼 의식적이지 않는 한 말이다.

사도 바울은 수치심의 위력과 역할을 알고 있었다.

> 나의 간절한 기대와 희망은, **내가 아무 일에도 부끄러움을 당하지 않고** 온전히 담대해져서, 살든지 죽든지, 전과 같이 지금도, 내 몸에서 그리스도께서 존귀함을 받으시리라는 것입니다. 나에게는, 사는 것이 그리스도이시니, 죽는 것도 유익합니다. (빌 1:20-21, 저자 강조)

그의 삶에서 풍요로움을 평가하는 하나의 척도는 수치심의 경험에서 해방된 정도였다. 그리고 바울에게는 그리스도와 함께 현존하는 삶이 수치심으로부터 완전히 떠나 있는 삶이었다.

복구

삶은 인간이 겪는 여러 수준의 상호작용(이를테면 결혼 관계, 부모와 자녀와 확대 가족, 친구 관계, 교회, 지역사회, 나라, 심지어 사람들과 천지 만물 사이의 상호작용)에 관련된 다양한 불화들로 가득 차 있다. 죄의 증거는 세계 도처에 존재하는 상대적으로 과다한 유독한 불화에 반영되어 있다고 말할 수 있다. 다행히 불화는 우리 삶의 마지막 단어가 아니다. 불화의 심각성이나 지속 기간에 상관없이, 불화가 우리를 규정할 필요는 없다. 하나님은 와해된 전전두피질, 혹은 사람들 사이나 사람들과 지구 사이의 단절에 만족하지 않으셨으며, 우리 또한 그것들을 받아들일 필요가 없다. 대신에 우리는 복구를 경험할 수 있다. 둘 혹은 그 이상의 당사자들이 관계의 균열을 치유하는 마음과 마음의 통합적인 엮임 안에서 서로에게 다가서는 협력적인 상호작용을 통해서 말이다.

잦은 유독한 불화를 경험하든 그렇지 않든, 모두 너무 화가 나서 생각들이 우리 주위에서 소용돌이치고 도무지 그 생각들을 멈출 수 없을 것 같은 느낌을 경험해 본 적이 있다. 가장 좋아하는 이모가 당신의 가족을 자기 퇴직 기념 파티에 초대했다고 상상해 보라. 당신은 십 대 딸에게 파티가 내일이라고 상기시켜 주지만, 아이는 화를 내며 쏘아붙인다. "아빠랑 그 구린 파티에 가지 **않을** 거예요. **아빠는 나를** 거기에 **데려가지 못해요!**" 당신의 파충류 뇌는 원초적 위협을 감지하고는 반사적으로 당신을 구하려고 한다. 당신의 원시 포유류 변연계 회로를 장악하고, 다른 상황이라면 제정신이 아닌 상태가 되는 걸 막아 줄 위쪽의 전전두피질 신경망들의 허를 찌르면서 말이다.

당신의 교감신경계는 최고 속도를 내기 시작하면서, 동맥과 정맥

속으로 고용량의 코르티솔을 밀어내며, 이미 제어되지 않은 채 요동치고 있는 스트레스 수준을 악화시킨다. 맥박과 호흡수가 증가하고, 발에서부터 얼굴에 이르기까지 근육계는 긴장으로 팽팽해진다. 딸이 얼마나 스스로 좋은 것을 누릴 자격이 있다고 착각하며, 감사할 줄 모르고 있는지 일깨워 주면서, 당신 입에서 말이 마구 쏟아져 나오기 시작한다.

대부분의 오해는 부모가 관계의 가벼운 균열을 의식적으로 알아차리고 아이에게 언어적·비언어적으로 관심 있게 다가간다면 즉시 누그러질 수 있다. 하나의 예외가 있다. 사소한 불화조차도 이미 분노나 불신의 저류가 있는 관계의 맥락에서 발생한다면 주된 난관으로 판명될 수도 있다. 경멸의 이력으로 가득한 결혼 관계에서는 아주 작은 무시조차 그 관계에 대한 의도적인 반역 행위로 해석되면서, 배신감을 느끼는 사람을 강렬한 아픔이나 분노의 감정에 휩싸이게 할 수 있다.

그러면 어떤 연결감도 회복할 수 없는 상태로 저열한 행로에 갇힌 기분이 들 때, 어떻게 하는가? 그야말로 너무 커서 즉시 꺼 버릴 수가 없는 신체적·정신적 감각에 휩싸여 있을지도 모른다. 그렇다면 어떻게 품위 있는 행로로 되돌아갈 수 있을까? 다시 한번, 『내면에서 시작하는 양육』에서 시겔은 유익한 제안들을 제시한다.

집중하기. 종종 유진처럼 유독한 불화로 이어지는 저열한 기능을 피할 수 없다고 느낀다 하더라도, 포기하지 말라. 설령 당신의 반응에 저항할 능력이 없다고 느끼더라도, 그 반응에 굴복할 필요는 없다. 먼저 **집중하기**를 수행하는 법을 배울 수 있다. 그저 당신의 마음과 몸에 주의를 집중하면 된다. 그렇게 함으로써 마음을 가다듬고, 자녀뿐 아니라 당신 자신과도 단절시킨 혼란스러운 정서 상태를 좀더 일관된 사고방식으로 바꿀 수 있다.

중심에서 멀어지려고 하는 그 순간의 힘이 너무 압도적으로 느껴지는데 도대체 어떻게 '집중'한단(그리고 나중에 후회할 말을 하는 것을 피한단) 말인가? 자기 몸에 초점을 둠으로써 시작하는 게 도움이 된다. 바울은 로마인들에게 마음을 새롭게 함으로 변화를 받으라고 권하기도 전에, 그들의 몸을 거룩하고 만족스러우며 살아 있는 제물로 드리라고 격려한다(롬 12:1).

집중하기는 몸 스캔(234쪽을 보라)을 규칙적으로 행하는 이들의 경우 더 수월해진다. 이 훈련은 십 대 자녀의 호전성으로 좌절할 때, 당신 마음의 나머지 부분을 장악하고 있으면서 긴장이 느껴지는 몸의 부분을 크게 힘들이지 않고 감지할 수 있게 해 준다. 이를테면, 어깨의 딱딱함이나 가슴의 답답함은 당신이 투쟁 혹은 도피 모드에 있음을 알려 준다. 당신은 아마도 마치 협박을 당하는 것처럼(정서적인 관점에서 당신은 그런 상태다) 행동하고 있을 것이다.

집중하기로 나아가는 다른 방법은 신체적인 자세와 활동을 바꾸는 것이다. 선 자세에서 앉은 자세로 바꿀 수도 있고, 느리고 침착하게 심호흡을 몇 번 할 수도 있으며, 짧은 산책을 할 수도 있고, 혹은 몇 분 동안 의식적으로 몸에 주의를 기울이면서 긴장이 감지되는 부분들을 의도적으로 이완할 수도 있다.

이 행동들은 변연계와 뇌간의 회로를 진정시키면서 전전두피질에 만회할 기회를 준다. 또한 말 그대로 생각을 '정리'하고, 더 무질서하게 단절되어 가는 정신 활동들의 다양한 측면에 해당하는 이질적인 신경 회로들을 다시 통합하는 과정을 시작할 기회를 준다. 이 행동들은 또한 브레이크 장치의 역할을 하는 부교감신경계를 연동시키면서, 교감신경계에서 가속장치의 속도를 늦춘다. 생각의 속도가 느려지는 것처럼, 근육은 이완되고 호흡수와 심장박동 수는 느려지기 시작한다. 이런 행동은 본질적으로 불안과 괴로움의 전반적인 수준을 낮추면서, 더 명확히 생각하고 십 대 자녀의 마음뿐 아니라 자기 마음의 과정에 대해서도 더 잘 인식하게 해 준다.

몇몇 영적인 훈련들은 지속적으로 행할 경우, 집중하기를 배우는 데에도 도움이 될 수 있다. 이를테면 묵상할 때, 정서적으로 폭발적인 상황에서 좀더 평온하고 집중한 상태가 되도록 활성화할 수 있는 성경 구절이나 심지어 특정 단어들(가령, **기쁨**, **화평**, **인내**, **친절**, **선함**, **신실**, **온유**, **절제**)을 상징하는 시각적인 심상을 창조할 수 있다.

고백의 훈련에서는 많이 신뢰하는 친구, 상담사, 혹은 영적 지도자와 당신의 서사를 솔직하게 되돌아볼 수 있다. 이로 인해 손을 안 쓰고 그냥 놔두면 당신을 저열한 행로로 끌어내릴 수 있는 정서적인 변화의 신체적·심리적인 징후들과 함께 암묵 기억과 외현 기억의 요소들에 민감해질 수 있다. 듣는 기도는 하나님이 당신의 정서적인 밀물과 썰물의 변화를 통해 말씀하실 때 그분의 목소리에 대한 자각을 심화하면서, 심상들과 생각들을 더 큰 지혜와 통합으로 이끈다.

이와 같은 작업에 헌신하기란 쉽지 않다. 이 훈련들을 하려면 용기와 시간이 필요하다. 그러나 이런 지속적인 훈련은 안정적인 신경 형판이 마련되도록 당신의 뇌를 배선하는 경향이 있다. 이 신경 형판은 극심한 불화의 시기에 당신이 집중하는 행동에 주의를 모으도록 도와준다.

의식적인 상태. 집중하기를 통해 명료함을 되찾은 후에 당신은 더 의식적인 상태에 들어갈 수 있다. 이로 인해 당신 자신의 마음의 과정들(활성화되고 있는 정서와 암묵적일 뿐 아니라 외현적인 기억, 자신의 서사를 구성하는 요소들)로부터 시작해서 한 상황의 다양한 요소들을 더 잘 인식하게 된다. 파티에 관한 사춘기 자녀의 폭발로 즉시 이어진 현재의 정황을 좀더 명민하게 지각하면서 말이다. 이 향상된 의식적인 상태는 전전두피질의 수준에서 발생하고 있는 재편성을 입증한다.

조응. 주의를 자신의 마음으로부터 자녀의 마음에 보이는 사건의 정황으로 점차 돌리고, 아이가 무엇을 느끼며 생각하고 있을지를 곰곰이 생각하면서, 의식적인 상태는 아이의 마음에 대한 조응으로 이어진다. 조응에는 아이의 비언어적인 신호들에 주의 기울이기, 아이의 명백한 마음 상태 분별하기, 기꺼이 복구 작업을 행하려는 의지가 포함된다. 조응에는 자녀를 바라보기, 아이의 얼굴 표정 및 신체적인 긴장이나 불편함의 징후와 같은 것들을 알아차리기가 요구된다. 그런 후에 자신의 자세를 바꿀 수도 있다(끼고 있던 팔짱을 풀든지, 아이를 바라볼 때 적극적으로 얼굴 표정을 이완하든지, 혹은 복구 과정의 다음 단계를 생각하기 시작하면서 자신의 어조를 확인하든지 함으로써).

솔선하기. 이제 주도권을 쥐고 사태의 추이를 바꾸는 일은 당신에게 달려 있다. 유독한 불화로 금방이라도 치달을 것 같은 때, 혹은 당신이 복구 과정을 시작하고 얼마 지나지 않아, 관계상의 미세한 변화들은 교감신경계를 신속하게 전진 배치시켜 당신의 화에 다시 불을 붙일 수 있다. 십 대 자녀가 뭔가 호전적인 말을 하거나 무례한 어조를 쓰는 데 걸리는 그 십억분의 일 초 만에, 당신은 자신이 이십 분 전, 싸움이 시작되었던 곳으로 되돌아갔음을 깨달을지도 모른다. 부모는, 특히 사춘기 자녀를 둔 부모는 불화 이후에 복구를 시작하고 감독하는 건 그들의 책임이라는 점을 잊어서는 안 된다.

'그렇지만 왜 내가 복구 과정을 시작해야 하는 걸까? 네 살짜리처럼 행동한 건 다름 아닌 열여섯 먹은 아이였는데!' 이것이 결국 복구 과정을 시작할 자녀의 임무나 책임을 경감해 주지는 않는다. 그러나 자녀는 부모가 표상을 만들어 내고 자녀에게 똑같이 행동하는 법을 가르치는 과정을 목격하지 않는 한 결코 복구에 대해 배우지 못한다.

복구에 착수하는 일은 다음과 같은 간단한 말로 시작될 수 있다. "우리가 그런 대화를 한 게 안타깝구나. 우리 다시 한번 해 볼 수 있을까?" "거실에 앉아서 방금 일어난 일에 대해 이야기할 수 있을까?" 당신은 아마도 사과를 하고, 불화를 일으키는 데 일조한 자신의 행동을 인정해야 할 것이다. "너에게 그런 식으로 말하지 말았어야 해. 그건 옳지 않았고, 내가 한 말 때문에 네 기분이 상했다는 걸 알고 있어. 또다시 그런 일을 하고 싶지 않아. 그 문제를 해결하기 위해 애를 쓰겠다고 약속하마. 날 용서해 줄 수 있겠니?"

그런 후에는 자녀에게 복구 과정에 참여하도록 초대하는 것이 중요하다. 여기에는 질문을, 특히 우리가 9장에서 논의한 **누가, 무엇을, 어디서, 언제, 어떻게** 질문을 하는 것이 포함된다. "그 파티에 대해 상기시켰을 때 어떤 느낌이 들었니?" "무엇 때문에 그렇게 화가 난 건지 좀더 말해 줄 수 있니?" "파티에 가는 게 못마땅하게 느껴지는 이유가 뭐니?" 유독한 불화를 복구하기 위해 노력할 때 다음의 사항들을 명심하라.

1. 이러한 상호작용은 시간이 걸리므로, 복구의 과정에 충실히 전념할 필요가 있다. 다른 사람의 신체 언어를 읽어 내는 것, 거실로 이동해 앉는 것, 대화를 다시 시작하는 것, 자녀에게 자기 생각을 완성할 시간을 주기 위해 당신이 충동적으로 하고 싶은 말을 마음에 담아 두는 것. 모든 것에는 엄청난 시간과 인내가 필요하다. 우리는 종종 이러한 상호작용이 단숨에 다 끝나 버리기를 선호한다. 그러나 뇌와 당신의 자녀, 배우자, 학생, 친구, 고용인, 무엇보다도 하나님은 연결과 통합과 알려짐에 깊은 관심이 있다는 점을 기억하라. 그리고 유독한 불화 직후보다 알려짐을 위한 더 의미심장하거나 유익한 순간은 없다. 알려짐의 경험은 와해를 일으키는 수치심의 과정이 역전되어 관계가 훨씬 더 강한 방식으로 다시 연결되게 해 준다.

2. 때때로 홀대당했다는 느낌은 당신의 내면에 몹시 부당하다는 느낌과 당신의 자녀이기는 하지만 그 아이에게 이해와 인정을 받고 싶다는 갈망을 키울 것이다. 치유받기보다는 옳음에 관해 바로잡고 싶다는 유혹을 느낄지도 모른다. 그러한 일이 발생할 때, 당신의 전전두피질을 다시 와해시킬 위험이 있다. 당신의 괴로움을 줄일 일차적 수단으로서 논리적·선형적 사고 과정을 추동하고 있는 좌반구가 재빨리 당신의 정신 지형을 지배하기 시작하기 때문이다. 다시, 당신의 서사에 의식적인 주의를 기울이고 괴로움에 대한 방어로 옳음을 고집하려는 당신의 성향을 기억하게 되면 안정을 위협하는 이 정신적 움직임에 굴복하지 않도록 지켜 줄 수 있다.

3. 각기 다른 나이 및 기질과 더불어 각기 다른 상황에 있는 자녀들에

게는 복구를 위한 각기 다른 시기 선택 및 전략이 필요하다. 네 살짜리와 접촉하는 방식은 열네 살짜리에게 접근하는 방식과는 다를 것이다(라고 보통 기대된다). 교회로 걸어 들어가고 있을 때 십 대 자녀가 '노인들을 위한 그 바보 같은 파티'에 참석해야 하는 것에 징징댄다면, 바로 그때 아이에게 직접적으로 말할 수 없을지도 모르지만, 나중에 집에 돌아가서 대화할 거라고 약속할 필요가 있다.

형제들은 각기 다른 기질을 갖는 경향이 있다. 아들이 딸보다 더 민감하다면, 아들은 딸보다 복구 과정을 거치는 데 더 많은 시간이 필요할 수도 있다. 그러나 덜 민감한 자녀가 겉보기에는 괴로움을 그다지 보여 주지 않는다는 이유만으로 속아서 그 아이가 여러 과정을 무탈하게 지나갔다고 생각해서는 안 된다. 그들의 마음을 주의 깊게 탐색하는 일이 못지않게 중요하다.

부모로서, 당신은 자녀와 당신 사이의 힘의 기울기 측면에서 한결같이 우위를 차지한다. 불화가 발생할 경우 복구가 언제 어디서 어떻게 실행되는지와 무엇이 성공적인 복구로 여겨지는지는 여러 변수에 영향을 받는다는 사실에 의식적으로 주의를 기울여야 한다. 그뿐 아니라, 불화에 대해 복구를 시작할 위치에 있는 건 바로 상대적으로 힘이 있는 사람이라는 점에 주의를 기울여야 한다.

반복되는 불화가 지속적인 회복의 노력 없이 오랜 기간 발생해 온 경우에는 복구가 어려울 수 있다. 오래된 아픔, 실망, 거절, 혹은 수치심의 감정이 존재하는 결혼 관계, 친구 관계, 성인 자녀와 부모 사이의 관계에서 양쪽 당사자가 모두 너무 취약해서 다시 연결되는 방향으로 먼저 행동을 취할 수 없다고 느낄 수도 있다. 더 많은 거절이나 수치심의 위험을 무릅쓰는 건 그야말로 극심한 공포다.

이러한 경우에는, 한 사람이 의식적으로 주의를 기울이고 상대의 감정에 조응하기 이전에 집중하기 과정에서 더 큰 노력이 필요하다. 당신이 좀더 연결되어 있다고 느끼는 다른 관계들로부터 지지를 끌어낼 수 있다면, 깨어진 관계를 다시 연결하려 시도할 때 격려를 받고 당신이 느끼는 감정에 대한 타당성을 인정받을 것이다. 우리가 다음 장들에서 탐색할 지속적인 공동 기도 또한 상당히 도움이 될 수 있다.

새로운 결말

유진과 윌은 어떻게 되었을까? 유진이 옷을 갈아입으러 위층으로 올라간 후에, 윌은 산산조각 난 정서의 더미와 함께 남겨졌다. 어떤 도움도 없이 알아서 하도록 남겨진 윌의 마음은 생존을 위해 할 수 있는 것을 할 터인데, 거기에는 아마도 그가 경험하고 있는 감정과의 단절이 포함되어 있을 것이다. 이런 감정이 다루어지지 않은 채 남아 있으면, 미래에도 그것을 효과적으로 다룰 수 없을 것이다.

그러나 이야기가 다르게 끝난다면 어떨까? 많은 비슷한 폭발 이후에 유진이 문제가 있음을 인식하고 자기의 행동을 이해하도록 도와줄 누군가(믿을 만한 친구, 목사, 혹은 상담사)로부터 도움을 구했다면? 그 과정에서 유진은 이전에는 결코 인정하지 않았던 자기 마음의 요소들에 주의를 기울이는 법을 배웠다. 유진이 자기에게 공감하며 삶을 좀더 활기차게 살아 보라고 권고하며 정신화하는 누군가에게 자기 이야기를 들려주면서, 그의 서사와 삶과 뇌는 달라지기 시작했다.

그 결과, 유진은 옷을 갈아입으며 자기 방에 있으면서 마음을 집중할 만큼 충분히 여유를 되찾았다. 그는 심호흡을 하고 자기의 행동에 대해 그리고 그 행동에 앞서 자기를 거실까지 대형 트럭처럼 달리게 한 그의 하루의 관성에 대해, 의식적으로 주의를 기울이며 생각하기 시작한다. 그는 윌의 얼굴에 어린 소스라치게 놀란 두려움의 표정에 대해 생각하며 윌에게 조용한다. 윌에 대해 그리고 자기 자신에 대해 슬픔과 비애를 느끼기 시작할지도 모른다. 그는 다시 거실로 내려간다.

윌은 아빠의 조용한 발소리를 인지하고는 긴장한다. 그의 자율 신경계와 파충류 뇌는 정서적 파괴 작전의 또 하나의 라운드에 대비하도록 움직인다. 그러나 윌이 아빠가 거실에 들어오는 것을 볼 때, 윌의 뇌에서는 무언가 이상한 일이 벌어지기 시작한다. 유진의 얼굴 표정은 피곤하지만 다정하다. 그의 목소리는 부드럽고 뉘우침의 기미를 보인다. 그의 신체 언어는 깜짝 놀랄 정도로 위안이 되는 방식으로 말한다. 유진은 아들에게로 걸어가서, 한쪽 무릎을 꿇고 윌의 눈을 똑바로 바라보고, 이렇게 말한다. "윌, 방금 너에게 그런 말을 해서 정말 미안해. 아빠가 직장에서 힘든 하루를 보냈는데, 내 기분을 너와 네 친구들에게 풀었어. 네 기분을 정말 상하게 한 걸 알고 있단다. 그건 옳지 않았어. 아빠라면 너에게 한 것 같은 말은 해서는 안 돼. 다시는 그런 일을 하고 싶지 않구나. 나를 용서해 주면 좋겠구나. 다들 가서 계속 놀려무나. 소음 걱정은 하지 말고." 그는 윌의 어깨에 손을 얹은 다음 아들을 끌어당겨 껴안는다. 윌은 포옹하는 아빠 품에 안김으로써, 아빠가 한 어떠한 말 못지않게, 주어진 모든 새로운 비언어적 신호들에 응답한다.

그날 밤 늦게 유진은 윌을 재우면서 묻는다. "그래서 우리는 어떤 거지?" 유진은 그들의 갈등과 뒤이은 치유 작업을 돌이켜 보기 위해 아들과의 대화를 청한다. 이렇게 해서, 유진은 윌에게 불화뿐 아니라 복구 또한 상기시키고 있다.

다음 날 유진은 퇴근하여 집에 도착해서 윌을 찾아 다시금 확인하는 대화를 한다. 여덟 살인 윌은 당황한 듯 보인다. 그는 아빠가 무엇에 대해 이야기하는지 즉시 포착하지 못할지도 모른다. 그렇지만 곧 유진은 그에게 상기시켜 주고, 윌은 불화뿐만 아니라 복구도 다시 기억해 내면서 미소 지으며 말한다. "우린 괜찮아요." 유진은 윌에게 복구의 기억을 떠올리게 하면서, 적극적으로 이 사건이 윌의 외현 기억 속에 더 확고히 자리 잡을 수 있게 해 준다. 이로 인해 그 기억은 그 어린 소년의 의식적 자각이 좀더 쉽게 접근할 수 있는 기억이 된다.

유진이 자기의 형편없는 행동을 인정하고 그런 후에는 윌에게 그 사건을 두 차례 상기시킬 때, 그는 사실상 아들에게 수치심(뇌의 우측과 아래쪽 부위에서 나오는 정서 상태)에 **주의를 기울이도록** 안내하고 있으며, 그에게 수치심에 대해 이해할 수 있는 설명(즉, **내가** 한 일이 네가 그런 기분을 느끼게 만들었다)을 제시한다. 이 설명은 윌의 경험과 일치하며, 따라서 윌은 기분이 훨씬 나아지기 시작한다.

유진이 먼저 그 자신의 마음/뇌(좌-우/위-아래)를 통합하기 위해 필요한 작업을 했기 때문에 복구가 가능하다는 점에 주목하라. 다음으로, 유진이 아들에 대한 비언어적인 신호들을 바꾸기 시작하자, 그의 우뇌는 윌의 우뇌와 제휴하기 시작하면서 윌이 자신의 정서에 덜 휩싸이고 자기 몸의 투쟁 혹은 도피 기제를 진정시킬 수 있게 해 준다. 그런 다음, 유진이 윌의 고통에서 유진이 담당한 역할을 설명하자, 윌의 우반구와 좌반구는 전전두피질의 수준에서 신경학적으로 좀더 통합된다.

현재 진행 중인 신경 과학 분야의 연구에 의하면, 유진이 이 관계의 균열을 복구하기 위해 취하는 모든 조치가 윌의 뇌 안에 일련의 신경망들을 잇달아 활성화하는 것 같다. 압도적인 수치심과 연관되어 있던 체계들은 이제 치유의 과정에 상응하는 신경망들에 연결되고 배선된다.

유진의 집에서는 불화 이후에 한결같이 복구가 뒤따른다고 추정해 보자. 빨리 감기를 해서 12년의 세월을 앞당겨 보라. 이제 윌은 교수가 자기의 관점에 의문을 제기했다고 그를 공개적으로 조롱하는 한 대학 교실에 앉아 있다. 윌은 수치심을 감지할 수도 있으나, 거듭되는 복구 작업의 과정 중에 형성된 마음속의 추가 신경망이 동시에 활성화될 것이다. 이 위로, 자신감, 안도, 통찰의 감각은 수치심의 감정에 대한 완충제 역할을 한다. 그 감각은 윌이 전혀 수치심을 느끼지 못하게 할 수는 없겠지만 보호하는 역할을 할 것이다. 그는 자신이 느끼는 바에 대해 자신에게 잘못이 없으며 오히려 그 교수가 여러 해 전의 아빠처럼 제정신이 아닌 상태일 뿐이라는 사실을 결국 알아볼 것이다. 이로 인해 그는 전반적으로 덜 불안해하며 그 교수의 부적절한 행동에 대한 대응을 더 창의적이고 사려 깊게 할 수 있다.

이 복구의 이야기는 구원의 과정에서 하나님이 무슨 일을 하고 계신지에 관해, 신경 과학과 애착의 언어로 전달되는 단서를 제공한다. 하나님은 예수님 안에서의 그리고 예수님을 통해 궁극적인 복구를 이루셨다. 그 복구에 근거해 통합을 반영하며 새로워지고 변화된 마음을 향해 나아가도록 하신다. 이제 우리는 성령의 능력으로 이것을 밖으로 확장해, 다른 사람들의 마음에 통합이 일어나고 마음과 마음 사이에 교감이 커지도록 조력할 수 있다.

이 장에서 우리는 신경 과학에서 온 언어를 사용해 죄와 구원을 개념화하는 과정을 시작했다. 다음 장에서는 정반대의 일을 할 것이다. 즉, 뇌가 어떻게 기능하는지를 이해하면서 성경의 이야기들을 통해 죄와 구원을 고찰할 것이다. 여기에는 하나님이 예수님의 인격과 능력으로 우리와 우리 세계에 제공하신 죄로부터의 구원을 받아들이는 신선한 방식이 포함되어 있다. 우리는 이것이 어떻게 공동체를 세우며 지구를 보살피는 삶으로 이어질 수밖에 없는지 살펴볼 것이다.

여러 가지 중에서도 복구는 특히 구원을 구성하는 요소다.

11장

죄의 불화

신경 과학은 우리가 간과했을지도 모를 인간의 조건에 관해 상세히 들여다보게 해 주는 돋보기 같은 역할을 한다. 물론, 돋보기는 우리가 보고 있는 대상을 분명히 밝혀 주는 정도로만 좋다. 성경에 기록된 하나님의 서사는 우리의 경험을 분명히 밝히기 위해 사용할 빛이다. 하나님의 이야기는 우리의 궁극적인 권위, 우리 저작의 원천임을 우리가 그리스도인으로서 믿는다는 점에 유념할 필요가 있다. 우리의 마음을 통해 전달되고, 그 과정에서 마음을 변화시키며, 우리가 죄와 구원을 고찰하기 위해 사용하는 돋보기마저 판단한다.

지난 장에서는 죄와 구원을 신경 과학의 관점에서 살펴보았다. 이미 본 바와 같이, 신경 과학은 죄가 우리 뇌의 파충류 부분, 변연계 부분, 피질 부분(하나님의 목소리가 매개되는 수단인 우리 영혼의 부분들)에 의해 매개되는 마음의 다양한 경험들에 충분히 면밀한 주의를 기울이지 않는 데서 기인한다는 점을 인식하게 해 준다. 이것은 비교적 충동적으로, 사려 깊지 못하게 그리고 (어쩌면 가장 중요한 것으로) **고립되어** 행동하도록 이끈다. 반면에 구원은 우주적인 수준뿐 아니라 개인적인 수준에서, 의식적인 상태로 행동하는 것이다. (다음 장에서 이 거듭남을 고찰할 것이다.)

태초에…

창세기의 두 번째 장에서는 사람의 생명을 짓는 일에 몰두하시는 진흙투성이 하나님의 모습이 제시된다.

> 주 하나님이 땅의 흙으로 사람을 지으시고, 그의 코에 생명의 기운을 불어넣으시니, 사람이 생명체가 되었다. (창 2:7)

태초로부터 하나님은 우리에게 가능한 한 가까이 다가오신다. 그분은 멀리서 사람을 만들어 내지 않으신다. 진흙 속에 들어가 모형을 만들어 내신다. 그러고 나서 그 사람을 깨울 때가 되자 하나님은 "그의 코에…불어넣으셨다." 그분은 그 일을 직접 하신다. 그다지 무균 상태는 아닐 것이다. 하지만 매우 친밀하다.

창세기 2장의 나머지 부분은 자신이 창조한 세상의 세세한 부분과 짜임새에 깊은 관심을 가지면서 관여하시는 하나님의 모습을 그려 낸다. 하나님은 활동적이며, 아이 못지않게 새로운 것들을 만들면서 흥겨워하고 계신다. 그것은 이제껏 결코 달라진 적이 없다.

그런 후에 3장이 나온다. 여기에서 우리는 첫 인간들이 어떻게 반항적인 우상숭배자가 되기를 선택하는가를 읽는다. 반항적인 우상숭배자라는 단어는 너무…심한 말처럼 들린다. 우리는 그러한 기술어(記述語)들을 부드럽게 만들거나 전적으로 없애는 걸 선호하는 세상에 살고 있다. 우리는 충분히 수치를 당했다고 느낀다. 상기하기 위해 성경을 읽을 필요는 없다. 문제는 그런 단어가 신학적인 상징들처럼 우리를 꼭 맞게 묘사한다는 것이다.

앞으로 보게 되겠지만, 아담과 하와는 하나님을 왜곡된 관점에서 바라보고 싶은 유혹에 굴복했다. 우리도 마찬가지다.

- 우리의 애착 패턴이라는 렌즈를 통해 우리 자신의 심상대로 하나님을 창조하기
- 신체적인 것이든 정신적인 것이든 상관없이 모든 대응 기제를 모조리 써서 우리 자신의 신들을 만들어 내기
- 우리가 하고 싶은 것을 하고, 어떤 것이든 다르게 해 보기를 제안하는 이들에게 저항하기

삶의 방정식에서 하나님을 배제하는 이들 가운데 어떤 이들은 진화는 자애롭고 '위험한' 창조자 없이 단독으로 진보의 상(像)을 우리에게 제공한다고 주장한다. 자, 나는 진화를 하나님의 창조 과정의 일부로서 개략적으로 이해하기는 하지만, 당신은 만 년에 걸친 문화적 진화 끝에 우리가 전반적인 부정의와 냉담함의 궤도를 상당히 수정했으리라고 생각할 것이다. 그러나 현실 확인을 해 보자. 현재 진행 중인 (나라 간이나 지역 간의) 무력 분쟁의 수, 제삼세계 부채, 정치적 부패 및 정부의 부패, 스테로이드제를 복용하고 경기하는 메이저리그 야구에 대해 떠올리기만 하면 된다.

에덴동산에서의 불화

그토록 아름다운 세상이 어떻게 그리도 추해질 수 있는지 궁금해한 적이 있다면, 창세기 3장은 그 단서로 가득하다. (이 부분의 내용을 잘 모

르거나 최근에 읽은 적이 없다면, 몇 분을 들여 그 장 전체를 읽기를 권장한다.) 우리는 이 장에서, 최초로 창조된 여자인 하와가 세상(그녀의 내면 및 외부의 세상)의 본질에 대해서, 그리고 추정컨대 그녀가 믿기로는 선한 마음으로 세상을 창조하신 하나님에 대해서 뱀과 이야기를 나누는 모습을 발견한다.

분명히 뱀은 도움이 되기 위해서가 아니라 속임수를 쓰기 위해 거기에 있다. 그리고 속임수로 넘어뜨리는 데는 언제나 두려움과 기억과 수치심에 대한 교묘하거나 노골적인 조종이 필요하다. 그들의 첫 교류를 자세히 들여다보고 하와 안에서 나타나고 있는 것을 정신화해 보라.

> 뱀은, 주 하나님이 만드신 모든 들짐승 가운데서 가장 간교하였다.
> 뱀이 여자에게 물었다. "하나님이 정말로 너희에게, 동산 안에 있는 모든 나무의 열매를 먹지 말라고 말씀하셨느냐?"
> 여자가 뱀에게 대답하였다. "우리는 동산 안에 있는 나무의 열매를 먹을 수 있다.
> 그러나 하나님은, 동산 한가운데 있는 나무의 열매는, 먹지도 말고 만지지도 말라고 하셨다. 어기면 우리가 죽는다고 하셨다."
> 뱀이 여자에게 말하였다. "너희는 절대로 죽지 않는다. 하나님은, 너희가 그 나무 열매를 먹으면, 너희의 눈이 밝아지고, 하나님처럼 되어서, 선과 악을 알게 된다는 것을 아시고, 그렇게 말씀하신 것이다." (창 3:1-5)

첫 번째 질문으로 뱀은 하와 안에서 발생하는 일련의 정서적 변화 중 첫 번째인 의심의 역동을 그녀 안에 불러일으킨다. 인간에게 처음으로 발생한 이 의심의 사건은 재앙으로 이어지는 최초의 고리에 불과했지만, 우리는 모두 그것을 이런저런 형태로 경험해 왔다. 의심은 정보에 대한 좌측 모드의 분석적 비교, 정확성 점검, 옳고 그름의 사고('내가 정말 그것을 말했는가?' '내가 그것을 올바르게 평가했는가?' '하나님은 나를 사랑하시는가?')를 포함한다. 현실에 의문을 제기할 때마다 우리는 뇌의 좌측 작용 모드를 활성화시킨다.

그렇지만 우리가 '옳다'는 것을 확실하게 하려는 좌반구의 본능적 충동을 강력하게 뒷받침하고 부채질하는 것은 아래쪽 뇌 부위들에 위치한 신경망들로부터 나오는 신경 상관물이다. 치밀어 오르는 정서는 편도체와 함께 작용하는 뇌간으로부터 나온다. 이것은 가장 기초적인 형태의 괴로움인 두려움의 저류와 함께 마음의 의문('내가 틀린 거라면 어떻게 될까?')에 동력을 공급한다.

두려움은 대개 거창하게 찾아오지 않는다. 특히 우리가 의식적으로 주의를 덜 기울이고 있는 순간들에는 두려움을 거의 알아차리지 못한다. 두려움은 주제넘게 나서지 않을 때가 많기 때문이다. 그렇지만 의심의 첫 낌새와 함께 목이나 등에 약간의 긴장이 느껴지거나 내장에서 일어나는 사소한 감각이 감지된다. 만약 우리가 주의를 기울이고 있다면 말이다. 우리의 심장박동 수와 호흡수는 아주 약간 증가한다. 우리의 마음은 반사적으로, 옳고 그름을 구별하기 위해 서로 모순되는 '사실들'을 기계적으로 처리하기 시작한다. 겉으로 보기에는 정확히 하려고 다양한 옵션들을 말끔히 정리하고 있다고 믿는다. 뇌의 관점에서 우리는 괴로움의 수준을 낮추고 두려움과 수치심을 제거하며 생리적인 상태를 다시 평형상태로 되돌리려고, 정신적 선별 과정을 쏜살같이 통과하고 있다. 안타깝게도 우리가 흔히 사용하는 정신적인 방책은 완화하려고 시도하는 바로 그 두려움을 강화할 뿐이다.

이 경우에 나는 우리가 맞닥뜨리는 가장 일반적이며 미묘한 괴로움을 표현하기 위해 **두려움**이라는 단어를 사용한다. 뇌간은 어떤 형태의 위협에 대해서든 우리의 투쟁 혹은 도피 반응을 활성화한다. 그것에 대한 반작용의 힘은 위험 수준에 좌우된다. 인간에게 위협은 신체적인 위험에 국한되지 않는다. 하나님의 영은 우리가 위험을 신체의 측면에서만이 아니라 정서의 측면에서도 해석할 수 있도록, 수천만 년의 세월에 걸쳐 우리 마음의 창의적인 과정을 적극적으로 구현해 오셨다. ("막대기와 돌은 내 뼈를 부러뜨릴지 모르나, 말은 결코 나를 해치지 못하리라"는 어린 시절의 경구가 허튼소리인 이유도 그 때문이다. 우리는 말과 비언어적인 전달이 비슷하게, 두려움이라는 매개를 통해 아프게 하거나 수치스럽게 한다―위협한다―고 느낀다.)

의심의 형태로 표현되는 이 두려움의 역동은 우리 안에서와 우리 사이에서 끊임없이 작용하고 있다. 상사의 신실함을 의심할 때, 우리가 부모로서 적절하지 않다고 의심할 때, 교육위원회의 임무 수행 능력을 의심할 때, 혹은 심지어 우리에 대한 애정은 고사하고, 관심은 고사하고, 우리가 살아 있음을 알고는 계시는 하나님이 과연 존재하는지 의심할 때, 우리는 두려워할 수도 있다.

두려움. 이것은 하와가 처음으로 접하는 괴로운 정서다. 우리가 그러하듯이 말이다. 나는 악의 매개체로 나타나는 생물이 역시 약삭빠르다고 알려진 여우가 아니라, 영리하고 아름다우며 능력 있는 천사가 아니라, 뱀이라는 점이 흥미롭다. 여우나 천사와 달리, 뱀은 더 높은 수준에 있는 우리 뇌, 즉 변연계 회로나 신피질과 부합하지 않는다. 이 최초의 '고소인'(성경에서 사탄의 일반적 의미)은 대신에, 두려움에 대한 우리의 가장 원시적인 신경 상관물인 뇌간과 편도체를 크게 활성화하는 형태로 나타난다.

이 존재는 와해시키고 혼란을 일으키는 방식을 제외한 어떤 방식으로도 하와에게 의식적으로 주의를 기울일 의사가 없다. 그리고 뱀은 하와의 마음에서 자기와 가장 흡사한 부분, 즉 그녀의 파충류 뇌를 활성화할 수단으로 그녀의 피질을 사용함(그런 다음에 우회함)으로써 자신을 소개한다. 그런데 그는 거기에서 멈추지 않는다.

창세기 3장의 첫 문장에서, 뱀은 "간교"하다고 묘사된다. 다시 말해, 그는 속임수의 기술이 능숙하다. 하와를 속이기 위해, 그는 먼저 그녀의 **기억**을 바꾸어야만 한다.

1절에서 여자에 대한 그의 첫 질문에 주목하라. "하나님이 정말로 너희에게, 동산 안에 있는 모든 나무의 열매를 먹지 말라고 말씀하셨느냐?" 많은 이들이 제대로 관찰한 바와 같이, 그는 이미 역사적 사실을 다르게 전하고 있다.

창세기 2장에서 하나님은 아담에게 말씀하신다. "동산에 있는 모든 나무의 열매는, 네가 먹고 싶은 대로 먹어라. 그러나 선과 악을 알게 하는 나무의 열매만은 먹어서는 안 된다. 그것을 먹는 날에는, 너는 반드시 죽는다"(16-17절). 하나님이 인색하시다는 어떠한 암시도 없다. 사실들이 시사하는 점은 하나님이 한 나무를 제외하고는 어떤 나무의 열매든지 먹을 자유를 제공하셨다는 것이다.

여기에서 우리는 교활 씨(Mr. Crafty)가 하와의 **기억**에 이의를 제기함으로써 의심을 촉진하는 것을 본다. 물론 하나님은 여자를 만들어 남자에게로 이끌어 오시기(2:22) 전에 아담에게 이미 금지 명령을 내리셨다. 따라서 남자는 이 명령을 여자에게 전달할 책임이 있었을 것이다. 짐작건대, 그녀의 '기억'은 남자의 이제 막 생겨난 기억의 한계에 영향을 받는다. 이것은 다시 신경 과학이 시사하는 바, 즉 어떤 뇌도 진정으로 독립적이지는 않다는 점을 입증한다. 우리의 기억은 결코 그저 '우리의 것'만은 아니다.

우리가 본 바와 같이, 기억은 과거에 발생한 일에 관한 것이라기보다는 **미래를 예상하기** 위해 현재 마음속에서 이 기억들로 하는 일에 관한 것이다. 그리고 '과거'를 회상할 때마다 우리는 기억을, 혹은 경험에 대한 암호화를 약간이든 극적으로든 바꾼다. 기억에 속는 경우가 있는데, 그것은 현실이 어떤 식으로(기억이 예상할 수 있게 해 준 방식) 펼쳐질 거라는 내 믿음과는 상당히 다르게 그리고 정서적으로 고통스러운 방식으로 펼쳐지는 것을 발견했기 때문이다.

하와의 경우, 뱀이 '사실들'(하나님이 실제로 말씀하신 것들)을 표현하면서 약간의 변화를 준 것이 하와 안에 마음의 균형을 잃게 하는 정서적인 과성을 일으킨다. 그녀가 뱀의 질문에 응답할 즈음, 고통(두려움)이 일으킨 정서적 변화는 그녀의 기억을 형성하기 시작했다. 다시 말해, 하나님과 그녀가 연결된 관계에 대해 기대감을 일으키는 신경망의 신경에 영향을 주기 시작했다. 그 결과, 그녀는 '역사적 사실'을 다르게 표현한다.

여자가 뱀에게 대답하였다. "우리는 동산 안에 있는 나무의 열매를 먹을 수 있다. 그러나 하나님은, 동산 한가운데 있는 나무의 열매는, 먹지도 말고 **만지지도 말라**고 하셨다. 어기면 우리가 죽는다고 하셨다." (창 3:2-3, 저자 강조)

하와의 불안과 두려움은 활성화되었다. 괴로워지면서, 그녀의 정서 상태는 '사실들'을 바꾸기 시작한다. 다시 말해, 그녀의 뇌간과 변연계 회로와 우측 처리 모드는 그녀의 해마 기억 회로보다 우위에 서면서, 이 사실들을 바꿀 뿐만 아니라, 본질적으로 그리고 주로 **그녀가 주의를 기울이지 않은 상태에서** 하나님의 관계에 대한 그녀의 경험을 바꾸기 시작한다.

이미 그녀의 마음은 하나님을 다르게 감지한다. 그분은 이제 좀더 구속적인 분으로 '느껴진다.' 그녀는 그 나무의 열매를 먹을 수 없을 뿐만 아니라, 그것을 만져서는 안 된다고 하나님이 말씀하셨다고 '기억한다.' 본문에 따르면, 하나님은 전혀 그런 말씀은 하지 않으셨다. 기억해 내면서, 오히려 그녀의 기억은 달라진다.

하와가 알고 있는 것을 회상하도록 요구받고 있는 맥락, 즉 그녀가 보호적인 유연한 태도로 정신화되고 있지 않은 환경을 고려하면, 이 것은 놀랍지 않다. 정신화가 이루어지기는커녕, 뱀의 의도는 파괴적이다. 이것이 바로 두려움이 시작하는 일이다. 타인과의 관계든 하나님과의 관계든, 관계에 대한 우리의 지각을 변화시킨다. 우리의 인상이 현실과 일치하든 일치하지 않든, 우리는 사람들과 우리 관계의 본질을 바꾸지 않고서는 **우리 마음속에서** 사람들에 관한 '사실들'을 결코 바꾸지 않는다.

뱀의 다음 책략은 고전적이다. 여자의 두려움 기제를 효과적으로 활성화함과 동시에 그녀가 미래를 다르게 기억하도록 유혹했으므로, 이 교활한 사기꾼이 이번에는 수치심의 역동을 노련하게 다룬다.

뱀이 여자에게 말하였다. "너희는 절대로 죽지 않는다. 하나님은, 너희가 그 나무 열매를 먹으면, 너희의 눈이 밝아지고, 하나님처럼 되어서, 선과 악을 알게 된다는 것을 아시고, 그렇게 말씀하신 것이다." (창 3:4-5)

이 대화의 가능성 있는 취지에 대해 잠시 생각해 보라. 뱀이 여자에게 더 정확한 정보를 제공하고 있을 뿐이라는 생각이 잠시나마 드는가? 우리가 읽기를 좌뇌에 국한한다면, 그러한 생각을 아마도 추론하게 될 것이다. 다시 말해, 마귀가 그녀에게 사실들에 대한 좀더 정확하고 논리적인 해석을 제시하고 있을 뿐이라고 생각할 것이다.

그러나 여자의 뇌는 그녀의 천진무구함에 고통스러운 상처를 입히고 있는 그 이상의 무언가를 듣고 있다. 그녀를 수치스럽게 하는 수단인 뱀의 교묘하고 계산된 무시를 상상해 볼 수 있다. "당신은 죽지 않을 것이다. 그렇지만 골머리 앓을 필요는 없다. 아마 어차피 당신은 그것에 대해 더 많이 알아내는 일에 별로 관심이 없을 것이다. 내 생각에, 당신은 그러한 것들에 관심 있을 만큼 그렇게 지적이지 않다."

수치심이 나타나는 모습을 나열하자면 방대하다. 은혜를 베푸는 듯 대하기, 업신여기는 어조, 무시하며 흘낏 보기. 그의 말은 그가 비언어적 메시지를 전달하는 수단이 되는 기제다. '뭘 믿는다고? 그렇게 잘 넘어가는가, 그렇게 순진한가?' 여자의 마음은 원시적인 두려움의 감각으로부터 좀더 또렷한 수치심의 정서로 나아간다. 어느 정도 깊은 수준에서 그녀는 우리가 **수치심**이라는 단어로 기호화하는 정서적 고뇌의 동굴 속으로 굴러떨어지기 시작한다. 그녀는 그 안에 빠져 있다. 그 안에서 익사하고 있다.

그러나 그녀의 파충류 적대자가 그녀를 구하러 온다. 그는 그녀의 주의를 그녀가 **느끼고** 있는 것에서 딴 데로 돌리면서, 그녀를 와해시키고 수치심의 감정에서 분리시키는 좌측 모드의 논리적이고 선형적인 설명을 제공한다.

그는 본질적으로 그녀에게 이렇게 말하고 있다. "당신이 느끼고 있는 그 기분? 하찮고 거절당하고 무시당하고 불충분하고 열등하다는 그 느낌? 그것이 무엇에 관한 것인지 내가 말해 주지, 하와. 그것은 하나님이 당신에 대한 진짜 평가를 드러내신 거야. 그분은 당신을 물리치고 계신 거지. 그분은 자신이 가지신 것에 당신이 너무 가까이 다가오는 걸 원치 않으신다고. 그분은 당신이 옳고 그름을 판단하기를 원치 않으시지. 있잖아, 하와, 이것은 권력에 관한 이야기야. 그리고 누가 그것을 관장하느냐에 관한 이야기지. 내가 바로 지금 말해 주지. 당신은 아니야. 그리고 그것을 그런 식으로 유지하는 것이 그분의 목표라고."

"내 말을 들어! 열매를 먹어 봐. 그분이 당신의 상사가 아님을 그분에게 알려 주는 거지. 당신이 권력에 대해 알고 있고 그 권력을 정당하게 휘두를 거라고 그분에게 알려 주라고. 그리고 당신이 그 권력을 얻었을 때(당신이 선과 악의 지식을 가질 때), 권력을 아는 것의 본질은 어떤 것을 아는 것임을 깨달을 거야. 그분은 아는 것의 본질이 '공감 어린 관계 맺기'임을, 당신과 그분이 알려지는 것임을 당신이 믿게 하실 거야. 그런 여러 헛소리들을 믿게 하실 거라고. 그런데 이 '관계 맺기'라는 게, 당신을 어디로 데려가는지 보라고. 결국은 당신이 바로 지금 있는 곳으로 데려갈 거야. 배제되었다고, 특권을 박탈당했다고, 거절당했다고 느끼고 있는 바로 그곳으로 말이야."

"그리고 또 하나. 저 나무 보이지? 당신은 그것을 볼 수 있고, 그것을 만질 수 있어. 그게 당신에게 필요한 것이지. 무언가 단단한 것. 당신이 다루고 헤아릴 수 있는 어떤 것. 당신이 원하는 때 마음대로, 선호하는 방식으로, 할 수 있는 어떤 것. 당신의 무가치함(계층 조직에서 당신의 밑바닥 지위)을 전혀 불확실하지 않은 표현으로 암시하는 듯한 우스꽝스러운 작은 규칙들을 만들어 내는 누군가가 아니라, 당신에게 걸맞은 무언가가 필요하다고. 당신에겐 그분이 필요하지 않아. 그분 이상의 무언가가 필요하지."

"당신은 그 이상의 무언가가 필요하다.…당신은 분명 부족하기 때문에…."

뱀은 궁극적으로 여자 안에 비난당한다는 깊은 감각을 불러일으키고 싶어 한다. 하나님과의 현재 관계 상태에서 그녀가 **충분하지 않으며** 그 불충분함을 메우기 위해 다른 무언가를 구해야 하는 게 수치스럽다는 깊은 감각을 불러일으키기 원한다. 여기에서 하와는 자기에게 있는 유일한 친구인 좌뇌 처리 모드에 의지한다. 그녀는 자기의 고통을 견뎌 낼 방법으로, 논리적이며 '말이 되는' 마음의 그 부분과 함께 의도적인 선택을 한다.

이것이 우상숭배의 본질이며, 우리에게 그것은 호흡만큼이나 자연스럽게 일어난다. 우리는 무한히 늘어선 대응 기제들, 즉 우상들을 마음대로 사용할 수 있다. 우상들은 음식이나 술이나 골프채처럼 유형의 물질을 재료로 해서 만들어진다. 혹은 좀더 가능성이 큰 것으로는, 신경세포들을 재료로 해서 지어질 수 있다. 우리는 우리 마음의 신경망들이 불러일으키는 심상, 감정, 말, 기억으로 우상들을 구성하며, 그것들을 세상에 전시한다. 판단하는 태도, 정욕, 험담, 인종차별, 가난한 자들 무시하기, 전쟁과 전쟁의 소문으로.

성경의 이야기에 대한 자유로운 해석이지만, 하와에게서 이런 일이 펼쳐지고 있다는 점이 보이는가? 수치심은 흔히 가능한 한 적은 말로 아주 많은 말을 하는 경향이 있다. 우리는 모두 수치심을 유발한 표정을 보거나 어조를 들은 적이 있다. 이 극에서 뱀은 대사가 거의 없는 것 같다. 그러나 뱀은 그 점을 최대한 활용해, 여자의 두려움을 결집하고 그녀의 수치심을 활성화한다.

그래서 수치심은 필연적으로 어디에 이르는가? 5절과 6절에서 대화의 중심이 어떻게 하나님에 대한 묘사로 옮겨 가고 거기서부터 그녀의 부족함을 메울 대상으로 옮겨 가는지에 주목하라. 뱀은 먼저 그녀를 좌측 모드 **분석**의 과정 안으로 불러들인다. 이 장에서 뱀의 첫 질문은 의심을 유발하며, 거기서부터 뱀은 하나님과 직접 관계하는 것으로부터 떠나 그분을 멀리서 분석하는 것으로 향하도록 그녀의 마음에 손짓한다.

> 하나님은, 너희가 그 나무 열매를 먹으면, 너희의 눈이 밝아지고, 하나님처럼 되어서, 선과 악을 알게 된다는 것을 아시고, 그렇게 말씀하신 것이다. (창 3:5)

여기에서 그는 하나님에 **관한** 정보를 제공한다. 그는 그녀를 구슬려, '더 잘 보기' 위해 하나님으로부터 더 멀리 떨어지게끔 유도한다. 뱀은 하와가 하나님**에게로** 더 가까이 다가가게 할 의도가 전혀 없다. 어떠한 시점에도 그는 이렇게 말하지 않는다. "내가 당신에게 하는 말에 당신이 동요되는 걸 볼 수 있다. 정말 불편하고 혼란스럽게 느껴지는 게 틀림없군. 가서 하나님과 그 문제에 관해 이야기해 보자. 그분이 근처 어딘가에 계시리라고 확신해. 그리고 하나님이 돕기를 원하시리라는 점을 알고 있어." 꿈도 못 꿀 일이다.

지난 장에서 본 것처럼, 수치심은 자율 신경계의 교감 섬유와 비교감 섬유 사이의 균형과 상관관계가 있다. 사용 중인 가속장치에 브레이크를 너무 세게 걸었는데 뒤이어 그 전환의 경추 손상 효과를 위로하거나 완화하려는 어떤 시도도 없을 때, 수치심은 활성화된다.

수치심은 와해된 전전두피질이 있는 데서 나타나는데, 전전두피질은 두 신경계를 조절하도록 설계된 뇌의 부분이다(이를테면, 내가 짓궂은 장난의 대상일 때 내 감정을 조절하도록 돕는다). 그렇지만 창세기 3장에서, 기대에 찬 천진난만한 사람, 기쁨만을 알고 선함만을 예상하며 외부 세계와 내면세계 양쪽을 다 탐색하고 지배할 준비가 된 사람(그 마음이 교감신경계의 열광적인 에너지 안에서 확장되고 있는 사람)은 자기가 알아 온 모든 것에 "안 돼!"라고 말하는 부교감신경계의 장벽에 쾅 하고 충돌한다. 이후에 복구를 위한 어떤 도움도 주어지지 않은 상태에서 말이다. 5절 이후로 뱀이 무대에서 조용히 퇴장하는 것(사실, 뱀이 떠난다는 사실이 언급조차 되지 않을 정도로 조용히)에 주목하라. 그는 상처 입은 자를 돌보기 위해 괜스레 기다리지 않는다. 하와는 수치심의 절정에서 홀로 그 정서를 다루도록 남겨진다. 정확히, 우리 각 사람의 수치심이 절정에 이를 때 자신을 발견하는 그곳에 말이다.

창세기 3장의 초반은 창세기 2장과 완전히 반대다. 불과 한 장 앞에서 동산은 즐겁고 창조적인 에너지 감각으로 충만했다. 창세기 2장 22절은 남자와 여자 사이의 관계만이 아니라 하나님의 창조적인 역할도 묘사한다.

주 하나님이 남자에게서 뽑아낸 갈빗대로 여자를 만드시고, 여자를 남자에게로 데리고 오셨다.

여자와 남자가 서로를 위해 만들어졌을 뿐 아니라, 하나님은 그들을 결속시키신다. 그분은 보호자의 태도로 여자를 남자에게 소개하시고 그들의 결합에 적극적으로 관여하시면서, 친히 그들을 서로에게 드러내 보여 주신다. 그리고 그 보호하고 정신화가 이루어지는 안전한 관계 **공동체**에서 이런 일은 조금도 이상하지 않다.

남자와 그 아내가 둘 다 벌거벗고 있었으나, **부끄러워하지 않았다**.
(창 2:25, 저자 강조)

그리고 이제 한 장 뒤에, 여자는 더 이상 보호하는 조화로운 공동체의 상태에 있지 않고 수치심의 자리에 있는데 그것의 본질은 끔찍한 고립이다.

뱀의 도움으로 자신의 두려움과 수치심의 그 짙은 안개에 힘입어 그녀는 하나님의 본성과 그녀를 향한 그분의 태도를 재해석한다. 그러니까 그녀는 이 중 어느 것에 대해서도 하나님에게 확인해 보지 않은 채 그렇게 한다. 그녀의 정신적 변화는 부분적으로는 하나의 구제책으로서, 자신의 두려움과 수치심에 대처하는 좌측 모드 전술로서 의도적으로 이루어진다. 일단 자신이 느끼는 것으로부터 하나님에 관한 '객관적'이고 무심한 정밀 조사로 주의가 옮겨 가기만 하면, 하와는 이제 하나님과의 관계를 좀더 통제 가능하고 **관계적이지 않은** 대응 기제로 대체할 수 있다. 단지 열매 한 알로 말이다.

여자가 그 나무의 열매를 보니, 먹음직도 하고, 보암직도 하였다. 그뿐만 아니라, 사람을 슬기롭게 할 만큼 탐스럽기도 한 나무였다. 여자가 그 열매를 따서 먹고, 함께 있는 남편에게도 주니, 그도 그것을 먹었다. (창 3:6)

하와는 자기 이야기에서 의미를 파악해 내도록 도울 누군가와 존재가 수용되는 의식적인 대화를 결코 나누지 않는다. 그녀는 자기 이야기의 부분들을 결합한 것으로서의 의미, 즉 단지 사실들을 정확히 배열하는 것뿐 아니라 자기의 서사에 대한 **정적(情的)인 이해**를 포함해 일관성 있게 이야기를 이해하도록 도울 누군가와 대화를 나누지 않는다. 그녀는 결코 다음과 같이 말하지 않는다. "이봐요, 아담, 그런데 하나님이 뭐라고 말씀**하셨나요**? 당신은 교활 씨가 소개하고 있는 이 견해에 대해 어떻게 생각해요?" 남자가 많은 주의를 기울이고 있다가 개입하여 그녀를 지키고 그녀의 정서적인 괴로움을 진정시킨다는 암시도 전혀 없다. 하와가 하나님에게로 다가가 "실례지만, 하나님이 밀림 속에 두신 뱀은 대체 왜 저러는 거지요? 귀엽고 다 좋은 데다 정말 똑똑해요. 하지만 전 이것에 대해서는 느낌이 좋지 않으니, 제가 이것을 이해하도록 하나님이 도와주셔야 해요." 이렇게 말하는 것도 아니다. 하와는 하나님에게 다가가 소통하는 대신, 그분을 멀리서 분석한다. 보아하니 그녀의 파충류 친구가 제공한 근거는 하와가 수치심이라는 자기의 정서적 괴로움에 대처하는 것을 돕기에 충분한 듯하다.

그것은 놀라운 일이 아니다. 수치심은 우리 좌뇌의 분석 능력을 부당하게 이용하기 때문이다. 수치심의 감정을 재빨리 약화시키기 위한 수단으로 우리는 종종 우리가 느끼는 것에 대한 이유를 서둘러 설명하려 한다. 좌측 모드 사고로의 이 과감한 진입을 통해 우리는 주의를 수치심의 감각 자체의 강렬함으로부터 딴 데로, 아주 조금이나마 돌린다. 이 주의 돌리기는 우리가 안전하고 유연하며 유능하고 힘을 부여받는 관계의 현존 가운데서 수치심 속으로 걸어 들어가는 일을 하지 못하도록 하기에 충분하다. 그와 같은 일이야말로 수치심이 진정으로 치유되고 합당하게 설명되는 유일한 길인데도 말이다.

보는 바와 같이, 하와는 일시적인 기분에 끌려 금지된 열매를 맛보는 것이 아니다. 먼저, 여자[그리고 짐작건대 거기 있으면서도 침묵을 지킨다고 추정되는(참 이상도 하지) 남자]의 정서 상태가 그녀에게 이 행위를 준비하도록 편성된다. 하나님은 그녀의 정신 상태에서 이 구조상의 변화가 일어날 거라 예상하셨다 해도(그분이 그러지 못하셨다고 생각할 이유가 없다) 분명, 너무 걱정이 되신 나머지 그들이 그러한 변화를 겪지 않도록 마음을 창조하신 것 같지는 않다. 어쩌면 하나님은 그러한 변화가 발생할 때 아담과 하와가 그분을 배제하고 그분을 열매로 대체하기 이전에 서로에게 그리고 그분에게 다가가기를 그저 바라셨을지도 모른다.

이것은 우리가 기억해야 하는 아주 중요한 점이다. 하나님은 우리의 정서 상태를 불쾌하다 여기지 않으신다. 그분이 참으로 혐오하시는 것은 그 정서 상태를 무시하고 비슷하게 우리 마음의 지형에서 그분을 내쫓는 우리의 성향이다. 그렇게 할 때, 우리는 부지불식간에 **죽음**과 마주한다. 죽음은 우리 마음이 그 자체 내에서 그리고 하나님 및 타인들로부터 떨어져 있으면서 겪는 포괄적 고립이라는 그 인간 이하의 시들어 가고 악화되는 실존을 가리킨다.

그러므로 신경 과학의 관점에서 타락의 이야기는 대략 (인정하건대 지나치게 단순화되었으나) 다음과 같이 진행된다.

- 하나님은 두 사람에게로 왔다 갔다 하신다. 그분의 상대적인 분리는 그들에게 성장의 기회를 제공한다.
- 뱀은 계속 오가시는 하나님의 움직임에서 그분이 부재하시게 된 순간에 모습을 나타낸다. 그 교활한 생물은 그의 첫 질문으로 하와의 주의를 돌리는 데 성공한다.
- 그는 그녀의 기본적인 두려움 기제, 즉 편도체의 도움을 받는 뇌간의 투쟁 혹은 도피 회로를 활성화한다. 뱀은 그녀의 파충류 뇌와 공명한다.
- 두려움에 직면한 그녀의 기억은 변경되며, 더 나아가 '사실들'뿐 아니라 하나님과 그녀의 관계 또한 바꾼다. 불화가 시작되었다.
- 다음으로, 그녀의 마음은 추가적인 신경망을 보충하면서, 매우 원시적인 수준의 두려움에서 수치심의 경험으로 옮겨 가게 한다.
- 빠르게(뇌의 시간으로 십억분의 일 초에서 백만 분의 일 초 단위로) 그녀의 피질이 활성화되는데, 안전하지 않아 보이는 하나님뿐만 아니라 특별히 이제는 불충분하다고 보이는 그녀 자신을 비난하고 분석하며 가혹하게 판단하는 좌뇌의 부분들이 특히 활성화된다.
- 하와는 자기의 부족한 부분을 메우기 위해 자기 삶에 무언가를 더해야만 한다. 그 과정에서 그녀는 자신을 하나님으로부터 분리시키면서, 자신 안에서 느껴지는 것에 대한 자각으로부터 자신을 분리시키고 이 와해를 일으키는 소용돌이를 따라간다.
- 하와는 생명보다 '지식'을, 관계보다 대상을 선택한다. 그녀는 좌측 모드와 우측 모드가 각기 그녀의 운명에 대한 논쟁적 지배권을 얻으려 다툼을 벌이며 오락가락하는 가운데, 와해된 마음의 상태에서 행동한다. 때때로 그녀는 두려움과 수치심이라는 아래

쪽과 우측 모드의 정서에 휩싸인다. 이에 대처하기 위해 그녀는 그 정서들을 차단하며, 자신의 정서에 압도당하지 못하도록 그 정서를 묵살하는 논리적·선형적인 좌측 모드 처리를 따른다.
- 그녀는 열매 한 조각을 먹음과 동시에 그녀를 완벽하게 정신화하고 그녀에게 알려지기를 갈망하시는 하나님에게 알려지는, 역동적인 생명을 뿜어내는 경험을 밀어낸다. 그 대신에 자신의 마음을 활기 없고 관계적이지 않으며 세속적인 것으로 만들어 낸다.
- 이 하나님과의 완벽한 관계라는 선물을 거절하면서 그녀는 취득할 권리를 산다. 그것은 그녀가 결국 충분해질 만큼 충분히 획득하고 비축하기 위해 영원토록 일할 권리다. 그녀는 알려짐에서 풍요로움과 기쁨을 찾는 대신, 관계의 단절에 대한 자기의 권리를 주장한다. 불화가 완성된다.

타락의 결과

그 젊은 커플이 (시시각각으로 나이 들어 간다고 느끼며) 열매를 마음껏 먹은 후에, 삶이 얼마나 빨리 무너져 내리는지 주목해 보라.

> 그러자 두 사람의 눈이 밝아져서, 자기들이 벗은 몸인 것을 알고, 무화과 나무 잎으로 치마를 엮어서, 몸을 가렸다. (창 3:7)

그들의 눈이 "밝아졌"다고 기록되는데, 누구에 의해서 밝아졌을까? 무엇으로 그리되었을까? 마법으로? 그런 것 같지 않다. (이것은 나

중에 11절에서 하나님이 "네가 벗은 몸이라고, 누가 일러 주더냐?"라고 물으실 때 암시된 바다.) 어쩌면 지금쯤은 이미 두 사람 모두 서로를 멀리서 자세히 살펴보는 데 전문가가 되었을지도 모른다. 각자 상대에 대해 의식적인 주의를 덜 기울일지도 모르고, 상대에게 취약하고 숨김없는 상태가 됨으로써 알려지는 것에 덜 열중할지도 모른다. 각 사람은 이제 자신의 두려움과 수치심에 대응하여 상대의 결함을 재빨리 알아본다.

어쩌면 그들은 서로에게 벗은 걸 지적하기 시작하기 때문에 자기들이 벗은 줄을 '알았'는지도 모른다. 이런 대화를 상상할 수 있다. "하와, 나는 당신이 살이 찐 걸 알게 됐어요. 찌지 않아도 되는 곳들에 말이에요. 그러니까, 그건 아주 명백해요. 당신이 **저 나무**에서 따 먹어 온 그 모든 열매를 보면 그다지 놀랄 일은 아니지요. 당신은 정말 운동을 좀더 해야 해요."

충격을 받은 하와는 아담의 허리 바로 아래를 흘낏 보고는 응답한다. "나는 정말 당신이, 그러니까, **그것**을 치워 버려야 한다고 생각해요. 그게 그다지 매력적이지 않아요. 실은 꽤 당혹스럽죠." 그들에게 무화과나무 잎이 필요한 게 조금도 이상하지 않다. 알려지기를 포기한 후에, 그들은 습관적으로 **숨기** 시작한다. 더 이상의 친밀함은 없다. 더 이상의 직접적인 접촉은 없다. 더 이상의 취약성은 없다. 더 이상의 안전함은 없다. 무화과나무 잎과 수치심만 있을 뿐이다.

서로를 피해 숨는 것으로부터 그들은 다음의 불가피한 단계로 빠르게 옮겨 간다. 즉, 그들은 하나님을 피해 숨는다.

그 남자와 그 아내는, 날이 저물고 바람이 서늘할 때에, 주 하나님이 동산을 거니시는 소리를 들었다. 남자와 그 아내는 주 하나님의 낯을 피하여서, 동산 나무 사이에 숨었다. 주 하나님이 그 남자를 부르시며 물으셨다. "네가 어디에 있느냐?"

그가 대답하였다. "하나님께서 동산을 거니시는 소리를, 제가 들었습니다. 저는 벗은 몸인 것이 두려워서 숨었습니다." (3:8-10)

여기에서 우리가 인지하는 최초의 것 중 하나는 여호와 하나님이 그날 바람이 불 때 거니시는 소리다. 그분은 거닐고 계신다. 그분은 **움직이고** 계신다. 하나님의 움직임은 두 사람으로부터 독립되어 있지만 두 사람에 대해 무관심하지 않다. 기독교 영성의 관상 전통은 우리가 결코 하나님과 떨어져 있지 않음을 제대로 강조한다. 사실, 하나님이 우리를 떠나신다면, 우리가 다름 아닌 온전한 육체를 위해 하나님의 영에 완전히 의존한다는 점을 고려할 때, 우리는 더 이상 존재하지 못할 것이다. 사람들에게로 향하고 사람들로부터 멀어지는 하나님의 움직임은 우리의 정서적인 탄력이 성장할 기회를 제공한다.

우리는 결코 그분의 마음에서 떨어져 있거나 그분의 인자하고 정의로운 팔이 닿지 않는 곳에 있지 않다. 하지만 그날 바람이 불 때 거니시는 이 하나님의 심상으로 그분이 **적어도 남자와 여자의 마음속에서는** 어느 정도 벗어나 계셨다는 인상을 받는다.

창세기 3장의 첫 장면에서 하나님의 명백한 침묵은 하와와 아담에게 고통을 느끼고 질문하며 혼란이나 두려움을 인정하고 하나님과 서로에게 더 가까워질 기회를 제공한다. 하나님의 세심한 자제는 아담과 하와가 하나님에 대해 주도적으로 그분을 찾아내며 질문하는 과정에서 점점 더 많은 연결의 섬유를 짜며 관계라는 직물을 견고히 엮어 갈 길을 열어 준다.

그러나 그들은 그렇게 하지 않는다. 그들이 결국 짜는 유일한 실은 무화과나무 잎으로 직물을 만들어 내는 데 사용된다. 그들은 더 이상 벌거벗고도 부끄럽지 않은 상태가 아니다. 그들은 숨어 있다. 숨기는 죄의 제일 근본적인 행동상의 결과다. 나 자신의 부분들을 나의 다른 부분들로부터 숨긴다. 나는 다른 사람들을 피해 숨는다. 그리고 하나님을 피해 숨는다.

더 넓은 세상에서 우리 역시 민족 공동체로서, 교회 안에서 그리고 나라 사이에서 서로를 피해 숨는다. 사실, 숨기가 너무도 자연스러운 나머지 우리는 그것이 문명사회를 유지하는 데 꼭 필요한 부분이라 여긴다. 속도위반 딱지를 받지 않도록 예방해 주는 레이더 탐지기를 사용하는 것이든, 다른 친구나 가족의 결점, 혹은 우리 회중의 신학적인 결점을 '객관적으로 평가'하는 대화가 되었든, 다른 나라의 수도에 있는 '우리 사람'과 무기 밀거래를 협상하는 문제가 되었든, 은밀한 활동 없이 우리가 무엇을 하겠는가? 숨기 위해서 우리는 자신에 관한 것들을 우리 자신 및 타인이 의식적으로 가까이 자각하지 못하게 하는 데 에너지를 쏟아야 한다.

하나님을 피해 숨으면서, 남자와 여자는 홀로인 느낌을 강화한다. 하나님은 사람이 혼자 사는 것이 좋지 않다고 선언(창 2:18)하셨지만 그들은 만물의 관계성의 중력에 거슬러 움직인다. 그러나 하나님은 그들이 고립되도록 내버려 두지 않으신다. 그분은 찾아오신다. 그런데 그분은 선제적으로 두 사람을 어떤 범주에 집어넣으며 비난하면서 찾아오지 않으신다. 그분은 "나는 너희가 한 일을 알고 있으니 숨어 봤자 소용없다"라고 단언하지 않으신다. 그렇게 하지 않으시고, "네가 어디에 있느냐"고 **물으며** 오신다. (3:9)

이것은 그들의 물리적 위치에 대한 질문이라기보다는 그들의 마음 상태에 관한 질문이다. 하나님은 그 상태를 알기를 구하며 오신다. 그분은 그들에게 그들 자신을 드러내고 그 과정에서 **하나님이 그들을 느끼시는 것을 느낄** 기회를 제공하기를 갈망하며 오신다. 9장에서 살펴본 바와 같이, 참된 계시와 접촉을 불러일으키는, 알려짐을 촉진하는 질문은 안전함이라는 정서적 맥락에서 **누가, 무엇을, 어디서, 언제, 어떻게**를 묻는 것으로 시작된다.

하나님은 질문과 함께 복구의 가능성을 일으키신다. 그분은 이 심각한 불화에 책임 있는 당사자가 아님에도 불구하고, 권력 기울기의 지배 주주시다. 그분은 상대방이 여전히 더 멀어지고 있는 것처럼 보이는 관계에서 먼저 화해를 향한 조치를 취하신다. 그저 두 사람에게 수치심을 상기시킬 계략으로 이미 답을 알고 있는 질문이나 하며 교묘한 속임수 놀이를 하고 계신 게 아니다.

그분은 현재 그분 자신이시다. 그들을 끈질기게 추적하시면서도 그러는 내내 의식적으로 주의를 기울이시며 정신화를 하고 계신다. 그런데 우리가 궁금해해야 하는 점은 하나님은 이 시점에 무엇을 **느끼고 계신가**이다. 우리는 이 모든 낭패가 방관자인 창조주의 면전에서 일어나고 있다고 추정하기 쉽다. 마치 정서적으로 활기가 없는 하나님이 객석에서 연극을 바라보는 상황인 것처럼 말이다. 아담과 하와에게 일어나고 있는 일에 사로잡힌 나머지 그 일에서 하나님의 감정을 우리는 전혀 고려하지 않는다.

우리는 그분이 정서를 느끼신다는 점을 알고 있다. 성경은 이에 대한 확실한 서술을 제공한다. 하나님은 분명히 '우뇌'를 갖고 계신다. 이전에 말한 바와 같이, 우리는 하나님이 하시는 만큼 우리 자신을 진지하게 받아들이지 않을 때가 많다. 하나님의 마음을 아프게 하는 우리의 능력을 자각하지 못하거나 그러한 능력이 존재함을 믿지 못한다. 하나님이 슬프거나 마음이 아프거나 무시받는다고 느끼실 때, 그 정서가 얼마나 강렬할지 상상해 보라. 그분이 그 강렬함에 압도당하신다는 것은 아니다. 그분은 공동체적인 하나님(성부와 성자와 성령)으로, 그분 자신의 심중에서 끊임없는 정신화와 공감과 긍정을 경험하실 수 있기 때문이다.

그분은 남자와 여자에게 창피를 주는 게 아니라 그들을 찾아내, 그들이 두려움과 수치심의 저열한 행로에서 떠나 다시 품위 있는 행로에 올라 집으로 오는 길을 제공하신다.

아담은 응답한다. "하나님께서…소리를, 제가 들었습니다. 저는 벗은 몸인 것이 두려워서 숨었습니다"(3:10). 아담과 하와의 수치심은 그 자신에게로 되돌아왔다. 하와의 두려움은 수치심으로 이어졌고, 수치심은 숨기(무화과나무 잎)로 이어졌다. 그것은 두려움으로 이어졌고, 두려움은 수치심과 숨기(나무 뒤에)로 이어졌다. 이것은 죄의 기본적인 패턴이다. 그것은 우리가 이해할 수 없을 만큼 사랑받는다고 우리에게 말씀하시며 우리가 어디에 있는지 거듭 물으시는 분의 목소리에 주의를 기울이지 않는 것으로 시작하며, 두려움과 수치심과 은폐의 저열한 행로를 따른다. 다음은 끈질기게 연결을 추구하며 알려짐의 경험을 열렬히 원하는 다른 이의 현존이 우리에게 하시는 일이다. 그 현존은 우리를 나무 뒤에서 데리고 나오면서도 우리가 두려움, 수치심, 자신을 가리기 위해 쓰는 전략들에 대해 고심하지 않을 수 없게 한다.

하나님은 다시 그들을 진지하게 받아들이시면서, 그들의 행동에 대해 더 물으신다.

하나님이 물으셨다. "네가 벗은 몸이라고, 누가 일러 주더냐? 내가 너더러 먹지 말라고 한 그 나무의 열매를, 네가 먹었느냐?"(3:11)

하나님의 질문들에서 발견되는 기이한 진행을 잘 생각해 보라. 11절에서 하나님이 첫 번째로 물으신 질문은 금지된 열매를 먹는 행위에 관한 것이 아니다. 그분은 깨어진 규칙에 관해 물으신 것도 아니다. 옳고 그른 행동에 관한 질문도 아니다. 하나님의 질문은 좌측 모드의 작용에 지배되지 않는다. 하나님은 수치심에 관해 물으신다. "네가 벗은 몸이라고, 누가 일러 주더냐?"

그분은 행동을 캐물으시지만, "내가 하지 말라고 한 일을 했느냐?"의 관점이 아니다. 그 대신에 그분은 "두려움, 수치심, 와해, 분리를 만들어 내는 그 무엇을 해 오고 있었느냐?"의 관점에서 그들의 행위에 접근하신다. 그분은 그들의 행동을 뒷받침하는 암묵적으로 이해되는 요소로 정서를 포함시키신다. 그분은 그들의 실제 행동에 대해서만큼 그들의 정서 상태에 대해 알기를 원하신다. 또다시, 이분은 자신의 피조물을 완벽하게 정신화하시는 하나님이다.

이 질문은 7절을 다시 가리키는데, 그 절에서 아담과 하와가 "자기들이 벗은 몸인 것을 알"았음을 알게 된다. 하나님은 그들에게 이 뜻밖의 발견을 부채질한 근본적인 정서 상태를 먼저 다룰 것을 권하신다. 수치심은 우리 자신의 내면에서 믿거나 느끼는 점에만 반영되는 게 아니라, 우리가 서로에게 하는 행동을 추동하도록 허용하는 방식에도 반영된다.

또한, 하나님이 두 사람에게 응답할 기회를 주지 않고 잇달아 질문하신다는 사실은 하나님 편의 어떤 긴급성을 나타낸다. 마치 식물 옷과 회피적 행동에 반영되는 자기 피조물들의 행위에서 최대한의 '정서적' 위력을 지금 느끼고 계시는 것처럼 말이다. 하나님이 미리 '알지' 못하시는 것들이 있다는 점을 내가 암시하는 걸까? 이 이야기가 아담과 하와의 하나님 경험을 드러낸다는 점을 기억해야 한다. 아담과 하와는 하나님의 면전에서 **알려졌던** 경험을 갖고 있으며 하나님은 자신의 피조물에게 **알려지는** 경험을 하셨다. 이 경험은 결코 끝나지 않는 발견과 놀라움과 기쁨의 자리, 우리가 그분에게 발견되는 것을 기뻐하는 만큼 하나님이 우리에게 발견되는 것을 기뻐하시는 자리인 영원한 '지금' 발생해야만 한다. 이 사건들이 과거에 발생한 것처럼, 또 미래에 발생할 것처럼, 우리는 오로지 그 사건들의 사실에 대한 하나님의 외현 기억의 측면에서만 그분에게 알려지는 고정된 존재들이 아니다. 우리는 늘 변화하고 있으며, 역동적이고 가까워지다 멀어지기를 반복하며 기쁨으로 가득 찬 관계의 가능성을 하나님에게 늘 제공하고 있다. 우리는 사실상, 하나님이 우리와 관계하시는 바로 그 방식을 우리의 마음속에 반영하고 있다. 참으로 우리는 **그분의 형상대로** 창조되었기 때문이다.

그러나 현 순간에 존재하는 삶, 영원한 지금 여기에 현존하는 삶은 두 사람이 불러일으킬 수 없는 삶이다.

그 남자는 핑계를 대었다. "하나님께서 저와 함께 살라고 짝지어 주신 여자, 그 여자가 그 나무의 열매를 저에게 주기에, 제가 그것을 먹었습니다."

주 하나님이 그 여자에게 물으셨다. "너는 어쩌다가 이런 일을 저질렀느냐?"

여자도 핑계를 대었다. "뱀이 저를 꾀어서 먹었습니다." (3:12-13)

남자의 수치심은 너무도 날카롭고 두려움은 너무도 넘쳐나며 전전두피질은 너무도 와해되어 있다. 자기의 정서 상태에 주의를 기울이고 머릿속에서 정확히 무슨 일이 일어나고 있는지 하나님에게 말하는 대신에, 그는 자신을 보호하는 수단으로 충동적으로, **의식 없이** 하와를 공격한다. 수치심을 느끼는 아담은 하와에게 수치심을 느끼게 한다. 돌아서서 자기의 이야기 전부(뱀과 하와의 갈등에서 그의 침묵, 공모, 수동성)를 성찰하려면 그 순간에 그가 부인하고 싶은 기억에 대한 접근이 필요할 듯하다. 두려움과 수치심에 대한 그의 암묵 기억이, 그가 가장 고통스럽다고 여기는 자기 정서 상태의 부분들을 되돌아보는 전전두피질의 능력을 약화시키면서 환기된다. 그의 뇌간의 투쟁 혹은 도피 회로와 변연계의 조절 장애는 최대 출력 상태에 있으며, 영적인 죽음의 망령이 그가 숨어 있던 나무숲에 드리워진 그림자 속에서 서성거리고 있다.

노출되고 굴욕당하며 무방비 상태로 남겨진 하와는 방금 남이 한 대로 따라 하면서 자신이 한 행동에 대한 책임의 방향을 바꾸어 뱀의 발치에(그러니까 말하자면 배가 있는 쪽에) 놓는다. 하나님의 질문에 주목하라. 곧바로 대답할 수 있는 복잡하지 않은 질문이다. 아담에 대해서는 "그 나무의 열매를, 네가 먹었느냐?"고 물으시며, 하와에 대해서는 "너는 어쩌다가 이런 일을 저질렀느냐?"고 물으신다. 아담에게서는 간단한 '네' 혹은 '아니오'로 충분할 것이다. 하와에게서는 "내가 좀 먹고 그에게 주었나이다"라는 응답이면 된다.

그러나 그들은 각자의 답변 속에 하나님이 구하시지 않은 정보를 포함한다. 그분은 (뱀이 그랬던 것처럼) 비난하기 위해서가 아니라, 오히려 **누군가** 솔직하게 답변해 주기를 기대하며 진정으로 두 사람을 그분 편으로 이끄시기 위해 간단한 질문으로 시작하신다. 그들은 그것을 받아들이려 하지 않는다.

우리도 그것을 받아들이려 하지 않을 때가 많다. 두려움과 수치심에 자극받아 우리는 대개 우리의 정서를 깊이 헤아리기를 회피하고, 우리의 결혼 생활이 어려움에 처한 게, 우리가 목사님과의 갈등에서 헤어나지 못하는 게, 학교나 교회에 인종차별주의가 있는 게, 어째서 우리 잘못이 아니라 다른 사람의 잘못인지 좌측 모드의 기민함과 절박함을 가지고 설명한다. 수치심은 두려움에 점화되어 죄로, 다시 말해 우리 마음의 와해로 이어진다. 이 마음의 와해는 전전두피질에서 시작되어 우리의 개인적인 관계, 공동체 그리고 나라로 확산된다.

12장

부활의 복구

신약이 전하는 복음의 메시지는 바로 이것이다. 하나님이 자신의 피조물에 대한 집요하고 위태로우며 무한히 기쁜 사랑으로 예수님을 우주의 왕과 주로 삼으셨다는 것이다. 예수님의 죽음과 부활을 통해 하나님은 두려움과 수치심, 즉 죽음의 힘을 소멸시키시고, 새로이 창조된 정의롭고 자비로운 체제의 도래를 알리셨다. 이 새로운 나라는 예수님이 새 하늘과 새 땅을 창조하고 드러내며 한데 모으실 때 육신으로 나타나시는 예수님과 함께 모든 피조물의 정점에 이를 것이다. 그때까지 우리는 그분의 통치 아래서 살아가는 일에 몰두하며, 그분의 나라가 충만하게 도래할 때 우리가 될 존재가 되어 가도록 훈련해야 한다.

우리가 이 메시지에 동의할 뿐 아니라 이 선언을 사실이라고 **상상해 보자**. 그렇다면 우리의 삶은 어떤 모습일까? 비록 사실들이 수반되기는 하지만, 복음이 주로 일련의 사실들에 관한 것은 아니라고, '옳은' 행동 기준에 부응하는 것만은 아니라고 상상해 보라. 그보다는 오히려 복음은 관계(Relationship)의 실재에 대한 선언이다. 우리는 알려지리라는 선언이다. 물리적 세계는 알려지리라는(그런데 세상은 그 지점에 다다르기를 몹시 바라고 있다. 로마서 8장 22절을 상기하라) 선언이고, 하나님은 알려지리라는 선언이다.

　복음을 상상한다(imagine)는 것은 예수님의 **심상**(*image*)을 위한 공간을 우리 마음속에 허용한다는 뜻이다. 바로 구약 선지자들의 예언의 대상이었고, 복음서 서사들에 드러나 있는 일대기의 소유자이며, 신약의 서신들에 반영되어 있는 더 깊고 확장된 목적을 지니고 계신 그분 말이다. 이 상상하기를 제대로 하려면 주의, 기억, 정서, 우리의 서사 및 애착 패턴에 대한 자각을 포함해 정신적 삶의 모든 차원들에 접근하고 그것들을 활용할 필요가 있다. 믿는다는 것(to believe)은 **마치 복음이 참된 것처럼 '살게 되는'** 것(to be-living)이다. 그것은 알려지고 알기 위해 계속 가까이 다가가면서, 마치 관계가 지금 여기에서 이어지듯 사는 것을 의미한다. 좋은 소식은 인간이 되는 이 새로운 길을 예수님이 우리에게 보여 주셨다는 것이다.

　예수님은 자신이 들은 성부의 말씀("너는 내 사랑하는 아들이다. 내가 너를 좋아한다")을 진정으로 받아들임으로써 하와와 아담이 곤두박질 쳤던 함정을 피하셨다. 본질적으로, **성부의 목소리를 들은 기억과 그와 동시에 활성화되는 정서 상태의 정신적 표상들에 주의를 기울임으로써**, 예수님은 하나님이 자신을 얼마나 사랑하시는지에 대한 인식을 효과적으로 강화하셨다. 예수님은 자신에 대한 성부의 사랑을 **상상하셨고**(의식적으로 주의를 기울이며 느끼셨고), 그 사랑이 참되다고 믿었기 때문에 선택하셨다. 심지어 자신의 죽음에 대한 예견을 그분의 좋은 친구인 베드로가 맹렬히 비난할 때에도(마 16:21-23, 막 8:31-33). 혹은, 하와에게 그랬던 것처럼 예수님은 부족하며 하나님은 예수님에게 신의를 지키는 것에 관심이 없으시다는 점을 믿게 하려고 여전히 애쓰는 고소인의 차가운 어둠에 그분의 고뇌하는 마음이 벼려지던 겟세마네에서도.

그리고 예수님은 궁극적인 불화인 죽음을 향해서 가실 때, 하나님이 어떻게 복구의 활동에 종사하시는가를 다시 보여 주셨다. 마태복음 27장 46절에서 예수님은 십자가형을 당하고 계신다. 그분의 친구들 대부분은 그분을 버리고 떠났으며, 그분의 적들은 그분을 조롱하고 있다. 우리는 예수님이 "나의 하나님, 나의 하나님, 어찌하여 나를 버리셨습니까?"라고 항변하시는 소리를 듣는다. 기묘하게도, 절망의 외침으로 보일 수도 있는 이 외침은 사실 예수님이 고통의 절정에서 그야말로 얼마나 많은 주의를 자신의 성부에게 기울이고 계셨는가를 시사한다.

1세기 팔레스타인에서, 성경의 한 대목에 관해 가르치던 랍비들은 성경의 더 큰 이야기나 부분을 생각나게 하는 수단으로 하나의 어구나 절을 말하곤 했다. 이것은 선생님이 학생들에게 디킨스의 『두 도시 이야기』(A Tale of Two Cities)를 상기시키기 위해 "최고의 시절이자 최악의 시절이었다"와 같이 말하는 것과 유사하다. 복음서의 저자인 마태와 같은 유대인 작가들 역시 때때로 이런 교수법을 사용했다. 메시아로서 예수님의 역할을 마태가 얼마나 강조했는지를 고려하면, 마태가 이 대목에서 같은 일을 했을 가능성이 꽤 있다.

마태가 예수님의 외침으로 기록한 말씀은 시편 22편의 첫 절이다. 그 시편 전체를 알고 계셨을 예수님이 겨우 한 절만을, 그것도 하나님에게 버림받는 상황에 극도로 비참한 고통에 관해 이야기하는 절만을 기억하실 것 같지는 않다. 예수님의 여정 전체를 고려하면, 시 전체로 보아 궁극적으로 하나님의 유기에 대해서가 아니라 오히려 하나님을 신뢰하는 자를 위한 승리와 설욕에 관해 이야기하는 시편의 첫머리에 초점을 맞추실 가능성이 더 높다.

> 나의 하나님, 나의 하나님, 어찌하여 나를 버리십니까?
> 어찌하여 그리 멀리 계셔서,
> 살려 달라고 울부짖는 나의 간구를 듣지 아니하십니까?
> 나의 하나님, 온종일 불러도 대답하지 않으시고,
> 밤새도록 부르짖어도 모르는 체하십니다.…
> 나를 보는 사람은 누구나
> 나를 빗대어서 조롱하며, 입술을 비쭉거리고 머리를 흔들면서
> 얄밉게 빈정댑니다.
> "그가 주님께 그토록 의지하였다면, 주님이 그를 구하여 주시겠지.
> 그의 주님이 그토록 그를 사랑하신다니,
> 주님이 그를 건져 주시겠지" 합니다.…
> 나는 쏟아진 물처럼 기운이 빠져 버렸고
> 뼈마디가 모두 어그러졌습니다.
> 나의 마음이 촛물처럼 녹아내려,
> 절망에 빠졌습니다.
> 나의 입은 옹기처럼 말라 버렸고,
> 나의 혀는 입천장에 붙어 있으니,
> 주님께서 나를 완전히 매장되도록 내버려 두셨기 때문입니다.
> 개들이 나를 둘러싸고,
> 악한 일을 저지르는 무리가 나를 에워싸고
> 내 손과 발을 묶었습니다.
> 뼈마디 하나하나가 다 셀 수 있을 만큼 앙상하게 드러났으며,

원수들도 나를 보고 즐거워합니다.
나의 겉옷을 원수들이 나누어 가지고,
나의 속옷도 제비를 뽑아서 나누어 가집니다.
(시 22:1-2, 7-8, 14-18)

이 시편의 전반부는 고통당하고, 자기가 처한 상황에 압도당하며, 두려움과 버려짐과 수치심의 고통을 경험하는 자의 뚜렷한 모습을 보여 준다. 이것은 불화의 구성 요소다. 이것은 죄의 결과, 와해된 마음과 가족과 교회와 지역사회와 나라의 결과다.

그런데 이제 시편의 후반부가 나온다. 19절에서 모든 것이 뒤바뀐다.

그러나 나의 주님, 멀리하지 말아 주십시오.
나의 힘이신 주님, 어서 빨리 나를 도와주십시오.
내 생명을 원수의 칼에서 건져 주십시오.
하나뿐인 나의 목숨을 개의 입에서 빼내어 주십시오.…
주님의 이름을 나의 백성에게 전하고,
예배드리는 회중 한가운데서, 주님을 찬양하렵니다.…
그는 고통받는 사람의 아픔을
가볍게 여기지 않으신다.
그들을 외면하지도 않으신다.
부르짖는 사람에게는 언제나 응답하여 주신다.…
땅끝에 사는 사람들도 생각을 돌이켜
주님께로 돌아올 것이며,
이 세상 모든 민족이 주님을 경배할 것이다.

> 주권은 주님께 있으며,
> 주님은 만국을 다스리시는 분이시다.…
> 내 자손이 주님을 섬기고
> 후세의 자손도 주님이 누구신지 들어 알고,
> 아직 태어나지 않은 세대도 주님께서 하실 일을 말하면서
> '주님께서 그의 백성을 구원하셨다'
> 하고 선포할 것이다. (시 22:19-20, 22-24, 27-28, 30-31)

이 절들은 세계에 대한 매우 다른 감각을 전달한다. 이것은 복구의 말씀이다. 이것은 고통이 완화된 가운데서 하시는 말씀이 아니라 **고통에 직면해 있음에도 불구하고** 나오는 자신감과 기쁨과 설욕의 말씀이다. 이것은 알려지는 자, 고문을 당해 죽어 가면서도 아버지의 목소리를 듣는 자의 말씀이다. 이 절들로 예수님은 자신이 평생 경청해 오시던 자기 심중의 그 부분들에, 겉으로 드러나는 세상의 존재 방식이 아니라 세상이 실제로 **존재하는** 방식에 대해 하나님이 예수님에게 일깨워 주시는 수단이 되는 그 깊은 정서적인 변화들에 주의를 기울이신다.

이 불화의 참상, 십자가형의 외상을 고려하면, 이것을 받아들이기가 좀 어려울 수도 있다. 그러나 이것이 예수님에게 최초의 불화는 아니었다는 점을 기억해야 한다. 그분의 가족은 헤롯이 시행한 유아 살해의 만행을 피하려고 이집트로 도망해야 했다. 그분의 부모는 열두 살 된 예수님이 율법 교사들과 대화하는 즐거움과 활력에 '무턱대고' 깊이 빠지면서 사나흘 동안 예수님이 어디에 있는지 찾지 못한(그분의 행방에 **그들이** 주의를 기울이지 않았던 것 같긴 하지만) 뒤에 예수님을 꾸짖

었다. 또한, 그분은 세례와 사십 일의 금식에 뒤이어 마귀와 대면해야 했고, 집안의 배척과 우호적인 듯하면서도 깔보는 태도, 병을 고치고 용서를 베푸시는 그분의 일을 믿을 수 없는 것으로, 또 기존의 경제·정치적인 구조에 너무 위협적인 것으로 여기는 이들의 비웃음과도 직면해야 했다. 아마도 가장 고통스러운 건 그분이 죽음에 다가가면서 맞닥뜨리신 불화였을 것이다. 그토록 자신을 따랐지만 결국 자기를 버리고 떠난 이들, 유다의 배신, 예수님을 아는 것마저 저주한 베드로의 부인. 그렇지만 이렇게 다양한 경험을 하는 내내, 예수님은 성부의 목소리에 주의를 기울이신다.

그분은 반대되는 증거에도 불구하고 십자가에서도 여전히 악의 어둠에 대고 말씀하신다. 그분에게 의식적인 주의를 기울이며 감응하시는 성부에게 자신의 말이 들린다고 확신하시면서 말이다. "아버지, 저 사람들을 용서하여 주십시오. 저 사람들은 자기네가 무슨 일을 하는지를 알지 못합니다"(눅 23:34). 그분은 이 사람들이 알지 못하는 것을 알고 계신다. 그분은 전전두피질의 수준에서 완전히 통합된 채로 의식적이며 중심을 잃지 않으신다. 그분이 대신 용서를 구하는 이들은 와해되어 있고, 자신의 정서 상태와 기억과 서사로부터 단절되어 있으며, 폭력의 매개 말고는 다른 어떤 방식으로도 그들의 두려움과 수치심에 대처할 수 없다. 그들은 자기들의 수치심에 대처하려고 수치심을 사용한다고 할 정도로 품위를 훼손한다. 예수님의 고통이 절정에 다다랐을 때, 십중팔구 정신이 나갈 것 같은 시점에, 예수님은 명료한 마음을 유지하신 채, 자신의 사형집행인들을 정신화하고 그들이 가장 절박하게 필요로 하는 것을 베푸신다. 그것은 바로 용서였다.

하나님의 안 돼와 그래

예수님의 죽음과 부활을 통해 하나님은 창세기 3장의 불화를 복구하신다. 그분은 하나님처럼 선하고 의식적인 누군가가 할 수 있는 일을 책임지신다. 예수님이 경험하신 것들의 끔찍함은 용서가 우리를 곤경에서 벗어나게 해 주는 어떤 우주적 형태가 아님을 명확히 해 준다. 하나님은 우리에게 한쪽 눈을 깜박이며 이렇게 말씀하시지 않는다. "죄? 아, 대수롭지 않다. 그리고 그 우상숭배 문제? 걱정하지 마라. 그 모든 살인, 음욕, 탐욕, 경멸, 판단, 간음, 거짓말, 탐식, 술 취함, 힘없고 가난한 자들을 억압하는 행위, 인종차별주의, 인종 청소, 지구를 유린하는 문제? 다 괜찮다." 주목할 만한 조치가 취해지지 않으면, 용서란 없다.

실로 십자가에서 하나님은 새로운 피조물, 새로운 삶, 새로운 마음에 "그래!"라고 말씀하시기 전에 악에게 "안 돼!"라고 말씀하신다. 예수님의 죽음에 악은 자신의 무기고에 남겨 두었던 모든 것을 하나님에게 던지고는 결핍된 상태가 되었다. "다 이루었다.…내 영혼을 아버지 손에 맡깁니다"라는 말씀과 함께 예수님은 어둠이 제공할 수 있는 최악의 것을 받아들이신다. 그리고 그것을 소멸하신다. 하나님은 죄와 와해된 무의식 상태의 끔찍함을 인정하시고 나서 그것의 머리를 으스러뜨리신다. 그분이 최초의 불화 직후에 예언하신 대로 말이다. "내가 너로 여자와 원수가 되게 하고, 너의 자손을 여자의 자손과 원수가 되게 하겠다. 여자의 자손은 너의 머리를 상하게 하고, 너는 여자의 자손의 발꿈치를 상하게 할 것이다"(창 3:15).

이것은 복구의 과정이 우리에게 상처의 실상에 직면할 것을 요구한다는 점을 분명히 보여 준다. 여기에는 불쾌감을 일으킨 행위(누군가가

하거나 하지 않은 것)를 명명하기, 그 행위가 기분이 상한 사람에게 고통을 초래했다는 점을 인정하기 그리고 그 행동을 다시는 되풀이하지 않으려고 노력할 것을 서약하기가 포함된다. 신앙의 언어로 이런 복구의 조치를 고백과 회개라고 부른다. 다시 말해, 잘못된 일을 한 것에 대해 후회하는 데 그치지 않고 돌아서서 반대 방향으로 가는 행위다. 이렇게 하면서 우리는 의식 없는 상태에 "안 돼!"라고 말하고, 내적으로 또 관계적으로 더 깊고 풍요로우며 통합된 삶에는 "그래!"라고 말하는 셈이다. 고백하고 회개하는 것은 겉보기에는 충분히 간단하다.

어려운 부분은 우리의 와해된 마음에 직면하면서 왔던 길을 되짚어가며 수치심과 두려움을 통과해 나감으로써, 와해된 마음이 치유되고 새로운 신경망이 우리 마음의 더 큰 지형으로 편입되도록 하는 것이다. 두려움과 수치심을 전부 다시 느껴야 한다는 두려움으로 우리는 너무나 자주 고백의 훈련을 회피하고 용서의 자유를 포기한다. 하지만 우리 자신이 알려지도록 허용하고 친밀함의 가능성을 허용해야 한다. 그때 비로소 우리는 다른 사람이 자신의 비언어적 힘을 사용해 다른 뇌가 없이는 견디기가 너무도 고통스러운 정서 상태를 나타내는 우리 우반구의 부분들을 활성화하도록 허용한다.

하나님이 얼마나 기꺼이 우리를 이런 방식으로 알려고 하시는지 이해하려면 요한복음 21장을 살펴봐야 한다. 거기에는 예수님이 부활 후에 베드로를 만나시는 이야기가 나온다. 예수님의 십자가형 직전에 베드로는 불을 쬐면서(중요한 세부 사항) 적어도 세 번 예수님과의 친분을 부인한다. 수치심 속에서 베드로는 예수님이 그를 바라보시는 것을 차마 견디지 못하고(눅 22:54-62) 현장에서 도망친다.

요한복음 21장의 사건들은 부활 이후 며칠이 지나 발생하는데, 예수님이 베드로를 포함해 몇몇 제자들을 위해 아침 식사를 준비하신다. 예수님은 잘 알려진, 복음서들에서 가장 주목할 만한 대화 중 하나를 시작하신다. 그분은 상처 입은 자신의 수제자에게 연달아 세 번 그가 자신을 사랑하는지 물으신다.

> 그들이 아침을 먹은 뒤에, 예수께서 시몬 베드로에게 물으셨다. "요한의 아들 시몬아, 네가 이 사람들보다 나를 더 사랑하느냐?" 베드로가 대답하였다. "주님, 그렇습니다. 내가 주님을 사랑하는 줄을 주님께서 아십니다." 예수께서 그에게 말씀하셨다. "내 어린 양 떼를 먹여라."
>
> 예수께서 두 번째로 그에게 물으셨다. "요한의 아들 시몬아, 네가 나를 사랑하느냐?"
>
> 베드로가 대답하였다. "주님, 그렇습니다. 내가 주님을 사랑하는 줄을 주님께서 아십니다." 예수께서 그에게 말씀하셨다. "내 양 떼를 쳐라."
>
> 예수께서 세 번째로 물으셨다. "요한의 아들 시몬아, 네가 나를 사랑하느냐?" 그때에 베드로는, [예수께서] "네가 나를 사랑하느냐?" 하고 세 번이나 물으시므로, 불안해서 "주님, 주님께서는 모든 것을 아십니다. 그러므로 내가 주님을 사랑하는 줄을 주님께서 아십니다" 하고 대답하였다.
>
> 예수께서 그에게 말씀하셨다. "내 양 떼를 먹여라." (요 21:15-17)

많은 이들은 예수님이 세 번에 걸친 베드로의 부인을 다루기 위해 그에게 세 번 물으셨다고 주해했다. 그것이 사실일지도 모른다. 그러나 예수님이 베드로에게 고백, 용서, 새로운 삶의 방향(신경 과학과 애착의 언어로는 안정적인 애착으로 이어지는 전전두피질의 통합 및 좀더 일관된 서사)을 위한 기회를 제공하신다는 측면에서 훨씬 더 중요한 일이 일어나고 있다.

각각의 대화마다 예수님은 베드로에게 할 일을 주신다. "내 어린 양 떼를 먹여라." "내 양 떼를 쳐라." "내 양 떼를 먹여라." 예수님은 베드로의 수치심을 아시며 그것을 치유하는 과정에서 끈질기게 반응하신다. 예수님이 베드로에게 사적으로 "그 부인 사건 있잖아. 걱정하지 마. 우린 문제없어"라고 말씀하신다 하더라도 그것은 별개의 일이다. 예수님은 베드로의 수치심이 깊다는 점을 아신다. 베드로는 소위 수석 제자인 자신이 예수님을 부인한 사실에 대해 다른 제자들도 알고 있다는 점을 알고 있다. 그는 예수님은 메시아이며 자기는 어떤 대가를 치르고도, 설령 그것이 죽음을 의미하더라도, 그분을 변함없이 지지하리라고 주장했다.

예수님이 무엇을 하고 계시는지 잘 생각해 보라. 베드로의 부인 사건은 (제자들을 위해 아침 식사를 요리하려고 바닷가에 피우신 불과 다르지 않은) 불을 쬐고 있는 동안 일어났다는 사실을 기억하라. 숯불 연기. 불길. 베드로의 수치심 모체를 활성화할 후각, 시각, 열감, 청각을 통해 그의 암묵 기억망을 일깨우는 많은 자극들. 예수님은 베드로가 부인의 행동에 직면하는 것만으로 만족하지 않으신다. 그분은 그것으로 충분하지 않다는 사실을 아신다. 예수님은 베드로의 수치심과 두려움 속에서 그와 함께 현존하실 수 있도록 베드로가 자기 기억을 다시 통과하도록 이끄신다. 그의 두려움과 수치심을 치유하시기 위해서 말이다.

대화의 말미에 이르면서 베드로는 "[예수께서] '네가 나를 사랑하느냐?' 하고 세 번이나 물으시므로, 불안해"했다[원문 'hurt'는 '마음이 상했다'로 번역할 수 있다―옮긴이]. 예수님의 질문으로 베드로의 상처가 **생긴다**기보다는 **밝히 드러난다**. 베드로는 예수님을 (아마도 사랑하고 싶은 열망에도 불구하고) 사랑할 수 없는 분명한 무능력에서 비롯되는 수치심을 깊이 인식하고 있다. 그는 단지 자기가 부인한 사실을 떠올릴 필요가 있을 뿐이다(예수님이 그러한 과정이 쉽게 일어나도록 도와주고 계실 때). 게다가 예수님은 베드로의 전전두피질의 수준에서 어떤 기억도 변화되지 않은 채로, 어떤 정서도 통합되지 않은 채로 남아 있도록 내버려 두지 않으신다.

그분은 베드로의 주의를 전환하심으로써 이 일을 하신다. 예수님이 베드로의 팔을 꼭 움켜잡거나 어깨에 팔을 두르시고는 그의 눈을 들여다보시며 이렇게 말씀하실 때 그분의 얼굴 표정, 어조, 신체 언어를 상상(다시 이 단어가 나온다)할 수 있다. "**이 일**을 하라! 내 어린 양과 내 양을 먹이고 치라. 너의 본분인 지도자가 **되라**. 너는 용서받았다. 이제 그게 사실인 것처럼 살라. 너의 **수치심**에 주의를 기울이기보다 **나에게** 그리고 네가 바로 지금 경험하고 있는 것에 주의를 기울이라. **이 순간을 기억하라. 이 순간의 모든 것을.**"

용서란 언제나 **주목할 만한 행동의 변화**를 수반한다. 이 본문이 그 점을 확인해 준다는 사실을 주목하라. 이를테면 용서는 우리 마음속에서 누군가에게 처벌을 면하게 해 주는 것처럼, 그저 머릿속에서 행하는 일이 결코 아니다. 전혀 그렇지 않다. 그것은 어떤 형태의 행동을 요구한다. 설령 그 행동이 우리를 아프게 한 사람에 대해 우리가 느끼는 감정에 관해 기도하거나 그 사람을 위해 기도하는 일에 국한된다 하더라도 말이다. 여기에서 용서의 과정을 충분히 탐색할 수는 없지만, 용서는 주의를 기울이는 일에 대한 폭넓은 변화를 요구한다. 이 변화는 정서와 기억에서 추가적인 변화로 이어진다. 이로 인해 희생자는 불쾌감을 일으킨 행위를 둘러싼 정황에 익숙해지면서 자신의 서사를 마침내 이해할 수 있다. [용서의 의미에 관한 상세한 논의를 위해서는 에 버렛 워딩턴(Everett Worthington), L. 그레고리 존스(Gregory Jones), 미로슬라브 볼프(Miroslav Volf), 데스먼드 투투(Desmond Tutu)의 연구를 보라. 이들은 용서와 정의를 각기 다른 관점이지만 모두 대단히 지혜롭게 고찰한다.]

   이 이야기에서 비록 결론이 다르기는 하지만, 창세기 서사의 요점이 재현되는 것을 본다. 예수님이 십자가형을 받기 전날 밤에 베드로는 하와와 아담이 했던 것과 마찬가지로, 두려움과 수치심 속에서 예수님과의 관계를, 부인이 주는 눈앞의 '안전함'으로 대체하는 식으로 대처한다. 여기에서 우리는 부활의 힘이 어떻게 해서 태초로, 동산에서 발생한 정신적인 외상으로 거슬러 올라가는가를 감지한다. 예수님은 베드로와 대화하시면서 열매를 먹는 **행동** 저편으로 거슬러 올라가 말씀하고 계시며, 하와와 아담 그리고 수치심과 두려움이라는 신경학적 인식의 가장 원시적인 수준에서 그 뒤를 따르던 우리 모두를 만나고 계신다.

   그분은 우리의 와해된 전전두피질의 혼란 속에서 우리와 함께 현존하시면서, 의식적으로 우리의 주의를 그분의 연민 어린 현존으로 향하게 하시고 우리가 그분의 죽음과 부활을 통과해 앞으로 나아가게 하신다.

고백의 힘

기독교의 정통 신앙은 고백을 그저 잘못된 행동들의 목록을 작성하는 것으로만 보지는 않는다. 신앙 고백은 우리의 인간 본성에 대한 계속되는 인정이기도 하다. 신경 과학적인 관점에서 정서를 무시하고 기억에 주의를 기울이지 않으며 우리 마음을 와해시키고 행동의 결과를 거둬들이는 우리의 경향을 인정할 때, 다시 말해 죄를 짓는 우리의 경향을 인정할 때, 우리는 헙의 원리를 따라 거듭 발화되어 우리의 "옛사람과 그 행실"(골 3:9, 개역개정)을 나타내는 방식으로 배선된 신경망들의 존재를 인정하는 것이다.

이 '옛 뇌'는 엄청나게 다양한 인간의 고통이 나오는 신경 기저 회로(좌-우, 위쪽-아래쪽)를 나타낸다. 이 신경망들은 확고부동하며 해체하기란 사실상 불가능하다. 우리는 죽을 때까지 그 신경망에 접근할 수 있다. 따라서 십자가형은 바울이 이 죄 많은 옛사람에 대해 어떻게 해야 할지 묘사할 때 사용하기에 적절한 은유다(롬 6:6을 보라). 십자가형으로 죽는 데는 오랜 시간이 걸린다. 우리의 옛 신경 경로들을 제거하는 일은 로마의 사형 집행과 흡사하게 엄청난 시간이 걸리는 것 같다.

그러나 고백은 우리의 주의를 이 옛 경로들로 돌린다. 예수님이 사막에서 사탄에게 유혹을 받으실 때 자신이 저열한 행로로 갈 가능성에 대해 깊이 인식하셨던 것과 흡사하다. 우리는 옛 경로들이 활성화될 때 그것들에 좀더 일관되게 의식적인 주의를 기울인다. 이런 식으로, 고백은 우리가 옛 뇌/옛사람을 인식하게 하며, 우리에게 "새 사람을 입"을 기회를 준다. 이 새 사람은 "자기를 창조하신 분의 형상을 따라 끊임없이 새로워져서, 참 지식에 이르게 [된다]"(골 3:10).

새 사람을 입는 것은 우리를 향한, 더 나아가 나머지 우주를 향한 하나님의 수그러들 줄 모르는 애정 어린 추구를 반영하는 마음속의 표상들(정신 모형, 정서와 기억으로의 주의 전환 등)에 주의를 기울인다는 뜻이다. 고백은 기쁨과 희망과 자유로 이어진다.

하와와 아담이 숨는 대신에 자기들의 두려움에 좀더 주의를 기울였더라면, 그들 자신의 수치심을 더 기꺼이 받아들이려 했다면, 동산에서 이야기가 어떻게 다르게 펼쳐졌을까 궁금해진다. 하나님이 아담을 찾아내실 때 아담이 "여기 있어요, 이쪽에요! 그런데 전 상당히 초조한 상태예요. 저는 이 일에 대해 정말 마음이 안 좋아요.…그리고 사실 제가 드리려는 말씀을 하나님께 이야기하자니 겁이 나고요, 정말 정말 당황스럽습니다. 보시다시피, 이 좀 이상한 음…옷일 것 같은데, 그걸 입고서 말이죠."

"그래, 알겠다. 이야기해 봐." 하나님은 이렇게 응답하셨을지도 모른다.

"음, 열매를 따 먹을 수 없다고 하나님이 말씀하신 그 나무 말인데요. 그런데, 하와, 음…그건 중요하지 않습니다. 그러니까, 이 일에서 하와의 역할에 대해서는 아마도 그녀와 이야기하셔야 할 것 같고요. 전 이렇게만 말씀드릴게요.…제가 그 나무 열매를 먹었습니다. 좋아요, 됐네요. 겨우 말씀드렸네요. 제가 일을 그르쳤습니다. 그 뱀이 밉지만, 사실 그건 제 잘못입니다. 정말 죄송합니다."

"하와도 큰 처벌을 받을 수 있다는 걸 압니다만, 그녀에게 호통치지 말아 주십시오. 원하시는 게 무엇이든 그냥 저에게 해 주십시오…."

하나님의 응답이 다음과 같지 않았으리라고 누가 말할 수 있겠는가? "잘했다. 네가 너와 하와의 행동에 책임을 지는 게 고통스러웠다는 걸 안다. 그런데, 잘했다. 이제 네가 배울 게 더 있다…."

비록 이것은 상상해 본 결론이기는 하지만, 우리가 어떻게 고백을 기꺼이 이용하도록 권고받는가를 반영한다. 신약의 서신서 작가들은 한층 더 나아간다. 요한 사도는 그의 첫 편지에서 다음과 같이 쓴다.

> 우리가 우리 죄를 자백하면, 하나님은 신실하시고 의로우신 분이셔서, 우리 죄를 용서하시고, 모든 불의에서 우리를 깨끗하게 해 주실 것입니다.
> (요일 1:9)

요한은 "너희가 너희 죄를 자백하고 **그런 다음 하나님에게 너희를 용서해 달라고 구하면**, 그는 그리하실 것이요"라고 쓰지 **않는다**. 중간 단계는 없다. 그것은 마치 우리를 기다리고 있는 용서로 가득 찬 방과 같다. 고백은 안도와 기쁨과 자유로 넘쳐흐르는 용서의 물결을 받아들이도록 우리의 마음을 여는 것에 불과하다. 하나님은 우리가 굽실거리기를 기다리시는 게 아니다. 그분은 굽실거리는 걸 좋아하지 않으신다. 그분은 우리가 죄로 인한 수치심 속에 머물러 있는 것을 필요로 하거나 그런 상황을 원하시지(비록 우리 중 어떤 이들은 이것이 사실인 것처럼 살지만) 않는다. 우리가 기민하게 깨어 있다면, 수치심은 우리의 주의를 끌 뿐이다. 그렇지만 하나님은 우리의 수치심 안에서 우리를 만나고 그런 후에 우리의 서사를 다시 쓰실 수 있도록 우리가 자기 수치심에 대해 진지해지기를 무척이나 기다리신다.

하나님이 용서의 저자이심을 고려할 때, 고백은 하나님에게만 해야 한다고 추정할 수 있을까? 요한은 그렇게 말하지도 않고, 내 생각에 그것을 암시하지도 않는다. 이것에는 이유가 있다. 우리가 용서를 감지하고 경험하며 진정으로 내면화하는 과정은 바로 **주의 깊은 태도로 정신화된다는 물리적·신체적인 감각** 속에서 이루어진다. 단지 우리가 용서받는다는 말씀을 듣거나 그 사실을 받아들이는 것만으로는 충분하지 않다. 그것은 용서를 좌측 모드 작용으로 국한시킬 것이며, 우리의 와해되고 용서받지 못한 상태를 강화할 뿐이다.

야고보의 서신은 이러한 형태의 고백을 뒷받침하는 또 하나의 이유를 제시한다.

> 여러분 가운데 병든 사람이 있습니까? 그런 사람은 교회의 장로들을 부르십시오. 그리고 그 장로들은 주님의 이름으로 그에게 기름을 바르고, 그를 위하여 기도하여 주십시오.
> 믿음으로 간절히 드리는 기도는 병든 사람을 낫게 할 것이니, 주님께서 그를 일으켜 주실 것입니다. 또 그가 죄를 지은 것이 있으면, 용서를 받을 것입니다.
> 그러므로 여러분은 서로 죄를 고백하고, 서로를 위하여 기도하십시오. 그러면 여러분은 낫게 될 것입니다. 의인이 간절히 비는 기도는 큰 효력을 냅니다. (약 5:14-16)

야고보는 치유의 방안으로서 고백의 가능성을 제시한다. 어떠한 질환의 치유도 죄의 치유로 시작된다. 그리고 죄 자체는 궁극적으로 모든 것의 와해를 초래하는 우리의 정서 상태를 우리가 돌보지 않는 것으로 시작된다. 의식적인 주의를 기울이며 받아 주는 사람이 있는 데서 고백이 이루어질 때, 용서가 방을 가득 채우며 치유가 충만해진다. 불화는 복구되고, 하나님이 성령의 힘을 통해 계속하실 새로운 일을 예수님을 통해 시작하셨음을 상기하게 된다(빌 1:6).

이것은 예수님이 베드로에게 세 번 질문해야 했던 또 다른 이유다. 베드로의 마음이 새로운 정신 모형을, 그의 삶이 펼쳐지는 것을 보는 새로운 방식을 만들어 내는 데는 얼마간의 시간이 필요하다. 베드로에게는 이 새로운 일련의 신경망의 반복된 발화가 필요하다. 그는 바닷가에서 예수님이 자신을 느끼고 해방하신다는 점을 느꼈다. 이런 경험이 그의 정서적인 기억의 좀더 영속적이고 좀더 쉽게 접근할 수 있는 부분이 되어야 한다. 그런 방식으로 이 새로운 일련의 신경망이 배선되기 위해서는 시간이 필요하다. 이를 위해서 베드로는 예수님의 언어적인 메시지뿐 아니라 비언어적인 메시지와도 맞닥뜨려야 한다. 예수님과 베드로의 이야기는 복구가 불화에 대한 표준 응답인 관계의 세계를 향한 희망을 불러일으킨다. 고백과 용서는 좀더 유연하고 적응력 있으며 일관되고 활기차며 안정적인(FACES) 개인의 마음을 만들어 내고, 더 나아가 같은 속성들을 반영하는 공동체를 만들어 내는 길일 수도 있다.

히브리서의 저자는 예수님이 수치심에 대해 행하신 일과 그 결과 우리가 행하도록 부름받은 일을 언뜻 보여 준다.

> 믿음의 창시자요 완성자이신 예수를 바라봅시다. 그는 자기 앞에 놓여 있는 기쁨을 내다보고서, **부끄러움을 마음에 두지 않으시고**, 십자가를 참으셨습니다. 그리하여 그는 하나님의 보좌 오른쪽에 앉으셨습니다.
> (히 12:2, 저자 강조)

예수님은 수치심을 그야말로 비웃으신다[NIV 성경에서는 '비웃다'를 뜻하는 'scorn'을 사용했다―옮긴이]. 그분은 수치심을 인정하신 다음에 무시하시며 다른 것, 즉 하나님 보좌 우편에 앉는 기쁨에 주의를 기울일 수 있도록 수치심에 어떤 주의도 기울이지 않기를 택하신다. 우리도 수치심의 존재를 인식한 다음 그것을 무시하기 위해 수치심을 확인하고(고백하고), 우리가 그분의 아들과 딸이며 세상에 존재함을 몹시 기뻐한다고 말씀하시는 성부와 함께하는 기쁨에 주의를 돌리도록 부름받는다.

그것이 이 책에서 배워 온 것들에 주의를 기울여야만 하는 이유다. 우리가 기억과 정서와 우리의 서사를 돌보면, 수치심이 그 추한 고개를 쳐들 때 그것을 훨씬 더 잘 알아차릴 수 있다. 이렇게 하면 하와처럼 파괴적인 대응 기제들에 자동적으로 의지하지 않을 것이다. 그 대신 우리의 몸이 그것의 비언어적인 신호들 및 정신적인 심상과 더불어 어떻게 우리를 저열한 행로를 따라 여행하도록 유혹하는지에 주의를 기울일 것이다. 대안적인 심상과 생각에 주의를 돌림으로써, 우리는 '회개한다.' 다시 말해, 돌아서서 다른 방향으로 나아간다.

더욱이, 우리가 경험하는 치유는 땅끝까지 확장되어야 한다. 치유는 재림의 때에 정점에 이르는 하나님의 새 하늘과 땅의 특징이 될 것이다. 요한계시록에서 요한은 이 치유에 대해 예언한다.

> 천사는 또, 수정과 같이 빛나는 생명수의 강을 내게 보여 주었습니다. 그 강은 하나님의 보좌와 어린 양의 보좌로부터 흘러나와서, 도시의 넓은 거리 한가운데를 흘렀습니다. 강 양쪽에는 열두 종류의 열매를 맺는 생명 나무가 있어서, 달마다 열매를 내고, 그 나뭇잎은 민족들을 치료하는 데 쓰입니다. (계 22:1-2)

치유는 단지 우리 개인만을 위한 것은 아니다. 의식 없음과 와해가 최초의 인간들에게서 시작된 것처럼, 부활하신 예수님, 즉 새로운 아담은 새로운 마음의 창조를 개시하신다. 최초의 인간들의 의식 없음이 민족들을, 심지어 지구마저 감염시킨 것과 마찬가지로, 고백과 용서에서 나오는 치유는 민족들로, 또 지구 자체로 확장될 것이다.

집단 고백

우리가 이야기해 온 것을 좀더 현실화하기 위해 다음의 훈련을 시도하기를 권한다. 당신이 신뢰하는 두세 사람을 기도하는 자세로 선택하라. 이상적으로는 빈번하게 소통하는 사람이 좋다. 이웃일 수도 있고, 성경 공부나 다른 소그룹 모임의 일원일 수도 있다. 그야말로 함께 보내는 시간이 많아서 결국 당신에게 상처를 줄 (꼭 의도적인 것은 아닐지라도) 가능성이 농후한 사람들이다. 처음에는 가까운 친구가 아닐지도 모르며, 당신은 그들을 전적으로 신뢰하지 않을지도 모른다. 아직은 말이다.

그룹으로 다음의 것들을 행하기로 약속하라. 그룹의 일원이 다른 일원에 반대하는 생각이나 말이나 행동의 행위를(어떤 행위이든) 저지를 때마다, 그 사람은 이것을 적정한 방식으로 가능한 한 빨리 불쾌감을 느낀 상대에게 고백해야 한다. 가해자가 불쾌감을 일으킨 행위가 얼마나 '크든' '작든' 상관없이 예외 없이 고백하라. 불쾌감을 느낀 상대는 예외 없이 용서를 베풀어야 하며, 그것에 적절히 수반되는 모든 비언어적인 강화의 요소를 곁들여야 한다. 입에 발린 말은 안 된다.

신경 과학과 애착에 관해 배운 지식에 기초해, 우리가 탐색해 온 성경 구절들(특히 요한일서, 야고보서, 히브리서의 구절들)에 깃든 경건한 정신과 지혜로 이것을 행하라. 적어도 여섯 주 동안 이 훈련에 헌신적으로 임하고, 그런 다음 그 과정을 다시 검토하라. 그 관계가 어떻게 바뀌었는지, 혹은 그대로인지 되돌아보라. 관계는 어떻게 더 가까워졌는가? 어떻게 더 멀어졌는가? 이 훈련이 이 헌신적인 그룹 바깥에서 이루어지는 당신의 관계를 어떤 것이라도 달라지게 했는가? 그렇다면 어떻게 달라졌는가?

이 초대에 대해 다양한 반응들이 있을 것이다. "그 사람에게 **모든 것**을 말해야 한다는 뜻인가요?" 맞다. "그렇지만 그 사람이 날 용서하지 않으면 어떻게 해야 할까요?" 그건 겁나는 일일 **수 있다**. 그 사람이 이 일에 헌신했다 하더라도, 그가 용서하리라는 보장은 없다. 그런데 그는 자기가 불쾌감을 일으키는 행위를 저지를 때에도 용서받을 수 있다는 점에 의식적인 주의를 기울이기 때문에 용서할 가능성이 크다. "그래도 그 모든 불편함, 그 두려움과 수치심을 극복하고 그 사람에게 내가 생각한 바를 이야기하기란 무척 어려운 일이에요." 물론, 맞는 말이다. 처음에는 당연히 그럴 것이다. 그러나 **모든 사람**에 대한 용서가 보장되므로, 아무도 자신의 두려움과 수치심 속에 홀로 남겨지지 않는다.

"이 일에는 오랜 시간이 걸리지 않을까요?"라고 물을 수도 있다. 처음에는 그렇게 보일 수도 있다. 그러나 결국 호흡만큼 매끄럽고 자연스러워질 것이다.

"그 사람에 대해 말하거나 생각해 오던 점을 이야기하면 그저 그 사람의 감정만 상하게 하지 않을까요?" 음, 그것도 맞는 말이다. 당신의 의도가 그 사람에 대한 당신의 생각을 알려 주는 것이라면 당연히 그렇다. 하지만 고백은 다른 사람이 아니라 **당신**이 어느 지점에서 제정신이 아니었는가를 시인하는 것에 관한 문제다. 당신이 제기하고 있는 바가 다름 아닌 **당신**의 의식 없음, **당신**의 수치심, **당신**의 두려움임을 강조할 때, 그 고백에 보이는 반응에 놀랄 것이다. 우리가 얼마나 모자란 얼간이였는지 말할 때, 방어적이 되는 사람은 거의 없다.

용서를 베푸는 일에서는 다른 반응들을 보일지도 모른다. "용서하고 싶지 않으면 어떻게 합니까? 그것은 솔직하지 못한 게 아닌가요?"
용서는 누군가의 책임을 면제해 주는 것이 아니다. 그것은 우리가 선택권을 가지는 문제도 아니다. 우리는 그렇게 하라는 (비록 우리 북미 사람들은 명령에 대해 그다지 편안해하지는 않지만) 명을 받았다. 나는 용서의 살아 있고 숨 쉬는 화신이기를 택하거나, 그냥 죽을 수 있다. 어쩌면 서서히 죽어 갈 테지만, 결국 죽게 될 것이다. 그런데 용서하고 싶지 않을 때라도 우리는 언제나 점진적인 작은 조치들을 취할 수 있다. 이를테면, 불쾌감을 주는 행위를 한 사람에게 침을 뱉거나 여타의 보복 행동으로 반응하지 않기로 우선 결심하기 같은 일 말이다. 혹은, 용서하고 싶지 않다고 하나님에게 이야기할 수도 있다. 그러나 당신은 이 합의에 서명했으므로 하나님의 도움으로 관점이 바뀌기를 원할 것이다. 그렇게 하지 않는다면, 용서하기 싫어하는 당신의 마음은 이내 원한으로 이어질 것이며, 곧 불쾌감을 준 상대에게 그 원한을 고백해야 한다.

"하지만 이 중에 어떤 건 너무 사소해 보이는데요. 그 사람은 왜 이렇게 사소한 일까지 일일이 고백해야 하죠?" 고백의 목적은 상대방이 잘못을 시인하는 것에 대해 당신의 기분이 나아지도록 하기 위한 것만은 아니다. 당신만을 위한 고백이 아니라는 뜻이다. 빠짐없이 철저하게 살펴보는 까닭은 다름 아닌 그 사람을 위한 뜻이기도 하다. 그의 마음에 두려움이나 수치심의 손아귀에 붙들려 있는 부분이 없도록 말이다.

더 많은 이견들이 있을 수 있다. 그런데 고백하지 않은 모든 죄에 우리가 얼마나 많은 정서적인 짐을 가지고 다닐 수 있는지 잘 생각해 보라. 더 나아가 해결되지 않은 상처를 우리가 얼마나 더 많이 가지고 다니는지 생각해 보라. 그중 많은 부분을 우리는 더 이상 좀처럼 알아차리지 못한다. 그 모든 무게가 떨어져 나간다면 우리 삶이 어떻게 변할지 상상해 보라. 실수에 대한 두려움이 없을 때, 마음껏 펼쳐질 창의성을 상상해 보라. 실수한다고 해도 고백과 용서가 원칙이기 때문에 실수를 두려워할 필요가 없다.

고백과 용서는 성령의 열매가 자라는 토양임을 결국 깨닫게 될 것이다. 이런 존재 방식은 사랑과 기쁨과 화평과 인내와 친절과 선함과 신실과 온유와 절제가 필연적으로 나타나는 환경을 뒷받침한다. 벗들이여, 이로써 하나님의 나라가 눈앞에 펼쳐진다.

이 훈련에는 엄청난 용기가 필요하다. 당신이 하나님과 같이 와해의 악에는 "안 돼!"라고 말하고, 친절과 정의와 관계의 기쁨에는 "그래!"라고 말하도록 이끌어 준다. 이 훈련을 시도해 보라. 그 훈련이 당신의 삶을 영원히 달라지게 한다는 사실을 발견하리라 확신한다.

13장

마음과 공동체: 사랑과 자비와 정의에 관한 뇌

중년의 남자가 앉은 자리에서 몸을 뒤로 젖히고는 한숨을 쉰다. 비서의 도움으로 막 마무리한 편지를 집어 들고 추신을 한 번 더 읽어 본다. 교회 개척자이자 선교사인 남자는 예수님의 좋은 소식을 들어 본 적 없는 이들에게 전하는 일을 무척 좋아한다. 그렇지만 순회 전도자로 살아가는 삶의 부정적인 면은 어느 공동체에든 좀처럼 몇 년 이상 머물지 않는다는 점이다. 그는 일단 지도자들을 식별해서 훈련시키고 나면 새로운 도시로 떠난다.

  이 선교사는 한곳에 오래 머물지는 않지만, 그가 개척한 교회들을 예의 주시한다. 각각의 회중은 그에게 소중하며, 그는 그 지역 전체에 걸쳐 친구들로부터 받는 최신 소식들을 대단히 귀하게 여긴다.

  그렇지만 지난 몇 달에 걸쳐 그는 한 개척 교회에 대해 점점 염려하게 되었다. 업무상 출장을 오는 이들과 행락객들이 자주 찾는 국제도시에 자리 잡은 그 교회는 전략적인 위치에 있다. 여러 문화와 민족이 뒤섞여서 도시는 활기차고 흥미진진한 곳이 되지만, 이런 환경 탓에 교인들이 서로를 이해하고 고맙게 여기는 일이 좀더 어려워지기도 한다.

  몇 달 동안, 들리는 이야기는 금방이라도 회중을 분열시킬 듯한 내

분에 관한 소식들이었다. 심지어 어떤 교인들은 다른 교인들을 상대로 법적 조치를 취하겠다고 위협하고 있다. 그런데 이 모든 분열에 직면해서도, 아내를 속이고 바람을 피우면서 누가 그 일을 알든 말든 신경도 쓰지 않는 듯한 어느 동료 교인을 회중은 못 본 체하고 있다. 마지막으로 선교사는 예배라기보다는 누구나 참여할 수 있는 격렬한 말다툼처럼 들리는 교회의 의식이 걱정스럽다.

선교사는 당분간은 이 교회에 돌아오지 않으리라는 점을 알고 있으며, 그래서 그들에게 편지를 쓰는 것이 차선책이라는 결정을 내린 터였다. 알고 보니, 이 편지의 초안을 작성하는 것이 그가 이제껏 해 온 가장 어려운 일 중 하나였다. 어쨌든 칭찬할 거리는 거의 없고 바로잡을 것은 많았다.

짐작했을지도 모르지만, 이것은 21세기 교회 개척자가 아니라 사도 바울의 무용담이다. 고린도 교회를 향한 애정 어린 염려가 동기가 되어, 그는 기도하는 자세로 고린도전서로 불리는 편지를 썼다.

이 책 전체를 통해 우리는 개인이나 가족 안에서 일어나는 와해되고 의식 없는 행동에 대해 많은 것을 이야기해 왔다. 그동안 내내 이 행동이 어떻게 사람들로 이루어진 공동체 전체에 궁극적으로 영향을 끼치는가를 어렴풋이 살펴보았다. 그것은 새 신자인 고린도인들의 교회에서는 분명히 사실이었다.

조금 후에 보게 되겠지만, 바울이 그려 낸 그리스도의 몸은 충분히 통합된 방식으로 기능하고 있을 때의 마음의 이미지를 반영하는 것 같다. 그것은 고린도 교회에 대해 그가 보고 싶어 하는 이미지다. 그러나 고린도 교회 교인들에게 보내는 그의 편지를 더 자세히 들여다보기에 앞서, 이 교회(와 우리의 교회)와 같은 공동체들에 특별한 의미를 갖는 신경 과학과 관계에 관한 근래에 밝혀진 몇몇 사실들을 고찰해 보자.

복잡한 체계들

모든 상호작용은 친밀함을 추구하는 것으로부터 우리의 공간을 필요로 하는 것으로 옮겨 가는 위대한 춤에 참여한다. 심지어 하나님과의 상호작용에서조차 그렇다. 이 역동은 커플 및 친구 사이에서뿐 아니라 부모와 자녀 사이에도 발생한다. 사람들은 친밀함이나 분리에 대한 각기 다른 정도의 욕구를 지녔다. 어느 하나가 너무 많아지면 괴로워지기 시작한다. 너무 오랫동안 너무 친밀할 때, 우리는 '숨이 막히거나' 어쩌면 따분하거나 상상력이 부족하거나 영감을 얻지 못한다고 느끼기 시작할 수도 있다. 다른 한편, 너무 오랫동안 떨어져 있을 때는 고립되거나 외롭거나 슬프다고 느끼기 시작한다.

이 역동은 더 큰 환경으로 확대된다. 집단 역시 목표를 달성하기 위해서는 자율의 시기가 사이사이에 섞인 깊은 연결의 시기가 필요하다. 예컨대, 건강한 사업체에서는 각기 다른 부서들이 그 사업체의 공동의 이상을 실현할 수 있도록 때로 다른 부서들과 협업하는 한편, 개별적인 특별 업무를 진전시키기 위해 충분한 공간을 필수적으로 가져야 한다. 이 역동은 매우 자연스러워 우리가 멈추어 서서 왜 계속 오가는 이 움직임이 필요한지 생각해 보는 일은 결코 없을 것이다.

『내면에서 시작하는 양육』의 8장에서, 댄 시겔은 독자에게 복잡한 체계의 의미와 중요성을 소개한다. 이 부분은 우리의 마음이 (개별적으로 그리고 공동체에서) 연결과 독립 사이의 건강한 균형을 경험할 때 가장 효과적으로 작용하는 이유를 잘 설명해 준다.

자연의 한 예를 생각해 보라. 우리는 토성 주위의 '고리'가 실제로 전혀 견고하지 않으며, 정확히는 그 행성의 궤도에 남아 있는 큰 암석 및 얼음의 입자 더미라는 사실을 알고 있다. 각각의 암석은 더 오랜 기간에 걸쳐 사실상 예측하기 불가능한 경로로 행성 주위를 돌지만, 더 큰 전체 고리의 행동을 예측하기는 훨씬 더 수월하다. 고리는 좀더 안정적이고 예측 가능한 현상으로 '나타나' 있다. 고리는 그 궤도를 쉽게 예측할 수 없는 개별 암석들로 구성되어 있지만, 행동의 측면에서는 개별 암석들과 분리되어 있다. 고리와 암석들은 서로 영향을 준다. 암석들의 경로는 비록 고리의 크기에 비해 개별적으로는 작지만, 궁극적으로는 훨씬 더 큰 고리를 형성했다. 개별 암석들의 경로는 계속 진행 중인 더 큰 고리의 형성을 강화하는 경향이 있으며, 여러 수준에서 고리는 아무리 미미하게라도 진화하고 있다.

물론, 위대한 신비 중 하나는 고리가 어떻게 그처럼 균형 잡힌 채로 남아 있는가다. 고리는 어째서 바위들의 원심력이나 중력에 압도당해서 행성의 수소 대기 속으로 와해되거나 붕괴되지 않을까? 해답은 질서(좀더 예측 가능한 고리)로 향하는 경향과 혼란으로 향하는 경향 사이에서 찾은 평형상태에 있다. 가장 안정적이고 유연하며 적응력 있는 체계들은 이 균형 혹은 복잡성을 향해 움직이고 있다고 과학자들은 상정한다.

독립과 연결 사이의 이 긴장은 어쩌면 친숙한 이야기일지도 모른다. 이것은 결국 한편으로는 친밀감을 향하고 다른 한편으로는 고독을 향한 우리의 주기적인 허기와 갈증의 측면을 설명한다. 우리는 토성의 고리처럼 관계적으로 살기를 갈망한다. 우리는 우리의 관계들이 안정성, 유연성과 적응 능력을 반영하기를 원한다.

사실, 어떤 연구자들은 뇌/마음 모체를 생명체 중에서 복잡한 체계의 주된 예로 든다. 모든 복잡한 체계와 같이,

- 작은 상호 연관된 부분들(신경세포들)은 상호작용해 더 큰 부분들(신경망들)을 형성하는데, 후자는 신경세포들 자체와는 완전히 다르다.
- 이 체계의 경계는 확정하고 측정하기 어렵다.
- 이것은 내부와 외부로부터 영향을 받을 수 있는 열린 체계다.
- 이것은 뇌 내부와 뇌 사이에서 체화된 방식으로만이 아니라 관계적인 방식으로 나타난다.
- 마음 안의 모든 부분이 어디로 '나아갈' 것인지 쉽게 예측할 수 없으나, 더 큰 체계는 지금으로부터 하루 이틀 후에, 혹은 5분이나 10분 후에 어디에 있을지 어느 정도 자신 있게 예측할 수 있다.
- 흘낏 보기, 수치심의 느낌, 혹은 신체적인 통증과 같은 작은 변화들은 예상보다 더 큰 정서적인 변화로 이어질 수 있다. 높아진 목소리가 욕설로 이어질 수도 있고, 욕설이 물리적 폭력으로 이어질 수도 있다.
- 전전두피질의 활동으로 더욱 눈에 띄는 마음의 다양한 기능들 사이에 일어나는 변동에 주의를 기울이면 친밀함과 자율 사이의 움직임에 대한 더 큰 자각으로 이어질 수 있다.

복잡한 체계들의 세계는 하나님의 선한 창조물에 관한 학문인 과학이 우리를 인도하는 또 하나의 방식일 뿐이다. 과학은 하나님이 우리가 가기를 바라시는 방향을 가리켜 준다. 인간인 우리에게는 깊은 연결과 자율 둘 다 필요하다. 각각은 다른 것에 의해 강화되고 동력을 공급받는다. 그 둘 사이의 조화는 좀더 안정적이고 유연하며 적응력 있는 삶으로 이어진다. 이것은 개인으로서 우리에게뿐만 아니라 우리가 속한 공동체에도 적용된다.

사실, 이 개념은 우리를 이 책의 정점이 되는 다음의 주제로 이끌어 준다. 우리의 뇌가 유연하고 적응력 있으며 일관되고 활기차고 안정적인 방식으로 작용할 때, 우리는 주위 사람들이 이와 동일한 속성들을 개발하도록 격려하는 태도로 **공동체**로 살아갈 수 있다. 하나님은 세상이 기쁨과 화평과 인내와 친절과 선함과 신실과 온유와 절제를 발산하는 개인들로 채워지기를 바라신다. 신앙이 있는 사람들은 하나님이 7분 마음의 갈망을 반영하는 체계들을 창조하셨다는 말을 납득할 수 있다. 우리가 공동체로 실천할 때, 이 덕목들은 정치와 경제의 성경적인 두 기둥인 정의와 자비로 거침없이 나타난다.

자비는 용서에 대해 이야기할 때 암시한 바와 같이, 단순히 누군가의 책임을 면제해 주거나 잘못된 행위를 보고도 못 본 체하는 것이 아니다. 마찬가지로, 정의는 단지 잘못에 대해 누군가를 처벌하는 것만을 의미하지 않으며, 심지어 그것이 주된 요소도 아니다. 자비와 정의의 히브리적 개념은 하나님이, 더 나아가 우리가 모든 것들을 바로잡는 일에 종사하고 있다는 뜻이다. 우리는 함께 앞에서 나열한 성령의 속성들을 반영한다.

이 성경적 소명을 실행하기 위해서는 많은 힘든 작업과 타인들과의 성심을 다하는 교류가 필요하다. 고백과 용서는 시작하기에 나쁜 지점이 아니다. 그러나 사도 바울은 고린도 교회에 보내는 그의 첫 편지에서 추가적인 도움을 제공한다. 거기에는 아는 것뿐 아니라 사랑하고 알려지는 것을 가장 높은 소명으로 여기는 사람들의 공동체로 살아가는 것이 무엇을 의미하는지에 대한 아름다운 설명이 포함되어 있다.

고린도전서 12장과 13장: 통합과 분화

바울은 주후 오십칠 년 즈음에, 그리스의 번창하는 대도시 고린도에 모인 그리스도인들의 새로운 공동체에 편지를 썼다. 그곳 신도들의 무리는 당파심이 강해져, 예수님을 따르는 제자가 된다는 의미에 반하는 행동을 하고 있었다. 어떤 교인들은 권리를 박탈당한 자들을 학대했고, 영향력이 별로 없는 자들은 진실하고 정직하게 이끌어 가려는 이들을 깎아내렸다. 사회경제적인 계급 및 인종 간에도 선을 그었다. 그들은 심지어 누가 식사에 제공되는 어떤 음식을 먹는가를 놓고 다투었다. (음식을 놓고 정서적으로 괴로워하는 것을 상상해 보라.)

이 모든 알력은 상대적으로 부유하고 학식이 있으며 재능이 있고 다양한 사람들의 모임에서 발생했다. 그러한 혜택받은 집단은 하나님 나라가 보여야 할 모습을 쉽게 보여 줄 거라고 생각한다. 안타깝게도 그들은 많은 면에서 두 번째 아담보다는 첫 번째 아담처럼 행동하고 있었다. 거의 2천 년 후에도 우리는 별로 달라 보이지 않을 때가 너무 많다.

상호 간의 감사

바울은 이 와해되고 의식 없는 소동이 발생했다는 풍문을 듣고, 고린도전서로 알려진 편지를 단숨에 써 내려갔다. 그 본문의 가장 감동적인 부분 중 하나는 12장과 13장이다. 이 대목은 의식적인 뇌를 발달시키는 행동으로부터 깊이 있고 지각 있게 사랑하는 공동체를 창조하는 행동으로 나아가는 것이 무엇을 의미하는지 우리의 통찰력을 넓혀 준다. 12장에서 바울은 각 사람이 공동체 안에서 각기 다른 은사, 각기 다른 능력, 각기 다른 목적을 가지고 있다고 설명한다.

> 형제자매 여러분, 신령한 은사들에 대하여 여러분이 모르고 지내기를 나는 바라지 않습니다.…
>
> 은사는 여러 가지지만, 그것을 주시는 분은 같은 성령이십니다. 섬기는 일은 여러 가지지만, 섬김을 받으시는 분은 같은 주님이십니다. 일의 성과는 여러 가지지만, 모든 사람에게서 모든 일을 하시는 분은 같은 하나님이십니다.
>
> 각 사람에게 성령을 나타내 주시는 것은 공동 이익을 위한 것입니다. 어떤 사람에게는 성령을 통하여 지혜의 말씀을 주시고, 어떤 사람에게는 같은 성령을 따라 지식의 말씀을 주십니다. 어떤 사람에게는 같은 성령으로 믿음을 주시고, 어떤 사람에게는 같은 성령으로 병 고치는 은사를 주십니다. 어떤 사람에게는 기적을 행하는 능력을 주시고, 어떤 사람에게는 예언하는 은사를 주시고, 어떤 사람에게는 영을 분별하는 은사를 주십니다. 어떤 사람에게는 여러 가지 방언을 말하는 은사를 주시고, 어떤 사람에게는 그 방언을 통역하는 은사를 주십니다. 이 모든 일은 한 분이신 같은 성령이 하시며, 그는 원하시는 대로 각 사람에게 은사를 나누어

주십니다. (1, 4-11절)

바울은 각 사람의 기여가 가치 있으며 공동선에 이바지한다는 점을 강조한다. 하나님의 경제에서는 어느 누구도 하찮지 않다. (나는 이 마지막 문장을 적당한지 생각하느라 잠시 멈칫하며 쓴다. 만약에 사람들보다는 인간 이하의 미쳐 날뛰는 동물들에 더 어울리는 행동을 낳을 때가 많은 인간의 고통과 파괴의 불결한 잔해 속에 계속 허리까지 빠져 있는 환경에서 으레 살고 있는 사람에게 이런 진술은 때로 받아들이기가 더 어려울 수도 있다. 나는 그 점을 이해한다.) 바울은 한 사람의 내재적 가치를 단순히 그 개인의 실존 측면에서 이해하지 않는다는 점을 주목하라. 개인을 강조하는 풍조는 지난 4백 년에 걸쳐 주로 서구에 유포된 비교적 근래의 관점이다. 바울은 당대의 여느 유대인처럼, 한 개인의 가치를 더 큰 공동체에서 그 사람의 지위와 따로 고려하려 하지 않았다. 그에게는 따로 고려한다는 생각이 떠오르지도 않았다. 우리 시대에 그것은 특정 카뷰레터의 내재적 가치를 그것이 들어 있는 엔진과 따로 분리해 생각하는 것과 같다.

몸은 하나이지만 많은 지체가 있고, 몸의 지체는 많지만 그들이 모두 한 몸이듯이, 그리스도도 그러하십니다. 우리는 유대 사람이든지 그리스 사람이든지, 종이든지 자유인이든지, 모두 한 성령으로 세례를 받아서 한 몸이 되었고, 또 모두 한 성령을 마시게 되었습니다. 몸은 하나의 지체로 되어 있는 것이 아니라, 여러 지체로 되어 있습니다. (12-14절)

어쩌면 그리스도의 몸에 대한 바울의 논평과 마음의 본질 사이의 연관성이 이미 보일지도 모른다. 뇌는 3장에서 본 바와 같이 여러 부분으로 이루어져 있고, 그 부분들은 함께 하나의 기관을 형성한다. 이 기관은 분리되어 있지만 서로 관련된 기능들이 웅장한 교향곡의 일부가 될 기회가 생길 때 가장 효율적으로 작용한다. 때로는 현악기들이 관심의 초점이 되고, 또 다른 때는 금관악기나 목관악기가 관심을 받는다. 주선율을 연주하고 있지 않은 사람은 누구든 주선율을 연주하는 악기에 귀를 기울이고 지원해 주어야 한다. 어떤 부분이나 관련 효용도 마음의 기능에서 중요하지 않은 게 없다. 우리는 자신이나 자녀의 주의, 기억, 또는 정서와 같은 것들을 무시할 때 무슨 일이 일어나는지 살펴보았다. 바울은 여기에서 이것이 그리스도인들의 공동체에도 적용된다고 암시한다.

바울은 다음으로 수치심이라는 곤란한 문제를 다룬다.

> 발이 말하기를 "나는 손이 아니니까, 몸에 속한 것이 아니다" 한다고 해서 발이 몸에 속하지 않은 것이 아닙니다. 또 귀가 말하기를 "나는 눈이 아니니까, 몸에 속한 것이 아니다" 한다고 해서 귀가 몸에 속하지 않은 것이 아닙니다. 온몸이 다 눈이라면, 어떻게 듣겠습니까? 또 온몸이 다 귀라면, 어떻게 냄새를 맡겠습니까? 그런데 실은 하나님께서는, 원하시는 대로, 우리 몸에다가 각각 다른 여러 지체를 두셨습니다. 전체가 하나의 지체로 되어 있다고 하면, 몸은 어디에 있습니까? 그런데 실은 지체는 여럿이지만, 몸은 하나입니다. (15-20절)

여기에서 발과 귀는 자기가 충분하다고 전혀 생각하지 않는다. 우리가 수치스럽다고 보는 마음의 부분들(생각, 심상, 감정, 기억)을 생각해 보라. 바울은 고린도 교회에서 자기들이 충분한 것처럼 느끼지 않는 이들에게 이야기하고 있다. 익숙한 이야기인가? 하와는 자기의 불충분함을 감지하고 자신을 하나님으로부터 단절시켰다. 아담도 같은 일을 했다. 마찬가지로, 깊이 박힌 암묵 기억은 불특정한 수치감으로 나타날 수도 있다. 그리고 의식적으로 주의를 기울이지 않으면, 우리 또한 손도 아니고 눈도 아닌 게 창피해서 우리 자신을 공동체로부터 잘라 낼 것이다.

그 반대도 가능하다. 수치심 속에서 우리는 때때로 다른 사람에게 창피를 준다. 노골적으로는 아니더라도 교묘하게 그런 일을 한다. 자신의 지성, 경제적 영향력, 적절성, 우월성, 긴요성을 감지한다. 수치심의 소산인 오만이 꽃을 피우고는 시들어 간다. 교만과 수치심은 사실, 동전의 양면이다. 우리는 마음속에서 같은 일을 한다. 특정 정서 상태나 기억에 대처할 수 없을 때 우리 자신을 뇌 기능의 중요한 국면들로부터 단절시킨다. 자신의 애착 욕구에 대해 경멸적이 되고, 자신의 정서를 무시한다. 슬픔, 상처, 어떤 경우에는 심지어 기쁨까지 지하 깊은 곳으로 몰아넣고, 그런 감정이 일으키는 괴로움 때문에 마음의 더 큰 맥락으로 통합하는 일을 하지 못한다. 우리가 자기 마음의 더 약한 부분들을 물리칠 때, 결국 공동체에서도 같은 일을 한다. 우리는 더 약하고 덜 세련되며 더 궁핍하고 더 사나운 형제나 자매는 필요 없다고 선언할(혼잣말로 한다 하더라도) 만큼 오만해진다.

그러나 바울은 그런 짓을 용인하려 하지 않았다.

그러므로 눈이 손에게 말하기를 "너는 내게 쓸데가 없다" 할 수가 없고, 머리가 발에게 말하기를 "너는 내게 쓸데가 없다" 할 수 없습니다. 그뿐만 아니라, 몸의 지체 가운데서 비교적 더 약하게 보이는 지체들이 오히려 더 요긴합니다. 그리고 우리가 덜 명예스러운 것으로 여기는 지체들에게 더욱 풍성한 명예를 덧입히고, 볼품없는 지체들을 더욱더 아름답게 꾸며 줍니다. 그러나 아름다운 지체들은 그럴 필요가 없습니다. 하나님께서는 몸을 골고루 짜 맞추셔서 모자라는 지체에게 더 풍성한 명예를 주셨습니다. 그래서 몸에 분열이 생기지 않게 하시고, 지체들이 서로 같이 걱정하게 하셨습니다. 한 지체가 고통을 당하면, 모든 지체가 함께 고통을 당합니다. 한 지체가 영광을 받으면, 모든 지체가 함께 기뻐합니다. (21-26절)

바울은 유독한 수치심을, 그 가혹한 판단을 일삼는 와해된 전전두피질의 의식 없음을 제압하고는 궤멸한다. 몸의 모든 부분은 연결되어 있으며 전체의 건강에 필요하다고 그는 단언한다. 그는 우리가 예수님의 몸에 대해 모든 부분을 포함하지 않고서는 이야기할 수 없다고 암시한다. 사실, 좀더 강한 이들은 좀더 약한 이들을 보호하기 위해 충원될 것이다. 어떤 구성원들은 더 조심성 있게 다루어야 하며, 좀더 회복력이 있는 쾌활한 이들에게는 다른 사람들이 결코 헤쳐 나가지 못할 정도로 어려운 과업을 맡기기도 한다. 가장 덜 중요한 지체가 귀히 여겨질 때, 몸 전체가 즐거워한다. 그리고 한 지체가 고통당할 때, 몸의 나머지 부분은 공감하면서 함께 고통을 겪는다. 우리는 모두에게 치유를 가져올 수단으로 다른 사람들의 고통을 떠맡으면서, 공동체 안에서 거울 신경세포 체계의 화신이 되어야 한다.

뇌는 이 창조적인 지시 또한 반영한다. 25년 전에 신경 과학자들은 뇌가 손상이나 부상을 입는다면 그 손실을 개선하기 위해 할 수 있는 일이 거의 없다고 믿었다. 그러나 뇌졸중 환자들에 대한 최근 연구와 신경 가소성에 관한 실험적 연구들은 오랫동안 유지되어 온 이 가정을 반박하고 있다. 연구에서는 청각 지각이나 촉각 지각과 같은 특정 과업을, 이를테면 보통 시각과 같은 다른 역할에 할애된 피질에 다시 할당하는 뇌의 능력을 조사했다. 그 연구들에 따르면, 뇌는 더 약하거나 부상당한 부위의 기능을 지원하고 유지하기 위해 좀더 활력이 넘치는 부위들을 선별해 끌어들일 수 있음을 시사한다. 이것은 매우 희망적인 소식인데, 약한 부분들의 기능이 어떻게 강한 부분들에 의해 보호받는가를 입증하기 때문이다. 바울은 편지에서 이것을 형상화해서 반영했다. 특히 고린도의 몸과 같이 너무도 분열되고 상처 입은 몸에 대해 그는 희망의 비전을 품는다. 이것은 수치심이 없는 세계, 바로 하나님 나라에 대한 비전이기 때문이다. 이 세계에서는 고백과 용서의 맥락으로 희망에 찬 기대를 품고 살아간다.

각기 다른 영역들

바울은 몸의 통합을 역설하고 나서, 몸은 또한 **분화되어** 있음을 강조한다. 각 부분은 해야 할 특정 역할을 갖고 있다. 그뿐 아니라 몸에는 일정한 **기능적 위계**가 있다.

> 여러분은 그리스도의 몸이요, 따로따로는 지체들입니다. 하나님께서 교회 안에 몇몇 일꾼을 세우셨습니다. 그들은 첫째는 사도요, 둘째는 예언자요, 셋째는 교사요, 다음은 기적을 행하는 사람이요, 다음은 병 고치는 은사를 받은 사람이요, 남을 도와주는 사람이요, 관리하는 사람이요, 여

러 가지 방언으로 말하는 사람입니다. 그러니, 모두가 사도이겠습니까? 모두가 예언자이겠습니까? 모두가 교사이겠습니까? 모두가 기적을 행하는 사람이겠습니까? 모두가 병 고치는 은사를 받은 사람이겠습니까? 모두가 방언으로 말하는 사람이겠습니까? 모두가 통역하는 사람이겠습니까? 그러나 여러분은 더 큰 은사를 열심히 구하십시오. 이제 내가 가장 좋은 길을 여러분에게 보여 드리겠습니다. (27-31절)

어떤 이들은 지도자가 될 것이다. 어떤 이들은 따르는 자가 될 것이다. 그러나 각 사람은 각자의 영역에서 권위(**창안하거나 창조하는** 힘)를 가지고 있다. 이것은 우리가 '위쪽'과 '아래쪽' 뇌 기능이라고 칭하게 될 것들로 이루어진 마음과 다르지 않다. 우리는 전전두피질의 고급 기능이 없는 고양이나 개에 더 가까울 것이고, 변연계 회로 없이는 악어에 더 가까울 것임을 안다. 그러나 파충류 및 하등 포유류의 뇌에 더 비슷한 우리 뇌의 일부가 인간 삶의 대부분을 관장하는 것과 마찬가지로, 그리스도 몸의 대부분의 일도 종종 대수롭지 않게 여겨지는 은사들을 지닌 사람들이 이루어 낸다.

우리 문화에서는 더 가시적이고 더 영향력 있고 더 호감 가는 직업적 소명을 추구하고 존중하는 경향이 있다. 우리는 주목받지 못하는 역할에 덜 끌린다. 우리는 가시성과 중요성을 혼동하고, 지위와 권위를 혼동한다. 이런 태도는 지금 우리가 주의를 기울여야 하는 마음속의 일정한 기능들(정서 상태든, 기억이든, 확장된 뇌에서 입력된 정보든)에 대해 의식하지 못하는 경향을 빚어낸다. 우리는 그 기능들이 너무 고통스러울 때 우리의 의식을 전환하지만, 결국 우리 자신의 마음속에서 단절된 자신을 발견하고, 궁극적으로는 우리의 불안, 우울, 약물 남용, 일중독, 관계의 균열로 훨씬 더 괴로워진 상태를 발견할 뿐이다.

바울은 그리스도의 몸 안에서는 실로 분화, 즉 전문화가 있다고 단언하면서 전혀 완곡하게 돌려 말하지 않는다. 비슷하게, 뇌는 서로 매우 다른 기능을 책임지는 두 개의 반구를 가지고 있으며, 각 반구 내에 각기 다른 영역은 각기 다른 목적에 기여한다. 호흡을 조절하는 부분들은 교향곡을 쓰지 않는다. 내가 쓰고 있는 것에 대해 생각할 수 있게 해 주는 부분은 내가 타자를 치는 동안 내 손가락을 조절하지 않는다. 분화되어 있지만 통합된 뇌는 바울이 편지에 쓴 몸의 이미지를 반영한다.

뇌의 우반구와 좌반구는 주안점도 서로 다르다. 우반구는 현재의 순간 및 개인이 만물과 연결된 상태, 즉 '우리'의 상태를 깊이 인식한다. 반면에 좌반구는 현재의 순간이 아니라 과거 및 미래에 관심이 있다. 개인을 미래의 위험으로부터 보호하기 위해 앞서 일어난 사태를 놓치지 않고 파악한다. 좌반구는 나를 '나'로, 분리되고 개성이 부여된 사람으로 떼어 놓는다. 다시 한번 우리는 전체와 선행 부분들이라는 연결과 개별화의 깊고 신비로운 긴장 가운데 살아가는 복잡한 체계의 울림을 듣는다.

바울은 예수님의 몸을 구성하는 믿는 자들에 대해 이야기한다. 우리는 이 역할을 맡으면서, '우리'와 '나'의 깊은 통합의 자리에 도달한다. 이것이 그리스도의 몸이 된다는 의미다. 그러나 이 일이 일어나기 위해서는 우리의 개별적인 마음과 집합적인 공동체가 바울이 그다음에 너무도 유려하게 묘사하는 행로에 발을 들여놓아야만 한다.

가장 탁월한 길

고린도전서 13장은 성경에서 가장 잘 알려진 대목 중 하나다. 이 장은 12장의 마지막 절과 함께 시작된다.

> 이제 내가 가장 좋은 길을 여러분에게 보여 드리겠습니다. (31절)

바울은 사랑을 '길'이라 표현한다. 객관적이거나 정적인 것이 아니라, 역동적이며 움직이는 것이다. 논리적이고 선형적이며 언어에 구애받는 좌측 모드에 국한된 무언가가 아니다. 불분명하고 무정형이며, 방향감각이 전혀 없이 우측 모드의 기본 정서 상태로만 가득 찬 무언가도 아니다. 그보다는 하나의 **길**로서, 체계화된 경로를 따라가는 유동적인 특징을 지니며, 현 순간을 자각하며 살아가는 가운데 의식적인 통합이 일어나는 행로다. 우리가 곧 보게 될 것처럼, 사랑은 행위와 따로 존재하지 않는다. 뇌의 관점에서는, 독립된 추상적 실재로서의 '사랑' 자체 같은 건 없다. 사랑은 오로지 애정 어린 생각, 말, 혹은 행위의 맥락에서만 나타난다.

성경의 현대적인 번역들에서, 고린도전서 13장은 산문으로 제시된다. 그러나 그 장은 본래 찬가로, 심상과 언어, 정서와 선형적인 가르침에 대한 시적인 춤으로 구성되었다. 우측 모드 작용과 좌측 모드 작용을 종합한 13장은 사랑의 기슭 작은 언덕에서 시작해, 사랑과 가짜 사랑을 구별하는 것에서부터 관계의 맥락에서만 온전히 드러나는 역동으로 사랑을 이해하는 데 이르는 등반의 여정으로 독자들을 안내한다. 이 등반은 완전하신 분에게 알려지는 경험에서 절정에 다다른다.

바울은 사랑의 길에서 떨어져 나간 특정 능력과 기량의 가치를 비판하면서 본문의 이 부분을 시작한다.

내가 사람의 모든 말과 천사의 말을 할 수 있을지라도, 내게 사랑이 없으면, 울리는 징이나 요란한 꽹과리가 될 뿐입니다.
내가 예언하는 능력을 가지고 있을지라도, 또 모든 비밀과 모든 지식을 가지고 있을지라도, 또 산을 옮길 만한 모든 믿음을 가지고 있을지라도, 사랑이 없으면, 아무것도 아닙니다.
내가 내 모든 소유를 나누어 줄지라도, 내가 자랑삼아 내 몸을 넘겨줄지라도, 사랑이 없으면, 내게는 아무런 이로움이 없습니다. (1-3절)

누가 세상에서 가장 존경받는 사람들의 목록에 오를 것인가? 자녀를 위해 모든 것을 포기하는 자기희생적인 부모들? 회중의 유익을 위해 지칠 줄 모르고 일하는 목사들? 다제내성 결핵의 치료법을 발견하기 위해 실험실에서 끝없는 시간을 보내는 연구자들? 그러한 사람들은 사실, 파탄에 이른 세상에 선함과 치유를 가져오려는 욕망 때문에 의미 있는 소명에 몸담고 있을지도 모른다.

그러나 때때로 겉보기에 가장 존경스러운 사람들(뿐 아니라 나머지 우리도)은 이타주의의 벽 뒤에 자신의 정서적 파탄을 감추고 있다. 바울은 야비한 행동에는 애정 어린 의도가 결여되어 있다고 지적할 필요가 없다. 너무 자명하기 때문이다. 눈에 띄는 점은 칭찬할 만한 은사와 행위가 어떻게 사랑과 동떨어진 것일 수 있느냐는 것이다. 존경스러워 보이는 많은 행동이 사랑 없이 이루어진다면, 사실 그것은 생명력이 없이 썩어 갈 따름이다.

마찬가지로, 괴로운 상황과 혼란스러운 기억에 대처하는 일정한 방식들은 외부에서 보면 존경스러울 수도 있다. 그러나 바울은 사랑이 없는 영혼이 하는 선행은 사실상 아무런 가치도 없다고 직설적으로 말한다. 사랑은 통합된 뇌, 하나님과 타인의 마음에 의식적인 주의를 기울이는 뇌의 표상이다. 그러면 그것은 어떤 모습일까? 바울은 이렇게 열거한다.

> 사랑은 오래 참고, 친절합니다. 사랑은 시기하지 않으며, 뽐내지 않으며, 교만하지 않습니다.
>   사랑은 무례하지 않으며, 자기의 이익을 구하지 않으며, 성을 내지 않으며, 원한을 품지 않습니다.
>   사랑은 불의를 기뻐하지 않으며, 진리와 함께 기뻐합니다.
>   사랑은 모든 것을 덮어 주며, 모든 것을 믿으며, 모든 것을 바라며, 모든 것을 견딥니다. (4-7절)

바울이 묘사하는 너무도 많은 부분이, 사랑이 행하거나 **행하지 않**는 것임을 다시 한번 주목하라. 사랑은 끈기 있게 행동한다. 사랑은 잘못을 적절하게 묵과한다. 이것은 통합되어 있는 전전두피질을 소유한 사람의 마음속에서 시작되는 행위들이다. 이런 사람의 전전두피질은 뇌 기능의 부분들을 한데 모으고, 신경망의 부분들과 주관적인 서사 경험을 통합된 전전두피질의 특징들(FACES)을 보여 주는 방식으로 연결한다.

바울은 이제 이 장의 주제의 마지막 가파른 상승 면을 오르기 시작한다.

사랑은 없어지지 않습니다. 그러나 예언도 사라지고, 방언도 그치고, 지식도 사라집니다.

우리는 부분적으로 알고, 부분적으로 예언합니다. 그러나 온전한 것이 올 때에는, 부분적인 것은 사라집니다. (13:8-10)

바울은 여기에서 역사가 하나의 미래를 기대하고 있음을 암시한다. 임의의 미래가 아니라 지속되는 것들(우리의 새 몸 및 해야 할 새로운 일과 함께 새 땅/새 하늘 영역)이 사랑의 영으로 규정되는 미래 말이다. 관계를 대신하려고 하는 대처 전략들은 결국 주춤하다 사라질 것이다. 그것들은 사라진다. 우리를 수치심과 두려움의 저열한 행로로 끌어내리는 저 낡은 신경망들뿐만 아니라 우리의 모든 사적이고 공적인 선한 행위들도 '사라질' 것이다.

사실, 진정으로 통합된 뇌를 지닌 사람조차도 현재는 '부분적으로' 기능할 뿐이다. 우리가 예언하거나 알거나 생각하거나 느끼거나 기억할 때, 혹은 마음이 일으키는 그 밖의 어떤 일이든 할 때, 우리는 그 일을 불완전하게 한다. 우리는 일을 어설프게 처리한다. 우리의 모든 기억과 그것이 우리 삶에 미치는 영향을 충분히 인식하지 못한다. 우리는 우리의 전전두피질을 아직 완전히 통합시키지 못했다. 아직도 때때로 우리의 파충류 및 변연계 회로가 절벽 너머로 돌격을 이끌면서 그 과정에서 신피질을 우회하도록 허용할지도 모른다.

그러나 **온전한 것**(completeness)이 올 때, 불완전하고 와해되었으며 현 순간과 동떨어져 살아가는 것, 판단하고 창피를 주며 두려워하는 것은 사라질 것이다. 그러면 이 온전함은 무엇인가? 바울에게 그것은 예수님의 나타나심이며, 하나님이 예수님을 죽은 자들 가운데서 살리셨을 때 시작하신 새 하늘/새 땅의 재창조가 절정을 이루는 것이다. 애착 연구와 신경 과학이 시사하는 바가 바로 이 온전함이라고 제안하는 것이 합리적이다. 서문에서 언급한 바와 같이, 이런 견해가 하나님 나라를 **입증하는** 것(제한된 좌측 모드의 작전상의 조치)은 아니다. 그것은 오히려 그 나라를 반영하며, 예수님이 우주의 주인이시고, 따라서 어떤 것도 두려워할 필요가 없음을 신뢰하도록 우리를 초대한다.

이 온전함은 일체성(Wholeness)의 현존 안에 있다는 것이 무엇을 의미하는지 암시한다. 자연 및 타인들과의 합일이라는 실체 없는 어떤 관념이나 추상적인 감각으로서의 일체성이 아니다. 이것은 범신론이나 만유내재신론이 아니다. 이것은 완벽하게 흠이 없는 유일한 사람이신 예수님의 현존 안에서 비롯되는 일체성이다. 예수님을 따르는 자들인 우리는 그분이 궁극의 주도권을 잡고 **우리**에게 의식적인 주의를 기울이면서, 우리와 **함께**하시는 하나님인 임마누엘로 우리에게 오셨다고 믿는다. 예수님은 우리가 무릎 위에 올려놓고 읽고 있는 책이 우리와 함께 있는 식으로뿐만 아니라, 그분에게 우리가 전적으로 알려지는, 온전하고 완벽하게 정신화되는 그런 식으로 우리와 함께하신다.

흠이 없고 완벽하며 온전한 물리적 세계에 존재할 뿐만 아니라, 우리를 완벽하고 온전하게 전적으로 정신화하실 수 있는 그분과 소통할 수 있는 삶은 과연 어떤 모습일지 상상해 보라. 예수님은 우리도 그분 및 타인들과 똑같이 할 수 있도록 우리를 정신화하실 것이다. 예수님의 현존 안에서 우리는 실제로 변화할 것이다. 예수님의 마음은 우리의 마음을 정확하고 부드럽게 꿰뚫어서 지상에서 우리의 현 작업이 우리를 준비시키고 있는 그 '통합'을 가능하게 하실 것이다. 새로이 체화된 우리의 마음은 안정적일 뿐만 아니라 온전하고 완벽하며 흠이 없는 애착의 자리로 안내될 것이다.

바울은 현재의 하나님 나라를 보면서 미래의 변화될 모습을 기대하며, 어린 시절에서 성년기로 성장해 가는 경험에 비유한다.

> 내가 어릴 때에는, 말하는 것이 어린아이와 같고, 깨닫는 것이 어린아이와 같고, 생각하는 것이 어린아이와 같았습니다. 그러나 어른이 되어서는, 어린아이의 일을 버렸습니다. (13:11)

그런 다음, 바울은 이 시적인 본문을 절정에 이르게 한다.

> 지금은 우리가 거울로 영상을 보듯이 희미하게 보지마는, 그때에는 얼굴과 얼굴을 마주하여 볼 것입니다. 지금은 내가 부분밖에 알지 못하지마는, 그때에는 **하나님께서 나를 아신 것과 같이**, 내가 온전히 알게 될 것입니다.
> 그러므로 믿음, 소망, 사랑, 이 세 가지는 항상 있을 것인데, 그 가운데서 으뜸은 사랑입니다. (12-13절, 저자 강조)

고대 고린도에서 거울은 연마된 금속으로 만들어졌으며 오늘날 우리가 사용하는 것보다 훨씬 더 불완전하게 이미지를 비추었다. 당연히 거울에 비친 이미지는 다소 왜곡되었다. 이 왜곡은 우리가 아는 방식 및 내용뿐만 아니라 **알려짐**을 경험하는 정도에서도 제한되어 있다는 점이 의미하는 바와 비슷하다. 그 대신 얼굴과 얼굴을 대하여 타인을 볼 때, 나는 그들을 분명하게 볼 뿐만 아니라 **그들이 나를 보는 것을 분명하게 보기도** 한다. 아이가 자기를 보는 부모의 모습을 보는 것과 완전히 같은 원리다. 아이는 부모를 보며 안정적인 애착으로 온전히 기능하는 전전두피질로 이끄는 부모의 모든 비언어적 신호들을 받아들인다.

우리가 직접 들여다보고 있는 얼굴의 소유자인 그분에게 분명하게 보이는 자리에 있을 때만 사랑을 온전히 경험할 수 있다고 나는 제안한다. 바울은 우리가 온전히 알려지는 것처럼 우리가 결국 알게 될 거라고 강조하면서 이 요점을 되풀이한다. 이런 의미에서 '안다'는 것은 하나님의 목적들이 어떻게 신비롭게 서로 들어맞는지에 대한 사실에 입각한 정보나 논리적인 이해에 국한되지 않는다. 이런 것에 더하여, 우리는 하나님이 우리에게 온전히 의식적인 주의를 기울이시는 방식으로 온전히 의식적인 상태가 될 것이다.

우리가 예수님이 하시는 방식으로 정신화하고 감지하며 분별할 수 있을 그 날에, 신비를 이해하려는 욕망과 **왜**에 대한 모든 질문의 답을 알고자 하는 욕망은 아마도 알려짐의 빛 속에서 희미해질 것이다. 하나님은 왜 아빠가 나를 성적으로 학대하도록 놔두셨을까? 내 아이는 왜 죽었을까? 나는 왜 직장을 잃었을까? 나의 결혼 생활은 왜 실패했을까? 사람들은 (어쩌면 당신마저) 여러 시대에 걸쳐 줄곧 이런 질문들을 해 왔다.

그런데 **왜**는 우리가 경험하고 있는 정서적인 고통이 너무 커서 다룰 수 없을 때 종종 묻는 것임을 기억하라. 그리고 정확히, 의식적인 주의를 기울이며 우리를 사랑하고 계시는 존재에 대한 제한된 인식 때문에 우리는 종종 압도당한다. 그러나 그 날에는 예수님 안에 구현된 완벽하게 의식적인 상태가 새 땅과 새 하늘의 현 순간의 기쁨과 아름다움 속에서 그 고통을 집어삼킬 것이다.

바울은 모든 삶이 믿음, 소망, 사랑이라는 기본적이지만 동등하지는 않은 세 표현에 기초하고 있음을 상기시키며 이 사랑의 찬가를 끝맺는다. 이것은 신경 과학과 애착이 우리에게 전해 주는 바와 일치한다. 모든 관계는 가장 원시적인 수준에서조차 믿음으로 시작되어야 한다. 모든 안정적인 애착의 기본 구성 요소가 바로 신뢰다. 신뢰할 때, 우리는 복구와 더 큰 기쁨을 주는 우리 마음속 및 마음과 마음 사이의 통합이라는 이득을 위해 불화의 가능성을 무릅쓴다.

그러나 믿음은 결코 맹목적이지 않다. 우리의 마음속에서 믿음은 먼저 우리가 바라는 특정 결과를 예상하지 않고는 결코 행동하지 않는다. 신약의 히브리서 저자가 제안하듯, 믿음은 우리가 알고 있거나 이미 알아 오던 것들이 아닌 "바라는 것들의 확신"(11:1)이다. 소망은 신뢰를 활성화하며 움직이게 하고 미래로 끌어들인다. 우리는 현재의 존재 이상이 되기를 기대한다. 이러한 것들에 대한 욕구가 부진하다면, 우리에게는 신뢰에 자극을 주는 힘이 없을 것이다. 소망이 그 욕구다.

그러나 소망도, 믿음도, 사랑이 없을 때는 맥박이 뛰지 않는다. 오직 사랑만이 완벽하게 정신화한다. 오직 사랑만이 완벽하게 일관된 서사의 빛으로 뒤덮인 채, 아무것도 두려워하지 않고 수치심을 개의치 않으며 예수님의 죽음과 부활 안에서 궁극의 불화를 복구하는 의식적인 주의를 기울이며 다른 이에게 다가간다. 오직 사랑만이 믿음이나 소망이 태어나고 지속되는 맥락을 만들어 낼 수 있다.

새 하늘/땅의 영역에서 믿음이나 소망은 필요할 것 같지 않다. 둘 다 미래의 상태에 의존하기 때문이다. 사랑은 현 순간에 관한 것이다. 우리의 뇌는 소망으로 활성화되는 믿음을 통해, 여기에 있으면서도 충만한 형태로 계속 다가오고 있는 그 사랑(Love)을 알아차리는 상태를 유지한다.

우리는 고린도전서 13장 4-7절에 열거된 모든 덕목을 체화하도록 부름받았지만, 사랑이 없이는 그렇게 할 수 없다. 그리고 나는 사랑을 발현시키는 길에는 다음의 것들이 포함된다고 제안한다.

- 알려짐의 과정
- 느껴진다고 느끼는 경험
- 존재의 가치를 인정받으면서도 결코 과잉보호를 받지는 않는 만남
- 압도당하거나 은혜를 베푸는 듯한 도움의 대상이 되지 않으면서 보살펴지는 것
- 적절한 위험을 감수하는 모험을 하도록 부름받음과 동시에 온전히 이해받는 것
- 치유되며 성장과 연민과 책임을 알아차리는 것

게다가 이 과정은 우리가 서로와 아주 가까이 살 것을 **요구한다**. 정의와 자비를 호흡하는 몸이 되는 데는 사랑의 현존이 필요한데, 이 사랑은 두 배로 다시 돌아온다. 사랑이 충분히 발현할지는 바로 그 공동체에 달려 있다. 궁극적으로 이 순환은 알려짐의 과정을 통해 이 모든 것을 창조하시는 성령에 의해 힘을 부여받는다.

이것은 바울이 고린도전서 12장에서 묘사하는 공동체, 다시 말해 몸이다. 우리는 가능한 한 서로에게 온전히 알려지는 사람들이 되어야 한다. 이것은 고백과 용서가 주는 자유와 능력 안에서 성취된다. 이 수행은 불화를 효과적으로 복구하며, 그렇게 하면서 사도 베드로에게

"일곱 번을 일흔 번" 용서하라는 예수님의 말씀에 뼈와 살을 붙인다.

공동체에 대한 바울의 비전은 복잡한 체계(그는 물론 이 용어를 사용하지는 않지만)에 대한 비전이다. 마음 내부 및 마음과 마음 사이에서 동일성의 엄격함과 정신적인 소란의 혼돈 사이를 계속 오가는 균형 속에서 번영하는 체계에 대한 비전이다. 그러한 친밀한 공동체, 즉 통합된 전전두피질들로 이루어진 공동체에서 구성원들은 가장 취약한 이들을 존중하고 보호하는 일에 민첩하다. 우리 세상에서는 가난한 자들, 노인들, 다른 민족이나 문화나 성적인 성향을 지닌 이들을 포함해 사회의 권력 기울기에서 낮은 쪽에 갇힌 이들이 그 가장 취약한 이들에 포함된다. 이런 공동체에서 구성원들은 집단의 통합과 분화를 약화시키는 행동을 대담하고도 사려 깊게 제한하기도 한다.

분화와 통합에 대한 이 철두철미한 헌신은 결국 개인으로서 존재하는 우리와 공동체로서 존재하는 우리를 해방시켜 **창조하게 한다**. 우리가 에덴에서 하도록 명령받은 일을 하기 위해서다. 다스린다는 뜻은 보살피고 함께 창조하는 것이다. 하나님이 우리를 위해 하시는 일을 하며, 그럼으로써 그분의 형상을 반영하는 것이다.

참 사랑, 참 변화

로라는 다수의 정신과 의사를 만나 왔는데, 그들 중 많은 이들이 사려 깊고 면밀하게 접근하려고 노력했다. 그런데 그들은 모두 그녀에게 같은 이야기를 했다. 그녀에게는 아마도 남은 삶 동안 어느 정도 함께 할 것 같은 형태의 우울증이 있다고 말이다. 그녀는 한 번은 십 대 시절, 한 번은 성인기에, 두 차례 입원한 적이 있다. 그때 약물 치료와 상담을 통해 우울증을 관리하는 것이 기대할 수 있는 최선이라는 말을 들었다. 분명히 둘 중 어느 것도 영속적인 해결책을 제시하지 못하는 것 같았다. 그렇지만 정기적인 기도와 성경 공부 역시 해결책을 제시하지 못하고 있었다.

그 사이에 로라의 결혼 생활은 활력을 잃었다. 남편은 그녀보다는 짐빔(Jim Beam: 버번위스키의 상표 중 하나—옮긴이) 병에 훨씬 더 다정해졌다. 그리고 로라에게는 자녀들을 돌볼 에너지가 거의 없었기에, 자녀들은 정서적으로 스스로 살아남도록 방치된 상태였다. 이것은 그녀의 수치심과 죄책감을 증가시킬 뿐이었다.

탄로 날까 두려웠던 로라는 교회의 기도 모임이나 다른 소그룹 모임의 일부에 참여해 달라는 제의를 빈번히 거절하면서 자신을 공동체로부터 효과적으로 단절시켰다. 로라는 자신의 서사를 부끄러워하면서, 알려지기를 두려워했다. 그녀의 아빠는 목사였는데, 성직을 박탈당하기까지 몇 번이나 혼외정사를 벌였다. 엄마의 정서적인 냉담함은 간통을 저지르는 아빠의 변명에 연료를 제공했다. 엄마는 남편의 부정을 알게 되었을 때 자신의 얼어붙은 지대로 훨씬 더 멀리 물러나 버렸다. 로라는 자신이 형편없는 선택들을 해 왔다는 것을 알고 있었다. 결혼 전에는 성적으로 문란했고 잠깐 약물 남용에 빠지기도 했다. 로라의 이야기는 내 진료실 문을 통과하는 많은 이들에게 이례적인 사건은 아니다. 그러나 그녀는 믿음, 소망, 사랑의 힘든 여정을 기꺼이 시작할 용의가 있었다.

로라는 자기 마음의 기능들에 똑바로 직면하면서 사랑의 길에 관해 배우기 시작했다. 여러 달에 걸쳐 그녀는 우울의 심연으로 순식간에 떨어져 내리는 것을 막아 주는 많은 조치를 취했다.

1. 그녀는 자기가 주의를 기울이고 있는 것에 주의를 기울일수록 이전에는 너무 위험해서 인정할 수 없었던 감정을 더 잘 알아차릴 수 있다는 사실을 발견했다.
2. 그녀는 자기 몸을 그리고 아주 사소한 자극에 대한 자기의 반응을 더 잘 자각하도록 감각을 키워 나갔다. 두통과 빠른 심장박동으로 나타나던 내면의 악마들을 진정시키는 법을 배웠다.
3. 그녀는 처음에는 몹시 두려워했지만 결국 대담하게 자기 이야기를 쓰고 들려주었다. 그녀가 그렇게 하는 동안 그녀의 이야기는 변화되었다. 그녀가 그 이야기를 그녀에게 의식적인 주의를 기울이는 청자에게 들려주기 시작했기 때문이다. 처음에는 내가 그녀의 이야기를 들어 주었고, 그 후에는 함께 만나서 그녀의 괴로움에 대해 기도하는 조심스럽게 선별된 친구들이 그녀의 이야기를 들어 주었다. 이 공동체는 그녀가 자기 삶의 실상을 고스란히 고백하고 나서 수치심이 아니라 느껴지는 것을 느끼는 안전한 자리를 제공해 주었다. 이러한 공동체의 경험으로 말미암아 로라는 알려지면서 하나님의 사랑에 흠뻑 젖는 경험을 했다.
4. 로라는 또한 자기 이야기의 하나님은 성경의 하나님이 아니라 끊어 버릴 수 없는 압도하는 수치심과 외로움의 정서에 대처하려고 자신이 만들어 낸 왜곡된 정신적 표상일 뿐임을 기꺼이 생각해 보려고 했다. 하나님은 로라를 처음 생각할 때부터 계속 "너는 내 딸, 내가 사랑하는 딸이야. 나는 네가 세상에 있어서 몹시 기쁘단다"라고 말씀해 오셨다. 이제 그녀는 하나님의 목소리

에 주의를 기울이기 시작하려 한다. 그녀는 또한 파충류 및 변연계 회로의 깊은 곳에서 흘러나오는 목소리를 무시하는 법을 배웠다. 그 목소리는 수치심과 죄책감의 정서를 입고 그녀의 피질을 장악해 언어의 망토 안에 모습을 감추면서 이렇게 말하곤 했다. "너는 부족해. 넌 혼자고, 아무것도 아니지." 서서히 그녀는 시선을 돌려 자신의 서사 속에 나오는 너무도 비참했던 장면들을 응시했다.

5. 그녀는 너무도 많은 수치심과 슬픔을 함께 끌고 오는 자신의 암묵 기억이 의식적인 삶 속으로 들어가려고 애쓸 때, 그 암묵 기억에 대한 예리한 인식을 키워 나갔다. 이런 암묵 기억이 그녀가 누구인지에 대한 감각을 어떻게 형성해 왔는지 깨달았다. 그런 다음 그녀는 그것들을 신경 상관물로, 즉 자기 뇌의 낡고 와해된 부분들에서 비롯되는 발화 패턴들로 다시 바라보기 시작했다. 그러자 정신적 심상화 훈련을 통해 날마다 십자가에 못 박을 수 있는 것이 되었다. 그녀는 유독한 수치심의 정신적이고 신체적인 표상들을 식별하는 법을 배웠으며, 자기보다 훨씬 이전에 예수님이 그러셨던 것처럼 그것들을 비웃기 시작했다. 이로 인해 그녀는 다른 서사를 쓰기 시작했다. 하나님 이야기의 소용돌이에 사로잡힌 서사를 말이다.

6. 하나님의 현존이 그녀의 정서 상태와 정신 상태를 통해 매개되면서, 묵상, 기도, 금식과 같은 영적인 훈련은 하나님의 현존에 대한 더 깊은 인식으로 이어졌다. 그녀는 더욱 활력이 넘치며 남편과 자녀들에게 정서적으로 신뢰할 수 있는 사람이 되었다.

7. 그녀는 좌초되어 가는 결혼 생활의 현실에 대해 남편과 대면하

면서, 자신이 그 과정에 어떤 역할을 했는지 고백했다. 비록 그녀의 변화가 진실하다는 점을 남편이 쉽게 믿지는 않았지만, 그 또한 결국 자신의 이야기를 좀더 의식적이고 통합된 방식으로 다루게 되었다.

처음에 로라의 자녀들은 엄마에 대해 어떻게 해야 할지 도무지 알지 못했다. 그들을 너무 오랜 세월 방치하던 엄마가 그들의 삶에 점점 관심을 가지자 그들은 혼란스럽고 괴로웠다. 딸들의 정서 상태에 좀더 의식적으로 주의를 기울이는 엄마와 좀더 안정적인 애착의 자리로 향하는 딸들의 여정은 다소 삐거덕거렸다. 자녀들이 사춘기 초기에 접어들면서 로라의 변화가 시작되어 그 여정은 더 수월하게 진행되지 않았다. 그렇지만 내가 로라에게 이야기한 바와 같이, 그들의 뇌가 굳은 콘크리트처럼 되어 버린 이후보다는 지금 관심 있게 다가가는 게 더 나았다.

로라의 반복되는 우울증은 어떻게 되었을까? 간추려 말하면, 그녀는 서서히 우울증이 더 이상 어떤 심각한 결과에 이르도록 자신을 괴롭히지는 않는 자리에 도달했다. 마음과 삶이 좀더 통합되면서, 로라의 우울증은 빈도와 강도가 줄어들었다. 그녀는 우울증이 자기 마음/뇌/서사의 와해된 상태의 복합적인 증상들의 집합체임을 이해했다.

그렇다고 그녀가 결코 분투하지 않는다는 건 아니다. 사실상 일생에 걸친 우울증의 잔재 요소들은 남아 있다. 가끔 스트레스가 길어지거나 높아지는 시기에는 오래된 기분 변동의 흔적을 경험할 것이다. 우리는 잊었으면 하고 바라는 것들을 잊지 않는 뇌와 더불어 살아가는 삶의 의미에 관해 계속해서 의견을 나눈다. 그녀는 자신의 옛 자아가, 헵의 원리를 따르는 기억 신경망들과 함께 그냥 사라지기를 바란다. 로라는 사도 바울이 쓴 로마서 7장 말씀에 공감한다. 그 장에서 바울은 자기의 와해된 마음의 산물인 자기 행동에 자신이 격분하고 있음을 시인한다. 그는 자기 마음을 궁극적으로 편안하게 해 줄 유일한 대상이 예수님이라고 고백한다(롬 7:24-25을 보라).

로라가 우울한 상태를 경험하는 중에 특정한 방식으로 거듭 발화해 온 신경 경로들은 아마도 결코 사라지지 않을 것이다. 그러나 변화를 가져오는 새로운 마음(롬 12:2)으로 인해 발달한 새로운 신경망들을 그녀가 연결하고 강화하는 동안, 그 신경 경로들은 계속해서 영향력이 줄어들 거라는 점을 나는 로라에게 상기시킨다.

그 오래된 신경망과 경험의 요소들이 남아 있기 때문에 로라는 복용량이 줄긴 했지만 항우울제를 계속 복용한다. 나는 그녀가 자기의 구원을 이루고 하나님이 애타게 바라시는 여성이 되기 위해 계속 진행 중인 작업을 이 약리학적 개입이 도와준다는 점을 그녀에게 상기시킨다. 내 모든 환자들에게 상기시키는 것과 같이, 약물 치료 여부는 결코 내 목표가 아니라는 점을 그녀에게 종종 상기시킨다. 내 목표는 그들이 건강하게 사는 것이다.

좋다, 그래서? 어쩌면 이런 생각을 하고 있을지 모르겠다. **좋은 이야기이긴 한데, 무슨 의미가 있을까?** 변화하지 **않는** 내 환자들, 주의를 기울여 보라는 권유에도 불구하고 주의를 기울이지 않는 내 모든 환자는 어떻게 할까? 변화를 일으키기 위해 열심히 노력하지만, 운동을 시작하고 새로운 관계를 발전시키며 새 악기를 연주하는 법을 배우고 명상하고 수도사(정말 훌륭한 수도사)처럼 기도하고 금식하고 자기 삶의 진실을 고백하고 약을 충실히 복용하고 친구나 배우자를 새롭고 의식적인 방식으로 사랑하기를 할 수 없는 사람들, 이 모든 일을 같은 주에 도저히 할 수 없을 것 같은 사람들은 어떻게 할까? 좋은 질문들이다. 그리고 결혼 생활에서, 교우 관계에서, 부모 자녀 관계에서, 혹은 교회나 학교 공동체에서 자기들이 애타게 바라는 변화는 보지 못한 채 오랫동안 열심히 노력해 오고 있다고 믿는 사람들은 어떻게 할까?

여기에 마법이라곤 없다. 이 지면들에서 제안하는 어떤 것도 성령의 능력을 부여받아야만 가능한 실로 힘든 작업이다. [인정하지만, 그것이 정확히 무엇을 의미하든 말이다. 진심이다. 누가 하는 일이든 관계없이 세상에서 일어나는 모든 선한 일은 하나님께 속했으며, 그분의 영이 주시는 능력을 공급받는다고 믿는다. 그러나 **무엇이** 내 의지와 상반되는 성령의 힘을 구성하는지를 포착해 기술하려고 하거나 어느 지점에서 내가 멈추고 성령이 시작하는지(혹은 그 반대의 경우)를 이해하려는 시도는, 포크 록 가수 데이비드 윌콕스(David Wilcox)의 시적 표현처럼 손으로 바람을 움켜잡으려는 것과 별반 다르지 않다. 이런 훈련을 너무 열성적으로 하려다 보면, 우측 모드 작용에서 격리된 채 단절을 일으키는 좌측 모드에만 국한되어 버린다는 점은 말할 나위도 없다.]

의심의 여지없이 어떤 개인들은 믿을 수 없을 만큼 복잡한 서사를 지니고 있다. 또 어떤 이들은 비의학적인 개입의 허를 찌르는 것 같은 신경 생물학적 체계를 가지고 있을지도 모른다(예를 들면 조현병, 고치기 힘든 조울 증후군, 인격 장애, 악성 형태의 강박 장애, 치매, 정신적인 와해의 수많은 다른 표현을 가지고 있는 이들처럼). 이 개인들은 참된 통합의 본질을 발견할 수도 있는 '공동의 컨테이너'(communal container)를 끈기 있고 충실하게 제공해 줄 많은 관계를 오랜 기간 접해야 할지 모른다. 그 관계들이 전문적이든 개인적이든 혹은 그 둘 다에 해당하든 간에 말이다.

　어떤 이들은 달라지기 위해 열심히 노력해 왔다고 생각하지만, 사실 상당히 잘못 알고 있다. 열심히 노력해 왔을지 모르지만, 어쩌면 자기도 모르게 자신의 정신 및 행동 상태를 강화하는 방식으로 해 왔을 수 있다. 충분히 고통스러운 자리로 넘어가고 나서야(그 한계점은 사람마다 다르다) 달라지기를 원할 만큼 기운이 날 것이다.

　개인의 (그리고 '세대 간'을 덧붙여도 될까) 상처가 만연한다는 사실은 교회, 학교, 동네, 소수 민족 집단, 나라와 같은 많은 공동체가 어려운 싸움에 직면해 있음을 의미한다. 앞서 언급한 회개를 위한 길을 닦는 화해, 고백, 용서에 대한 의식적인 자각을 통해 불화를 복구하는 과정은 세계 무대에서 명백하게 입증되어 왔다. 복구의 최고 사례 중 하나는 대주교 데스먼드 투투가 이끈 남아프리카공화국의 진실과 화해 위원회다. 지금은 마무리된 이 위원회의 사역은 인종차별 정책의 불화로 분열된 나라 전체를 재건하는 데 실질적으로 도움이 되었다.

　당신은 남아프리카공화국에는 살지 않을지 모르지만, 전쟁으로 피폐해진 다른 지역에 살고 있을지도 모른다. 말하자면, 부재지주와 마약상과 총이 있는 동네, 자녀들 사이에 일어난 일로 서로 대화하지 않는 몇몇 성인들이 있는 확대가족, 목사가 회중의 조직을 분열시키면서 의심을 받으며 떠난 교회, 때때로 감독위원회가 마치 감독을 필요로 하는 아이들처럼 기능하는 군.

　그러한 상황들 속에서도 정의와 자비라는 하나님의 정치적 의제를 달성하는 비전은 실현될 수 있다. 이런 거시적 환경에서 마음에 주의를 기울이는 일은 궁극적으로 개인들 사이에서만이 아니라 분열된 집단들 사이에서도 공유되는 사랑의 길로 우리를 인도한다.

이 책의 주요 원리를 이런 환경들에 적용해야 한다고 제안하는 것은 지나치게 단순하거나 순진해 보일 수 있다는 점을 날카롭게 인식하고 있다. 분명히 삶은 매우 복잡다단해서 개인들이 불화를 복구하고 치유의 대화에 임하도록 노력하는 것조차 벅차게 느껴진다. 공동체의 맥락에서 이런 일이 일어나는 것을 상상하기란 완전히 불가능해 보일 수도 있다. 비록 어떤 관점에서는 우리가 사는 세상에 크나큰 문제들이 있음을 인정하지만, 또 다른 관점에서는 크나큰 문제 같은 건 없다. 단지 모든 관계의 상호작용에서 무엇인가를 선택하는 개인들 사이에 교류의 축적이 있을 뿐이다. 의식적인 주의를 더 기울이거나 덜 기울이기를, 더 알려지거나 덜 알려지기를, 더 사랑받고 사랑하거나 덜 사랑받고 사랑하기를 선택하는 것이다.

로라의 이야기는 꾸며 낸 게 아니다. 인정하건대 이 이야기는 로라가 한다고 묘사한 훈련으로 해방된, 많은 사람의 이야기를 합쳐 놓은 것이다. 그리고 이 이야기가 시사하는 바는 다음과 같다. 하나님의 본질이자 우리 삶의 본질은 바로 사랑이라는 것. 그리고 **하나의** 마음으로부터와 마음 내부에서뿐만 아니라 마음과 마음 **사이**에서도 솟아나는 사랑의 근본적인 역동성은 알려짐의 측면으로 나타난다는 것. 이 과정을 통해, 우리는 우반구적인 아름다움과 좌반구적인 아름다움, 그 모든 측면에서 깊이 통합된다(말하자면 정신화된다). 그와 동시에 새로운 피조물의 도래를 알리는 일을 도우며 모험과 기쁨을 경험하도록 초대받는다.

이것은 성령이 복음을 선포하시고 또 복음에 생기를 불어넣으시는 수단과 경로가 되는 방법이다. 그분의 사랑은 이 상호 의존적인 개인-공동체 역동의 맥락에서 가장 강력하게 드러난다. 그리고 이 역동은 하나님이 그분의 나라를 세우시는 가장 강력한 하나의 수단이다. 개인들이 이 과정에 헌신할 때, 필연적으로 분화와 통합이 원만한 균형을 이루는 성도들의 공동체가 세워진다.

내 의도는 이 책이 희망에 관해 말하는 것이다. 나는 당신이 다음의 진술을 수긍하게 되었기를 바란다.

- 중요한 모든 관계의 영역에 변화에 대한 진정한 희망이 있다.
- 하나님 나라에서의 희망은 단지 신학적인 추론이 아니며, 우리 마음을 새롭게 함으로 변화를 받는 동안 하나님과 우리 나머지 사람들이 활발하게 공동으로 쌓아 올리고 있다.

사실, 우리의 마음, 다시 말해 우리 뇌/몸의 에너지 및 우리 경험의 정보는 바울이 고린도전서에서 너무도 아름답게 쓴 글의 주제인 이 공동체와 사랑의 길을 반영한다. 우리가 피조물 안의 표적들에 주의를 기울일 때, 우리는 그것들이 성경의 이야기들에서 발견되는 하나님의 서사를 가리키고 있음을 안다. 그 표적이 우리 마음이든, 그 마음의 다양한 요소와 기능이든, 우리 마음과 관계와 서사가 가장 도움이 되도록 서로를 형성하는 방식의 본질이든 관계없이 말이다. 이번에는 하나님의 이야기가 우리가 고찰해 온 피조물의 요소들을 아름답게 조명하면서, 그 요소들을 새롭게 한다. 그분의 이야기는 또한 하나님 나라의 도래를 알리기 위해 우리가 맡은 역할을 담당하는 동안 어떻게 좀더 창조적이고, 좀더 기쁨이 넘치며, 좀더 대담하게 살 수 있는가를 표현할 또 하나의 방언을 제공한다.

후기

지금쯤이면 내가 무슨 일을 하는지 파악했을 것이다. 내 일은 사람들이 애착, 기억, 정서, 이야기하기를 포함해 자기 마음의 요소들에 주의를 기울이고, 그런 다음에는 이 이질적인 부분들을 통합해 함께하는 삶의 모든 영역과 차원에서 자비와 정의의 삶을 살 수 있도록 돕는 일과 관련이 있다. 하나님 나라는 이 통합이 개인에게서뿐만 아니라 공동체 안에서 일어날 때 진보한다고 믿는다.

근래에 신경 과학 분야에서 밝혀진 사실들을 기독교 문서와 전통에 비추어 볼 때 우리가 소명으로 하고 있는 일을 변화시킬 수도 있다. 나는 그 점을 한 번 고려해 보라고 도전하며 이 책을 마무리하고 싶다. 내가 의미하는 바를 보여 주기 위해, 이 세상에 건강과 치유를 만들어 내는 일에 마땅히 깊은 책임을 맡은 몇몇 분야에 한하여 이런 탐색이 미치는 영향을 생각해 보려고 한다.

나는 이 분야 중 어느 분야에서도 전문가인 양 행세하지 않으며, 구체적인 문제들에 대해서는 구체적인 해결책을 갖고 있지 않다. 대인 관계 신경 생물학의 원리들이 각 특정 분야의 기본적인 노력을 대신할 수 있다고 제안하는 것도 아니다. 그저 이 원리들이 어떻게 당신이 이미 하고 있는 일을 풍요롭고 강력하게 할 수 있는지 고려해 보기를 요청할 뿐이다.

시작점으로는, 참고 문헌에 열거된 문헌을 좀더 주의 깊게 연구할 수 있다. 그리고 하나님이 당신을 그분의 관리인이 되도록 부르신 그 영역에 대인 관계 신경 생물학을 통합하기 시작할 수 있다. 내가 보기에, 우리 마음이 예수님의 마음과 더 비슷하게 되어 갈수록, 우리는 단순히 더 좋은 사람들이 되는 게 아니라, 더 흠이 없는 사람이 된다. 그 결과 우리가 일하고 기여하도록 부름받는 그 영역들에서 더욱더 온전해진다.

가정과 교회 생활. 가정으로부터 우리의 이야기가 서서히 나타나며, 우리가 교회 안에서 하나님의 이야기와 만나는 것으로부터 우리의 이야기가 변화된다. 우리가 가장 충분히 알려질 수 있는 곳은 바로 가정과 교회 안이다. 타인과 삶을 공유하고 충분히 알려지는 일에 마음을 터놓을 수 있는 장소에 헌신하는 것은 그 작업을 시작하는 한 방법이다. 힘든 작업이지만, 헤아릴 수 없는 기쁨의 보상이 있다.

어떻게 알려짐의 과정을 함께하도록 다른 사람들을 초대하는가? 상담사든 목사든 현명한 가족이든, 우리가 신뢰하는 누군가와 이야기를 함으로써 그 과정을 시작할 수 있다. 변화가 일어나기 위해서는 그 집단의 적어도 한 사람은 첫발을 내디딜 충분한 용기가 있어야만 한다. 교회 안에서 자기를 험담하는 다른 집사들에 대해 험담하기를 그만두기로 결심하는 집사가 그 사람일 수도 있다. 혹은 고백적이고 거듭나게 하는 방식으로 함께하는 삶을 창조하기 위해 다른 두세 커플과 연결되기를 원하는 커플일 수도 있다. 가정에서는 배우자나 자녀와의 관계가 절대적으로 달라지기를 원하는 아빠나 엄마일 수도 있다. 환경에 상관없이 이런 집단은 좀더 활기를 북돋우고, 좀더 자유로우며, 좀더 기꺼이 지저분해지기를 마다하지 않고, 좀더 기꺼이 부끄러움 없이 실수할 여지를 두며, 좀더 기꺼이 모든 소통에서 고백과 용서가 고동치게 할 수 있다. 모든 구성원이 그리스도의 마음으로 살려고 노력하기 때문에 기꺼이 그리스도의 몸이 되려 하고 또 될 수 있는 공동체를 추구한다.

당신과 다른 한 사람, 혹은 여섯에서 여덟 명으로 이루어진 소그룹을 통해 그저 신체적으로 편안하고 솔직한 대화를 나눌 수 있는 장소에서 모여 시작할 수 있다. 모두가 대화의 결과로 무엇을 성취하고자 하는지 소개할 수 있다. 이를테면 "당신과 더 나은 관계를 갖기 원해요"라고 말할 수 있다. 또 다른 구성원은 이렇게 말할 수도 있다. "당신에게 반응해 오던 내 방식이 맘에 들지 않아서 그것을 바꾸고 싶은데 어떻게 해야 할지 모르겠어요."

거기서부터 시작해 각자 자기 안에 두려움을 불러일으키는 의도된 대화에 관해 무엇이든 드러내 보일 수도 있다. "이 이야기를 꺼내면 당신이 나를 어리석다고 생각할까 봐 두려워요." "지금 하려는 말을 일단 공유하면 당신이 나와 어떤 관계도 맺고 싶지 않을까 봐 걱정됩니다." 그다음에, 당신과 다른 참가자들은 당신이 **느끼는** 것에 대해 깊이 생각해 볼 수 있다. (당신이 다른 사람들에 대해, 혹은 그들이 생각하거나 행한 것에 대해 무엇을 '느끼는지'가 아니라 당신의 내면에서 어떤 정서가 일어나고 있는지 생각해 본다.) 다른 사람들과 그들의 행동에 관해 이야기하고 싶은 유혹을 이겨 내야 한다. 특히 그들이 당신에 대해 어떤 생각이나 믿음을 갖고 있다는 '확신'을 이야기하고 싶은 유혹을 이겨 내야 한다.

그런 후에, 듣는 사람들은 가능한 한 서로의 감정을 인정하고, 말하는 사람의 이야기를 더 잘 이해하기 위해 (누가, 무엇을, 언제, 어디서, 어떻게)에 관해 질문할 수 있다. 이로 인해 궁극적으로 그 사람은 자기 서사의 형성에 중요한 영향을 끼친 두드러진 요소들(인생의 첫 20년의 경험들)의 다른 부분을 되돌아보고, 그 부분을 친구나 가족이나 그룹과 나누라. 그러면 자기 삶에 대해 더 일관된 이해에 이를 수 있다(5장의 자서전 쓰기에 관한 훈련을 보라). 궁극적으로, 그룹에서 각자가 가지고 온 문제에 대하여 서로를 위해 또 서로와 함께 기도하기 시작할 수 있다. 하나님의 자비와 기대의 목소리를 상징하는 구체적인 심상들을 각자의 심중(과 뇌)에 아로새기는 방식으로 기도할 수 있다. 분명히 이것은 오랜 시간에 걸쳐 일어나며 죽음 너머로 뻗어 나갈 대화다. 이 구원의 대화들은 하나님이 그분의 전을 짓기 위해 사용하고 계시는 바로 그 돌들의 일부다. 그 성전의 주춧돌은 예수님으로, 그 성전은 예수님이 재림하실 때 비로소 완성되고 충만해진다.

과학. 이 부분은 내가 종사하는 영역이기에, 다음으로 이 영역으로 향한다. 전문 과학자나 과학 철학자가 아닌 이들은 대개 이 분야가 자료에 대한 논리적 해석에 엄격하게 국한되어 있으며 정서나 기억(특히 암묵 기억)과 같은 마음의 다른 요소들은 그다지 영향력을 행사하지 못하리라고 추정한다.

실제 삶은 달리 말한다. 직장의 가벼운 한담에서 누군가 화성에서 물처럼 보이는 것이 발견되었다고 말할지도 모른다. 화성에 생명이 있을 가능성을 거론한 케이블 뉴스에 관한 이 대화를 그저 가만히 엿들어 보라. 동료들의 상상력이 솟구치면 주변까지 매료된 분위기로 고조된다.

혹은 새로운 항우울제에 관한 누군가의 실험에서 나온 특정 자료의 의미와 가치를 토론하고 있는 의학 학회를 상상해 보라. 모든 관계자들이 추정컨대 동일한 자료를 보고 있음에도 불구하고, 이 대화들은 정서로 가득 차 있다. 가끔은 '이성적인' 과학자들이 누가 더 옳거나 그른지 논쟁하면서 저열한 행로로 떨어지기도 한다. 물론 그들은 '훌륭한 과학'에 대한 자기들의 헌신이 열정을 몰아간다고 주장하겠지만, 자기들의 견해를 그다지 과학적으로 표현하고 있지 않다. 사실, 뉴잉글랜드의 정신과 의사인 대니얼 칼랏(Daniel Carlat)은 자신이 주요 제약 회사를 위해 의약품 외판원 부업을 하던 해에 있었던 내면의 갈등과 합리화에 대하여 유익한 통찰을 제공하는 글을 썼다. 그는 상서로운 출발을 보였음에도 불구하고, 의구심이 그를 압도했고, 1년 후에 구매를 권유하는 일을 그만두었다[「뉴욕 타임스 매거진」(New York Times Magazine), 2007년 11월 21일 자 기사 "의약품 외판원 의사(Dr. Drug Rep)"를 보라]. 이 경험에 대한 그의 반추는 객관적이고 합리적이고자 하는 과학자들의 시도에 내재된 갈등을 더 명료하게 보여 준다.

그뿐 아니라, 과학자들은 종종 냉랭하고 딱딱한 자료에 대한 논리적·선형적 해석과 거의 관련이 없는 질문들을 연구한다. 만성피로 증후군은 진짜 질병인가? 허리케인의 패턴과 강도는 변화하고 있는가? 만약 그렇다면 이것은 지구온난화 때문인가? 최신 소염제는 안전한가? 이 논쟁들을 관찰하는 사람은 정확히 마음의 좌측 모드 기능에서 나오는 논리적·선형적인 '입증 가능한' 자료와 이 자료에 대한 해석에 영향을 주는 정서 및 (특히 암묵) 기억을 구별하기가 매우 어렵다. 레슬리 뉴비긴(Lesslie Newbigin)은 유익한 책『타당한 확신: 기독교 제자도의 믿음, 의심, 그리고 확실성』(Proper Confidence: Faith, Doubt and Certainty in Christian Discipleship, SFC)에서 마이클 폴라니(Michael Polanyi)의 연구의 도움을 받아 한층 더 나아간다. 그는 이 책에서 사실 자신 외부의 어떤 것, 제어될 수 없는 어떤 것, 결과적으로 미심쩍은 어떤 것에 믿음으로 자신을 맡기지 않고는 아무것도 알 수가 없음을 지적한다.

이것이 노련한 과학자들은 말할 필요도 없거니와 초보 과학자들에게도 새로운 정보가 아니라는 점을 알고 있다. 하이젠베르크 원리(the Heisenberg principle)는 어떤 현상을 관찰하는 바로 그 행위가 어떤 식으로든 그 현상을 달라지게 한다고 상정하는데, 대부분의 과학자들이 이 원리를 잘 알고 있다. 더욱이 내가 아는 과학자들은 그들의 일에 정직하게 종사하기 위해 종합하고 (때로) 경쟁하는 마음의 이 요소들을 계속 인식하려고 열심히 노력한다.

그럼에도 불구하고 과학자들이 자기 소명을 어떻게 실행하고 있으며, 자기 마음의 상호 배타적인 부분들이 어떻게 자료를 처리하고 해석하는 방식을 형성하는가를 과학 공동체가 함께 탐색하는 작업은 도움이 되리라고 믿는다.

예술. 우리 세계가 과학 본연의 자리와 통합으로 유익을 얻듯이, 아름다움에도 굶주리고 목말라한다. 그리고 아름다움의 무척 많은 부분은 심미적인 것에서 창조되고 발견된다. 예술에서보다 그리고 예술을 통해서보다 대인 관계 신경 생물학의 힘과 세련성이 더 호소력 있게 전달되는 영역은 없다. 우반구의 공진 회로를 활성화하고 좌뇌의 좀더 논리적인 태피스트리에 의미의 깊은 감각을 짜 넣는 것은 다름 아닌 (몇 가지만 언급하자면) 극, 그림, 음악, 조소, 시, 춤이기 때문이다. 이와 같이 예술은 마음의 통합을 촉진할 수 있는 잠재력을 가지고 있다. 예술은 우리가 자연 세계에서 관찰하는 너무도 많은 경이로운 현상들과 다르지 않게 우리 창조주의 아름다움을 반영하기 때문에 그런 잠재력이 있는 것인지도 모른다.

아름다움에 주의를 기울이기 위해 충분한 시간을 쓰는 사람은 거의 없다. 우리가 아름다움에 주의를 기울일 때, 또 아름다움을 착취하고 싶은 유혹을 이겨 낼 때, 아름다움은 어떤 좌측 모드 일색의 경험도 할 수 없는 식으로 우리를 변화시킬 것이다. 사실, 우리 삶에 진정으로 의미 있는 미학을 활용하면 우리 마음속 통합의 가능성을 높여 준다. 우리의 소명이 무엇이든 상관없이 우리의 가정, 예배, 교육 그리고 우리 손으로 하는 일에서 이 아름다움의 영역이 존재하는 게 무척 중요한 이유가 이 때문이다. 이를테면, 예술적인 표현을 '미술 수업'에만 한정하기보다는 아이들의 **모든** 교육적 시도의 일환으로 편입시키는 것이 좋다. 마찬가지로, 예배에 시각 및 움직이는 예술을 의도적으로 포함하면 하나님의 아름다움과 능력이 가장 쉽게 상기되는 자리로 우리 마음 전체를 끌어당긴다.

내 친구 마티는 지난 몇 년 동안 추상화에 집중해 온 재능 있는 화가다. 그녀는 최근에 내 진료실에 걸 작품을 그려 달라는 요청에 작품 하나를 완성했다. [http://martycampolo.com에서 확인할 수 있다. 마티의 웹사이트 '위탁 작품' 부문에서 "어떤 빛이 임할는지"(What Light May Come)를 찾아보라.] 이 글을 쓰는 지금, 일주일이 채 안 되는 기간 벽에 걸려 있는 그 그림은 이미 마법을 부리는 중이다. 처음으로 그 그림을 본 환자 중 한 사람은 그 그림과 그림에서 표현하는 모든 주제가 서로 맞물려 너무도 그림에 끌렸다고 말했다. 그 결과, 자신이 나와 이야기하는 것보다 그 그림과 "함께 머무는 것"에 더 관심이 있다는 사실을 깨달았다. 그녀는 계속해서 그 그림을 주의 깊게 대하면서, 자기가 이전에는 사실상 인식하지 못했지만 느끼기 시작한 것들에 관해 이야기했다. 그 그림은 그녀가 여러 해 동안 생각해 보지 않았던 사건들에 대한 즐거운 기억뿐 아니라 슬픈 기억들을 불러일으켰다. 좀더 장황한 대화를 통해서라면 결코 드러내지 못했을 기억과 감정이었다. 그 모든 일이 10분도 안 되는 시간 안에 일어났다.

사려 깊게 만들어진 예술품은 이런 일을 한다. 예술은 주의 깊게 고안된 정신적 장애물을 우회하면서, 종종 고통을 드러내며 경이로움을 일깨운다. 이 삶의 영역을 좀더 두드러지게 나타나도록 할 수 있는 무엇이든 우리를 훨씬 깊이 있고 더 유희할 수 있는 사람으로 만들어 준다. 다시 말해 예수님과 좀더 비슷하게 변화시켜 준다.

해석학과 신학. 이제껏 이 책의 중요한 초점은 통합된 마음으로 향하는 움직임이 어떻게 예수님을 따르는 자로서 우리의 삶을 변화시키는가였다. 나는 신학자가 아니지만, 보통 좌측 모드 작용에 지배되는 신학에 깊은 영향을 받아 왔다. 어떤 전통들은 내면의 통합을 유지하는 수단으로 논리적·선형적 과정들에 의존한다. 그러나 때때로 그 전통들은 그 노력 전반에 좀더 풍부한 영향을 미칠 우측 모드 과정들을 희생시키기도 한다. 우리는 종종 누군가가 그리스도인인지 아닌지를 주로 그 사람이 '믿는' 바에 근거하여 판단한다. 다시 말해, 지각된 명제적 진리에 대한 논리적·선형적·문자적 사고 과정을 거쳐 판단한다. 사람들은 자기들이 그리스도인임을 입증하기 위해 단지 좌측 모드의 정신적 처리를 반영하는 몇 가지 문장을 술술 말하기만 하면 된다. 그러나 이것은 그리스도인**됨**과 같은 말은 아니다. 그리스도인됨은 신앙에 대한 인지적이고 사실에 입각한 표현들과 우측 모드 작용의 온전한 통합을 요구한다. (고린도전서 13장에 대해 우리가 나눈 13장의 대화를 기억하라.)

대안적으로, 다른 전통들은 우측 모드 작용의 기능들에는 경의를 표하면서, 우측 모드가 보내 오는 것을 해석할 뿐만 아니라 우측 모드에 영향을 미치고 우측 모드에 적절한 제한을 두기도 할 적절한 기회를 좌측 모드에 주지 않는다. 이것은 아래쪽 뇌와 우반구의 격앙된 정서에 지배되며 전전두피질의 통합 기능을 우회하는 행동을 초래할 수 있다. 좌측 모드나 우측 모드가 좀더 배타적으로 판을 지배하고 있는 상황에서 사람들은 상처를 입을 수밖에 없다.

훌륭한 신학자들은 자신의 경험이 자기 일에 대해 어떻게 생각하는가에 지대한 영향을 준다는 점을 인식하는 경우가 많다. 그러나 나는 이 분야의 여성들과 남성들이 '경험'이 의미하는 구체적인 차원에 대해 가능한 한 냉정해지기를 격려한다. 신경 과학의 관점에서 이것은 그들이 자란 곳이나 삶에 가장 영향을 준 사람들의 명단이라는 사실들을 포함한다. 또한 암묵 기억이 어떻게 그들이 성경을 읽는 방식 및 그들이 읽는 내용 이면의 역사를 해석하는 방식에 지대한 영향을 주는가를 이해하는 것도 포함한다.

이를테면, 많은 신학자들이 이른바 "바울에 대한 새로운 관점"에 대한 치열한 숙의에 참여한다. (그것은 본질적으로, 당대의 로마가톨릭 교회에 영향을 받아 바울의 본문을 읽던 16세기 개혁가들보다는 1세기 유대교에 비추어 사도 바울의 글을 보려는 시도다.) 신약학자이자 영국국교회의 주교인 N. T. 라이트(N. T. Wright)는 이 준거 틀로 형성된 칭의 이해에 대해 많은 저술을 해 왔다. 감탄 어린 동의에서 적의에 찬 반대에 이르기까지, 그의 주장에 대한 다양한 반응들은 신학자들이 이런 중대한 사안들을 얼마나 치열하게 논쟁하는지 보여 준다. 내가 보기에, 그 문제들은 그저 자료를 보고 사실들에 근거해 간단한 결론을 도출하는 것만으로 해결되지 않는다.

우리에게는 언제나 활력을 주는 성령의 영향력 아래에서 성경과 교회의 전통들을 면밀히 연구하는 신학자들이 필요하다. 단지 진리를 '알기' 위해서만이 아니라 더 참되게 살며 자비와 정의를 필연적으로 낳게 될 통합된 마음을 구현할 수 있도록 하기 위해서다. 좋은 신학은 본래 옳음에 관한 것이 아니다. 그것은 선함에 관한 것이다. 기억, 정서, 애착, 서사를 염두에 두면 둘수록, 신학은 더욱더 그리스도의 마음의 나타남과 그분의 몸의 강화로 이어진다.

설교학과 복음 전도. 교회의 최초 개종자들은 **주로** 논리적인 일련의 상정된 진리를 소개받았기에 예수님을 따르기 시작한 건 아니라는 주장은 타당하다. 마찬가지로, 오늘날 대부분의 사람들은 좌측 모드 처리에 국한된 설명에 반응해 하나님 집의 문턱을 넘어가지는 않는다. 사람들은 복음의 기본적인 메시지를 듣고 그런 다음 복음의 미묘한 특성과 전망과 교훈적 가르침을 접한다. 그렇지만 복음 전도뿐 아니라 설교가 복음을 접하는 주된 수단 중 하나라는 사실을 부인할 수 없다.

지난 4백 년에 걸쳐 서구 사람들은 바울의 눈을 통해 복음서를 읽고 설교해 왔다. 그 반대 방향으로 하기보다는 말이다. 다시 말해, 1세기 팔레스타인을 반영하는 복음서를 통해 바울의 편지들을 이해하기보다는, 바울의 논리적·선형적인 신학을 먼저 배우고 그런 다음 복음서 이야기들을 그것에 끼워 맞추는 경향이 있다. 이러한 학습 방식이 본질적으로 잘못되었거나 도움이 되지 않는 건 아니다. 전혀 그렇지 않다. 그러나 좌측 모드의 태도를 취하면 예수님과의 만남은 좌측 모드가 우세한 과정을 거쳐 일어난다. 만약 그것이 우리의 뇌가 그분을 만나는 주된 방식일 경우, 뇌는 절대로 그것을 좋아하지 않는 경향이 있다.

오해하지 말라. 우리 이야기는 앞뒤가 맞는 논리적·선형적인 궤도를 가지고 있어야만 한다. 그러나 우리는 이야기가 이치에 맞는다는 이유만으로 믿지는 않는다. 우리는 그 이야기가 전체론적이고 비언어직인 정서적 흐름 속에서 우반구를 움직임으로써 우리를 압도하기 때문에 믿는다. 물론 좌뇌의 방향타가 필요하지만, 우뇌의 흐름이 없이 우리의 배는 아무 데도 가지 못한다. 그러므로 설교나 복음 전도에 참여할 때마다 먼저는 우리가 들려주는 이야기에 주의를 기울여야 한다. 다음으로는 **우리** 이야기가 하나님의 이야기를 전하는 방식에 어떤 영향을 끼치는지 주의를 기울일 필요가 있다.

그렇게 할 때, 우리는 하나님의 위대한 스토리텔링의 서사시 안으로 들어가고 있음을 확신할 수 있다. 하나님의 서사는 외현 기억과 암묵 기억, 정서, 우리의 의도에 대한 관심 그리고 이 모든 것들이 내재적으로 유지하는 깊은 연관성에 의식적인 주의를 기울인다. 미시간 그랜드래피즈에 있는 마스 힐 성경 교회(Mars Hill Bible Church)의 교육 목사인 롭 벨(Rob Bell)은 지난 몇 년에 걸쳐 이 원리에 대한 깨달음을 자신의 저서, 영상 제작물에서 역설했을 뿐 아니라 지금은 순회 강연에서 구현하고 있다. 내가 이야기하는 바를 더 잘 이해하고 싶다면 그가 하고 있는 일의 일부를 살펴보기를 권한다.

치유 사역. 알려짐의 경험은 치유하는 기도의 사역을 의도적이고도 충실하게 시작한 회중에게는 흔하게 일어나는 일이다. 비록 그 회중 대부분은 그것을 깨닫지 못하지만 말이다. 치유를 구하는 이들이 그들을 위해 탄원할 (그리고 야고보서 5장 14절을 반영할) 이들에게 복종하는 과정 때문에 이런 연결은 불가피하게 일어난다. 치유 사역은 오늘날 치유 운동의 선봉에 있는 많은 이들과 더불어, 이 책이 탐색하는 바로 그 통합과 분화의 과정들을 촉진한다.

교회에서 치유의 역할을 옹호하는 이들도 있고 비방하는 이들도 있다. 그렇지만 영적·정서적·신체적·세대 간, 악령 현상으로부터의 구제가 있는 활기찬 치유 사역이 일어나는 곳 어디에서나 하나님의 가족은 밀려드는 새로운 자매들과 형제들을 환영하며 예수님과 서로와 새롭고 깊은 관계로 성장하고 있다. 이것은 초대교회가 시작된 이래 변하지 않고 계속되어 왔다. 설령 예배하는 회중에서는 아닐지라도, 하나님이 그분의 치유하고 통합하시는 영을 통해 당신의 공동체에서 일하고 계시는 방식에 당신이 좀더 익숙해지기를 권한다.

종교적 다양성과 화해. 종교적이거나 혹은 여타의 화해에서 우리의 기량을 가장 전형적으로 보여 주는 것이 바로 우리가 서로 간에 다양성을 실현하는 방식일 때가 많기 때문에 이 주제를 넣었다. 우리가 교회 내부의 교파 분열에 관해 이야기하고 있든 더 큰 다양한 종교 집단들(기독교, 유대교, 이슬람교, 힌두교, 불교 및 여타 종교)에 관해 이야기하든 간에, 대인 관계 신경 생물학의 요소들에 의식적인 주의를 기울이면 좀더 생산적인 방식으로 서로 소통할 수 있다. 예수님을 따르는 자로서 나는 역사가 특정 방향으로 이동하고 있으며, 그것의 정점에서는 모두가 하늘과 땅의 주이신 예수님에게 굴복하리라고 믿는다. 명백하게 기독교적이든 그렇지 않든 모든 종교적 경험 중 최고의 경험은 궁극적으로 예수님에게로 이어질 것이며, 모든 의미에서 구원은 그분과의 관계를 통해 오리라고 믿는다. 하나님이 이를 어떻게 성취하시는지는 신비이며, 어떤 이들은 그들 앞에 주어진 구원에 참여하고 싶어 하지 않으리라는 점도 전혀 의심치 않는다.

그러나 그동안에, 각기 다른 교파에 속한 이들과 각기 다른 거시 종교적 배경을 지닌 이들은 우리의 서사에 좀더 의식적으로 주의를 기울여야만 한다. 그리고 그 서사가 어떻게 공개적인 싸움이나 은밀한 전복이 존재하는 곳에서 평화를 만들어 내는 능력을 가능하게 하거나 제한할 수 있는지에도 의식적인 주의를 기울여야만 한다. 예수님은 가족 구성원 사이에서든, 회중 내부의 분파 사이에서든, 교파 사이에서든, 세계관을 대표하는 이들 사이에서든, 나라 사이에서든, 인간과 지구 사이에서든, 삶의 방식으로서의 전쟁은 환경, 개인, 가족과 공동체의 의식 없는 와해를 초래한다는 데 의심의 여지를 남기지 않으신다. 우리의 적이 누구인지를 식별하고 대인 관계 신경 생물학의 충실한 원리들을 이용해 적과 화해하기를 신중히 추구하는 일에 적극적으로 헌신하자. 그것은 우리가 지복을 실현하는 하나님의 수단이 되는 길이다. "평화를 이루는 사람은 복이 있다. 하나님이 그들을 자기의 자녀라고 부르실 것이다"(마 5:9).

교육. 초등학교에서 시작해 중학교와 고등학교에서 훨씬 더 강조되는 대부분의 공적인 (그리고 많은 사적인) 교육 목표들은 근본적으로 좌뇌 처리와 연결되어 있다. 버지니아주의 공립학교 학생들은 다음 학년으로 올라가기 전에 학습 표준 요건을 충족시켜야 한다. 아이들은, 대체로 통합적이지 않은 교육 설계에 맞춘 시험을 본다. 따라서 그 시험으로는 아이가 수학과 독서를 할 뿐만 아니라 수학과 독서의 목적에 대한 감각을 포착할 능력을 갖춘 좀더 열성적인 학습자가 되어 가고 있는지 그렇지 않은지를 충분히 평가할 수 없다.

내 자녀들이 인격의 형성기를 보낸 리벤델 학교(Rivendell School)의 좌우명은 "하나님의 세계를 탐구하고 그 안에서 자신의 자리를 발견하는 것"이다. 내 생각에, 이 목표는 교육에 대한 좀더 전체론적이고 신경학적이며 영적인 접근을 옹호하는 파커 파머(Parker Palmer)와 엘렌 랭거(Ellen Langer)의 연구를 반영한다. 이 접근은 단순히 표준화된 시험을 볼 때 기억해 내야 할 사실들을 탐색하는 것 이상을 포함한다. 그것은 관계의 본질을 탐색하는 것을 의미하기도 한다.

파커 파머에 따르면, 학생들이 발굴하고 쌓아 올릴 수 있고 질문할 수 있으며 실수하고 일을 망치고 그것을 바로잡을 수 있는 에너지와 관심을 발견하는 것은 바로 알려짐의 경험에서다. 언급된 모든 활동은 그들이 좀더 자유롭고, 좀더 관대하며, 내 제안으로 표현하자면 좀더 통합된 방식으로 살 수 있게 해 주는 발견의 기쁨을 알게 해 주는 목표의 일환이다. 엘렌 랭거는 모든 질문에 대한 틀에 박힌 정답에 우리 자신을 국한하기보다는 가능성을 좀더 기꺼이 받아들이도록 격려한다.

그렇다면 교육은 마음의 통합을 기꺼이 고려하는 태도가 학생들에게 알려지는 선택권을 제공하는 직업 분야다. 결국 학생들이 아마도 놀랄 만한 방식으로 예수님을 만날 수 있도록 그리스도의 마음과 일치하게 한다.

사업. 나는 정신의학 분야 개업의로 작은 진료실을 운영하고 있지만, 사업 운영 전문가라는 생각은 들지 않는다. 그런데도 사업이라는 일이 삶의 너무도 많은 부분을 구축하는 발판을 제공한다는 점을 관찰했다. 사업체를 만들어 내거나 유지하거나 성장시키거나 닫는 과정에 얼마나 많은 노력이 소비되는가를 생각해 보라.

본질적으로, 우리가 예수님의 의식적인 추종자가 되어 가는 정도는 고용인 및 고용주에게 어떻게 다가가는가에 적잖은 영향을 준다. 그것은 결국에 그리고 불가피하게 우리를 다시 자비와 정의의 문제로 이끌 것이며, 그 문제들은 정치와 경제의 문제로 이어진다.

마음의 분화와 통합(구별되지만 연결된 마음의 부분들)에 기꺼이 열린 태도를 가지면 우리가 참여하는 사업의 이질적이면서도 서로 관련된 부분들을 기꺼이 고려하게 된다. 우리가 고용인의 마음이나 관리자의 동기에 관한 요소들에 더 많은 관심을 집중할 때, 더 큰 협력과 통합을 불러들인다. '조합'이나 '경영진'을 포함해 훨씬 더 큰 공동체의 역학은 구성원들이 좀더 의식적인 상태가 되면 필연적으로 그 형태가 달라진다.

이 지점에서부터 지도력, 정치, 경제, 생태, 인간의 성의 영역 및 다른 많은 영역에 대해 계속해서 이야기할 수 있다. 이 영역들 및 앞에 거론된 각각의 영역은 대인 관계 신경 생물학 안에 담긴 창조의 요소들의 도움으로 예수님을 따르는 영역으로서 탐색될 고유의 무대에 설 자격이 있다. 이제 배운 바를 활용해 참고 문헌에 제공된 책의 도움으로 더 깊이 연구해 보길 권한다. 그럼으로써 알려짐에 대한 확장된 경험을 꼭 갖춘 채, 이 자료에 대한 실용적인 지식을 넓히기를 바란다. 우리가 이야기해 온 방식으로 알려질 때 사랑의 자유와 용기를 경험하고, 하나님을 만나고 그분의 나라를 건설하는 데 그분을 도울 수 있는 해방과 자신감을 경험할 것이다.

    그 여정 중에 가능한 모든 기쁨이 있기를 바란다.

참고 문헌

당신 마음(과 다른 이들의 마음)의 통합을 돌보면서 예수님을 따르는 일에 지속적으로 성장하는 데 이 책과 논문의 목록이 유익하다고 여기기를 희망한다. 이 책과 논문의 저자들은 마음/뇌와 관계가 서로에게 끼치는 영향으로부터 생겨나는 아름다움과 신비에 대해 지난 몇 년에 걸쳐 내게 깨우침의 경험을 제공했다.

나는 대인 관계 신경 생물학, 영적 훈련 등을 포함해 우리가 탐색해 온 특정 주제들과 관련된 여러 군으로 자료들을 분류해 배열했다. 그 가운데는 마음의 다양한 기능들에 대해 더 이해를 넓히는 데 유용한 자료들이 많다. 이 자료들은 이 책의 전반적인 목표인, 개별적이지만 관련 있는 영역들을 연결하는 바로 그 목적에 이바지할 것이다.

이 문헌을 이해하고 이 책에서 배운 바를 종합하면서 폭넓고 깊이 있게 생각하기를 주저하지 말라. 연구에 충실하되, 직관으로 알거나 느끼거나 감지하는 바를 제외하지는 말라. 또한, 당신이 알려지는 기쁨을 누리고 함께 하는 (그리고 분명 당신을 아는 기쁨을 누리고 있을!) 이들과 의견을 나누기를 권한다. C. S. 루이스가 묘사한 대로 우리 주의 나라로 "더 높이 그리고 더 깊이" 걸어 올라/들어가는 데 이 자료를 총체적으로 이용하기를 바란다.

과학과 마음/관계 모체

Baars, Bernard J. *Cognition, Brain and Consciousness.* Edited by Nicole M. Gage. London: Elsevier, Academic Press, 2007. 『인지, 뇌, 의식: 인지신경과학 입문서』(교보문고).

Begley, Sharon. *Train Your Mind, Change Your Brain.* New York: Random House, Ballantine, 2007. 『마음이 뇌에게 묻다: 당신의 뇌를 바꾸는 마음혁명』(북섬).

Beitman, Bernard D. and George I. Viamontes, eds. "The Neurobiology of Psychotherapy." *Psychiatric Annals* 36, no. 4 (2006): pp. 214–220, 225–293.

Bowlby, John. *Attachment and Loss*, Vol. 1, Attachment. New York: Basic Books, 1969.

Bowlby, John. *Attachment and Loss*, Vol. 2, Separation. New York: Basic Books, 1973.

Bowlby, John. *Attachment and Loss*, Vol. 3, Loss. New York: Basic Books, 1980.

Bowlby, John. *Child Care and the Growth of Love.* London: Penguin Books, 1965.

Damasio, Antonio. *The Feeling of What Happens.* Orlando: Harcourt, 1999.

Doidge, Norman. *The Brain That Changes Itself.* New York: Penguin, 2007. 『기적을 부르는 뇌』(지호).

Fonagy, Peter, Gyorgy Gergely, Elliot Jurist, and Mary Target. *Affect Regulation, Mentalization, and the Development of the Self.* New York: Other Press, 2002.

Gottman, John. *Raising an Emotionally Intelligent Child.* New York: Fireside, 1997. 『내 아이를 위한 사랑의 기술』(한국경제신문사).

Lewis, Thomas, Fari Amini, and Richard Lannon. *A General Theory of Love.* New York: Random House, Vintage, 2000. 『사랑을 위한 과학』(사이언스북스).

Lipton, Bruce H. *The Biology of Belief.* Santa Rosa: Mountain of Love/Elite Books, 2005. 『당신의 주인은 DNA가 아니다』(두레).

Newberg, Andrew, and Mark Robert Waldman. *How God Changes Your Brain.* New York: Random House, Ballantine, 2009.

Newbigin, Lesslie. *Proper Confidence: Faith, Doubt and Certainty in Christian Discipleship.* Grand Rapids: Eerdmans, 1995. 『타당한 확신: 기독교 제자도의 믿음 의심 그리고 확실성』(SFC).

Schacter, Daniel L. *The Seven Sins of Memory*. New York: Houghton Mifflin, 2001.『기억의 일곱 가지 죄악』(한승).

Seybold, Kevin S. *Explorations in Neuroscience, Psychology and Religion*. Burlington, VT: Ashgate, 2007.

Siegel, Daniel J. *The Developing Mind*. New York: Guilford, 1999.『마음의 발달: 인간의 마음을 형성하기 위한 대인관계와 두뇌의 상호작용』(하나의학사).

Siegel, Daniel J. and Mary Hartzell. *Parenting from the Inside Out*. New York: Tarcher/ Penguin, 2003.

Stern, Peter and John Travis. "Of Bytes and Brains" in "Modeling the Mind." Special issue, *Science* 314, no. 5796 (2006): pp. 75-94.

Vaillant, George E. *Spiritual Evolution*. New York: Broadway Books, 2008.

Viamontes, George I. and Bernard D. Beitman, eds. "Neurobiology of the Unconscious." *Psychiatric Annals* 37, no. 4 (2007): pp. 222-224, 236-287.

Viamontes, George I. and Bernard Beitman, eds.. "Mechanisms of Action in Psychiatry." *Psychiatric Annals* 38, no. 4 (2008): pp. 220-223, 235-305.

Norton Series on Interpersonal Neurobiology (founding editor Daniel J. Siegel, edited by Allan Schore) 이 시리즈에는 마음의 본질을 속속들이 탐색하고 그것에 대한 우리의 대인 관계 생물학적 관점의 이해가 어떻게 향상될 수 있는가를 자세히 탐색하는 다수의 책이 포함되어 있다. 이 책들 대부분은 전문 치료사를 위해 쓰였지만, 관심이 있다면 분명 정독할 가치가 있다. 이 시리즈는 다음의 목록에 포함되지 않은 서적도 포함하고 있다. 아래 열거된 책들을 근거로 이 책이 만들어졌다.

Badenoch, Bonnie. *Being a Brain-Wise Therapist*. New York: Norton, 2008.

Bremner, J. Douglas. *Brain Imaging Handbook*. New York: Norton, 2005.

Bremner, J. Douglas. *Does Stress Damage the Brain?* New York: Norton, 2005.

Cozolino, Louis. *The Neuroscience of Psychotherapy*. New York: Norton, 2002.『정신치료의 신경과학: 사회적인 뇌 치유하기』(학지사).

Cozolino, Louis. *The Neuroscience of Human Relationships*. New York: Norton, 2006.『뇌기반 상담심리학의 이론과 실제』(시그마프레스).

Fosha, Diana, Daniel J. Siegel, and Marion F. Solomon, eds. *The Healing Power of Emotion*. New York: Norton, 2009.『감정의 치유력』(NUN).

Ogden, Pat, Kekuni Minton, and Clare Pain. *Trauma and the Body*. New York: Norton, 2006. 『트라우마와 몸: 감각운동 심리치료의 이론과 실제』(학지사).

Schore, Allan N. *Affect Dysregulation and Disorders of the Self*. New York: Norton, 2003.

Schore, Allan. *Affect Regulation and the Repair of the Self*. New York: Norton, 2003.

Siegel, Daniel J. *The Mindful Brain*. New York: Norton, 2007. 『마인드풀 브레인: 소통과 조율을 위한 똑똑한 뇌 만들기』(메타포커스).

Solomon, Marion F. and Daniel J. Siegel, eds. *Healing Trauma: Attachment, Mind, Body, and Brain*. New York: Norton, 2003.

Stern, Daniel J. *The Present Moment in Psychotherapy and Everyday Life*. New York: Norton, 2004.

예술과 마음

다음은 글쓰기와 그림과 음악이 하는 유익한 역할을 알려 주거나 드러내 보여 주는 엄선된 세 권의 책이다.

Edwards, Betty. *Drawing on the Right Side of the Brain*. New York: Tarcher-Penguin, 1979. 『오른쪽두뇌로 그림그리기』(나무숲).

Levitin, Daniel J. *This Is Your Brain on Music*. New York: Penguin, Plume, 2006. 『음악 인류: 우리 뇌 속에 음악이 들어오면 벌어지는 일들』(와이즈베리).

Pennebaker, James W. *Writing to Heal*. Oakland: New Harbinger, 2004.

마음을 좀더 깊이 일깨우고 통합시키는 한 방법으로 추상미술을 이용하고 싶다면, http://www.martycamplo.com을 방문하라. 그녀가 내 진료실을 위해 작업한 작품을 찾으려면, '위탁 작품'을 클릭하라. 그림의 제목은 *"What Light May Come"* 이다.

덧붙여, 영화예술이 어떻게 하나님의 이야기가 우리 이야기와 교차하는 방식의 베일을 벗겨 냄과 동시에 우리 마음을 통합하는 수단을 제공할 수 있는지를 보려면, 롭 벨이 출연하는 누마(NOOMA) DVD 시리즈를 살펴보라. 이 시리즈는 http://www.nooma.com에서 찾을 수 있다.

영성 형성과 마음

다음 부분은 마음의 성장에서 중요한 그리스도인의 영성 형성 영역에 대한 사려 깊고 도 구체적인 접근을 제공하는 일련의 저작들이다.

Chittister, Joan. *Wisdom Distilled from the Daily*. New York: HarperCollins, 1990.

Ford, David F. *The Shape of Living*. Grand Rapids, MI: Baker Books, 1997.

Foster, Richard. *Celebration of Discipline*. New York: Harper & Row, 1978. 『영적 훈련과 성장』(생명의말씀사).

Keating, Thomas. *Open Mind, Open Heart*. New York: Continuum, 1986. 『센터링 침묵기도: 누구라도 할 수 있는 관상기도 입문서』(가톨릭출판사).

Keating, Thomas. *Invitation to Love*. New York: Continuum, 1992. 『침묵의 대화: 관상 기도를 통해 하느님께 나아가는 길』(가톨릭출판사).

Kelly, Thomas. *A Testament of Devotion*. New York: Harper & Brothers, 1941. 『거룩한 순종』(생명의말씀사).

Lewis, C. S. *Mere Christianity*. New York: Macmillan, 1943. 『C. S. 루이스의 순전한 기독교』(은성).

Lewis, C. S. *The Weight of Glory*. New York: Macmillan, 1949. 『영광의 무게』(홍성사).

Lewis, C. S. *The Chronicles of Narnia*. 7 books. New York: HarperCollins, 1950-1956. 『나니아 연대기』(시공주니어).

Nouwen, Henri. *Reaching Out*. New York: Doubleday, Image, 1975. 『영적 발돋움』(두란노).

Pennington, M. Basil. *Centering Prayer*. New York: Doubleday, Image, 1980.

Searcy, Edwin, ed. *Awed to Heaven, Rooted in Earth—Prayers of Walter Brueggemann*. Minneapolis: Augsburg Fortress, 2003.

Shannon, William. *Silence on Fire*. New York: Crossroad, 1999. 『깨달음의 기도』(은성).

Silf, Margaret. *Inner Compass*. Chicago: Loyola Press, 1999.

성경과 마음

엄선된 다음의 책 네 권은 집단의 관점에서뿐만 아니라 개인의 관점에서 성경의 서사들과 정신적인 삶의 현실을 서로 엮는 데 유용하다.

Brueggemann, Walter. *The Covenanted Self*. Minneapolis: Augsburg Fortress, 1999.
Brueggemann, Walter. *Texts That Linger, Words That Explode*. Minneapolis: Augsburg Fortress, 2000.
Brueggemann, Walter. *Deep Memory, Exuberant Hope*. Minneapolis: Augsburg Fortress, 2000.
Elliott, Matthew A. *Faithful Feelings*. Grand Rapids, MI: Kregel, 2006.

N. T. 라이트의 저작 두 권과 피터 고메스(Peter Gomes)의 한 권의 저작은 성경의 위치 및 영향력에 대해 그리고 부활에 대한 성경적 이해가 어떻게 여러 가지 중에서도 새 하늘과 새 땅으로 가는 도상에서 우리 마음을 새롭게 하는 일에 동력을 공급하는지 도움이 되는 빛을 비춰 준다.

Gomes, Peter S. *The Good Book*. New York: HarperCollins, 1996.
Wright, N. T. *The Last Word*. New York: HarperCollins, HarperSanFrancisco, 2005.
Wright, N. T. *Surprised by Hope*. New York: HarperCollins, HarperOne, 2008. 『마침내 드러난 하나님 나라』(IVP).

교육과 대인 관계 신경 생물학

후기에서 나는 대인 관계 신경 생물학과의 더 큰 통합 작업이 도움이 될 법한 제한된 수의 창조 영역들을 언급했다. 그 영역 중 하나가 교육이다. 엄선된 다음의 세 권의 책은 이 통합 과정의 기초를 한층 더 다지도록 해 준다.

Langer, Ellen J. *Mindfulness*. Cambridge: Da Capo Press, 1989. 『마음챙김』(더퀘스트).
Langer, Ellen J. *The Power of Mindful Learning*. Cambridge: Da Capo Press, 1997. 『마음챙김 학습혁명: 어떻게 배울 것인가』(더퀘스트).
Palmer, Parker J. *To Know as We Are Known*. San Francisco: Harper & Row, 1983. 『가르침과 배움의 영성』(IVP).

하나님과 마음

마지막으로, 하나님이 마음을 새롭게 하시고 그 과정에서 치유하시는 일을 실질적인 측면에서 보여 주는 저작의 예로 다음의 서적을 제안한다.

Bell, Rob. *Drops Like Stars*. Grand Rapids, MI: Zondervan, 2009.

Bell, Rob. *Sex God*. Grand Rapids, MI: Zondervan, 2007.

Bradshaw, John. *Healing the Shame that Binds You*. Deerfield Beach, FL: Health Communications, 1988. 『수치심의 치유』(한국기독교상담연구원).

Jones, L. Gregory. *Embodying Forgiveness*. Grand Rapids, MI: Eerdmans, 1995.

MacNutt, Francis. *Healing*. Notre Dame: Ave Maria Press, 1974. 『치유의 목회』(아침영성지도연구원).

Marin, Andrew. *Love Is an Orientation*. Downers Grove, IL: InterVarsity Press, 2009.

Miller, Donald. *Blue Like Jazz*. Nashville: Thomas Nelson, 2003. 『재즈처럼 하나님은』(복있는사람).

Tutu, Desmond. *No Future Without Forgiveness*. New York: Doubleday, Image, 1999. 『용서 없이 미래 없다』(홍성사).

Volf, Miroslav. *Exclusion & Embrace*. Nashville: Abingdon Press, 1996. 『배제와 포용』(IVP).

Worthington, Everett L. *Forgiving and Reconciling*. Downers Grove, IL: InterVarsity Press, 2003. 『용서와 화해』(IVP).

Wright, N. T. *Evil and the Justice of God*. Downers Grove, IL: InterVarsity Press, 2006. 『악의 문제와 하나님의 정의』(IVP).

토론의 길잡이

1장 신경 과학: 마음을 들여다보는 창

1. 카라처럼, 기도와 성경 읽기 같은 훈련이 당신을 그토록 되고 싶어 하는 사람으로 만드는 데 왜 그리도 효과가 없어 보이는지 궁금했던 때를 묘사해 보라.
2. 마음이 작용하고 있는 방식과 긍정적이든 부정적이든 감정과 생각이 당신의 삶에 미치는 영향을 어떤 방식으로 숙고해 왔는가?
3. 이 책을 읽는 동안 당신의 마음이 전달하는 인상, 감정, 감각을 신뢰하라는 저자의 권유에 대해 어떻게 생각하는가?

2장 우리가 알려지면서

1. 사물을 아는 것에 당신이 얼마나 의존하는지 돌아보는 시간을 가지라. 이제 이것을 알려짐의 경험과 비교해 보라. 이 경험을 함께한 누군가가 있는가? 자라면서 어느 정도까지 부모님에게 알려지는 경험을 했는가? 설명해 보라.
2. 1번 질문에 대한 생각을 믿을 수 있는 친구와 나누어 보라. 그다음에는 그 친구도 당신에게 똑같이 해 주기를 부탁해 보라. 이야기를 나누는 것

은 그것 자체로, 알려지는 한 방법이다. 이야기 나누기가 끝나면, 느끼고 생각하기 시작하는 것을 감지해 보라. 친구와 당신의 이야기를 나누기 전에 느끼던 기분과는 다를 것이다. 그 차이를 어떻게 묘사하겠는가?

3장 네…마음을 다하여 주 너의 하나님을 사랑하라

1. 방금 살펴본 마음의 요소 중 어떤 것들이 새로웠는가? 당신을 놀라게 한 통찰들은 무엇이었는가?
2. (비언어적 신호 알아차리기, 논리적 사고 등과 같이) 마음의 어떤 속성들이 당신의 장점을 대변하는가? 인식하거나 이용하기에 좀더 어렵게 여겨지는 속성들은 무엇인가?
3. 당신의 관계들은 당신의 마음/뇌 모체의 다양한 측면들의 상대적인 강점이나 약점에 어떤 식으로 도움을 받거나 방해를 받는가?

4장 주의 기울이기

1. 당신은 주의를 기울이고 있는 것에 얼마나 잘 주의를 기울이는가? 댄 시겔은 우리의 의도에 주의를 기울이는 것이 중요하다고 제안했다. 다시 말해 우리가 하려고 하는 것에 주의를 기울여야 한다. 당신은 그것을 얼마나 잘하는가?
2. 하루 동안, 연필과 종이 한 장을 가까이에 두고 당신이 무엇에 주의를 기울이고 있는가를 계속 확인하라. 매시간, 지난 시간 동안 당신이 주의를 기울여 오던 것을 간단히 적어 두라. 하루가 끝나면, 당신의 마음이 밟아 온 경로를 다시 살펴보라. 당신의 삶에서 나타나기를 갈망하는 자질들을 살펴보라. 그런 자질들이 당신의 내면에 그리고 당신과 타인들 사이에 자라나게 하는 일에 주의를 기울여 왔는가? 그런 주의가 사랑과 기쁨과 화평과 용기와 친절과 온유의 성장을 촉진하는 데 어느 정도 도움이 되

었는가?

5장 미래 기억하기

삶에서 기억의 중요성을 고찰했으니, 아마 많은 질문이 생겼을 것이다.

특히 암묵 기억이 대체로 무의식적이라면, 어떻게 더 잘 인식할 수 있을까?
어린 시절에 대해 더 많은 것을 기억하기 시작하는 방법이 있을까?
기억들이 자꾸 방해가 된다면, 어떻게 하나님에 대한 다른 기억을 갖기 시작할 수 있을까?
자녀들에게 몇몇 가슴 아픈 기억을 만들어 내는 데 내가 일조했음을 알고 있다면, 그 기억들을 변화시킬 방법이 있을까?
어떻게 내 기억을 변화시키는 방식으로 내 이야기를 할 수 있을까?

이것들은 당신이 묻고 있을 질문들의 지극히 작은 부분에 지나지 않을지도 모른다. 이 질문들에 답하는 데 도움이 되도록, 다음 질문 중 몇 가지를 숙고해 보라.

1. 자신의 인생 이야기를 얼마나 잘 기억하고 있는가?
2. 다른 사람들이 기억하는 만큼 쉽게 기억하지 못하는 인생의 시기가 있는가?
3. 보통 누구에게 당신의 인생 이야기를 하는가? 사실들만이 아니라 그 일들이 일어나는 중에 느꼈던 것과 그 일들의 의미에 대한 당신의 생각도 들려주는가?
4. 하나님이 당신을 기억하신다는 점을 당신은 얼마나 쉽게 감지하는가?

(다시 말해, 그저 하나의 사실로서가 아니라 하나의 느껴지는 현실로서 경험하는가?) 그 감각을 누군가에게 묘사할 수 있는가?
5. 엘리야처럼 암묵 기억이 외현 기억을 앞지르는 경향이 있는 순간을 어떤 식으로 경험하는가?
6. 166-169쪽에 있는 '자서전 쓰기' 훈련을 완료하지 못했다면, 지금이 그 것을 할 좋은 때일지도 모른다.

6장 정서: 하나님 경험

1. 가까운 사람과 함께 있을 때 어떤 정서가 일어나는가? 이 질문은 당신이 어떻게 생각하는지 혹은 당신의 분석이 무엇인지가 아니라 당신의 정서를 탐색하고 있다. 따라서 기쁜, 평온한, 불안한, 괴로운, 초조한, 짜증스러운, 행복한, 슬픈 따위와 같은 단어들을 떠올려 보라.
2. 정서를 경험할 때 몸에서 감지하는 것을 어느 정도로 인식할 수 있는가?
3. 통상적으로 당신은 하나님이 무엇을 느끼신다고 느끼는가?
4. '느껴지는 것을 느끼는' 경험을 쉽게 하는가?
5. 다른 사람들에게 좌우되는 정서 상태의 '조건 의존성'에 대해 당신은 어느 정도나 인식하고 있는가?
6. 당신의 이야기를 들려주는 일은 당신이 그 이야기의 정서를 경험하는 방식을 어떻게 바꾸기 시작하는가?

7장 애착: 삶의 연결

여기서는 5장에서 살펴본, 손으로 쓰는 자서전으로 되돌아간다. 그것은 당신의 애착을 더 잘 이해하기 위한 수단이 될 수도 있다. 그것을 다시 검토한 후에, 다음 질문들을 생각해 보라.

1. 당신은 가정에서 어떻게 성장했는가? 집에는 누가 있었는가?
2. 당신의 주요 양육자들과의 관계는 각각 어떠했는가? 각각의 주요 양육자와의 관계는 어떤 면에서 비슷하거나 달랐는가? 각각의 주요 양육자에 관하여 당신의 애착 패턴이 무엇일지 대체로 알고 있는가?
3. 당신의 가족이나 집에 있는 사람들은 정서에 어떻게 접근했는가? 당신이 '생각하는' 것뿐만이 아니라 느끼는 것에 관해서도 이야기했는가? 부모님 중 한 분이나 두 분 다 당신의 정서 상태에 진정으로 관심이 있다고 감지했는가?
4. 형제자매가 있는가? 그렇다면 부모님 중 한 분이, 당신을 대하는 것과는 다르게 그들에게 행동하는 것을 감지한 적이 있는가?
5. 부모님은 집에서 어떤 식으로 규율을 적용했는가? 갈등이 있을 때, 가족 구성원들이 그 갈등에 대해 직접 이야기했는가, 아니면 갈등을 회피할 방법을 찾았는가?
6. 당신이 기억하는 방식(혹은 당신이 기억하는 것)과 정서를 경험하는 방식은 당신의 독특한 애착 패턴과 어떤 연관이 있는가?
7. 당신의 초기 역사의 많은 부분을 기억해 내지 못한다면, 당신의 어린 시절에 대해 알려 줄만큼 당신을 충분히 잘 알았을 누군가가 있는가? 그 사람에게 당신의 삶에 대해 기억하는 것을 말해 달라고 부탁해 보라.
8. 당신이 쓴 글을 이해하기 어려운가? 당신의 서사가 드러내는 바를 이야기할 때 깊은 행복감을 얻는가, 아니면 불편함이 가중된 느낌을 얻는가?
9. 교사, 코치, 청소년부 지도자, 친구의 부모님처럼, 살아가는 동안 당신이 배려받고 중요한 존재라는 느낌을 불러일으켜 준 누군가가 있었는가?
10. 당신의 애착 패턴은 당신이 하나님과 관계하는 방식에 어떻게 반영되어 있는가? 다시 말해, 당신이 하나님 및 성경의 이야기들에 공감하는 방식은 당신의 애착에 대해 무엇을 드러내 주는가?

11. 당신은 하나님을 어떻게 정신화하는가, 그리고 하나님이 당신을 어떻게 정신화하신다고 상상하는가?

8장 획득된 안정 애착: 새로운 피조물을 가리키다

1. 당신의 경험을 다른 관점에서 볼 수 있을 정도로 누군가가 당신의 이야기를 깊은 관심과 연민을 가지고 들어 주었던 때를 기억해 낼 수 있는가? 설명해 보라.
2. 로마서 12장 2절(259쪽을 보라)은 획득된 안정 애착의 문제에 대해 어떻게 말하는가?
3. 성경에서 전해지는 하나님의 이야기에 우리가 접근하고 반응하는 방식은 그 자체로 우리 자신의 이야기에 영향을 받는다는 저자의 의견에 당신은 어떤 반응을 보였는가? 설명해 보라.
4. 다윗의 시편에서 다윗이 하나님에게 알려지는 것을 느꼈음을 암시하는 단서들은 무엇인가?

9장 전전두피질과 그리스도의 마음

1. 통합된 삶의 특징들(FACES, 유연하고 적응력 있으며 일관되고 활력이 넘치고 안정적인)을 주의 깊게 생각해 보라. 당신의 삶에서 이 특징들의 현존을 심화하려면 어떤 방법이 필요할지 생각해 보라. 당신의 초기 관계들과 애착 태도가 당신의 삶에서 이런 자질들의 개발을 어떻게 강화하거나 제한했는지 되돌아보는 시간을 가지라. 당신의 현재 관계들에서는 어떤 방식으로 그런 일을 해내는가?
2. 최근에 저열한 행로에 있는 자신을 발견한 때가 언제였는지 확인해 보라. 당신이 빠져들게 된 그 상태의 계기, 추이, 정도, 그 일화로부터의 회복을 주의 깊게 되돌아보라.

3. 이 저열한 행로로의 여정은 어떻게 해서 단지 현 순간의 상황에 대한 응답만이 아니라 암묵 기억과 기본 정서에 대한 응답이 되었는가?
4. 누가복음 3장 22절의 말씀("너는 내 사랑하는 아들이요, 나는 너를 좋아한다")에 대한 묵상이 이런 사건에 끼칠 수 있는 영향을 고려해 보라.
5. 300-302쪽에 나오는 내측 전전두피질의 아홉 가지 기능을 다시 검토해 보라. 당신은 이 기능 중 어떤 것들과 의식적으로 잘 접촉하는가? 반면 쉽지 않은 과제인 기능들은 무엇인가?
6. 당신이 얼마나 자주 질문하는지, 그 질문들을 어떻게 하는지 되돌아보라. 어느 상황에서 '왜' 대신에 '누가' '무엇을' '어디서' '언제' 그리고 '어떻게'를 물을 수 있는가?
7. 영적인 훈련들 가운데, 당신 안에 그리스도의 마음이 나타나도록 촉진하기 위해 작게나마 기꺼이 착수하고자 하는 훈련은 어떤 것인가? 서로의 노력을 지지해 줄 수 있는 일군의 사람들과 이 훈련을 하는 것을 고려해 보라.

10장 신경 과학: 죄와 구원

1. 성장하면서 당신의 가정에서 불화가 어떤 식으로 발생했는지 잠시 되돌아보라. 불화를 촉발한 것은 보통 무엇이었는가? 당신의 부모님은 그러한 불화를 복구하는 능력을 보여 주셨는가? 만일 그렇다면, 어떤 식으로 그렇게 하셨는가? 만일 그렇지 않다면, 당신은 복구되지 않은 불화에 대처하기 위해 어떻게 했동했는가?
2. 불화가 발생할 때 당신은 얼마나 빨리 불화를 인식하는가? 당신에게 불화에 대해 경계 태세를 취하게 해 주는 내부 혹은 외부의 신호는 무엇인가?
3. 다양한 유형의 불화(오가는 이탈, 양호한 불화, 한계 설정, 유독한 불화)

에 대한 당신의 전반적인 대응은 무엇인가? 당신에게서 어떤 정서가 나타나는가? 신체적으로 무엇을 인지하는가? 어떤 생각들이 뇌리를 스치고 지나가는가?

4. 불화에 대한 당신의 대응은 당신의 친밀한 관계들에 어떤 영향을 미치는가?
5. 수치심이 당신의 삶에서 하는 역할을 어느 정도 인식하고 있는가? 어떤 계기로 당신의 마음/몸 모체에서 수치심이 활성화되는가? 수치심의 문제를 다루기 위해 보통 무엇을 하는가?
6. 복구의 어떤 측면들이 어렵게 여겨지는가?
7. 자녀가 있다면, 당신의 관계에서 불화는 어떤 방식으로 가장 자주 발생하는가? 어떻게 자녀와 복구의 과정에 착수하는가?

11장 죄의 불화

1. 왜곡된 관점에서 하나님을 바라보고 (a) 당신의 애착 패턴의 렌즈를 통해 당신의 심상을 따라 하나님을 창조하거나 (b) 대응 기제로 자신의 신을 만들어 내거나, (c) 계속해서 당신이 하고 싶은 대로 했던 때를 자세히 이야기해 보라.
2. 당신의 이야기에서 의심과 두려움은 어떤 식으로 일조하는가?
3. 괴로움과 불안과 두려움에 사로잡혔던 때를 생각해 보라. 그것은 당신의 정서 상태에 어떻게 영향을 미쳤는가? 이 감정들은 하나님에 대한 당신의 지각과 그분과 당신의 과거 상호작용에 대한 기억에 어떻게 영향을 미쳤는가?
4. 하나님은 삶의 어떤 영역에서 당신에게 "네가 어디 있느냐?"라고 묻고 계실 것 같은가?

12장 부활의 복구

1. 예수님은 어떤 방식으로 불화를 경험하셨는가? 이런 관계 단절에 대한 그분의 대응이 가르쳐 주는 것은 무엇인가?
2. 예수님은 그분 자신과 베드로 사이의 불화를 어떻게 해결하셨는가?
3. 헵의 원리(함께 발화하는 신경세포들은 함께 배선된다)와 고백의 연관성을 설명해 보라.
4. 하나님에게뿐만 아니라 다른 사람들에게도 고백이 중요한 이유는 무엇인가?

13장 마음과 공동체: 사랑과 자비와 정의에 관한 뇌

1. 당신의 가장 중요한 관계 중 하나를 생각해 보라. 복잡한 체계의 여러 특징(434쪽의 목록을 보라)이 그 관계에 어떻게 적용되는가?
2. 당신의 교회 몸(혹은 전체로서의 기독교회)은 어떻게 의식적인 방식으로/의식 없는 방식으로 행동하는가?
3. 유연하고 적응력 있으며 일관되고 활기치고 안정적인 마음은 어째서 자비와 정의를 구현하려고 하는지 설명해 보라.
4. 이 책을 끝내면서, 신경 과학과 애착 연구에서 밝혀진 어떤 사실들이 당신의 성경 읽기에 영향을 미쳤노라고 말하겠는가?
5. 여럿이 모여 이 책에 대해 의견을 나누고 있다면, 의식적이고 통합된 방식으로 살아가기를 추구하면서 어떻게 서로를 계속 격려할 수 있겠는가?

감사의 글

이 책이 내 것이 아님에는 의심의 여지가 없다. 나는 하나의 전달 경로에 가깝다고 느낀다. 이 경로를 통해 매우 많은 이들로부터 무척 많은 것이 자애롭고 사려 깊게 제공되어 왔다. 이 책은 실로 내 에이전트 레슬리 넌 리드(Leslie Nunn Reed)의 끝없는 인내와 격려 덕분에 세상에 나올 수 있었다. 그녀의 호기심과 여러 해에 걸친 설득이 없었다면, 나는 이 책의 기획을 결코 고려하지 않았을 것이다. 레슬리의 뚝심에 깊은 감사를 전한다.

목사이자 학자이자 친구인 데니스 홀링거(Dennis Hollinger)에게 감사한다. 그의 시의적절한 조언으로 원래 주일학교 시리즈였던 이 기획을 출판하는 일에 충분한 확신을 갖게 되었다.

지니 허버트(Jeannie Herbert)와 그녀의 충실한 친구들에 관해 아무리 이야기해도 부족하다. 그들은 원고의 여러 부분을 열중해서 읽고, 탐구하는 자세로 구체화를 돕는 질문들을 제기했다. 건설적인 비평을 제시하고, 보통 저술 과정에서 거쳐야만 하는 필수적 관문에 내가 좀 더 편안해지도록 전반적인 도움을 제공했다. 이 사람들은 워싱턴 커

뮤니티 펠로십(Washington Community Fellowship)의 내가 속한 언약 모임(covenant group)과 더불어 끊임없는 긍정의 원천이었으며, 특히 이 연구의 출판 여부가 확실하지 않았을 때도 그런 자세를 견지했다.

지난 12년 동안 데이비드 하퍼(David Harper) 목사님은 영적 지도자로서, 내가 지금 있는 곳에 이르기까지 아버지처럼 나를 보살펴 주었다. 내가 궤도에서 이탈하지 않고 계속해서 그 영광을 반영하도록 해 준 것에 대해 데이비드에게 감사한다.

희망과 치유의 이야기들을 제공한 토양이 되어 준 나의 환자들에게 영원한 감사를 표한다. 신뢰가 담긴 취약성을 지닌 그들은 대부분 자신의 서사를 드러내는 끝없는 용기를 발휘해 주었었다. 그들 가운데 괄목할 만한 이는 재능 있는 작가이자 영감을 받은 듯 탁월한 제목의 전달자인 스티브 헤이즈(Steve Hayes)다. 한 회기 중에 우리는 이 책에 관해 이야기를 나누었는데, 나는 아직 제목을 결정하지 못했다고 말했다. 스티브는 매끄럽고 사려 깊게 견해를 밝혔다. "『영혼의 해부학』으로 하시죠." 그리고 그냥 그렇게 책의 제목이 결정되었다. 경청하고 반추하면서 그들 자신의 성장만큼 내게 성장의 기회를 제공해 준 것에 대해, 스티브와 다른 환자들에게 감사를 전한다.

나는 개업의로서의 일에 관한 한 날마다 동료들의 기도와 전문성에 둘러싸여 있다. 그들은 대인 관계 신경 생물학과 기독교 영성의 통합을 배우는 무척 호기심 많은 학습자들이며 이제는 그것을 가르치는 교사들이다. 우리 환자들과 서로를 보살피는 이 공동의 노력은 이 책의 내용이 타당성을 갖는 데 (바라건대) 기여하는 식으로 그 내용에 지대한 영향을 끼쳤다. 우리 문으로 들어오는 아주 많은 이들에게 거듭 남의 뼈와 피가 되어 주는 것에 대해 우리 작은 진료실의 여러분 모두에게 감사를 전한다.

  책에서 언급한 바와 같이, 댄 시겔의 연구가 없었다면 이 기획은 가능하지 않았을 것이다. 그의 친절과 지혜와 재치를 무척 고맙게 생각한다. 도서 기획안에 대한 그의 찬사는 재능 있는 임상의의 풍성한 선물이었으며, 그가 보내 준 굳건한 지지는 헤아릴 수 없을 정도로 가치 있었다. 댄과 글로벌대인관계신경생물학연구협회(GAINS, the Global Association for Interpersonal Neurobiology Studies)의 동료들에게 많은 감사를 드린다. 그들의 연구와 에너지는 내가 레지던트 시절부터 직업적으로 가장 의미심장하게 성장할 기회를 제공해 주었다.

  처음으로 책을 써 본 저자에게 기회를 주는 모험을 감행한 틴데일 출판사에 무척 감사한 마음이다. 처음부터 이 책을 옹호해 주고 나의 장황함을 욥의 인내로 견뎌 준 잰 롱 해리스(Jan Long Harris)에게 감사를 전한다. 새라 앳킨슨(Sarah Atkinson)과 디자인팀의 차분한 열의에 감사한다. 어쩌면 책 표지에 나타나는 것과 같은 신경망들의 세계를 그들은 기꺼이 탐색하려 했다. 그리고 이 기획을 마케팅하는 세계 속으로 부드럽게 안내해 준 낸시 클라우젠(Nancy Clausen)과 욜란다 시드니(Yolanda Sidney)에게 감사를 전한다.

  책을 쓰는 일이 (내가 들은 바와 같이) 출산과 비슷하다면, 편집자인 킴 밀러(Kim Miller)는 완벽한 산파였다. 그녀는 (신경 과학과 애착의 집중 강좌를 들으면서) 대담하게 나를 이끌어 원고의 불필요한 부분은 쳐 내고 부족한 부분은 확충하는 어려운 과업을 거치게 했다. 내가 쓰는 것이나 내가 쓰는 방식이 어쩌면 단조롭거나 따분하거나 최악의 경우에는 그저 쓸모없고 독자의 시간을 허비하게 할 뿐인 것 같다고 내가 확신할 때면 기운을 북돋워 주었다. 분명히, 나는 이 책의 특정 부분들에 대해 이런 마음 중 어떤 생각이나 모든 암울한 생각을 하던 시기가 있었다. 킴, 당신은 최고예요!

그리고 마지막으로, 지난 3년 동안 나와 함께 산고를 겪고 나와 함께 희망하며 필요할 때 나를 다그쳐 준 가족, 내 감사는 언제나 가족들을 향한다. 내가 집필을 위해 '상황실'로 떠날 때 가족들이 보여 준 다정함과 부재한 적이 없던 격려를 잊지 않을 것이다. 내가 이 책을 완성하도록 돕는 일에 가족들보다 더 열심히 노력한 이들은 없다. 내가 세상에서 가장 좋아하는 세 사람에게 경의를 표한다.

옮긴이 김소영은 연세대학교 영어영문학과를 졸업하고 장로회신학대학원에서 신학을 공부했다. 현재 시골에 살면서 번역 일을 하고 있다. 옮긴 책으로 『십자가란 무엇인가』 『우상의 시대 교회의 사명』 『수치심』(이상 IVP)이 있다.

영혼의 해부학

초판 발행_ 2022년 5월 20일
초판 2쇄_ 2024년 5월 30일

지은이_ 커트 톰슨
옮긴이_ 김소영
펴낸이_ 정모세

펴낸곳_ 한국기독학생회출판부
등록번호_ 제2001-000198호(1978.6.1)
주소_ 04031 서울시 마포구 동교로 156-10
대표 전화_ (02)337-2257 팩스_ (02)337-2258
영업 전화_ (02)338-2282 팩스_ 080-915-1515
홈페이지_ http://www.ivp.co.kr 이메일_ ivp@ivp.co.kr
ISBN 978-89-328-1933-4

ⓒ 한국기독학생회출판부 2022

책값은 뒤표지에 있습니다.
무단 전재와 복제를 금합니다.